에듀윌과 함께 시작하면,
당신도 합격할 수 있습니다!

자소서와 면접, NCS와 직무적성검사의 차이점이 궁금한
취준을 처음 접하는 취린이

대학 졸업을 앞두고 취업을 위해 바쁜 시간을 쪼개며
채용시험을 준비하는 취준생

내가 하고 싶은 일을 다시 찾기 위해
회사생활과 병행하며 재취업을 준비하는 이직러

누구나 합격할 수 있습니다.
이루겠다는 '목표' 하나면 충분합니다.

마지막 페이지를 덮으면,

에듀윌과 함께
취업 합격이 시작됩니다.

취업 1위

누적 판매량 217만 부 돌파
베스트셀러 1위 2,420회 달성

공기업 NCS | 100% 찐기출 수록!

NCS 통합 기본서/봉투모의고사
피듈형 | 행과연형 | 휴노형 봉투모의고사
PSAT형 NCS 수문끝

매1N
매1N Ver.2

한국철도공사 | 부산교통공사
서울교통공사 | 국민건강보험공단
한국전력공사 | 한국가스공사

한국수력원자력+5대 발전회사
한국수자원공사 | 한국수력원자력
한국토지주택공사 | 한국도로공사

NCS 6대 출제사
공기업 NCS 기출 600제

대기업 인적성 | 온라인 시험도 완벽 대비!

20대기업 인적성 통합 기본서

GSAT 삼성직무적성검사
통합 기본서 | 실전모의고사 | 봉투모의고사

LG그룹 온라인 인적성검사

SKCT SK그룹 종합역량검사
포스코 | 현대자동차/기아

농협은행
지역농협

영역별 & 전공

이해황 독해력 강화의 기술
석치수/박준범/이나우 기본서

공기업 사무직 통합전공 800제
전기끝장 시리즈 ❶, ❷

취업상식 1위!

다통하는 일반상식

공기업기출 일반상식

기출 금융경제 상식

* 에듀윌 취업 교재 누적 판매량 합산 기준(2012.05.14~2023.10.31)
* 온라인 4대 서점(YES24, 교보문고, 알라딘, 인터파크) 일간/주간/월간 13개 베스트셀러 합산 기준(2016.01.01~2023.11.07 공기업 NCS/직무적성/일반상식/시사상식 교재, e-book 포함)
* YES24 각 카테고리별 일간/주간/월간 베스트셀러 기록

더 많은
에듀윌 취업 교재

취업 대세 에듀윌!
Why 에듀윌 취업 교재

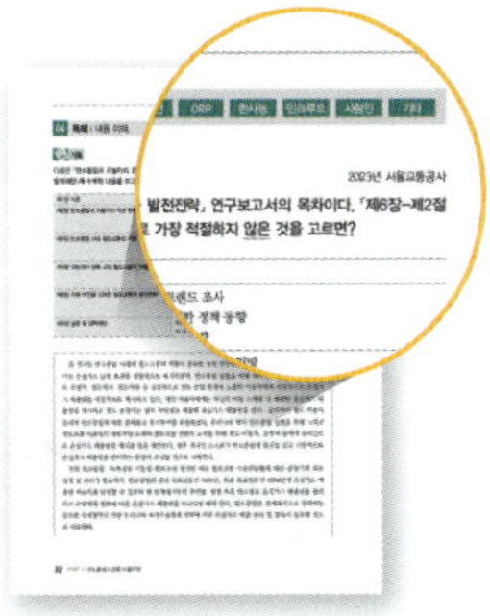

기출맛집 에듀윌!
100% 찐기출복원 수록

주요 공·대기업 기출복원 문제 수록
과목별 최신 기출부터 기출변형 문제 연습으로 단기 취업 성공!

공·대기업 온라인모의고사
+ 성적분석 서비스

실제 온라인 시험과 동일한 환경 구성
대기업 교재 기준 전 회차 온라인 시험 제공으로 실전 완벽 대비

합격을 위한
부가 자료

교재 연계 무료 특강
+ 교재 맞춤형 부가학습자료 특별 제공!

eduwill

취업 교육 1위
에듀윌 취업 무료 혜택

교재 연계 강의

시간단축 SKILL
무료특강

※ 2024년 1월 7일부터 순차적으로 오픈됩니다.
※ 무료 특강 이벤트는 예고 없이 변동 또는 종료될 수 있습니다.

교재 연계 강의 바로가기

1:1 학습관리 교재 연계 온라인스터디

참여 방법

STEP 1 신청서 작성 ▸ STEP 2 스터디 교재 구매 후 인증(선택) ▸ STEP 3 오픈채팅방 입장 및 스터디 학습 시작

※ 온라인스터디 진행 혜택은 교재 및 시기에 따라 다를 수 있습니다.
※ 오른쪽 QR 코드를 통해 신청하면 스터디 모집 시기에 안내 메시지를 받을 수 있습니다.

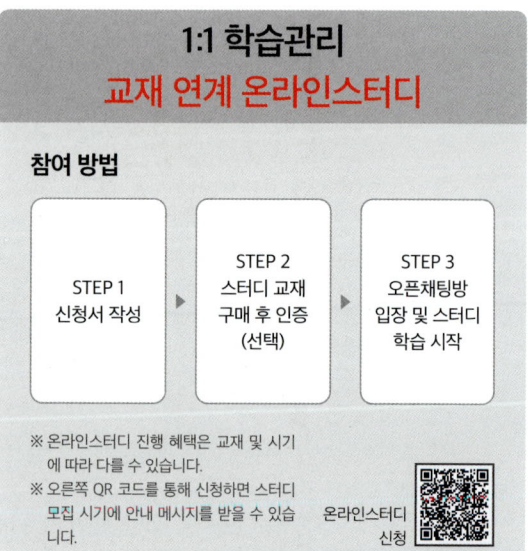

온라인스터디 신청

온라인모의고사 & 성적분석 무료

응시 방법

QR 코드 링크 접속 후 로그인 ▸ 해당 온라인모의고사 [신청하기] 클릭 ▸ 대상 교재 내 응시코드 입력 후 [응시하기] 클릭

※ '온라인모의고사&성적분석' 서비스는 교재마다 제공 여부가 다를 수 있으니, 교재 뒷면 구매자 특별혜택을 확인해 주시기 바랍니다.

온라인 모의고사 신청

모바일 OMR 자동채점 & 성적분석 서비스

실시간 성적분석 방법

STEP 1 QR 코드 스캔 ▸ STEP 2 모바일 OMR 입력 ▸ STEP 3 자동채점 & 성적분석표 확인

※ 혜택 대상 교재는 본문 내 QR 코드를 제공하고 있으며, 교재별 서비스 유무는 다를 수 있습니다.
※ 응시내역 통합조회
에듀윌 문풀훈련소 → 상단 '교재풀이' 클릭 → 메뉴에서 응시확인

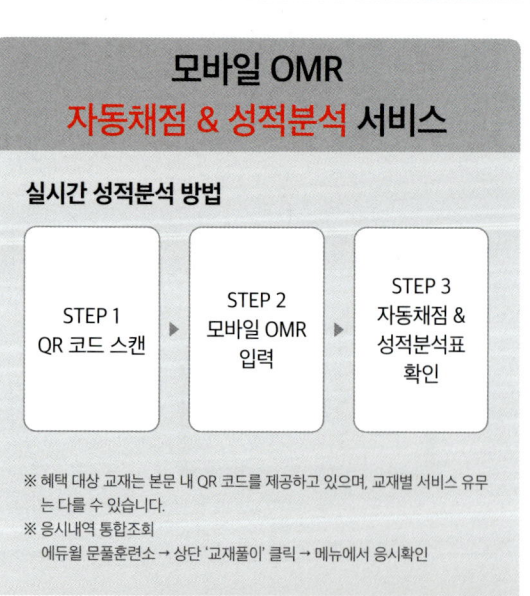

• 2023, 2022, 2021 대한민국 브랜드만족도 취업 교육 1위 (한경비즈니스)/2020, 2019 한국브랜드만족지수 취업 교육 1위 (주간동아, G밸리뉴스)

시작하는 방법은

말을 멈추고

즉시 행동하는 것이다.

– 월트 디즈니(Walt Disney)

에듀윌 공기업 NCS, 59초의 기술

문제해결능력

eduwill

NCS를 준비하는 여러분에게

NCS 필기시험은 객관식입니다. 객관식 시험은 문제 출제의 원리가 있고, 문제로 나올 만한 내용과 그렇지 않은 기준들이 명확하게 갈립니다. 그래서 이런 출제 원리와 기준을 정확하게 알면, 반대로 그것을 파훼하는 풀이법 역시 Skill적으로 익힐 수 있습니다. 모든 문제에 다 Skill이 적용될 수는 없겠지만, Skill이 적용되는 문제는 Skill로 풀어서 문제 풀이 시간을 파격적으로 줄일 수 있습니다.

지금 NCS 필기시험에 주어진 시간은 평균적으로 한 문제당 1분 정도 됩니다. 그래서 우리의 목표는 한 문제를 59초 안에 푸는 것으로 정해질 수밖에 없습니다. 하지만 현실적으로 주어진 시간 안에 문제를 다 푸는 것은 매우 어려운 일입니다. 그리고 어떤 문제는 얼핏 봐도 2분은 넘게 걸릴 듯이 보이는 것도 있습니다.

그래서 우리는 평균 59초를 목표로 합니다. 어떤 문제는 Skill을 적용해서 20초 만에 풀고, 또 Skill이 적용되지 않는 문제들은 원론적으로 풀어 1분 40초를 씁니다. 그러면 평균 1분이 나옵니다.

때로는 너무 어려운 문제나, 시간이 너무 많이 걸리는 문제들은 Skip하는 것이 나을 때도 있습니다. 어차피 100점 맞는 것이 목표인 시험이 아니라, 현실적으로 커트라인을 넘는 것만 해도 되는 시험이니까요. Skip을 효과적으로 하는 것도 시간을 단축하는 중요한 요령인데, 문제를 풀다가 Skip을 할 수는 없습니다. 그러면 시간을 낭비하게 되니까요. 그래서 Skip하는 문제 같은 경우도 일정 기준을 가지고 문제를 풀기 전에 빨리 판단해야 합니다.

이래저래 NCS 문제 풀이는 무척 기술적인 일입니다. 객관식 문제에서 일정 정도의 점수를 목표로 하는 것이니까요. 그래도 다행인 것은 분명한 성과들이 있다는 것입니다. 'NCS, 59초의 기술' 시리즈는 비교적 짧은 공부 시간에 필요한 점수를 받아드는 가장 좋은 방법으로 지난 몇 년 동안 자리매김해 왔습니다.

이번 에듀윌과 만난 'NCS, 59초의 기술' 시리즈를 통해 보다 더 많은 취준생들을 만나 뵙게 되기를 기대합니다.

이시한

연세대학교 학사 · 석사 졸, 박사 수료
성신여대 겸임교수
에듀윌 취업 NCS 대표강사

Why 59초?

NCS 유형의 풀이방법과 솔루션 Skill을 알려 주는 책

'NCS 한 문제 평균 풀이시간 59초'라는 불가능해 보이는 미션을 실현시켜 주는 책

단계별 특징

유형 분석

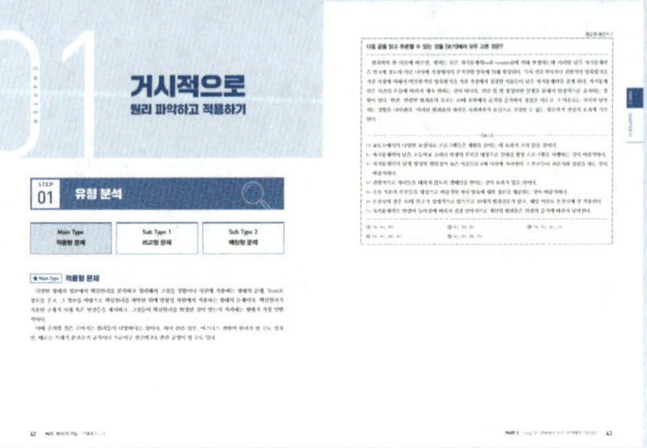

❶ 각 영역의 문제를 유형별로 나누고 출제 비중에 따라 유형을 Main Type과 Sub Type으로 분류하여 구성하였습니다.

❷ 각 Type의 대표적인 문제들을 샘플로 제시하여 Type별 문제의 특징을 한눈에 파악할 수 있도록 하였습니다.

문제 해결방법

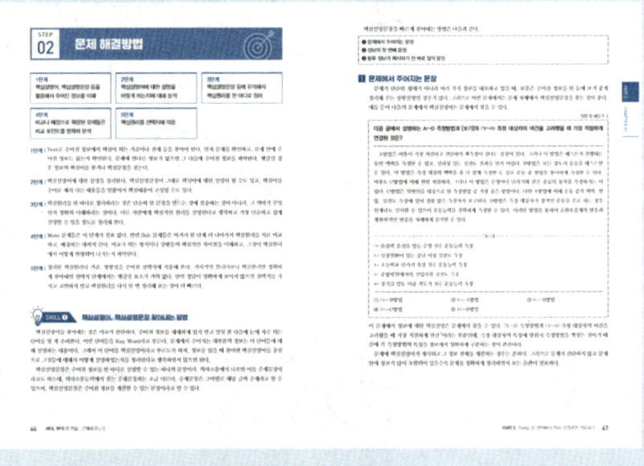

❶ 일반적인 풀이법을 단계별로 제시하여 문제를 풀어가는 기본적인 과정을 정리하였습니다.

❷ 하나의 해결방법으로 다양한 문제 유형에 접근할 수 있도록 해결방법을 최대한 단순화하여 제시함으로써 문제 유형 및 접근방법을 보다 쉽게 파악할 수 있도록 하였습니다.

Skill

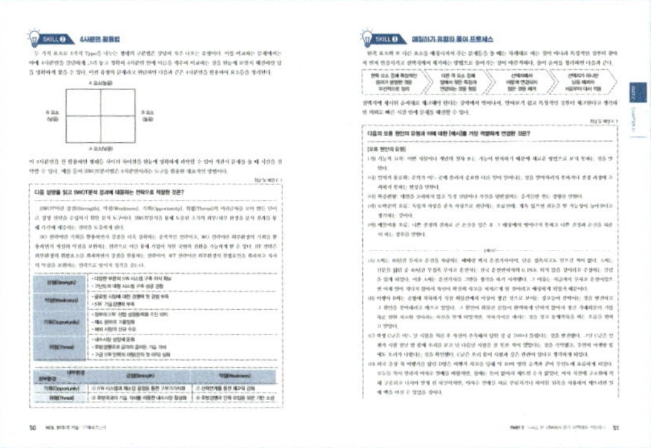

❶ 59초 풀이의 핵심인 유형별 풀이 Skill을 정리하였습니다.

❷ 원론적인 Skill에서 변칙적인 Skill까지 문제 풀이시간 단축에 필요한 모든 Skill을 제공하여 문제 풀이시간을 획기적으로 줄일 수 있도록 하였습니다.

Skill 연습

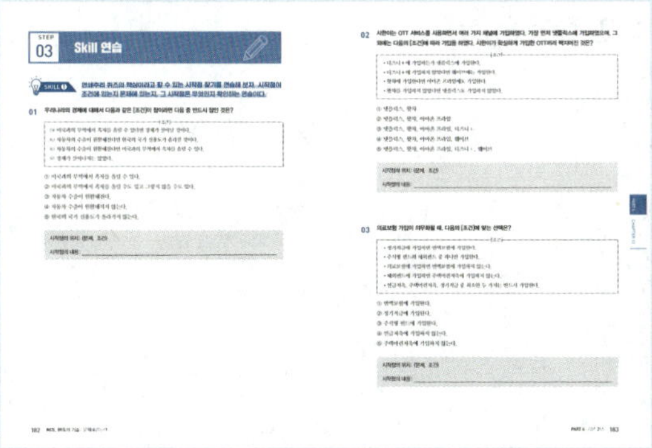

❶ Skill을 적용할 수 있도록 다양한 문제 상황을 제시하였습니다.

❷ 단계적인 훈련을 통해 Skill에 대한 이해도를 높이고 Skill을 문제에 적용하는 속도를 키울 수 있도록 하였습니다.

실전 문제

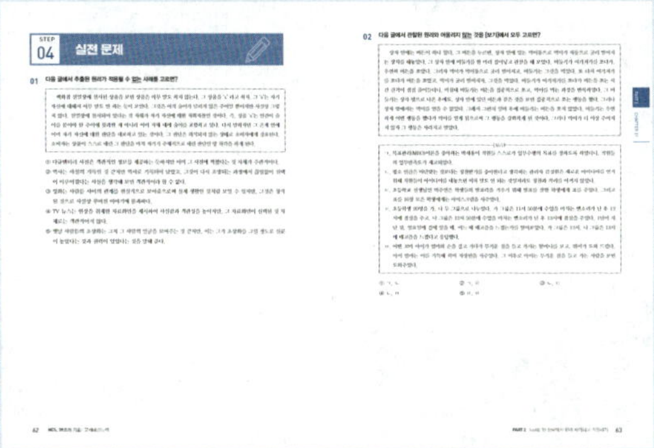

❶ 실전에 대비할 수 있도록 공기업 NCS 필기시험에 출제되었던 기출 유형의 문제로 구성하였습니다.

❷ 공기업 NCS 복원 및 PSAT 기출 변형문제 등 다양한 실전 문제들을 통해 실전 감각을 높이고 문제 풀이 능력을 향상시킬 수 있도록 하였습니다.

Contents

PART 4 기본 퀴즈

PART 5 적용 퀴즈

별책 정답 및 해설

문제해결능력 in NCS

• All that NCS: NCS의 이론과 실제

• 문제해결능력의 유형 분석과 공부 방법

PART 1

All that NCS
: NCS의 이론과 실제

STEP 01 원론적인 NCS

1 NCS(국가직무능력표준)란?

국가직무능력표준(NCS, National Competency Standards)은 산업현장에서 직무를 수행하기 위해 요구되는 능력(지식·기술·태도)을 국가가 산업부문별, 수준별로 체계화한 것으로, 산업현장의 직무를 성공적으로 수행하기 위해 필요한 능력(지식, 기술, 태도)을 국가적 차원에서 표준화한 것을 의미한다.

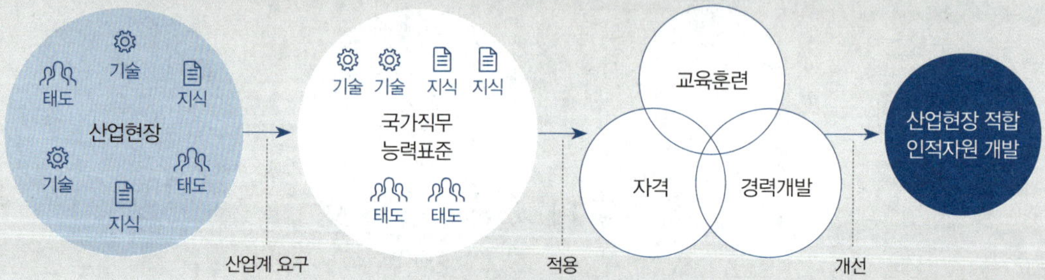

2 NCS 기반 채용의 개념

직무수행을 위해 필요한 능력(지식·기술·태도)을 산업부문별·수준별로 체계화한 NCS 기반 평가 도구를 활용한 인재채용 방식을 의미한다. NCS는 직업인의 공통 역량인 의사소통능력, 수리능력, 문제해결능력 등 직업기초능력과 해당 직무를 수행하기 위해 필요한 직무수행능력을 모두 제시한다.

- **채용유형별 적용**: 유형별로 NCS 직업기초능력, 직무수행능력을 조합한 채용도구 개발 → 대규모 공채, 직군별 공채, 경력 공채, 수시 채용 등 모든 채용유형에 적용 가능
- **채용단계별 적용**: 일반적 채용전형 단계인 '서류전형 → 필기전형 → 면접전형'과 일치하는 '능력 중심 입사지원서 → 능력 중심 필기전형 → 능력 중심 면접'으로 개발

3 NCS 기반 채용 도입을 한 이유

직무수행에 꼭 필요한 능력을 쉽고 체계적으로 평가, 선발에 활용함으로써 불필요한 스펙 쌓기에 몰입하는 잘못된 채용문화를 개선하고 능력 중심 사회 여건을 조성하기 위함이다. 구체적으로 분류하면 NCS를 기반으로 입사지원자의 직업능력을 객관적으로 평가할 수 있는 도구를 개발, 지원함으로써 다음과 같은 효용을 얻고자 한다.

❶ (기관) 적합한 인재(Right Person) 선발

기관에서 원하는 인재가 갖추어야 할 직무능력(KSA 등)을 체계적으로 평가할 수 있어 제대로 된 사람을 채용할 수 있다.

❷ (입사지원자) 불필요한 스펙이 아닌 적합한 능력 개발

본인이 원하는 기관의 수행직무를 사전에 숙지하고 입사함으로써, 직무에 대한 보람과 긍지, 몰입도를 높여 지속적인 자기계발 유도 → 개인 및 조직 경쟁력 제고

❸ (사회) "스펙 초월 능력 중심사회 구현" 및 주요 경쟁력 강화

NCS 기반 채용을 통해 "스펙 초월 능력 중심사회 구현"

직무 적합형 인재선발 → 직무 만족도 향상 → 조직 몰입도 향상 및 성과 창출 → 개인 및 조직역량 강화 → 국가경쟁력 강화라는 선순환 고리를 마련한다.

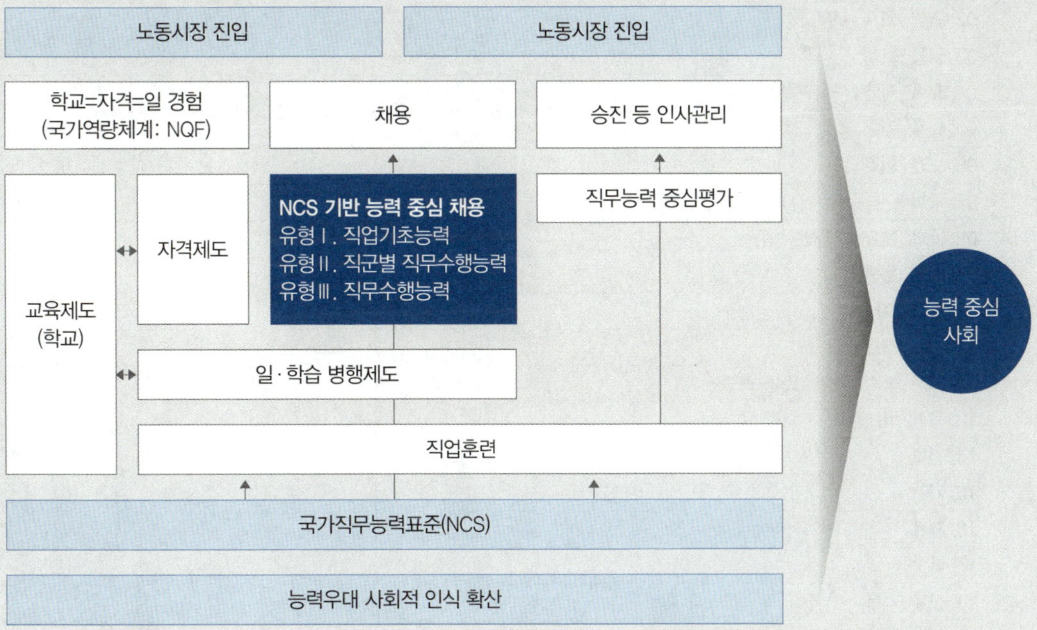

4 NCS 분류체계

국가직무능력표준의 분류는 직무의 유형(Type)을 중심으로 국가직무능력표준의 단계적 구성을 나타내는 것으로, 국가직무능력표준 개발의 전체적인 로드맵을 제시한다. 직무유형을 중심으로 대분류에서 세분류까지 내려가는 구조로 직무를 세분화해서 제시해 놓았다. 다음은 NCS 분류체계도의 한 예시이다.

[정보통신-정보기술개발분야(분류 예시)]

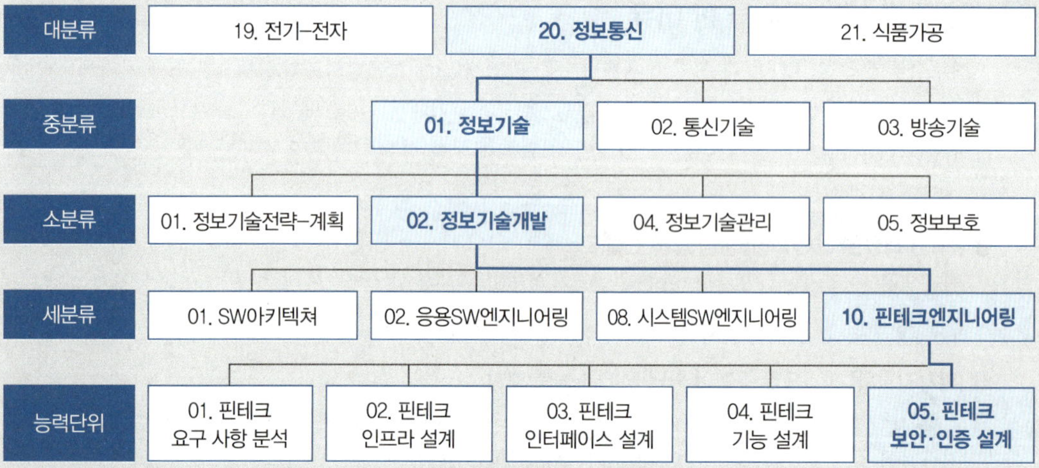

이렇게 여러 직무들이 분류되어 있다. 대분류에 속하는 직무들은 다음과 같이 나누어진다.

대분류	중분류	소분류	세분류
24개	80개	257개	1,022개
01. 사업관리	1	2	5
02. 경영·회계·사무	4	11	27
03. 금융·보험	2	9	36
04. 교육·자연·사회과학	2	3	8
05. 법률·경찰·소방·교도·국방	2	4	16
06. 보건·의료	1	2	11
07. 사회복지·종교	3	6	17
08. 문화·예술·디자인·방송	3	9	61
09. 운전·운송	4	8	31
10. 영업판매	3	8	18
11. 경비·청소	2	2	4
12. 이용·숙박·여행·오락·스포츠	4	12	46
13. 음식서비스	1	3	10
14. 건설	8	28	132
15. 기계	11	34	135
16. 재료	2	8	39
17. 화학	4	13	42
18. 섬유·의복	2	8	26
19. 전기·전자	3	33	108
20. 정보통신	3	15	95
21. 식품가공	2	4	21

22. 인쇄·목재·가구·공예	2	4	23
23. 환경·에너지·안전	6	18	57
24. 농림어업	4	13	54

5 10대 직업기초능력 영역과 하위능력

직무를 수행하는 데 기본적인 바탕으로 깔리는 것이 바로 10대 직업기초능력이다.

직업기초능력 영역	하위능력
의사소통능력	문서이해능력, 문서작성능력, 경청능력, 의사표현능력, 기초외국어능력
수리능력	기초연산능력, 기초통계능력, 도표분석능력, 도표작성능력
문제해결능력	사고력, 문제처리능력
자기개발능력	자아인식능력, 자기관리능력, 경력개발능력
자원관리능력	시간관리능력, 예산관리능력, 물적자원관리능력, 인적자원관리능력
대인관계능력	팀워크능력, 리더십능력, 갈등관리능력, 협상능력, 고객서비스능력
정보능력	컴퓨터활용능력, 정보처리능력
기술능력	기술이해능력, 기술선택능력, 기술적용능력
조직이해능력	국제감각, 조직체제이해능력, 경영이해능력, 업무이해능력
직업윤리	근로윤리, 공동체윤리

6 NCS 기반 능력 중심 채용의 효과

기업·공공기관은 일자리(직무)에 필요한 직무능력(NCS)을 채용공고를 통해 사전에 공개함으로써, 학생 및 취업준비생이 미리 준비할 수 있도록 하며, 채용기준을 공개한다. 이에 따라 다음과 같은 효과가 기대된다.

- **기업·공공기관**: 능력 중심 채용을 위한 평가도구를 활용, 서류·필기·면접 등 채용과정에서 직무능력평가를 통해 꼭 필요한 인재 확보, 기업 및 공공기관은 재교육 비용 등 채용과정의 비효율 감소(재교육 비용↓)
- **취업준비생**: 기업 및 공공기관의 채용공고를 사전에 올바르게 인지하여 무분별한 스펙쌓기를 지양할 수 있도록 유도, 취업준비생 본인이 원하는 직무에 꼭 필요한 능력 배양(불필요한 스펙쌓기에 따른 시간적, 금전적 비용↓)

STEP 02

실질적인 NCS

1 지원자들과 산업인력공단, 개별 공기업의 NCS 동상삼몽

NCS를 만들고 보급하는 한국산업인력공단에서는 앞에서 소개한 바와 같이 '직무' 위주의 채용이라는 측면에서 NCS를 언급하지만, 문제는 신규채용에 지원하는 대부분의 지원자들은 직무를 했던 경력자들이 아니라, 그야말로 막 대학을 졸업한 신입들이라는 점이다. 우리나라 대학의 교육 체계가 실습이나, 인턴과 연계되는 실무형 학습 체계가 아니기 때문에 이제 막 대학을 졸업한 학생들이 직무적인 경력이나 경험이 있을 수가 없다. NCS는 직무적인 능력을 체크하고, 그에 따른 채용을 하는 채용방식이기 때문에 영·미권의 경력직 채용 트렌드에는 잘 맞는 방식이나, 신입 공채 위주의 한국 채용시장에서는 잘 맞지 않는다.

하지만 산업인력공단은 NCS라는 것이 국가 전체의 직업을 관통하는 키워드지, 채용 하나만 이야기하는 것은 아니라는 자세다. 채용에서의 혼란은 아랑곳하지 않고 외국에서 사람들을 초청해서 세미나 열고 NCS의 이론적 구축과 정당성 확보를 위해 열 올리기 바쁘다. 개별 공기업의 입장에서는 국가에서 추진하는 방향성은 알겠는데, 사실 이미 들어온 직원들을 NCS로 나눠 평가하고 그런 부분에서는 크게 영향받지 않는다. 다만 채용과정에서 NCS로 채용을 하라니, 이 부분이 문제다. 그래서 개별 공기업에서 NCS는 NCS 채용과정을 뜻하는 의미로 많이 인식된다.

개별 공기업 입장에서 NCS 채용의 문제는 그대로 하자니 경력은커녕 인턴 이력조차 없는 지원자들에게 직무적인 역량을 측정할 길이 없다. 하지만 블라인드 채용 때문에 학벌, 학점, 영어점수, 나이 등 비교적 수량화되어서 채점하기 편한 이력들은 아예 자료조차 받지 못한다.

그래서 개별 공기업들의 선택은 말 많은 서류단계에서 최대한 기회를 많이 주고, NCS 기반의 필기시험에서 지원자들을 최대한 솎아낸 후에 면접은 최소의 인원이 치르게 하자는 전략이다. 사실 기존의 채용비리 같은 경우도 대부분 서류나 면접에서 발생했고, 필기시험에서는 그런 일이 현저히 적었다. 그래서 객관적인 필기시험의 기능을 강화한 것이다. 이런 방식은 개별 공기업 입장에서는 채용비리라든가, 주관적 채용에 대한 의혹을 떨쳐낼 수 있는 방식이기 때문에 점점 더 확대되고 있기도 하다.

그러다 보니 일반 지원자들에게 공기업의 NCS 채용이라고 하면 그건 필기시험을 의미한다. 필기시험이 가장 중요하고, 여기서 많은 인원이 탈락하기 때문이다. 그래서 이 세 주체가 NCS에 대해 서로 다른 뜻을 생각하게 되니 그야말로 동상삼몽인 것이다.

2 실제적인 공기업 채용 방법에 대한 비교

지원자 입장에서는 NCS라고 하면 왜 그것이 필기시험을 의미하게 되었는지는 다음의 표를 보면 확실히 알 수 있다. 다음 표는 채용인원이 많은 상위 24개 공기업의 채용 방식을 한눈에 볼 수 있게 정리한 것이다.

공기업	서류 통과 배수	평가기준	면접
한국철도공사	적·부(24년부터 10배수)	–	2배수
한국전력공사	사무 70배수 배전·송변전 30배수 기타 20배수	외국어 100 자격증(사무 20, 기술 40)	사무·배전·송변전 2.5배수 기타 4배수
국민건강보험공단	일반·강원인재 10배수 장애·보훈 5배수	교육, 경력, 경험	3배수

서울교통공사	적·부	–	1.5배수
국민연금공단	10배수	자기소개서 20점 교육사항 20점 자격사항 50점 공인어학성적 10점	2배수
한국농어촌공사	25배수	공인어학성적 70점 자격증 30점 가산점 4점	2~5배수
IBK기업은행	적·부	–	7배수
근로복지공단	10배수	자기소개서 적·부 교육, 경력, 경험	3배수
LH한국토지주택공사	30배수	자기소개서 40점 어학 20점 자격증 20점	2~4배수
한국가스공사	적·부	토익 750점	2~5배수
LX한국국토정보공사	적·부	–	3배수
한국수자원공사	적·부	행정 어학 90점, 자격증 10점 기술 어학 80점, 자격증 20점	2~5배수
한국산업인력공단	적·부	–	5배수
한국지역난방공사	적·부	자기소개서 적·부 가점평가 40점	3배수
한국환경공단	10배수	공통자격/전문자격/ 어학사항/기타사항	2~3배수
한전KPS	10배수	자기소개서 적·부 가점 자격증, 영어우수자 우대	3배수 또는 5배수
한국수력원자력	적·부	자기소개서 적·부 외국어성적 100점	3배수
한국공항공사	30배수	어학, 자격증 등	3배수
장애인고용공단	5배수	경력 및 경험기술서 40점 자기소개서 60점	3배수
인천국제공항공사	20~50배수	영어, 자격증 자기소개서 적·부	3배수
중소벤처기업진흥공단	30배수	자기소개서 적·부 교육, 경력, 경험, 자격증	5배수
한국서부발전	30배수	외국어 60점 자격증 사무 10점, 기술 30점 입사지원서 10점	5배수
한국중부발전	30배수	외국어성적 100점+자격증가 점(40점)	3배수
한국자산관리공사	적·부	한국사능력검정시험 2급 이상	3배수

(자세한 내용은 기업별 채용 홈페이지 참고)

공기업의 45% 정도는 학력, 나이, 학점, 심지어 영어점수 같은 것도 안 내고, 지원하면 서류는 대부분 통과해서 필기시험의 기회를 얻게 된다.

'적·부'라고 표시된 방법은 대부분 영어 점수에 지원 자격을 두고 있다. 토익 700점 정도만 넘으면 지원자격이 만족된 것이니 서류 통과가 된다는 의미다. 그래서 평가를 통한 '패스' 개념보다는 처음부터 그냥 지원 '자격' 자체로 인식하는 것이 맞는다.

그리고 서류 통과 배수가 있어서 서류 단계를 평가로 활용하는 나머지 45% 정도의 공기업도 대부분 배수가 많은 편이다. 50배수, 20~30배수 등이다. 대기업의 서류 통과 배수가 5배수에서 많아야 10배수 정도인 것과 비교될 수밖에 없다.(일부 20배수인 대기업도 있지만 정치적 이슈 때문에 순간적으로 늘린 것뿐 조금만 지나면 고무줄처럼 그 인원들은 다시 제자리로 돌아오곤 한다.)

공기업에서 10배수 이하인 곳은 대부분 복지쪽 공기업이다. 그래서 복지쪽 공기업을 지원하는 지원자들은 서류에 채워 넣을 스펙을 만들기 위해 고심하고 있다. 전체적으로 복지 공기업만 빼면 웬만한 공기업들은 스펙초월이나 적부가 아니더라도 일반 사기업보다는 지원자들에게 훨씬 더 많은 기회를 주고 있다는 것을 알 수 있다.

중요한 것은 면접 배수이다. 대부분이 2배수이고, 많아야 3~4배수 수준이다. 평균적으로 2.78배수를 면접전형까지 올린다. 엄청나게 많은 인원이 필기시험을 보게 되는데, 면접은 2~3배수다. 그러니 대부분이 필기시험에서 탈락하게 된다. '한국전력'의 사무직은 70배수를 뽑는데, 면접은 2.5배수다. 그러니 대부분이 NCS 필기시험에서 탈락하게 된다. 한국철도공사는 23년까지 무제한으로 왔다가, 면접은 2배수로 진행되었다. 2018년 상반기 채용 때 한국철도공사 채용에 69,000명이 지원한 적이 있었는데, 이때 면접에는 2,000명만 올라갔다. 67,000명이 NCS 필기시험에서 탈락한 것이다. 그래서 지원자들에게 공기업 채용은 NCS 필기시험에서 얼마나 유리한가에 달려있다는 인식이 퍼질 수밖에 없다.

3 필기시험의 구성

채용비리의 결과로 담당자들이 실형까지 선고받는 일이 잇따르면서 인사담당자들의 입장에서는 의혹을 남길 일을 조금이라도 하고 싶어 하지 않게 되었다. 그래서 주관성이라든가 외부 입김이 들어갈 여지가 조금이라도 있는 서류나 면접 단계를 최대한 축소하고, 객관적이면서도, 외주사에서 처리할 수밖에 없는 (말하자면 문제가 생기면 외주사의 책임으로 돌려버릴 수 있다는 뜻이다.) 필기시험의 영향력을 강화하였다. 그래서 이런 경향성은 당분간 계속 갈 수밖에 없다.

필기시험은 NCS 10대 직업기초능력만 보는 공기업과 NCS 10대 직업기초능력과 전공을 같이 보는 공기업으로 갈린다. 채용인원이 많은 상위 24개 공기업의 자료로 비교해 보면 다음과 같다.

공기업	NCS	전공
한국철도공사	○	○
한국전력공사	○	○
국민건강보험공단	○	○(법률)
서울교통공사	○	○
국민연금공단	○	○
한국농어촌공사	○	○
IBK기업은행	○	○
근로복지공단	○	○
LH한국토지주택공사	○	○
한국가스공사	○	○
LX한국국토정보공사	○	○
한국수자원공사	○	○
한국산업인력공단	○	–
한국지역난방공사	○	○
한국환경공단	○	○
한전KPS	○	○
한국수력원자력	○	○
한국공항공사	○	○
한국장애인고용공단	○	○
인천국제공항공사	○	○

중소벤처기업진흥공단	○	○
한국서부발전	○	○
한국중부발전	○	○
한국자산관리공사	–	○

(자세한 내용은 기업별 채용 홈페이지 참고)

NCS 10대 직업기초능력만 출제하는 기업은 갈수록 줄어들고 있어 전공의 비중이 높아지는 추세다. 그리고 전공은 문과와 이과의 경우에 평가하는 과목이 다르다.

○ 이과의 경우

이과가 지원하는 기술직은 대부분 전공 시험이 지원한 분야의 전공이다. 공기업 지원할 때 이과의 경우, 기사 자격증 혹은 그에 준하는 자격 조건을 요구하다 보니 지원하는 직무에 대해 전공 공부는 되어 있는 셈이다. 그래서 기사 자격증을 딸 정도의 전공 지식이라면 이 전공 시험을 치르는 데에는 큰 무리가 없다. 공기업 채용계의 공공연한 비밀 중 하나는 공기업에서 직무수행평가라는 이름으로 치러지는 전공 시험들은 사실 기사 자격증 문제를 그대로 따 와서 내는 것이라는 이야기가 많다.

이는 시험 출제가 몇몇 외주사들에 의해서 이루어진다는 데에 그 원인이 있다. 원래 문제 출제 외주사들은 각 분야에 전문가들을 둔다든가, 대학 교수들과 협력 체제를 구축해서 문제를 출제해야 하는데, 실제 그렇게 하다 보면 비용적인 부분이나 시간적인 부분, 그리고 문제 유출에 대한 위험성 등에 문제가 생기니까 그냥 자체 출제를 하는 경우가 많다. 그러다 보니 문제의 퀄리티와 난이도가 그렇게 뛰어나지 못한 경우가 많이 생겨서 이 외주사들은 다른 시험의 기출에서 그대로 가져오는 식의 선택을 할 때가 있다.

특히 전공 시험의 경우는 그런 경향이 심해서 기사 자격증 시험에서 실제 그대로 나오는 경우가 비일비재하다. 2016년 서울시농수산식품공사 신입사원 공개채용 필기시험은 '채용비리가 의심된다'고 할 정도로 문제가 똑같이 나왔었다. 4명을 뽑는 기술직 전기분야 필기시험 문제 전체가 전기기사 한 회차 시험문제에서 출제됐는데, 25문항 전체가 2011년도 전기기사 일반검정 1회차 100문제 가운데에서 그대로 가져왔다는 것이다. 그런데 사실 이건 채용비리라기보다는 문제를 출제하는 외주사의 성의가 너무 없었던 것이다. 보통 다들 베끼기를 하지만 여러 연도의 문제들을 폭넓게 써서 여기서 한 문제, 저기서 한 문제 하는 식인데, 이건 한 회차에서 그냥 가져왔으니 지원자들에게 인지가 된 것이다.

이런 연유로 기술직 지원자들은 기사 자격증 공부하던 기억과 경험을 살려서 전공을 준비하면 대체로 큰 무리가 없는 셈이다. 산업에 따라 다르지만 보통은 전기, 기계, 토목, 건축, 전산 등이 많이 뽑는 전공들이고, 그 외 화공, 환경 등의 전공들이 있다.

○ 문과의 경우

문과의 경우는 이과 직무에서 전공이나 자신이 소지한 기사 자격증에 맞춰 지원하는 것과 달리, 특별한 자격증을 요구하지도 않고 한정된 전공으로 제한하지도 않는다.

따라서 전공 필기시험을 완전히 새로 공부해야 하는 경우도 종종 발생한다. 예를 들어 일문과 전공인 지원자가 공기업의 행정직을 지원하면 적어도 경영, 경제, 법학, 회계, 행정 중에 한 과목은 봐야 하는데, 학교 다닐 때는 전혀 배우지 않은 생소한 과목들인 것이다.

이 다섯 과목 중 하나를 선택해서 보는 경우도 있고, 두 개씩 묶는 경우도 있다. 그리고 심지어 통합전공이라고 해서 이 다섯 과목 전부를 보아야 하는 경우도 있지만, 이런 경우는 많지 않고 소수다. 대부분은 한 과목을 선택하는 경우가 많다.

그리고 과목을 선택한 후에 그 과목 안에서도 출제되는 세부 시험 범위는 각 기업마다 다를 수 있다. 보통 한 과목들은 다음과 같은 세부 영역으로 나뉜다.

과목	세부 영역들
경영	경영학원론, 재무관리, 마케팅, 조직 및 인적관리
경제	경제학원론, 미시경제학, 거시경제학
행정	행정학원론, 행정조직론, 인사행정, 행정법
법학	헌법, 민법, 행정법, 인사소송법, 상법
회계	재무관리, 재무회계, 원가회계, 세법개론

모든 공기업에서 이 세부 영역들이 나온다는 것이 아니라, 이 중에 일부가 선택되어서 나오니까 자신이 지원할 공기업이 결정되면 채용공고나 후기를 잘 살펴서 구체적으로 어떤 영역들이 출제 범위인지 확인해야 한다.

이런 전공을 하지 않은 지원자들의 경우 사실 전공 과목의 벽이 있는 셈이니, 공기업 지원을 결심했다면 자신이 지원하는 기업에 따라 전공에 대한 공부 계획을 잘 세워야 한다.

○ NCS 직업기초능력

NCS 직업기초능력은 전공이 있건 없건 간에 대부분의 공기업에서 실시하고 있다. 몇 명 단위로밖에 뽑지 않는 공기업의 경우 서류와 면접 전형만 존재하는 경우도 많았는데, 채용비리 사건 이후 이런 채용에 의문을 드러내는 사람이 많아지면서, 소수의 경우라도 객관식 필기시험을 도입하는 경향이 확산되었다.

전공 시험에 어려움을 겪는 사람들은 NCS 직업기초능력만 보는 공기업으로 눈을 돌리는 것도 방법이다. 그리고 사실 시험에 전공이 없는, 그러니까 NCS 직업기초능력만 보는 경우가 53%로 전공 시험을 치르는 경우보다 많다. 문제는 그런 사람이 많다 보니 NCS 직업기초능력 시험만 보는 공기업들의 경우, 경쟁률이 치열하다는 것이다. 아무래도 대기업 준비와 같이 병행할 수 있다는 장점도 있다 보니 많은 사람들이 이런 채용에 지원하고 있다.

STEP 03 NCS 10대 직업기초능력

1 NCS 10대 직업기초능력의 원론적 구성

직업기초능력 영역		하위능력
1	의사소통능력	문서이해능력, 문서작성능력, 경청능력, 의사표현능력, 기초외국어능력
2	수리능력	기초연산능력, 기초통계능력, 도표분석능력, 도표작성능력
3	문제해결능력	사고력, 문제처리능력
4	자기개발능력	자아인식능력, 자기관리능력, 경력개발능력
5	자원관리능력	시간관리능력, 예산관리능력, 물적자원관리능력, 인적자원관리능력
6	대인관계능력	팀워크능력, 리더십능력, 갈등관리능력, 협상능력, 고객서비스능력
7	정보능력	컴퓨터활용능력, 정보처리능력
8	기술능력	기술이해능력, 기술선택능력, 기술적용능력
9	조직이해능력	국제감각, 조직체제이해능력, 경영이해능력, 업무이해능력
10	직업윤리	근로윤리, 공동체윤리

○ **의사소통능력이란?**

의사소통능력은 의사소통의 개념과 의사소통능력을 향상하는 방법에 대한 전반적인 내용을 다루는 것이다. 따라서 의사소통의 개념 및 중요성, 의사소통능력의 필요성, 의사소통의 종류, 의사소통능력 개발을 위한 방법을 교육내용으로 선정할 수 있다. 문서이해능력은 직장생활에서 필요한 문서를 확인하고, 읽고, 내용을 이해하여 업무 수행에 필요한 요점을 파악하는 능력을 기르는 것을 주요 교육내용으로 다루고 있으며, 문서이해 능력의 개념 및 중요성, 다양한 문서의 종류와 그에 따른 이해방법, 문서이해의 구체적인 절차와 원리, 문서이해를 통한 정보획득, 수집, 종합방법을 교육내용으로 선정할 수 있다.

문서작성능력은 목적과 상황에 적합한 정보를 전달할 수 있는 문서를 작성하는 것을 주요 교육내용으로 다루고 있으며, 문서작성의 개념 및 중요성, 문서작성의 종류 및 목적과 상황에 따른 예시, 문서작성의 절차와 과정, 문서작성 시 주의사항, 효과적인 문서작성 예시를 주요 교육내용으로 선정할 수 있다.

경청능력은 다른 사람의 말을 주의 깊게 들으며, 공감하고 반응하는 능력을 기르는 것을 주요 교육내용으로 다루고 있으며, 경청의 개념 및 중요성, 올바른 경청을 방해하는 요인, 경청의 바람직한 자세, 대상과 상황에 따른 경청법 및 훈련방법을 교육내용으로 선정할 수 있다.

의사표현능력은 목적과 상황에 맞는 말과 비언어적 행동을 통해 정보를 효과적으로 전달하는 능력을 기르는 것을 주요 교육내용으로 다루고 있으며, 의사표현의 개념 및 중요성, 의사표현의 방해요인과 제거방법, 원활한 의사소통을 위한 지침, 설득력 있는 의사표현의 기본요소 및 특성을 교육내용으로 선정할 수 있다.

기초외국어능력은 외국어로 된 간단한 자료를 이해하거나 간단한 외국인의 의사표현을 이해하는 능력을 기르는 것을 주요 교육내용으로 다루고 있으며, 기초외국어능력의 개념 및 중요성, 기초외국어능력이 필요한 상황과 종류, 비언어적 표현방법의 유형과 효과, 기초외국어능력 향상을 위한 교육방법을 교육내용으로 선정할 수 있다.

○ 수리능력이란?

수리능력은 직장생활에서 필요한 기초적인 연산과 통계방법, 도표작성 및 분석의 중요성에 대한 전반적인 내용을 다루는 것이다. 따라서 수리능력의 중요성, 효과적인 연산수행 방법, 기본적인 통계방법, 도표작성의 중요성을 교육내용으로 선정할 수 있다.

기초통계능력은 업무를 수행할 때 효과적으로 연산을 수행하는 방법과 이를 활용하는 내용을 다루고 있으며, 논리적인 연산수행 방법, 효과적인 검산법을 교육내용으로 선정할 수 있다. 기초통계능력은 주요 통계방법에 대한 이해와 활용을 주요 교육내용으로 다루고 있으며, 통계의 의미, 통계방법의 종류, 통계자료 해석방법을 교육내용으로 선정할 수 있다.

도표분석능력은 도표의 종류를 이해하고 업무에 적합하게 활용하는 것을 주요 교육내용으로 다루고 있으며, 도표의 종류, 도표의 종류별 특징, 효과적인 도표분석 방법을 교육내용으로 선정할 수 있다. 도표작성능력은 도표를 작성하는 목적을 이해하고 절차에 따라 핵심기법을 사용하여 도표를 작성하는 것을 주요 교육내용으로 다루고 있으며, 도표작성의 절차, 도표작성 시 유의사항, 도표작성 실제를 교육내용으로 선정할 수 있다.

○ 문제해결능력이란?

문제해결능력은 문제와 문제해결에 필요한 전반적인 것이다. 따라서 문제의 의미, 문제의 유형, 문제해결의 의미, 문제해결의 기본적 사고, 문제해결의 장애요소를 교육내용으로 선정할 수 있다. 사고력의 교육내용은 문제해결을 위해서 필요한 창의적 사고, 논리적 사고, 비판적 사고를 이해하고 배양할 수 있도록 창의적 사고의 의미, 개발방법, 논리적 사고의 의미, 개발방법, 비판적 사고의 의미, 개발방법을 교육내용으로 선정할 수 있다. 문제처리능력은 문제해결 절차에 따른 과정을 주요 내용으로 다루고 있으며, 문제 인식, 문제 도출, 원인 분석, 해결안 개발, 실행 및 평가 단계의 의미와 절차를 교육내용으로 선정할 수 있다.

○ 자원관리능력이란?

자원관리능력은 자원관리능력, 시간관리능력, 예산관리능력, 물적자원관리능력, 인적자원관리능력에 관한 것이다. 자원관리능력의 교육내용은 시간관리능력, 예산관리능력, 물적자원관리능력, 인적자원 관리능력에 필요한 전반적인 내용을 다루는 것이다. 따라서 자원의 의미 및 중요성, 자원낭비요인, 효과적인 자원관리과정을 교육내용으로 선정할 수 있다.

시간관리능력의 교육내용은 시간자원 이해, 시간자원 확보 방법, 시간계획 수립 방법, 시간자원 할당 방법을 습득할 수 있도록 시간의 특성 및 의미, 시간관리방법, 시간낭비요인, 효과적인 시간계획을 교육내용으로 선정할 수 있다. 예산관리능력은 예산의 확인, 예산의 할당 방법을 습득할 수 있도록 예산관리의 필요성, 예산의 구성요소, 효과적인 예산수립, 예산집행 관리를 교육내용으로 선정할 수 있다.

물적자원관리능력은 물적자원 확인, 물적자원 할당 방법을 습득할 수 있도록 물적자원의 의미, 물적자원 활용의 방해요인, 효과적인 물적자원관리 과정, 물적자원관리 방법을 교육내용으로 선정할 수 있다. 인적자원관리능력은 인적자원 확인, 인적자원 할당 방법을 습득할 수 있도록 인적자원의 의미, 인적자원관리의 필요성, 인맥 관리, 팀원관리를 교육내용으로 선정할 수 있다.

○ 자기개발능력이란?

자기개발능력의 교육내용은 자기개발능력, 자아인식능력, 자기관리능력, 경력개발능력에 관한 것이다. 자기개발능력의 교육내용은 자기개발과 관련된 자신을 이해하고, 관리하며, 경력을 개발하는 전반적 내용을 다루는 것이다. 따라서 자기개발의 의미와 중요성, 자기개발 과정, 방해요인, 자기개발 계획 수립, 자기 브랜드화 전략을 교육내용으로 선정할 수 있다.

자아인식능력은 자신을 이해하기 위한 방법과 실제적인 자아발견을 주요 교육내용으로 다루고 있으며, 자아인식의 의미, 자아인식의 방법, 일과 관련된 자신의 특징 파악, 자신의 경험 반성을 교육내용으로 선정할 수 있다. 자기관리능력은 자기관리 단계별 계획을 수립하고 주요 자기관리 방법을 내용으로 다루고 있으며, 자기관리 단계별 계획수립, 자기 내면 관리, 업무수행 성과 관리, 합리적인 의사결정을 교육내용으로 선정할 수 있다.

경력개발능력은 개인의 경력단계를 이해하고 이에 따른 경력개발 계획을 수립하는 것을 주요 내용으로 다루고 있으며, 경력개발의 의미와 중요성, 나의 경력단계 이해하기, 경력개발 계획 수립, 경력개발 최근 이슈를 교육내용으로 선정할 수 있다.

○ 대인관계능력이란?

대인관계능력, 팀워크능력, 리더십능력, 갈등관리능력, 협상능력, 고객서비스능력에 관한 것이다. 대인관계능력의 교육내용은 대인관계능력 향상에 필요한 전반적인 내용을 다루는 것이다. 따라서 대인관계능력의 의미와 중요성, 대인관계 향상 방법을 교육내용으로 선정할 수 있다.

팀워크능력은 팀워크의 의미, 효과적인 팀의 특성, 멤버십의 의미, 팀워크 촉진 방법을 교육내용으로 선정할 수 있다. 리더십능력은 리더십의 의미, 리더십 유형, 동기부여 방법, 코칭의 의미, 임파워먼트의 의미, 변화관리 방법을 교육내용으로 선정할 수 있다. 갈등관리능력은 갈등의 의미와 원인, 핵심적인 갈등 파악 방법, 갈등 해결 방법, 윈-윈 갈등관리법의 의미, 조직의 갈등 줄이는 방법을 교육내용으로 선정할 수 있다.

협상능력은 협상의 의미, 협상과정, 협상전략, 타인 설득 방법을 교육내용으로 선정할 수 있다. 고객서비스능력은 고객서비스의 의미, 고객의 불만 표현 유형 및 대응방안, 고객불만처리 과정, 고객만족조사를 교육내용으로 선정할 수 있다.

○ 정보능력이란?

정보능력은 정보능력, 컴퓨터활용능력, 정보처리능력에 관한 것이다. 정보능력의 교육내용은 컴퓨터활용과 정보처리에 필요한 전반적인 내용을 다루는 것이다. 따라서 정보의 의미, 정보화사회의 특징, 컴퓨터 활용 분야, 정보처리 과정, 사이버 공간에서 지켜야 할 예절, 개인정보 보안의 중요성을 교육내용으로 선정할 수 있다.

컴퓨터활용능력의 교육내용은 컴퓨터 관련 이론 이해, 인터넷 정보검색, 소프트웨어 활용 능력을 함양할 수 있도록 인터넷 서비스의 종류, 인터넷 정보검색 방법, 소프트웨어의 활용 방법, 데이터베이스 구축의 필요성을 교육내용으로 선정할 수 있다. 정보처리능력은 정보처리절차에 따른 과정을 주요 내용으로 다루고 있으며, 정보수집, 정보분석 및 가공, 정보관리, 정보활용 단계의 의미와 절차를 교육내용으로 선정할 수 있다.

○ **기술능력이란?**

기술능력은 기술이해능력, 기술선택능력, 기술적용에 관한 것이다. 기술능력은 기술의 개념과 기술능력에 대한 전반적인 내용을 다루는 것이다. 따라서 기술의 의미와 중요성, 기술능력의 의미와 중요성, 기술능력 향상 방법, 미래의 유망한 기술, 지속가능한 기술, 산업재해 예방방법을 교육내용으로 선정할 수 있다.

기술이해능력은 기본적인 직장생활에 필요한 기술의 원리 및 절차를 이해하는 것을 주요 교육내용으로 다루고 있으며, 기술발전방법, 기술혁신을 위한 방법, 실패한 기술의 영향 등을 교육내용으로 선정할 수 있다. 기술선택능력은 기본적인 직장생활에 필요한 기술을 선택하는 것을 주요 교육내용으로 다루고 있으며, 기술 선택을 위한 의사결정, 벤치마킹을 통한 기술선택, 매뉴얼을 통한 기술활용을 교육내용으로 선정할 수 있다.

기술적용능력은 기본적인 직장생활에 필요한 기술을 실제로 적용하고 결과를 확인하는 것을 주요 교육내용으로 다루고 있으며, 기술적용 시 주의사항, 기술경영자의 역할, 네트워크 혁명의 특징 등을 교육내용으로 선정할 수 있다.

○ **조직이해능력이란?**

조직이해능력은 조직이해능력, 경영이해능력, 체제이해능력, 업무이해능력, 국제감각에 관한 것이다. 조직이해능력은 조직의 개념과 조직을 이해하는 방법에 대한 전반적인 내용을 다루는 것이다. 따라서 조직의 개념 및 조직이해의 필요성, 조직의 경영, 체제 및 업무이해, 국제감각, 환경변화에 따른 조직변화 계획 수립, 조직과 개인의 관계를 교육내용으로 선정할 수 있다.

경영이해능력은 조직경영의 방법과 전략을 이해하는 것을 주요 교육내용으로 다루고 있으며, 조직경영의 방법, 조직의 의사결정 과정, 다양한 조직경영 전략, 근로자의 조직경영 참여방법을 교육내용으로 선정할 수 있다. 체제이해능력은 조직의 다양한 체제들을 이해하는 것을 주요 교육내용으로 다루고 있으며, 조직목표 개념, 조직구조의 결정요인 및 형태, 조직문화의 특징, 조직 내 집단의 기능과 유형을 교육내용으로 선정할 수 있다.

업무이해능력은 업무의 특성을 이해하고 효과적인 업무수행 계획을 수립하는 것을 주요 교육내용으로 다루고 있으며, 업무특성의 개념 및 구분, 업무수행 계획수립, 업무수행 시 방해요인을 교육내용으로 선정할 수 있다. 국제감각은 세계화에 따라 다른 나라의 문화를 이해하고 국제적인 동향을 파악하는 것을 주요 교육내용으로 다루고 있으며, 세계화의 개념 및 국제감각의 필요성, 다른 나라 문화 이해방법, 국제동향 파악방법, 국제매너의 중요성 및 예시를 교육내용으로 선정할 수 있다.

○ **직업윤리란?**

직업윤리는 직업윤리, 근로윤리, 공동체윤리에 관한 것이다. 직업윤리의 교육내용은 직업윤리 전반에 대한 내용을 다루는 것이다. 따라서 윤리의 의미, 직업의 의미, 직업윤리의 의미를 교육내용으로 선정할 수 있다. 근로윤리의 교육내용은 근면한 태도, 정직한 행동, 성실한 자세, 정직하지 못한 행위로 인한 사회적 손실을 교육내용으로 선정할 수 있다. 공동체윤리는 봉사(서비스), 책임, 준법, 예절, 성예절의 의미를 교육내용으로 선정할 수 있다.

2 객관식 필기시험으로서의 실제적인 NCS 영역 구성

10대 직업기초능력의 원론적 구성은 매우 타당하고 좋은 의미를 가지지만, 문제는 그것을 객관식으로 물어보게 되면 변별성 면에서 효과적인가 하는 의문이 생긴다. 사실 10대 직업기초능력 중 몇 가지는 태생부터 변별성이 필요한 객관식 문제로서의 기능이 결여되어 있기도 하다.

다음과 같은 문항을 보자.

상사가 이번에 들어온 신입사원을 훈련시키고 있다. 당신은 그렇게 도가 지나치다고 생각하지 않는데, 신입사원의 심지가 약해서인지 신입사원은 심각할 정도로 그런 부분에 대해 고민하고 있다. 옆에서 지켜보던 당신, 어떻게 하겠는가?

① 어차피 그 정도도 못 견디면 회사 생활하기 힘드니, 그냥 모른 척 한다.
② 사람마다 훈련의 방법은 달라야 하는 것이니, 상사에게 상황을 보고하고 조금 약하게 훈련시킬 것을 건의한다.
③ 상사의 방침에 대해 관여하지는 않지만, 신입사원과 술잔을 기울이며 고민을 들어준다.
④ 선배 때도 다 그만큼은 했다면서 신입사원을 다그친다.

이런 문항은 정답이 존재하지는 않는다. 다른 문항의 답변들과 같이 고려되어 지원자가 어떤 성향인지를 밝혀줄 뿐이다. 아마도 ①과 ④는 극단적이니, 조금 타협안이라고 할 수 있는 ②와 ③으로 응답하는 사람이 많을 것이다. 그러니 이런 문항들은 변별성을 가져다 줄 수가 없다.

자기개발능력, 대인관계능력, 직업윤리의 세 영역은 능력이라기보다는 태도에 대한 문제여서, 차라리 인성검사로 실시되는 것이지 변별성이 필요한 객관식 시험문제로서는 그리 적절하지 않다. 이들 영역을 필기시험으로 출제하는 공기업은 거의 없지만 만약 있다 하더라도 실제 문제들을 접해 보면 딱히 어렵다거나 풀이가 필요하다기보다는 가벼운 인성문제처럼 느껴질 것이다.

그래서 실제적으로는 다음과 같이 구분된다고 보면 된다.

적성(능력)	인성(태도)
의사소통능력 수리능력 문제해결능력 자원관리능력 기술능력 정보능력 조직이해능력	대인관계능력 직업윤리 자기개발능력

태도와 관계된 부분은 인성시험으로 따로 평가하게 되는 경향이 많고 대부분 NCS 시험이라고 할 때는 그래서 능력을 테스트하는 좌측의 7가지 영역이 주로 지칭되고 있다.

3 NCS 직업기초능력은 알고 보면 One TesT

많은 책들, 강의들이 NCS 직업기초능력을 왜 보는지 이해하지 못한 채, 그저 문제유형 정리로만 구성되어 있다 보니, 지원자들 역시 NCS 직업기초능력 시험을 어떻게 준비해야 하는지, 준비가 가능한 것인지 감조차 못 잡는 경우가 많다.

NCS 직업기초능력은 크게 보자면 '외부로부터 주어지는 정보를 이해하고 활용하는 능력이 있는가를 체크하는 시험'이다. 이걸 무슨 암기과목 대하듯이 하나하나 잘라보며 영역별로 다른 시험으로 인식하면 근본적인 실력 향상에 이를 수 없다.

미래인재의 조건은 'what'이 아니라 'how'다. '무엇을 알고 있는가?' 같은 것은 암기과목으로 테스트하는 것이고, '어떻게 알 수 있는가?'가 NCS 직업기초능력을 통해 테스트하고자 하는 것이다.

유발 하라리가 〈사피엔스〉에서 언급했듯이 현대 사회는 과거 100년간 일어난 변화의 양이 1년 만에 일어나는 시대다. 그러니 아무리 많이 알고 있어봤자 1년만 지나면 알고 있는 것의 반은 '잘못된 지식'이 되는 현실이다. 그래서 미래인재의 조건은 계속적으로 발생하는 엄청난 양의 정보 중, 빠르게 정보들을 확인한 뒤에, 그중 중요한 정보를 이해하고 받아들여 자신의 것으로 적용할 수 있는 능력이다.

학력시험이 아닌 능력시험인 NCS 10대 직업기초능력 시험은 바로 그런 점을 체크하는 시험이다. 정보이해와 정보활용이라는 측면에서 영역을 구분하면, 자주 출제되는 7대 영역은 다음과 같이 구분된다.

정보이해 계열	정보활용 계열
의사소통능력 수리능력	문제해결능력 자원관리능력 기술능력 정보능력 조직이해능력

NCS 직업기초능력은 정보를 이해하는 능력과 그것을 활용하는 능력으로 구성되어 있다. 암기한 지식을 바탕으로 문제를 푸는 것이 아니라, 문제 안에 주어진 정보를 이해하고 그것을 바탕으로 적용하는 식으로 문제가 구성되는 것이다.

○ **정보이해 계열의 문제: 의사소통능력, 수리능력**

정보이해 계열은 Text 형태로 된 정보를 이해하는 영역과 표나 그래프처럼 수치적으로 주어진 정보를 이해하는 영역으로 나뉜다.

계열	해당영역	내용
정보이해	의사소통능력	Text 형태로 된 정보를 빨리 읽고 이해하기
	수리능력	수리나 표같이 수치적으로 주어진 정보를 빨리 읽고 이해하기

이 문제들은 수능 같은 시험에서도 종종 볼 수 있는 형태이기 때문에 아주 낯선 문제들은 아니다.

예를 들어 의사소통능력은 수능의 비문학과 가장 유사하다고 보면 된다. Text로 된 정보를 이해하고 자신의 이해도를 문제로 테스트받는 것이다.

다음 글에서 알 수 있는 것은?

구글의 디지털도서관은 출판된 모든 책을 디지털화하여 온라인을 통해 제공하는 프로젝트이다. 이는 전 세계 모든 정보를 취합하여 정리한다는 목표에 따라 진행되며, 이미 1,500만 권의 도서를 스캔하였다. 덕분에 셰익스피어 저작집 등 저작권 보호 기간이 지난 책들이 무료로 서비스되고 있다.

이에 대해 미국 출판업계가 소송을 제기하였고, 2008년에 구글이 1억 2,500만 달러를 출판업계에 지급하는 것으로 양자 간 합의안이 도출되었다. 그러나 연방법원은 이 합의안을 거부하였다. 디지털도서관은 많은 사람들에게 혜택을 줄 수 있지만, 이는 구글의 시장독점을 초래할 우려가 있으며, 저작권 침해의 소지도 있기에 저작권자도 소송에 참여하라고 주문하였다.

구글의 지식 통합 작업은 많은 이점을 가져오겠지만, 모든 지식을 한곳에 집중시키는 것이 옳은 방향인가에 대해서는 숙고가 필요하다. 문명사회를 지탱하고 있는 사회계약이란 시민과 국가 간의 책임과 권리에 관한 암묵적 동의이며, 집단과 구성원 간, 또는 개인 간의 계약을 의미한다. 이러한 계약을 위해서는 쌍방이 서로에 대해 비슷한 정도의 지식을 가지고 있어야 한다는 전제조건이 충족되어야 한다. 그런데 지식 통합 작업을 통한 지식의 독점은 한쪽 편이 상대방보다 훨씬 많은 지식을 가지는 지식의 비대칭성을 강화한다. 따라서 사회계약의 토대 자체가 무너질 수 있다. 또한 지식 통합 작업은 지식을 수집하여 독자들에게 제공하고자 하는 것이지만, 더 나아가면 지식의 수집뿐만 아니라 선별하고 배치하는 편집 권한까지 포함하게 된다. 이에 따라 사람들이 알아도 될 것과 그렇지 않은 것을 결정하는 막강한 권력을 구글이 갖게 되는 상황이 초래될 수 있다.

① 구글과 저작권자의 갈등은 소송을 통해 해결되었다.
② 구글의 지식 통합 작업은 사회계약의 전제조건을 더 공고하게 할 것이다.
③ 구글의 지식 통합 작업은 독자들과 구글 사이에 평등한 권력 관계를 확대할 것이다.
④ 구글의 디지털도서관은 지금까지 스캔한 1,500만 권의 책을 무료로 서비스하고 있다.
⑤ 구글의 지식 통합 작업은 지식의 수집에서 편집권을 포함하는 것까지 확대될 수 있다.

정답 | ⑤

해설 | "또한 지식 통합 작업은 지식을 수집하여 독자들에게 제공하고자 하는 것이지만, 더 나아가면 지식의 수집뿐만 아니라 선별하고 배치하는 편집 권한까지 포함하게 된다." → 지식의 수집뿐 아니라 편집권까지 나아갈 수 있다고 명시하고 있다.

① "이에 대해 미국 출판업계가 소송을 제기하였고, 2008년에 구글이 1억 2,500만 달러를 출판업계에 지급하는 것으로 양자 간 합의안이 도출되었다. 그러나 연방법원은 이 합의안을 거부하였다." → 합의안이 거부되었으므로 아직 해결된 것은 아니다.

② "따라서 사회계약의 토대 자체가 무너질 수 있다." → 구글의 지식 통합 작업으로 인하여 사회계약의 토대가 무너질 수 있다고 경고하고 있다.

③ "그런데 지식 통합 작업을 통한 지식의 독점은 한쪽 편이 상대방보다 훨씬 많은 지식을 가지는 지식의 비대칭성을 강화한다." → 평등관계가 깨지게 되고, 한쪽의 권력을 강화하게 될 것이다.

④ "이는 전 세계 모든 정보를 취합하여 정리한다는 목표에 따라 진행되며, 이미 1,500만 권의 도서를 스캔하였다. 덕분에 셰익스피어 저작집 등 저작권 보호 기간이 지난 책들이 무료로 서비스되고 있다." → 스캔한 것이 1,500만 권이고 실제로 서비스되는 것은 이 중 저작권 보호기간이 지난 것들이다.

수리능력은 응용계산과 자료해석 문제로 나누어지는데, 응용계산은 사실 20% 비중 정도고, 대부분은 자료해석 문제다. 그러니까 수리 문제가 20문제라고 치면 보통 응용계산은 4문제 이하로 나오거나 안 나올 때도 있다는 얘기다. 수리능력의 핵심은 자료해석인데, 정보의 형태가 Text가 아닌 자료, 그러니까 표나 그래프 같은 것으로 주어지고, 이 자료를 읽어내는 능력을 테스트하는 문제들이다. 이렇게 가장 기본이 되는 두 유형은 주어진 정보를 빠르고 정확하게 이해하는 능력을 체크하는 문제들이다.

다음 [그래프]는 A국의 2012~2017년 태양광 산업 분야 투자액 및 투자건수에 관한 자료이다. 이에 대한 설명으로 옳지 않은 것은?

[그래프] 태양광 산업 분야 투자액 및 투자건수

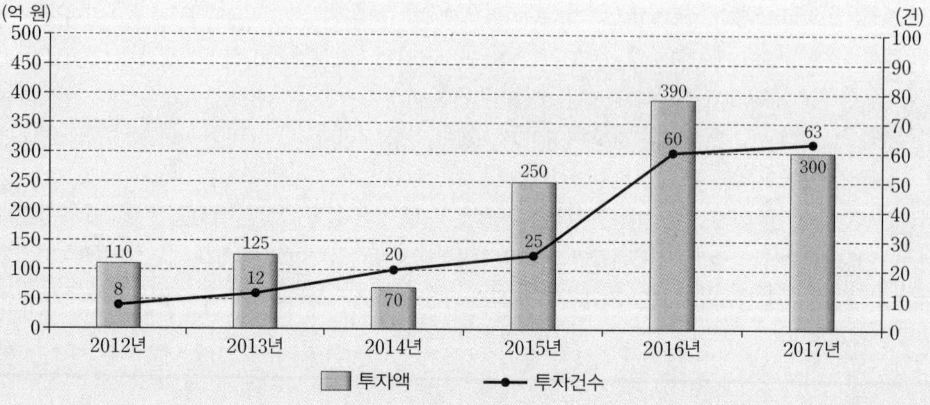

① 2013~2017년 동안 투자액의 전년 대비 증가율은 2016년이 가장 높다.

② 2013~2017년 동안 투자건수의 전년 대비 증가율은 2017년이 가장 낮다.

③ 2012년과 2015년 투자건수의 합은 2017년 투자건수보다 작다.

④ 투자액이 가장 큰 연도는 2016년이다.

⑤ 투자건수는 매년 증가하였다.

정답 | ①

해설 | 2016년의 투자액의 전년 대비 증가율은 $\frac{390-250}{250}\times100=56(\%)$인 데 비해서, 2014년에서 2015년이 될 때에는 $\frac{250-70}{70}\times100\fallingdotseq257(\%)$로 훨씬 높다.

② 2017년이 $\frac{63-60}{60}\times100=5(\%)$로 가장 낮다.

③ 2012년과 2015년 투자건수의 합은 $8+25=33$(건)이고, 2017년 투자건수는 63건이다.

④ 투자액이 가장 큰 연도는 2016년으로 390억 원에 달한다.

⑤ 꺾은선그래프로 표현된 투자건수는 매년 늘어나고 있다.

○ **정보활용 계열의 문제: 문제해결(자원관리, 정보이해, 조직이해, 기술능력)**

정보를 활용하는 영역은 사실 문제해결이라는 영역으로 모두 표시가 된다. 문제해결의 일반적 과정은 주어진 문제를 이해하고 그것에 대한 대안을 설정하는 식으로 진행된다. 이 과정에서 상황을 판단하는 능력과 대안을 결정하는 능력들이 필요하다. 문제를 해결하는 과정을 프로세스로 보면 다음과 같다.

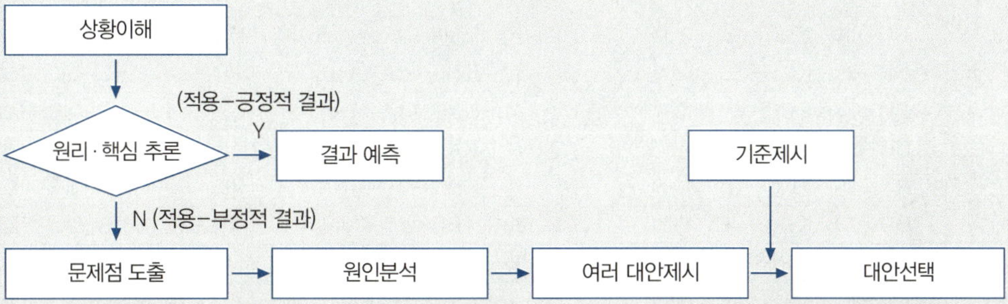

주어진 문제상황을 이해하고, 그 정보 안에서 핵심적인 내용이나 원리 등을 추출해 낸다. 그리고 그것들을 새로운 상황이나 앞으로의 상황에 적용해서 결과를 예측하는데, 그 결과가 긍정적이라면 이는 결과 예측으로 분류한다. 그런데 그 결과가 부정적이면 이는 문제점 도출이 된다. 말하자면 기존의 정보들을 바탕으로 새로운 상황에 대해 시뮬레이션을 해 보는 것이다.

여러 대안제시 상황에서 이렇게 하나의 대안을 선택하는 과정을 중분류로 '의사결정' 과정이라 명명하자.

문제해결능력이라는 이름의 영역은 사실상 정보를 이해하고, 활용하는 모든 능력을 다 지칭할 수 있다. 그래서 사실 문제해결이라고 하면 대부분의 유형을 다 낼 수 있다. 앞서 개별 공기업들의 문제출제 경향을 보았을 때 의외로 다양하지 않고, 의사소통, 수리, 문제해결의 세 영역으로 단순화되는 것은, 사실 이 문제해결 안에 모든 문제를 다 담을 수 있기 때문이다.

정보를 활용하는 계열의 영역을 정리하면 다음과 같다.

정보활용 계열		
문제해결능력	(상황판단)	기술능력/정보능력
	(의사결정)	자원관리능력/조직이해

○ **문제해결 中 상황판단(기술능력과 정보능력 포함)**

문제해결은 상황을 판단하고 의사를 결정하는 모든 유형을 포괄할 수 있다. 그런데 이것을 세부적으로 나누면 기술능력과 정보능력은 상황을 판단하는 능력이 주로 출제되게 된다. 기술적인 정보 같은 것을 준 다음에 그것의 원리를 파악하고 적용하는 형태의 문제들이다.

예를 들어 다음은 산업인력공단이 게시한 NCS 샘플 문제 중 정보능력에 해당하는 문제다.

아래는 창고에 있는 총 36개 건설 장비의 코드 목록이며 이 건설 장비들은 모두 한 회사에서 생산된 제품이다. 코드 부여 방식을 참고할 때, 다음 중 올바른 설명은?

BU-35-KRC-5C-1202	EX-70-KRA-4C-1505	DU-12-KRC-3A-1505
CR-23-KRB-2C-1302	DU-12-KRC-3A-1410	FO-10-KRC-5C-1302
BU-35-KRC-5C-1201	DU-11-KRC-4A-1207	CM-20-KRB-2C-1311
DU-12-KRA-4C-1401	EX-69-KRC-5C-1302	LO-62-KRC-4A-1403
BU-35-KRC-1A-1509	DU-12-KRA-4C-1504	RO-62-KRA-4C-1510
DU-12-KRA-4C-1503	CR-23-KRB-2C-1305	CU-44-KRB-2C-1309
CM-20-KRB-2C-1203	BU-35-KRC-1A-1403	LO-62-KRA-4C-1507
FO-10-KRA-4C-1405	BU-35-KRC-5C-1302	BU-35-KRC-5C-1302
DU-11-KRC-3A-1206	BU-35-KRC-5C-1009	DU-12-KRC-5A-1412
BU-35-KRC-1A-1304	BU-35-KRC-4A-1406	BU-35-KRC-5C-1307
CM-20-KRB-2C-1305	DU-12-KRA-4C-1502	CR-23-KRB-2C-1308
BU-35-KRC-2A-1212	DU-12-KRC-2A-1501	BU-35-KRC-1A-1109

[코드 부여 방식]

[장비 종류]-[모델 번호]-[생산 국가 도시]-[공장과 라인]-[제조연월]

[예시]

DU-12-KRA-4C-1503

2015년 3월에 한국 인천 4공장 C라인에서 생산된 덤프트럭 12번 모델

장비 종류 코드	장비 종류	생산 국가 도시 코드	생산 국가 도시
BU	불도저	CNA	중국 톈진
CM	콘크리트믹서트럭	CNB	중국 다롄
CR	기중기	CNC	중국 항저우
CU	쇄석기	KRA	한국 인천
DU	덤프트럭	KRB	한국 군산
EX	굴삭기	KRC	한국 창원
FO	지게차		
LO	로더		

① 창고에 있는 장비 중 굴삭기와 로더는 있지만 쇄석기는 없다.

② 창고에 있는 장비 중 2013년 이전에 생산된 것이 절반 이하이다.

③ 창고에 있는 불도저는 모두 한국의 한 도시에서 생산된 것들이다.

④ 창고에 있는 덤프트럭의 모델 종류는 최소 3가지 이상이 존재한다.

⑤ 2014년 2월 중국 톈진 5공장 C라인에서 생산된 지게차 12번 모델은 FO-12-CNB-5C-1402라고 코드를 표시해야 한다.

정답 | ③

해설 | 창고에 있는 불도저 BU의 생산 국가 도시 코드는 모두 KRC이므로 전부 한국 창원에서 생산된 것들이다.

이 문제를 보면 주어진 상황에서 코드를 만드는 방법을 파악한 후에 그것을 적용하는 문제라는 것을 알 수 있다. 이것이 암기가 필요한 학력 테스트 형태의 문제라면 코드를 파악하는 방법을 사전에 알고서 적용해야 하는 형태로 출제되었을 것이다. 하지만 능력 테스트이기 때문에 문제 푸는 데 필요한 모든 정보는 문제 안에 주어져 있다. 그것을 이해하고 적용하는 문제다.

○ **문제해결 中 의사결정(자원관리능력, 조직이해 포함)**

의사결정은 자원관리능력과 조직이해로 나뉜다. 의사결정은 기준제시와 합해져서 의미를 가진다고 설명했다. 예를 들어 다음은 산업인력공단이 게시한 NCS 샘플 문제 중 자원관리능력에 해당하는 문제다.

아래의 제시 상황을 보고 J가 선택할 교통편으로 가장 적절한 것을 고르면?

영화 제작사 홍보부 사원 J는 부산에서 열리는 영화제 개막식에 참가하고자 교통편을 알아보고 있다. J는 당일 부서회의에 참석해야 하며, 회의 종료 시각은 오후 2시이다.

◆ 부산영화제 개막식 안내

– 일시 및 장소: 20××. 10. 02.(목) PM 14:00~20:00, 부산 센텀시티

※ 개막식 입장 가능 시간은 종료 2시간 전까지

◆ 회사에서 공항 및 기차역까지 소요시간

출발지	도착지	소요시간
회사	김포공항	130분
	서울역	60분

◆ 비행기 및 기차 이동 시간

구분	운행요일	출발지	출발시간	소요시간
비행기	화/목	김포공항	16:30	55분
KTX	매일	서울역	매시 정각	150분

◆ 센텀시티 오시는 길

출발지	도착지	소요시간
공항 리무진 버스	김해공항	55분
버스	김해공항	70분
	부산역	40분
택시	김해공항	50분
	부산역	30분
도시철도	공항역	53분
	부산역	38분

① KTX – 버스

② KTX – 택시

③ 비행기 – 택시

④ 비행기 – 공항 리무진 버스

정답 | ②

해설 | 주어진 여러 시간자원을 수집하여 실제 업무상황에서 시간자원을 어떻게 활용할 것인지 계획하고 할당하는 능력을 측정하는 문항이다. KTX를 타고 부산역으로 이동 후 택시를 타고 센텀시티로 이동하면 오후 6시에 도착하게 된다. 개막식 종료 2시간 전까지 도착하는 유일한 교통편이다. 따라서 정답은 ②이다.

① KTX를 타고 부산역으로 이동 후 버스를 타고 센텀시티로 이동하면 오후 6시 10분에 도착하게 되므로 적절하지 않다.

③ 비행기를 타고 김해공항으로 이동 후 택시를 타고 센텀시티로 이동하면 오후 6시 15분에 도착하게 되므로 적절하지 않다.

④ 비행기를 타고 김해공항으로 이동 후 공항 리무진 버스를 타고 센텀시티로 이동하면 오후 6시 20분에 도착하게 되므로 적절하지 않다.

이 문제를 보면 기준은 18시까지 도착해야 한다고 주어져 있다. 여러 안 중 이 기준에 부합하는 안은 하나밖에 없기 때문에 답을 찾을 수 있다.

조직이해 역시 주로 나오는 문제가 되는 영역은 의사결정 과정에서 어떤 의사결정을 할 것인가가 주가 된다. 결재규정을 주고 적용해서, 최종 결재안을 어떻게 가져갈 것인가 같은 문제들이나 SWOT 분석에서 최종안은 무엇인가 찾아내는 문제들이 이에 속한다.

4 시험장에서 만날 수 있는 아주 실제적인 NCS 직업기초능력의 영역은?

NCS 직업기초능력은 정보이해와 정보활용이라는 두 축을 바탕으로 7가지 영역이 배치된다는 것을 알았다. 하지만 실제로 나오는 문제들을 보면 7가지 영역이 아니라 3개 혹은 4개 영역의 시험인 경우가 많다.

실제 채용인원이 많은 상위 25개 기업의 NCS 직업기초능력의 출제영역을 보면 다음과 같다.

공기업	필기 출제 영역
한국전력공사	사무 NCS 50문항/70분(의사소통, 수리, 문제해결+자원관리, 정보) 전기 55문항/70분(NCS 40문항−의사소통, 수리, 문제해결, 자원관리+기술능력(전공) 15문항) 기타 55문항/70분(NCS 40문항−의사소통, 수리, 문제해결, 정보능력+기술능력(전공) 15문항)
한국철도공사	50문항/60분(NCS 25문항−의사소통, 수리, 문제해결+전공(직무수행능력평가 25문항))
국민건강보험공단	NCS 60문항/60분(의사소통, 수리, 문제해결)+법률 20문항/20분
인천국제공항공사	사무·기술 NCS 60문항/65분(의사소통, 수리, 문제해결, 자원관리, 정보+조직이해, 기술) +전공 50문항/60분(지원한 분야의 전공) 관제 NCS 60문항/65분(의사소통, 수리, 문제해결, 자원관리, 정보+조직이해, 기술)
IBK기업은행	금융일반: NCS 25문항+직무수행능력평가 45문항 디지털/금융전문: NCS 20문항+직무수행능력평가 50문항
한국수력원자력	90문항/90분{NCS 70%(60문항) − 의사소통, 수리, 문제해결, 자원관리+조직이해, 직무수행능력(법학·행정학·경제학·경영학(회계학포함)(25문항), 직무수행능력평가(5문항)}
한국수자원공사	NCS 40문항/40분(의사소통, 수리, 문제해결, 자원관리)+전공 40문항/50분
한국가스공사	NCS 50문항/60분(의사소통, 수리, 문제해결, 자원관리, 정보능력) 직무수행능력평가 50문항/50분
한국산업인력공단	80문항/80분(NCS 40문항+한국사 20문항+영어 20문항)
근로복지공단	100문항/100분 (NCS 70문항 − 의사소통, 수리, 문제해결, 자원관리+전공 30문항)
주택도시보증공사	NCS 40문항/60분 − 전영역 전공필기(신입직 − 관리6급 대상)
서울교통공사	80문항/100분(NCS 40문항+전공 40문항)
중소벤처기업진흥공단	NCS 50문항/60분+전공 40문항/50분

한국자산관리공사	직무수행능력평가(분야별 직무전공 90점+공사 업무 10점)/120분
한국지역난방공사	NCS 50문항/50분 – 의사소통, 수리, 문제해결, 자원관리, 정보, 조직 전공 50문항
국민연금공단	NCS 60문항/60분 – 의사소통, 수리, 문제해결, 조직이해, 정보능력, 직업윤리 전공 50문항/50분
LH한국토지주택공사	NCS 50문항 – 의사소통, 문제해결, 수리능력 등 +전공 30문항(사무직의 경우 직무 관련 직업기초능력 심화)
한국장애인고용공단	NCS 50문항(대인관계, 의사소통, 수리, 문제해결, 직업윤리, 지원관리능력)
LX한국국토정보공사	전공 60문항 NCS 60문항(직무별 4개영역)
한국농어촌공사	전공 200점 NCS 100점
한전KPS	NCS 50문항/65분 전공 50문항/50분
한국서부발전	각 분야 전공 50문항+한국사 10문항 NCS 50문항(의사소통, 수리, 문제해결, 자원관리, 기술)
한국중부발전	NCS 80문항(의사소통, 수리, 문제해결, 자원관리, 조직이해, 정보, 기술) 직무지식평가 60문항/80분
한국환경공단	NCS 50문항/60분(의사소통, 수리, 문제해결, 조직이해) 50% 전공 40문항/50분 50%
한국공항공사	NCS 50점 직무수행능력평가 50점

(자세한 내용은 기업별 채용 홈페이지 참고)

대부분 의사소통, 수리, 문제해결의 3영역을 기본으로 하고 있다는 것을 알 수 있다. 거기에다가 자원관리까지 확장해서 크게 보면 공기업에서 실제적으로 출제되는 NCS 직업기초능력은 의사소통, 수리, 문제해결, 자원관리의 4가지 영역이라는 것을 알 수 있다. 이렇게 4가지 영역을 보는 공기업이 가장 흔하고 많다고 보면 된다.

이유는 간단하다. 문제해결이라는 영역 안에 다른 문제들은 얼마든지 포함될 수 있기 때문이다. 그러니 3가지 영역밖에 출제되지 않는다고 공지되어 있어도 사실은 자원관리라든가, 정보능력들의 문제들을 준비하지 않을 수는 없다. 어차피 문제해결이라는 대분류 안에 다 들어가기 때문이다.

그런데 의사소통, 수리, 문제해결, 자원관리까지 해서 4영역인 경우도 많은데, 이는 객관식 문제에서 시간이 많이 걸려 차별성을 내기 좋은 자원관리 문제를 특별히 더 강조하겠다는 뜻이다. 이런 경우는 문제해결에서 원리를 파악하고, 주어진 조건을 적용하는 형태의 문제가 주로 나오고, 자원관리에서 비용이나 시간 같은 측면이 강조되는 의사결정 문제가 주로 나오게 된다. 많은 공기업들이 이 같은 형태를 가지고 있어서 NCS 직업기초능력의 4대 천왕이라고 이 영역들을 명명해도 무리는 없다.

5가지 영역 이상으로 나오는 공기업이 많지는 않은데, 이렇게 되면 4대 천왕 영역에 문과직무는 조직이해, 이과직무는 기술능력이나 정보능력 정도가 붙어서 총 5개 정도를 보는 경우가 종종 있다. 그러니 공기업 준비를 하면서 10대 직업기초능력을 똑같은 비중으로 공부하는 것은 굉장히 비효율적이다.

따라서 의사소통, 수리, 문제해결, 자원관리에 확실하게 집중하고, 그 외 조직이해, 기술능력, 정보능력은 간단하게 유형을 아는 정도로 준비하면 시간 대비 가장 효과가 좋은 준비 방법이라 할 수 있다.

문제해결능력의 유형 분석과 공부 방법

STEP 01 문제해결능력 유형 분석

1 문제해결 유형의 의미

정보를 적용하는 영역은 모두 문제해결이라는 영역으로 표시된다. 문제해결의 일반적인 과정은 주어진 문제를 이해하고, 그것에 대한 대안을 설정하는 식으로 진행된다. 이 과정에서 상황을 판단하는 능력과 대안을 결정하는 능력들이 필요하다. 문제를 해결하는 과정을 프로세스로 보면 다음과 같다.

[문제해결의 프로세스]

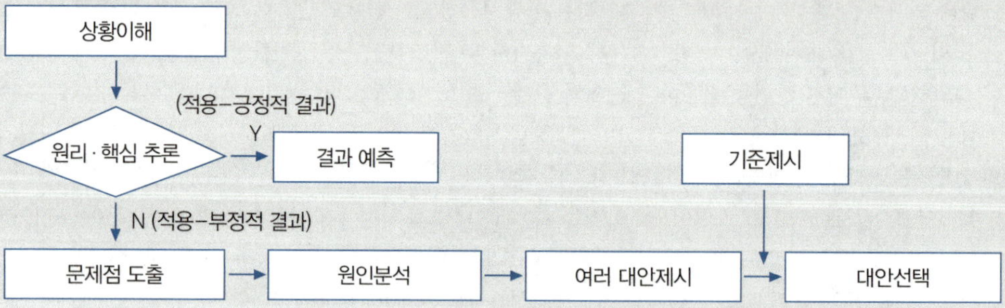

주어진 문제 상황을 이해하고, 그 정보 안에서 핵심적인 내용이나 원리 등을 추출해 낸다. 그리고 그것들을 새로운 상황이나 앞으로의 상황에 적용하여 결과를 예측하는데, 그 결과가 긍정적이라면 이는 결과 예측으로 분류한다. 그런데 그 결과가 부정적이면 이는 문제점 도출이 된다. 다시 말하자면 기존의 정보들을 바탕으로 새로운 상황에 대해 시뮬레이션을 해보는 것이다.

문제해결 과정에서는 주어진 정보를 바탕으로 그 안에 숨어 있는 원리나 핵심정보를 찾아내는 능력이 필요하다. 그리고 원리를 조건에 맞춰 적용하는 능력으로 이어진다. 이를 전반적으로 '상황판단'이라는 중분류를 만들어 지칭하기로 하자.

문제점이 도출되면 이에 대한 대안이 필요한데, 이 대안은 무턱대고 만들어지는 것이 아니라, 문제점의 원인을 분석하는 것이 필요하다. 가령 'NCS 공부가 유난히 안 된다.'라는 문제점에 대해서 '무조건 공부시간을 1시간 늘린다.'와 같은 대안을 설정하는 것은 효과가 더 떨어진다. 책상 앞에 멍하니 앉아 있으면 3시간을 더 늘려도 효과가 없기 때문이다. 따라서 도대체 무엇이 문제인지 원인을 파악해야 한다.

① 실제로 공부시간이 부족할 수도 있다.

② 자꾸 썸 타는 누군가가 생각나서 집중이 안 될 수도 있다.

③ 아르바이트 때문에 피곤해서 책상 앞에만 앉으면 졸릴 수도 있다.

④ 사실 목표의식이 없어서일 수도 있다.

원인을 판단하여 위와 같은 원인을 효과적으로 제거하는 방법만 생각해도 그것이 곧 훌륭한 대안이 된다. 하지만 안타깝게도 이 원인분석에 대한 문제는 객관식 문제로 내기에는 곤란하다. 한 개 이상의 정답이 나오는 경우가 많고, 만약 한 개의 정답으로 명확할 경우 그건 변별성이 없는 너무 당연한 문제이기 때문이다. 그래서 이 부분은 주로 면접에서 나온다. 구체적으로는 PT면접에서 문제상황을 주고 해결책을 제시하라는 문제들은 기본적으로 [문제해결의 프로세스]에 따라 구성을 해야 하고, 여기서는 면접관과 이야기를 통해 주관적으로 설정한 원인에 대해서도 이야기를 나눌 수 있기 때문에(더 정확히는 일방적으로 추가 질문을 받는 형식이다), 원인분석 능력에 대해서는 필기시험보다 면접으로 체크하게 된다.

객관식 형태의 필기시험에서 체크할 수 있는 것은 의외로 대안설정이다. 여러 가지 대안 중 어떤 것이 가장 좋은 대안인지 선택하는 것이야 말로 주관의 영역일 수 있다. 예를 들어 요즘 NCS 공부가 안 되는 이유가 바로 '썸 타는 누군가'가 신경이 쓰여서라고 원인을 분석하면, 이에 대한 해결책으로

① 취업할 때까지는 깔끔하게 잊어버린다.

② 차라리 고백하고 차이든지 연애를 시작하든지 결정을 내린다.

③ 변화가 생기면 더 안 좋을 수 있으니, 그냥 이 긴장감을 계속 유지한다.

등 여러 가지 해결책을 생각할 수 있다. 이 중 가장 좋은 것은 무엇일까? 사실 알 수 없다. 가장 좋은 방법은 두 사람의 성격, 그리고 처해진 환경, 미묘한 타이밍 등 그야말로 실전에서의 여러 가지 요소를 고려해서 도출해야 한다. 객관식 문제로는 출제하기 어렵게 느껴진다.

하지만 의외로 이런 문제가 객관식에서는 더 채점하기가 편하다. 말하자면 뚜렷하게 답이 되는 이유와 답이 될 수 없는 이유가 구분된다는 뜻이다. 비밀은 바로 '기준제시'라는 단계에 담겨 있다. 기준을 제시하고 여러 가지 대안 중에 그 기준에 맞는 것이 있는지를 판단하면 된다. 가령 앞서 제시한 문제에서 기준은 '취업할 때까지는 연애고 뭐고 없다'는 기준이 세워지면 과감하게 썸을 청산하는 식으로 대안을 가져갈 수 있다. 아니면 '취업은 나중에라도 할 수 있지만 사랑하는 사람은 지금 아니면 놓칠 수 있으니 연애가 먼저다'라는 기준이 있다면 일단 고백해 보는 대안을 선택하면 된다. 되면 좋고, 안 되면 자연적으로 썸이 정리가 될 것이다.

이것을 일반적 문제에 적용하여 생각해 보면 'A장소에서 B장소까지 가는 길은 총 5가지 방법의 조합으로 찾아낼 수 있다. 어떤 방법으로 가는 것이 좋을까?' 이런 식으로 문제를 출제하면 정답을 제시 할 수 없지만, 'A장소에서 B장소까지 가는 길은 총 5가지 방법의 조합으로 찾아낼 수 있다. 가장 시간이 적게 걸리는 방법은 어떤 것일까?' 이런 식으로 제시하면 가는 길을 조합해서 걸리는 시간을 합산한 후에 최단시간의 길을 답으로 고르면 된다. 그리고 문제가 변형되어서 'A장소에서 B장소까지 가는 길은 총 5가지 방법의 조합으로 찾아낼 수 있다. 최저비용의 이동 방법은?' 이런 식으로 제시되면 이번에는 비용을 기준으로 합산해서 정답을 구할 수 있다.

여러 대안제시 상황에서 이렇게 하나의 대안을 선택하는 과정을 중분류로 '의사결정' 과정이라 명명하자.

그러면 앞서 제시한 그림을 다시 보면 다음과 같이 크게 나뉜다는 것을 알 수 있다.

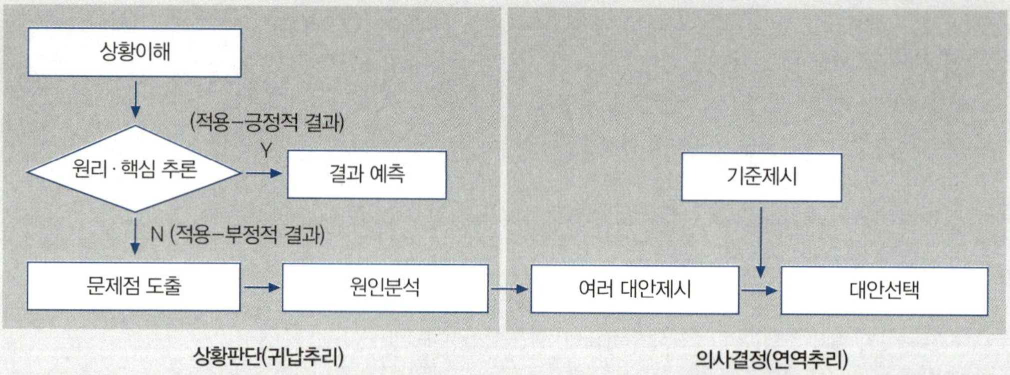

문제해결능력이라는 이름의 영역은 사실상 정보를 이해하고, 활용하는 모든 능력을 다 지칭할 수 있다. 그래서 문제해결능력이라고 하면 대부분의 유형을 다 낼 수 있다. 앞서 개별 공기업들의 문제 출제 성향을 보았을 때 의외로 다양하지 않고, 의사소통, 수리, 문제해결의 세 영역으로 단순화되는 것은, 사실 이 문제해결 안에 모든 문제를 다 담을 수 있기 때문이다.

2 문제해결의 실질적 문제 유형

NCS 실전에서 문제해결로 제시되는 것은 크게 보면 a. 상황에서 원리를 찾아 적용하는 귀납추리 형태의 문제와 b. 조건들을 종합해서 새로운 정보를 찾아내는 연역추리 형태의 문제들로 구성되어 있다.

a. 상황에서 원리를 찾아 적용
- 상황에서 원리 찾기
- 원리나 지시사항을 주고 그것을 적용하기

b. 조건들을 종합해 추리하기
- 퀴즈 문제들
- 대안 결정하기

a. 상황에서 원리를 찾아 적용하는 귀납추리 형태의 문제

상황에서 원리를 찾아내는 문제와 주어진 원리를 적용하는 형태의 문제를 복합적으로 내면 원리를 찾아 그것을 적용하는 문제들로 갈린다. 기본적으로는 원리를 찾아내서 그것을 적용하는 문제라고 정리할 수 있다.
문제의 유형들은 원리가 주어지는 형식에 따라 나뉜다.

- Text로 된 정보
  - 거시적으로 원리 파악하고 적용
  - 미시적으로 원리 파악하고 적용
- 수리나 기호화된 정보
  - 수리적 원리 파악하고 적용
  - 기호화된 정보에서 원리 파악하고 적용

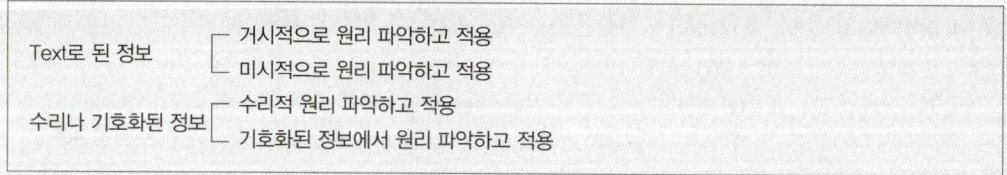

b. 조건 등을 종합해서 추리하는 연역추리 형태의 문제

조건들을 종합해서 추리하기는 사실 이후 이어지는 자원관리 역시 그렇다. 시간이나 인력, 비용 등 여러 가지 수치적 조건들을 종합해서 최적의 대안을 찾아낸다는 면에서 같은 결의 이야기인 것이다. 그래서 자원관리능력을 따로 시험보지 않고, 문제해결만 시험 보는 곳에서는 자원관리의 내용을 문제해결능력 안에 집어넣어서 같이 출제하기도 한다. 하지만 자원관리와 문제해결 둘 다 출제되는 시험에서는 그런 영역을 자원관리로 묶는 것이 원칙적으로는 맞다. 그래서 문제해결에서는 연역추리라는 원래의 의미에 더 집중하게 된다.

정보와 정보를 모아서 반드시 참이 되는 새로운 정보를 만드는 과정을 연역추리라고 하는데, 그런 문제들을 모아서 우리는 '퀴즈'라고 부르곤 한다. 흔히 아이큐 퀴즈라고 오해받는 영역의 문제들이 이에 해당한다. 조건을 연쇄해서 추리하기, 참·거짓말 파악하기, 순서나 위치, 배치에 대해서 파악하고, 적당한 특징들을 매칭시키는 등 상당히 유형화된 문제들이다.

실제적으로 이 유형의 문제들은 보통의 수험생 입장에서 어디에서도 보기 힘든 문제들이기 때문에 어려움을 많이 겪는 문제들인데, 유형화되어 있다는 얘기는 그만큼 문제풀이 과정 역시 유형화되어 있다는 얘기이므로, 처음 익힐 때는 힘들어도 익히고 나면 스피드업과 점수업에 상당히 도움이 되는 영역이다.

- 기본/논리/언어 퀴즈
  - 연쇄추리(≒명제 문제)
  - 참·거짓 문제
- 상황/적용 퀴즈
  - 매칭하기
  - 순서정하기
  - 위치 판단하기
  - 배치하기

STEP 02

문제해결 유형의 공부 방법

1 상황에서 원리를 찾아 적용하는 귀납추리 형태의 문제를 공부하는 방법

상황에서 원리를 찾아내는 것을 패턴화 작업이라고 한다. 트렌드를 찾아내거나, 잘 나가는 상품의 공통점을 찾아내 벤치마킹 하는 것 등이 모두 패턴화의 결과다. 문제는 그런 패턴화는 공식화하기 어렵다는 것이다. 그래서 암기가 가장 안 통하는 것이 바로 이 유형의 문제들이다.

하지만 객관식 시험에서는 아무래도 문제 출제에 한계가 있다. 각 유형별로 접근하는 공부 방법을 알아보자.

- **Text 형태로 된 문제:** 아무래도 비문학적인 접근을 할 수 있다. 비문학 문제 중 원리를 알려주고 그것을 적용하는 형태를 물어보는 적용형 문제와 유사하다. 따라서 정보를 정리하고 분석하는 리딩스킬이라는 의사소통의 Skill들을 차용하여 적용하면 된다. 비문학보다는 실용적이고 현실화된 Text를 다루게 되는 만큼 조금 변형하여 실용적인 글을 읽어내는 리딩스킬을 익힌다.
- **수리, 기호 형태로 된 문제:** 수리 형태의 문제라는 것도 따지고 보면 사칙연산이나 방정식 계산 문제다. 따라서 기본적으로는 방정식 설정하는 방법을 연습하면 되고, 몇몇 유형들은 수치적인만큼 약간 공식화 할 수 있다. 따라서 몇몇 유형들은 풀어가는 방법을 익혀 놓을 수 있다. 기호 형태로 주어지는 정보는 사실 특별한 경향이라는 것이 없다. 기호가 낯설수록 문제의 의의에 맞다보니 문제 출제에 패턴이 없는 것이 정상적이다. 하지만 그런 본래적인 의미가 무색하게 많은 기업들의 문제 출제를 빠른 시간 내에 한정된 문제출제 외주사들이 수행하다보니 기호 문제 역시 어느 정도 패턴을 보일 때가 있다. 우선적으로는 그렇게 자주 나오는 패턴의 문제들은 익혀 놓으면 문제 풀이 속도가 빨라질 수 있다. 하지만 중요한 것은 패턴 찾기 연습이고, 그런 연습을 통해서 실제적으로 귀납추리 능력을 기르는 것이 문제풀이 실력을 위해서나 나중에 사회생활의 경쟁력을 위해서나 더 중요한만큼 이런 원론적인 연습에 집중하는 것이 좋겠다.

2 조건 등을 종합해서 추리하는 연역추리 형태의 문제를 공부하는 방법

- **기본/논리/언어 퀴즈:** 연쇄추리는 연역규칙을 익히면 아주 간단한 문제들이다. 연역규칙을 익힌 후 그것을 적용하는 연습을 조금만 하면 이 유형의 문제들은 그야말로 메달박스가 된다. 참·거짓 문제는 문제 유형에 따른 놀라운 Skill이 제시되어 있다. 이른바 시한법이라고 부르는 방법은 실제 문제 풀이 시간을 20초 안쪽으로 단축시켜 줄 때도 있다. 유형별로 이 방법들을 익히면 퀴즈 문제들은 점수를 올려 줄 뿐 아니라 시간까지 세이브 해주는 효자 문제들이 될 것이다.
- **상황/적용 퀴즈:** 이 유형의 문제들은 프로세스 면에서 똑같다. 해당되는 그림을 그리고, ○나 ×를 채우고, 막히면 그 다음에 추리하기나 경우의 수를 통해서 해결하는 기본 프로세스를 익힌다. 그리고 각 유형에 따라 특이점들, 집중 포인트가 있다. 그런 포인트를 정확하게 주목하면 이 문제들 역시 정확도가 좋아질 수밖에 없다. 기본적으로 문제들 유형이 다양한 것이 아니라, 매번 비슷하게 나올 수밖에 없는 것이 이 퀴즈 문제들이니까, 방법을 익히고 적용하는 연습을 몇 번만 해도 눈에 띄게 점수가 올라갈 것이다.

행복의 문이 하나 닫히면 다른 문이 열린다.
그러나 우리는 종종 닫힌 문을 멍하니 바라보다가
우리를 향해 열린 문을 보지 못하게 된다.

– 헬렌 켈러(Helen Keller)

Text로 된 정보에서 원리 파악하고 적용하기

PART 2

CHAPTER 01

거시적으로 원리 파악하고 적용하기

STEP 01 유형 분석

Main Type	Sub Type 1	Sub Type 2
적용형 문제	비교형 문제	매칭형 문제

★ Main Type 적용형 문제

다양한 형태의 정보에서 핵심원리를 분석하고 정리해서 그것을 상황이나 사건에 적용하는 형태의 문제. Text로 정보를 주고, 그 정보를 바탕으로 핵심원리를 파악한 뒤에 방향성 차원에서 적용하는 형태의 문제이다. 핵심원리가 적용된 구체적 사례 혹은 현상들을 제시하고, 그것들이 핵심원리를 반영한 것이 맞는지 가려내는 형태가 가장 일반적이다.

이때 주의할 점은 주어지는 원리들이 다양하다는 것이다. 회사 관련 업무, 비즈니스 전반의 원리가 될 수도 있지만, 때로는 쓰레기 분리수거 규칙이나 프로야구 선수의 FA 관련 규정이 될 수도 있다.

다음 글을 읽고 추론할 수 있는 것을 [보기]에서 모두 고른 것은?

범죄학의 한 이론에 따르면, 범죄는 낮은 자기통제력(self-control)에 의해 발생하는데 이러한 낮은 자기통제력은 만 6세 정도의 어린 나이에 가정에서의 부적절한 양육에 의해 형성된다. 특히 민주적이거나 권위적인 양육방식을 가진 가정에 비해서 비일관적인 양육방식을 가진 가정에서 성장한 아동들이 낮은 자기통제력을 갖게 된다. 자기통제력은 시간의 흐름에 따라서 계속 변하는 것이 아니라, 일단 한 번 형성되면 일생을 통해서 안정적으로 유지되는 경향이 있다. 한편, 연령별 범죄율의 분포는 10대 후반에서 급격히 증가하여 정점을 이루고 그 이후로는 서서히 낮아지는 경향을 나타낸다. 이러한 범죄율의 하락은 사회과학적 요인으로 설명할 수 없는 생물학적 연령의 효과에 기인한다.

보기

㉠ 교도소에서의 다양한 교정치료 프로그램들은 재범을 줄이는 데 효과가 크지 않을 것이다.
㉡ 자기통제력이 낮은 초등학교 고학년 학생의 부모를 대상으로 인내심 향상 프로그램을 시행하는 것이 바람직하다.
㉢ 자기통제력이 낮게 형성될 위험성이 높은 아동들을 6세 이전에 가려내어 그 부모들이 전문가와 상담을 하는 것이 바람직하다.
㉣ 권위적으로 자녀들을 대하지 않도록 캠페인을 벌이는 것이 효과가 있을 것이다.
㉤ 출산 직후의 부부들을 대상으로 바람직한 자녀 양육에 대한 정보를 제공하는 것이 바람직하다.
㉥ 후진국의 경우 10대 인구가 상대적으로 많으므로 10대의 범죄건수가 많고, 해당 이론도 후진국에 잘 적용된다.
㉦ 자기통제력은 연령이 높아짐에 따라서 점점 낮아지므로 개인의 범죄율은 연령의 증가에 따라서 낮아진다.

① ㉠, ㉢, ㉤
② ㉢, ㉤, ㉥
③ ㉠, ㉡, ㉢, ㉦
④ ㉠, ㉢, ㉤, ㉥
⑤ ㉢, ㉣, ㉤, ㉦

★ Sub Type 1 비교형 문제

정보 안에서 주어진 유형별로 적용되는 핵심원리를 다르게 파악하여 비교하는 형태의 문제. 핵심이 되는 특징이 무엇인지, 다른 유형들과 어떤 포인트가 다른 것인지를 정확하게 분석하는 것이 중요하다.

정답 및 해설 P. 2

다음 제시문을 읽고 알 수 있는 내용으로 가장 적절한 것은?

지방자치단체의 혁신역량은 지방자치단체의 행정역량과 시민사회역량 간의 관계를 기준으로 하여 4가지로 유형화될 수 있다. A유형은 행정역량은 높지만 시민사회역량은 낮은 유형이다. 여기서는 위로부터의 강제나 명령에 의한 정책결정과 집행은 잘 이루어지나, 아래로부터의 정책형성 과정이나 정치 참여는 원활하게 이루어지지 않는다. B유형은 A유형과 반대되는 경우로 지방자치단체의 행정역량은 낮지만 시민사회역량은 높은 유형이다. 이러한 지방자치단체는 공동체 전체의 집합적 목적을 추구하기보다는 사회세력의 이익을 정책에 그대로 반영하는 수동적 행위자로 활동한다. C유형은 행정역량과 시민사회역량이 모두 미약하여 시민사회가 소수의 이익집단에 장악되어 있기 때문에 경쟁하는 자발적 집단을 형성하지 못한다. 또한 지방자치단체는 정책을 시민사회에 전달할 수 있는 공식 채널을 가지고 있지 못하다. D유형은 행정역량과 시민사회역량이 모두 높아서 지방자치단체가 지역 주민들과 제도화된 협력관계를 통해 정책을 집행하게 된다.

① D유형하에서는 공동체 전체의 목적을 추구하기 어렵다.
② B유형과 D유형하에서는 아래로부터의 정책형성 과정이나 정치 참여가 어렵다.
③ C유형하에서는 지방자치단체가 지역 유지들과 사적인 교환 관계를 형성할 수 있다.
④ A유형하에서는 지방자치단체와 시민사회가 개별적 네트워크를 통하여 정책을 집행하게 된다.
⑤ B유형하에서는 지방자치단체의 네트워크가 활성화되어 있어 지역 주민의 반대에도 불구하고 정책을 과감하게 밀어붙일 수 있다.

★ Sub Type 2 매칭형 문제

비교형 문제에 그것의 해결방법 또는 구체적인 적용 형태들과 연결시켜 매칭하는 문제. 비교형 문제에 비해서 한 단계를 더 생각해야 하는 수고로움은 있지만, 매칭의 적절함만 가지고도 문제풀이가 가능한 유형도 가끔 출제되어 비교적 어렵지 않은 편이다.

정답 및 해설 P. 2

다음 글에서 설명하는 위기유형과 [보기]의 위기관리 방법을 바르게 연결한 것은?(단, 예측 가능성이 높을수록 사전예방의 효과가 더 높다.)

효율적인 위기관리 시스템을 구축하기 위해 재난발생의 예측 가능성과 피해 발생정도(피해 규모 또는 횟수)에 따라 4가지 위기유형을 상정할 수 있다. 위기유형 Ⅰ은 재난발생의 예측 가능성은 상대적으로 낮으나 피해 발생정도는 높은 유형이다. 위기유형 Ⅱ는 재난발생의 예측 가능성이 상대적으로 높고 피해 발생정도도 높은 유형이다. 위기유형 Ⅲ은 재난발생의 예측 가능성이 상대적으로 낮으며 피해 발생정도도 낮은 유형이다. 위기유형 Ⅳ는 재난발생의 예측 가능성은 높으나 피해 발생정도는 낮은 유형이다.

| 보기 |

- A: 사전예방보다 사후수습에 중점을 두어 관리한다.
- B: 사후수습보다는 사전예방에 중점을 두어 관리한다.
- C: 사전예방과 사후수습 모두에 중점을 두어 관리한다.
- D: 특정한 위기관리지침을 두지 않고 일반관리지침에 따라 관리한다.

	위기유형 Ⅰ	위기유형 Ⅱ	위기유형 Ⅲ	위기유형 Ⅳ
①	A	C	B	D
②	A	C	D	B
③	B	C	D	A
④	C	A	D	B
⑤	C	B	D	A

STEP 02

문제 해결방법

1단계	2단계	3단계
핵심설명어, 핵심설명문장 등을 활용해서 주어진 정보를 이해	핵심설명어에 대한 설명을 어떻게 하는지에 대해 분석	핵심설명문장 등에 유의해서 핵심원리를 한 마디로 정리

4단계	5단계
비교나 매칭으로 확장된 문제들은 비교 포인트를 명확히 분석	핵심원리를 선택지에 적용

1단계 | Text로 주어진 정보에서 핵심이 되는 기준이나 전제 등을 찾아야 한다. 먼저 문제를 확인하고, 문제 안에 주어진 정보는 없는지 확인한다. 문제에 별다른 정보가 없으면 그 다음에 주어진 정보를 파악한다. 헷갈릴 경우 정보의 핵심어를 찾거나 핵심문장을 찾는다.

2단계 | 핵심설명어에 대한 설명을 정리한다. 핵심설명문장이 그대로 핵심어에 대한 설명이 될 수도 있고, 핵심어를 주어로 해서 다른 내용들을 덧붙여서 핵심내용이 구성될 수도 있다.

3단계 | 핵심원리를 한 마디로 정리하라는 것은 단순히 한 문장을 만드는 것에 집중하는 것이 아니라, 그 의미가 무엇인지 정확히 이해하라는 것이다. 다른 사람에게 핵심적인 원리를 설명한다고 생각하고 가장 단순하고 쉽게 설명할 수 있을 정도로 정리해 본다.

4단계 | Main 문제들은 이 단계가 필요 없다. 반면 Sub 문제들은 여기서 한 단계 더 나아가서 핵심원리를 서로 비교하고, 매칭하는 데까지 간다. 비교가 되는 형식이나 상황들의 핵심적인 차이점을 이해하고, 그것이 핵심원리에서 어떻게 변형되어 나가는지 파악한다.

5단계 | 정리한 핵심원리나 기준, 방향성을 주어진 선택지에 적용해 본다. 거시적인 원리다보니 핵심원리만 정확하게 찾아내면 선택지 단계에서는 헷갈릴 요소가 거의 없다. 만약 정답이 명확하게 보이지 않으면 선택지를 가지고 고민하지 말고 핵심원리를 다시 한 번 정리해 보는 것이 더 빠르다.

SKILL ❶ 핵심설명어, 핵심설명문장 찾아내는 방법

핵심설명어를 찾아내는 것은 비교적 간단하다. 주어진 정보를 세세하게 읽지 말고 얼핏 본 다음에 눈에 자주 띄는 단어를 몇 개 추려본다. 이런 단어들을 Key Word라고 부른다. 문제에서 주어지는 대부분의 정보는 이 단어들에 대해 설명하는 내용이다. 그래서 이 단어를 핵심설명어라고 부르도록 하자. 정보를 읽을 때 찾아낸 핵심설명어를 중심으로 그것들에 대해서 어떻게 설명하였는지를 정리한다고 생각하면서 읽으면 된다.

핵심설명문장은 주어진 정보를 한 마디로 설명할 수 있는 하나의 문장이다. 의사소통에서 나오면 이를 주제문장이라고도 하는데, 의사소통능력에서 찾는 주제문장과는 조금 다르다. 주제문장은 그야말로 해당 글의 주제라고 할 수 있으며, 핵심설명문장은 주어진 정보를 개괄할 수 있는 문장이라고 할 수 있다.

핵심설명문장을 빠르게 찾아내는 방법은 다음과 같다.

❶ 문제에서 주어지는 문장 ❷ 정보의 첫 번째 문장 ❸ 분류 정보가 제시되기 전 바로 앞의 문장

1 문제에서 주어지는 문장

문제가 단순한 형태가 아니라 여러 가지 정보를 내포하고 있을 때, 보통은 주어진 정보를 한 눈에 보기 좋게 정리해 주는 상황설명인 경우가 많다. 그러므로 이런 문제에서는 문제 자체에서 핵심설명문장을 찾는 것이 좋다. 예를 들어 다음의 문제에서 핵심설명어는 문제에서 찾을 수 있다.

정답 및 해설 P. 2

다음 글에서 설명하는 A~D 측정방법과 [보기]의 ㉠~㉤ 측정 대상자의 여건을 고려했을 때 가장 적절하게 연결된 것은?

A방법은 비용이 가장 저렴하고 간단하며 재측정이 쉽다는 장점이 있다. 그러나 이 방법은 테스트가 진행되는 동안 맥박을 측정할 수 없고, 신뢰성 있는 심전도 결과를 얻기 어렵다. B방법은 모든 강도의 운동을 테스트할 수 있다. 이 방법은 측정 대상의 맥박을 좀 더 쉽게 측정할 수 있고 운동 중 혈압을 용이하게 측정할 수 있다. 비용도 C방법에 비해 훨씬 저렴하다. 그러나 이 방법은 수영이나 달리기와 같은 종류의 동작을 측정하기는 어렵다. C방법은 일반인을 대상으로 한 측정방법 중 가장 좋은 방법이다. 다만 A방법에 비해 운동 중의 맥박, 혈압, 심전도 측정에 있어 경험 많은 측정자가 요구된다. D방법은 측정 대상자가 정적인 운동을 주로 하는 경우 언제라도 실시할 수 있으며 운동능력을 정확하게 측정할 수 있다. 이러한 방법을 통하여 순환호흡계의 반응과 생화학적인 반응을 자세하게 분석할 수 있다.

| 보기 |

㉠ 올림픽 출전을 앞둔 수영 선수 운동능력 측정
㉡ 심장질환이 있는 중년 여성 심전도 측정
㉢ 초등학교 단거리 육상 선수 운동능력 측정
㉣ 종합병원에서의 신입사원 심전도 측정
㉤ 경기를 앞둔 이종 격투기 선수 운동능력 측정

① ㉠－B방법 ② ㉡－A방법 ③ ㉢－B방법
④ ㉣－C방법 ⑤ ㉤－D방법

이 문제에서 정보에 대한 핵심설명은 문제에서 찾을 수 있다. "A~D 측정방법과 ㉠~㉤ 측정 대상자의 여건을 고려했을 때 가장 적절하게 연결"이라는 부분인데, 측정 대상자의 특징에 맞춰서 측정방법을 짝짓는 것이기 때문에 각 측정방법의 특징을 정보에서 정확하게 구분하는 것이 관건이다.

문제에 핵심설명어가 제시되고 그 정보 전체를 개괄하는 경우는 흔하다. 그러므로 문제가 간단하지 않고 문제 안에 정보가 많이 포함되어 있을수록 문제를 정확하게 정리하면서 보는 습관이 필요하다.

2 정보의 첫 번째 문장

의사소통에서 나오는 제시문들은 여러 가지 다양한 형태의 글들이지만, 문제해결에서 제시되는 정보들은 대부분 상황설명을 하는 정보들이다. 그러다보니 두괄식으로 첫 번째 문장에서 개괄하고, 그것을 자세하게 설명하는 식으로 전개되는 정보들이 많다.

정보를 개괄	+	정보에 대한 자세한 설명

주어지는 정보의 첫 번째 문장이 핵심설명문장이므로, 첫 번째 문장을 확인하고 다음에 이어지는 정보가 그에 대한 세부 설명인지 아닌지 확인하는 방법으로 읽어나가면 된다.

정답 및 해설 P. 2

다음 글을 읽고 추론할 수 있는 것을 [보기]에서 모두 고른 것은?

X가설이란 위생 수준이 높아질수록 면역력이 떨어진다는 이론이다. 위생 환경이 좋지 않은 곳에서 자라면 세균과 바이러스에 노출되어 그에 대한 면역체계가 만들어지고 강화된다. 그러나 깨끗한 곳에서 자라면 면역체계를 만들 기회가 적어 쉽게 병에 걸린다는 것이다. 이 이론에 따르면 감기 등 잔병치레를 많이 하면 면역력도 강화된다. 따라서 의사들은 열이 조금 올랐다고 해열제를 먹이기보다는 아이가 땀을 내면서 감기 바이러스와 싸워야 한다고 말한다. 39도 이상의 고열이 반나절 이상 계속되는 정도가 아니라면 그냥 내버려 두라는 얘기다. 그래야 면역체계가 강화되기 때문이다. 이런 점에서 면역학자들은 감기를 '고마운 병'이라 부른다.

| 보기 |

ㄱ. 선진국의 경우 덩치가 큰 아이들일수록 면역력이 더 떨어진다.
ㄴ. 위생 환경이 좋은 곳에서 생활하는 초등학생들은 위생 환경이 열악한 곳에서 생활하는 초등학생들보다 피부 질환에 대한 면역력이 떨어진다.
ㄷ. 깨끗하고 위생적인 환경에서 사는 아이일수록 호흡기 질환에 걸릴 확률이 높다.
ㄹ. 39도 이상의 고열이 반나절 이상 지속될 경우, 아이의 건강을 위해서 자연 치유를 기대하기보다는 해열제를 사용하는 것이 바람직하다.
ㅁ. 성장기에 걸리는 감기는 아이의 성장에 치명적일 수 있으므로 발병 초기에 병원 진료와 약으로 치료하는 것이 바람직하다.

① ㄱ, ㄴ, ㄷ　② ㄱ, ㄷ, ㄹ　③ ㄴ, ㄷ, ㄹ
④ ㄴ, ㄹ, ㅁ　⑤ ㄷ, ㄹ, ㅁ

이 문제에서 "X가설이란 위생 수준이 높아질수록 면역력이 떨어진다는 이론이다."라는 첫 번째 문장이 핵심정보가 되고, 이어지는 글들은 이에 대한 자세한 설명이다.

3 분류 정보가 주어지기 전 바로 앞의 문장

여러 가지 종류들을 나열해서 설명하는 형식의 정보에서 흔하게 제시되는 형태이다. 보통 우리에게 주어지는 정보들은 분류가 2~5가지 정도로, 보통은 그 분류의 기준이나 관점들을 알려주는 문장이 본격적인 분류 전에 주어진다. 그러므로 분류 직전의 문장에 주목하고 전체 정보를 이해해야 한다.

정답 및 해설 P. 3

다음 글과 [사례]를 읽고 바르게 추론한 것은?

유권자가 선거에서 정당에 대한 막연한 선호나 후보자의 이미지가 아니라 쟁점에 대한 의견을 토대로 하는 투표를 '쟁점투표'라고 한다. 쟁점투표가 가능하기 위해서는 몇 가지 전제조건이 충족되어야 한다. 우선 후보자들이 어떤 쟁점에 대해 뚜렷한 의견의 차이를 보여줘야 한다. 다음으로 유권자들은 그 쟁점에 대해 후보자들의 의견이 어떤 차이를 가지고 있는가를 명확히 알고 있어야 한다. 그러나 유권자가 쟁점투표를 하더라도 어떻게 투표할지를 결정하는가에 대해서는 두 가지 다른 관점이 있다.

먼저, 관점 Ⅰ에 의하면 유권자는 자신과 가장 가까운 견해를 가진 후보자에게 한 표를 던진다. 예를 들어 사형제도에 대한 의견을 직선에 표시할 때 '적극반대'를 −5로, '적극찬성'을 ＋5로 놓는다고 가정한다. 0은 중도적 입장이며, 숫자 간 간격은 동일하다. 이때 유권자는 사형제도에 대한 자신과 후보자들의 입장을 직선(−5부터 ＋5 사이)에 위치 시킬 수 있으며 직선상에서 자신과 가장 가까운 거리에 있는 의견을 가진 후보자를 선택한다.

반면, 관점 Ⅱ에 의하면 유권자는 제일 먼저 후보자가 자신과 의견이 같은지의 여부(찬성인지, 반대인지)를 구별하고 다른 입장을 가진 후보자를 제외하는 절차를 거친다. 그 다음에 자신과 같은 의견을 가진 후보 중 그 쟁점에 대해 가장 명확하고 극단적인 입장을 가진 후보자를 선택한다.

| 사례 |

유권자 A는 호주제가 존속되기를 희망하지만 그 희망은 그다지 강한 것은 아니다(＋1). 반면, 유권자 B는 호주제가 폐지되기를 바라고 있다(−4). 선거에 출마한 후보자 갑은 호주제는 존속되어야 한다고 주장하며(＋4), 후보자 을은 호주제의 존속을 강력히 주장한다(＋5). 후보자 병은 호주제가 완전히 폐지되어야 한다고 주장하며(−5), 후보자 정은 호주제가 폐지되어야 하지만 좀 더 검토가 필요하다는 온건한 주장을 한다(−1).

① 관점 Ⅰ에 의하면 A와 B 모두 정을 선택한다.
② 관점 Ⅰ에 의하면 A는 갑을 선택하고 B는 을을 선택한다.
③ 관점 Ⅱ에 의하면 A는 갑을 선택하고 B는 병을 선택한다.
④ A는 관점 Ⅰ에 의하면 정을 선택하지만 관점 Ⅱ에 의하면 을을 선택한다.
⑤ B는 관점 Ⅰ에 의하면 병을 선택하지만 관점 Ⅱ에 의하면 정을 선택한다.

이 문제에서는 정보의 두 번째 단락에서 본격적인 분류가 이루어지고 있는데, 바로 그 앞의 문장인 첫 번째 문장의 마지막 부분에서 "그러나 유권자가 쟁점투표를 하더라도 어떻게 투표할지를 결정하는가에 대해서는 두 가지 다른 관점이 있다."라고 언급하면서 그 기준을 제시하는 것을 알 수 있다. 이것이 핵심정보설명 문장이 된다. '유권자가 쟁점투표를 할 때 투표를 결정하는 두 가지 다른 관점'이 이어지는 내용에서 소개될 것이다. 그렇다면 여기서 투표를 결정하는 두 가지 관점의 가장 큰 차이가 무엇인지를 정확하게 판단하면서 정보를 읽어나가는 것에 초점을 맞추도록 한다.

SKILL ❷ 4사분면 활용법

두 가지 요소로 4가지 Type을 나누는 형태의 구분법은 상당히 자주 나오는 유형이다. 이를 비교하는 문제에서는 아예 4사분면을 간단하게 그려 놓고 정확히 4사분면 안에 이름을 채우며 비교하는 것을 한눈에 보면서 해결하면 답을 명확하게 찾을 수 있다. 이런 유형의 문제라고 판단하면 다음과 같은 4사분면을 활용하여 요소들을 정리한다.

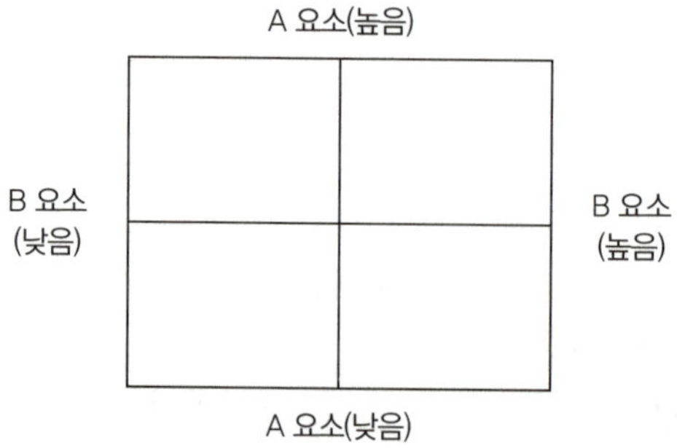

이 4사분면을 잘 활용하면 형태들 사이의 차이점을 한눈에 명확하게 파악할 수 있어 객관식 문제를 풀 때 시간을 절약할 수 있다. 예를 들어 SWOT분석법은 4사분면이라는 도구를 활용한 대표적인 방법이다.

정답 및 해설 P. 3

다음 설명을 읽고 SWOT분석 결과에 대응하는 전략으로 적절한 것은?

SWOT이란 강점(Strength), 약점(Weakness), 기회(Opportunity), 위협(Threat)의 머리글자를 모아 만든 단어로 경영 전략을 수립하기 위한 분석 도구이다. SWOT분석을 통해 도출된 조직의 외부/내부 환경을 분석 결과를 통해 각각에 대응하는 전략을 도출하게 된다.

SO 전략이란 기회를 활용하면서 강점을 더욱 강화하는 공격적인 전략이고, WO 전략이란 외부환경의 기회를 활용하면서 자신의 약점을 보완하는 전략으로 이를 통해 기업이 처한 국면의 전환을 가능하게 할 수 있다. ST 전략은 외부환경의 위험요소를 회피하면서 강점을 활용하는 전략이며, WT 전략이란 외부환경의 위협요인을 회피하고 자사의 약점을 보완하는 전략으로 방어적 성격을 갖는다.

강점(Strength)	• 다양한 부문의 SW시스템 구축 지식 확보 • 고난도의 대형 시스템 구축 성공 경험
약점(Weakness)	• 글로벌 시장에 대한 경쟁력 및 경험 부족 • SW 기술경쟁력 부족
기회(Opportunity)	• 정부의 SW 산업 성장동력화 추진 의지 • 제조 분야의 고품질화 • 해외 시장의 신규 수요
위협(Threat)	• 내수시장 성장세 둔화 • 후발경쟁국과 급격히 줄어든 기술 격차 • 고급 SW인력의 이탈(전직 및 이직) 심화

내부환경 / 외부환경	강점(Strength)	약점(Weakness)
기회(Opportunity)	① SW시스템과 제조업 융합을 통한 고부가가치화	② 산학연계를 통한 재교육 강화
위협(Threat)	③ 후발국과의 기술 격차를 이용한 내수시장 활성화	④ 후발경쟁국 인력 유입을 위한 기반 조성

SKILL ❸ 매칭하기 유형의 풀이 프로세스

한쪽 요소와 또 다른 요소를 매칭시켜서 푸는 문제들을 풀 때는 차례대로 하는 것이 아니라 특징적인 것부터 찾아서 먼저 연결시키고 선택지에서 제거하는 방법으로 풀어가는 것이 바람직하다. 풀이 순서를 정리하면 다음과 같다.

한쪽 요소 중에 특징적인 원리가 분명한 것을 우선적으로 정리	다른 쪽 요소 중에 앞에서 찾은 특징과 연결되는 것을 찾음	선택지에서 이렇게 연결되지 않은 것을 제거	선택지가 하나만 남을 때까지 처음부터 다시 적용

선택지에 제시된 순서대로 체크해야 한다는 강박에서 벗어나서, 알아보기 쉽고 특징적인 것부터 체크한다고 생각하면 의외로 빠른 시간 안에 문제를 해결할 수 있다.

정답 및 해설 P. 3

다음의 오류 원인의 유형과 이에 대한 [예시]를 가장 적절하게 연결한 것은?

[오류 원인의 유형]

(가) 기능적 고착: 어떤 사물이나 개념의 절차 또는 기능이 현저하기 때문에 새로운 방법으로 보지 못하는 것을 말한다.

(나) 인지적 통로화: 주의가 어느 곳에 쏠려서 중요한 다른 일이 일어나는 것을 알아차리지 못하거나 결정 과정에 고려하지 못하는 현상을 말한다.

(다) 확증편향: 대안을 고려하지 않고 특정 신념이나 가설을 뒷받침하는 증거들만 찾는 경향을 말한다.

(라) 도박꾼의 오류: 독립적 사상을 종속 사상으로 판단하는 오류인데, 계속 잃으면 판돈을 딸 가능성이 높아진다고 생각하는 것이다.

(마) 매몰비용 오류: 나쁜 결정의 결과로 큰 손실을 입은 후 그 대상에서 벗어나지 못하고 나쁜 결정과 손실을 되풀이 하는 경우를 말한다.

| 예시 |

(A) A씨는 40년간 무사고 운전을 자랑하는 베테랑 택시 운전기사이며, 단순 접촉사고도 일으킨 적이 없다. A씨는 신문을 읽던 중 40년간 무접촉 무사고 운전자는 전국 운전면허자의 0.1%도 되지 않을 것이라고 주장하는 칼럼을 읽게 되었다. 이후 A씨는 운전기사를 그만둘 생각을 하기 시작했다. 그 이유는 지금까지 무사고 운전이었으면 이제 얼마 지나지 않아서 자신이 확실히 사고를 저지르게 될 것이라고 예상하게 되었기 때문이다.

(B) 비행사 B씨는 공항에 착륙하기 직전 화물칸에서 이상이 생긴 것으로 보이는 경고등이 깜박이는 것을 발견하고 그 원인을 찾아내려고 애쓰고 있었다. 그 원인이 화물칸 문틈이 완벽하게 닫히지 않아서 생긴 기내외부의 기압차로 인한 사소한 것이라는 사실을 알게 되었지만, 착륙기어를 내리는 것을 잊고 동체착륙을 하는 오류를 범하고 말았다.

(C) 학생 C군은 어느 날 시험을 치른 후 자신이 추측해서 답한 것 중 70%나 틀렸다는 것을 발견했다. 그날 C군은 언젠가 시험 전날 밤 꿈에 오리를 보고 난 다음날 시험을 잘 못본 적이 있었다는 것을 기억했고, 우연히 어젯밤 꿈에도 오리가 나왔다는 것을 확인했다. C군은 오리 꿈이 시험과 깊은 관련이 있다고 생각하게 되었다.

(D) 외국 출장 차 비행기를 탔던 D양은 비행기 사고를 당해 약 10여 명의 승객과 같이 무인도에 표류하게 되었다. 모두들 목이 말라서 야자수 열매를 따왔지만, 섬에는 돌이 없어서 깨뜨릴 수가 없었다. 아사 직전에 구조원에 의해 구출되고 나서야 알게 된 사실이지만, 야자수 열매를 서로 부딪치거나 하이힐 뒤축을 사용하여 깨뜨리면 열매 액을 마실 수 있었을 것이다.

(E) 팀 내에서 주장을 맡고 있는 E씨는 자신의 자유투 성공률이 90% 이상이었기 때문에 3점슛을 시도할 때 상대방의 반칙을 많이 유도하는 편이다. 하지만 어느 경기에서 자유투를 3개 연속으로 놓치고 말았다. E씨가 그 뒤로도 무리하게 3점슛을 시도하던 끝에 팀이 패배하게 되었다.

---

① (가) – (D), (나) – (B), (다) – (C), (라) – (A), (마) – (E)
② (가) – (B), (나) – (A), (다) – (D), (라) – (C), (마) – (E)
③ (가) – (D), (나) – (B), (다) – (C), (라) – (E), (마) – (A)
④ (가) – (D), (나) – (C), (다) – (B), (라) – (A), (마) – (E)
⑤ (가) – (B), (나) – (A), (다) – (C), (라) – (D), (마) – (E)

이 문제를 풀 때 오류 원인 중 (가)에 해당하는 것은 (B) 아니면 (D)이다. 그런데 원리가 한눈에 들어오는 것은 사실 (가)보다는 (라)가 더 그렇다. 확률을 따지는 것인데, 독립사건의 확률을 종속사건의 확률로 잘못 판단한 오류로 예시에서 확률적인 이야기가 나오는 것은 (A)이다. 이것부터 접근하는 것이 좋다. '(라) – (A)'를 연결시키고 선택지에서 아닌 것을 지우면 ①번과 ④번이 남는다. 그러면 (가) – (D)이고, (마) – (E)가 된다. 결국 (나)와 (다)를 (B)와 (C)로 연결시키는 것에서 갈린다. (나)를 보면 주의가 어느 곳에 쏠려서 다른 일을 못한다는 특징이 나오는데, (B)의 내용이 다른 곳에 주의가 쏠려 오류를 범한 것이므로 이것과 연결시킬 수 있다.

STEP 03

Skill 연습

SKILL ❶ **다음 주어진 문제들에서 핵심설명문장이나 핵심설명어를 찾아서, 그것을 중심으로 핵심원리를 정리해 보고, 문제를 풀어보자.**

01 다음 글에서 추론할 수 없는 것은?

연구자 甲은 한 가지 실험을 실시하였다. 건강하고 평범한 대학생들을 연구 대상자로 선정하였다. 선정된 연구 대상자 중 일부는 교도관 역할을, 나머지는 죄수 역할을 맡았으며, 교도관의 행태를 감시하는 기구나 규율은 없었다. 甲은 제복을 입은 교도관 역할자와 죄수복을 입고 죄수 역할을 하는 자의 심리를 분석하였다. 특별한 의미가 담긴 복장이 사람에게 미치는 영향은 컸다. 죄수복은 그 자체로 사람을 위축시켰으며, 교도관들의 제복과 선글라스 그리고 곤봉은 권위 의식을 갖게 했다. 흥미롭게도 교도관 역할자는 둘째 날부터 진짜 교도관이 된 것처럼 행동하기 시작했다. 죄수 역할자는 실험이 아닌 실제 상황에 처한 것이 아니냐는 의심을 품기 시작했고, 난동을 부리다 교도관 역할자에게 제압당하는 사건도 발생했다. 실험 셋째 날부터 교도관 역할자는 무력으로 죄수 역할자를 완벽하게 통제하였다. 그들은 죄수 역할자를 독방에 가두거나, 스스로 체벌을 고안하여 강제했으며 구타도 하였다. 다섯째 날에 이르자 정신적인 충격으로 발작을 일으키는 사람도 목격되었다. 결국 이들이 집단 광기를 보이자 모든 실험은 중단되었다.

① 인간의 행동은 지위에 따라 달라질 수 있다.
② 견제 장치가 없는 권력은 남용될 가능성이 크다.
③ 인간의 의지력은 극한 상황을 극복할 수 있는 중요한 원동력이다.
④ 상징(물)에 대한 의미 부여가 구성원의 행동양식에 영향을 미친다.
⑤ 외부와 접촉이 차단되고 고립된 상태에서는 행동에 대한 자기통제력이 약화될 수 있다.

핵심설명어:

핵심설명문장:

핵심원리:

정답:

02 다음 글의 내용과 부합하는 것을 [보기]에서 모두 고른 것은?

아마도 어떤 사람들은 보다 나은 천부적인 재능을 가진 사람이 그러한 자질과 그것을 발전시킬 수 있는 우월한 성품을 가질 응분의 자격이 있다고 생각할 것이다. 이러한 의미에서 그는 보다 더 가치 있는 사람이기 때문에, 그러한 재능을 활용해서 보다 많은 이득을 가질 만한 응분의 자격이 있다고 본다. 그러나 이러한 견해는 분명히 잘못된 것이다. 사람들이 처음 사회의 구성원이 될 때 처하게 되는 여건에 대해 응분의 자격이 없는 것처럼, 천부적인 재능의 분배에서도 역시 그 누구도 자신의 처지에 대해 응분의 자격이 없다는 것이 우리가 심사숙고하여 내린 판단들 가운데 변할 수 없는 점이다. 어떤 사람이 자신의 능력을 계발할 수 있도록 해주는 우월한 성품에 대해 응분의 자격이 있다는 주장 역시 문제가 있다. 왜냐하면 그의 성품은 대부분이 자신의 공로라고 주장할 수 없는 훌륭한 가정과 사회적 여건에 의존하기 때문이다. 응분의 몫(desert) 개념은 이러한 경우에 적용되지 않는 것으로 보인다.

보기

ㄱ. 생리학적으로 XYY 염색체를 가진 사람은 희귀한데, 그러한 염색체를 가지고 있는 사람은 XY 염색체를 가진 사람보다 더 공격적이고 심리적인 불안정 상태에 빠지기 쉽다고 한다. A씨는 연쇄살인을 저질렀다. 검사를 해보니 그는 XYY 염색체를 가지고 있었다. 재판부는 그에게 무죄를 선고했다.

ㄴ. B씨는 자신과 아무런 연고도 없는 가련한 노인을 20년 동안 보살폈다. 어느 날 갑자기 노인이 세상을 떠났다. 그런데 그 노인에게는 숨겨둔 엄청난 재산이 있었다. B씨가 그 재산을 관리하고 있었는데, 노인의 아들이 찾아와 재산권 청구 소송을 걸었다. 결국 B씨는 노인의 아들에게 재산을 주고 말았다. 법적으로는 어떨지 모르지만, 도덕적 혹은 윤리적으로는 B씨가 그 재산을 받을 만한 자격이 있다.

ㄷ. 재산권은 재산의 자유로운 처분권을 포함하는 개념이다. 따라서 정당한 방식으로 재산을 축적한 사람은 자신의 재산을 주고 싶은 사람에게 줄 수 있다. 정부가 이러한 증여행위에 대해 세금을 부과하는 것은 개인의 재산권을 침해하는 것이다.

ㄹ. 어떤 희귀병은 유전될 확률이 높다고 한다. C, D 두 사람은 그 희귀병에 대비하여 보험에 가입하기를 원하였다. C는 보험에 가입했으나, D는 가족 중 그 희귀병에 걸린 사람이 있어 보험가입에 실패했다. 정부는 자신의 힘으로는 어쩔 수 없는 상황에 처한 D와 같은 사람들을 위해 의료복지체계를 구축할 필요가 있다.

① ㄱ, ㄴ　　② ㄱ, ㄷ　　③ ㄱ, ㄹ
④ ㄴ, ㄹ　　⑤ ㄷ, ㄹ

핵심설명어:

핵심설명문장:

핵심원리:

정답:

03 **다음 글은 조세 정책에 관해 A와 B가 벌인 논쟁 내용이다. 이 글에 나타난 정책방향을 근거로 B의 주장과 부합하는 정책을 [보기]에서 모두 고른 것은?**

> A가 9조 원 감세안을 주장하면서 감세 논쟁이 불거졌다. A는 '서민을 위한 감세'로 소득세율 2%포인트 감세안을 주장하였다. 그러나 B는 이 안이 '부자를 위한 조세 정책'이라고 비판하였다. 이미 직장인의 47%, 자영업자의 51%가 소득세 면제 대상자이기 때문에 이들에게는 실질적 도움이 되지 않는다는 것이다. 또 다른 분석결과에 따르면 일률적인 2%포인트 감세안을 적용할 경우 1천만 원 이하 소득자는 최대 9만 원이 절감되지만, 8천만 원 초과 소득자는 최소 3백 9십만 원이 인하되어 오히려 부자들이 큰 혜택을 본다고 한다. 따라서 B는 A가 제시한 감세안에 대해 반대하며 서민에게 더 유리한 조세 정책이 수립되어야 한다고 주장하였다.

보기

ㄱ 소득세 면제 대상자를 줄인다.
ㄴ 소형 임대아파트 거주자의 주민세를 면제한다.
ㄷ 승용차 10부제 참여 시 자동차세를 10% 감면한다.
ㄹ 주택거래에 대한 취득세 및 등록세의 세율을 0.5%포인트 인하한다.
ㅁ 국민기초생활보호대상자가 생활필수품을 구매한 경우 해당 부가가치세액을 환급해 준다.

① ㄱ, ㄴ　② ㄱ, ㄷ　③ ㄴ, ㅁ
④ ㄱ, ㄹ, ㅁ　⑤ ㄴ, ㄷ, ㅁ

핵심설명어:

핵심설명문장:

핵심원리:

정답:

04 다음 글을 읽고 조직문화 연구에 대한 포스트 모더니즘의 시각을 [보기]에서 모두 고른 것은?

모더니즘에서 조직은 사회적 도구이며 인간의 합리성의 확대로 간주된다. 여기에서 조직은 계획된 사고와 계산된 행동의 표현이다. 모더니즘적 접근은 질서와 패턴 등 명료성을 강조하는 반면, 포스트 모더니즘적 접근은 애매성을 강조한다. 그래서 조직문화의 연구에서 포스트 모더니즘은 기존의 연구가 애매성을 배제하는 경향을 보이고 있다는 비판으로부터 출발한다. 조직문화의 연구에서 애매성을 인정한다면 조직 내에 잠재적으로 존재하는 다양한 관점과 이해, 의견들을 인식하게 될 것이다. 애매성을 인정하는 시각에서는 문화를 다양하고 느슨하게 연결된 상징들의 연결망으로 묘사한다. 이러한 시각은 조직문화를 안정된 관계와 보편적 상징의 기계적·계층적 체계로 묘사하는 모더니즘적 시각으로부터의 급진적인 이탈을 의미한다.

보기

ㄱ. 조직문화 연구는 문화적 표상들 간에 형성된 관계의 복잡성을 탐구하고 해석의 다의성을 제시한다.
ㄴ. 조직문화 연구는 다양하게 연결된 상징들을 유형화하여 조직문화의 보편적 원리를 찾는다.
ㄷ. 조직문화 연구는 구조와 체계를 중심으로 조직문화를 표현한다.
ㄹ. 조직문화 연구는 조직의 목표달성을 위한 표준 운영 원리의 탐색에 초점을 둔다.
ㅁ. 조직문화 연구는 조직의 다양한 변화에 주목하여 일상적 사건의 특이성을 강조한다.

① ㄱ, ㄷ ② ㄱ, ㅁ ③ ㄱ, ㄷ, ㅁ
④ ㄴ, ㄷ, ㄹ ⑤ ㄴ, ㄹ, ㅁ

핵심설명어:

핵심설명문장:

핵심원리:

정답:

SKILL ❷ **다음 매칭해서 풀어가는 형태의 문제를 통해 매칭하는 순서를 바꿔서 문제풀이 속도를 높이는 훈련을 해 보자.**

01 다음 글에 제시된 각각의 원리와 [보기]의 주장을 가장 적절하게 짝지은 것은?

(가) 죄를 범한 자를 처벌하면 그 범죄자는 처벌의 고통과 두려움 때문에 다시 범행을 저지르지 않을 것이다. 또한 다른 사람들이 그 범죄자가 처벌받는 것을 목격하거나 그 사실을 알게 되면 다른 사람들도 범죄를 저지르지 않을 것이다.

(나) 잘못된 행동을 한 사람은 벌을 받아 마땅하다. 어떤 면에서 악에 대해 악을 되돌려 주는 것은 도덕적으로 옳은 것이다. 만약 범죄자들이 처벌받아 마땅하기 때문에 처벌 받는다면 그들은 받아야 마땅할 만큼 정확히 상응하는 정도의 처벌을 받아야 한다.

(다) 범죄자에게 형벌을 부과하는 것은 그것으로 인해서 재차 범행을 할 수 없기 때문에 의미가 있는 것이다. 즉 범죄자가 교정시설에 수용되어 있는 동안은 물리적으로 범죄를 행할 수 없도록 만드는 것이라고 할 수 있다. 따라서 범죄자가 어떤 사람인지에 관계없이 그가 범한 죄가 중하다면 오랜 기간 동안 교정시설에 가두는 것이 필요하다.

(라) 우리 사회 범죄의 대부분은 극히 소수의 사람들이 저지르는 것이다. 또한 이러한 사람들은 일생을 통해 반복적으로 죄를 범하는 경향이 있다. 따라서 상습적으로 죄를 범하는 사람들을 가려내어 이들을 사회로부터 철저히 격리하는 것은 우리 사회에서 일어나고 있는 상당수의 범죄를 줄일 수 있는 효율적인 대책이 된다.

보기

ㄱ. 여성 시민단체는 법원이 그동안 여성에 대해 차별적으로 높은 형량을 선고해 왔다며 이를 시정해야 한다고 주장한다.

ㄴ. 시민단체는 아동을 성추행하고 살인한 범죄자에 대해서 법원이 사형을 선고하지 않자, 그 잔인한 행위에 상응하는 형벌로서 당연히 사형을 선고해야 한다고 주장한다.

ㄷ. 법무부 장관이 구금시설의 과밀화가 심각하다고 언급하자, 시민단체는 이러한 시설의 획기적인 증축이 필요하다고 주장한다.

ㄹ. 시민단체는 상습적인 범죄자를 장기간 구금함으로써 인권유린이 다소 발생한다고 하더라도 시민의 안전을 위해 보호감호제도를 존속시켜야 한다고 주장한다.

ㅁ. 시민단체는 교도소에서 재소자들이 너무나 편하게 지내고 있다는 사실이 알려지자 재소자들을 훨씬 더 엄하게 다루어야 한다고 주장한다.

	(가)	(나)	(다)	(라)
①	ㄴ	ㄱ	ㄷ	ㅁ
②	ㄴ	ㄷ	ㄹ	ㅁ
③	ㄷ	ㄴ	ㅁ	ㄹ
④	ㅁ	ㄱ	ㄴ	ㄷ
⑤	ㅁ	ㄴ	ㄷ	ㄹ

02 **다음 글의 A~D 네 가지 원칙과 [보기]의 적용 사례를 바르게 연결한 것은?**

A. 행정작용에 의해 국민의 자유와 권리를 침해하는 경우에는 공익목적 달성에 적합하고 유용한 수단을 선택하여야 한다. 그중에서도 최소한의 침해를 가져오는 수단을 선택하여야 하고, 침해로 인해 달성되는 공익과 침해되는 사익 간에 상당한 비례관계가 유지되어야 한다.

B. 행정작용에 있어서는 합리적 사유가 없는 한, 국민을 평등하게 대우하여야 한다.

C. 행정기관의 적극적·소극적 행위가 지니는 정당성·지속성에 대하여 개인이 가지고 있는 신뢰 중에서 국가 입장에서 합리적으로 보호해 주어야 한다고 판단되는 신뢰는 보호되어야 한다.

D. 정당한 공권력 행사 시에 그것과 실체적 관련성이 없는 상대방의 반대급부를 결부시켜서는 안 된다.

보기

ㄱ. 택시운전사가 운전면허정지 기간 중에 운전을 하다가 적발되어 형사처벌을 받았으나, 행정청으로부터 아무런 행정조치가 없어 안심하고 계속 운전업무에 종사하던 중 3년이 지나 운전면허를 취소하는 행정처분을 받는 것은 불합리하다.

ㄴ. 당직근무 대기 중 심심풀이로 돈을 걸지 않고 점수따기 화투놀이를 한 사실이 징계사유에 해당되더라도 징계처분으로 파면을 택한 것은 화투놀이를 함께 한 3명을 견책에 처하기로 한 사실을 고려하면 그 재량의 범위를 벗어난 것이므로 위법이다.

ㄷ. 도로교통법상 음주운전은 면허취소와 1년 이내의 면허정지 중 하나의 벌칙을 받게 되어 있다. 원고에게는 이 중 무거운 면허취소처분이 가혹할지 모르지만, 음주운전으로 인한 교통사고 방지라는 공익적 필요가 크기 때문에 면허취소가 지나치다고는 볼 수 없다. 원고가 자동차 운전을 생업으로 삼고 있는 사정이 있지만 이 경우에는 더욱 음주운전을 예방해야 할 필요가 있다.

ㄹ. 도시계획법상의 도시계획사업 허가 시 부가된 도로 기부 채납의 의무를 이행하지 않았다는 이유로 건축법에 따른 기숙사 준공인가 신청을 거부한 것은 위법이다.

	A	B	C	D
①	ㄱ	ㄷ	ㄹ	ㄴ
②	ㄱ	ㄹ	ㄴ	ㄷ
③	ㄷ	ㄴ	ㄱ	ㄹ
④	ㄷ	ㄴ	ㄹ	ㄱ
⑤	ㄹ	ㄷ	ㄴ	ㄱ

03 다음 [표]는 교육훈련을 체계적으로 하기 위해 필요한 교육훈련수요에 관한 내용이다. 발생 원인에 해당하는 내용으로 미루어 볼 때, 빈칸 (1)~(10)에 들어갈 내용을 [보기]에서 골라 순서대로 배열한 것으로 옳은 것은?

[표] 잠재적 수요와 실질적 수요의 비교

구분	잠재적 수요	실질적 수요
초점	(1)	(2)
발생 원인	• 직무와 관련된 기술의 도입 • 전보나 승진에 따라 새로운 직무를 수행하게 되는 경우	지속적 업무 수행 과정에서 능력 부족으로 인해 목적 달성을 못하는 경우
대상	(3)	(4)
교육훈련 성격	(5)	(6)
수요조사 곤란도	(7)	(8)
교육훈련	(9)	(10)

보기

가. 자격기준
나. 직무능력 미달자
다. 예방적 성격
라. 수요조사가 매우 어려움
마. 공급자 중심으로 운영
바. 직무와 개인의 자격 차
사. 새로운 직급이나 직위를 담당할 사람이나 새로운 기술을 사용할 사람
아. 처방적 성격
자. 수요조사 용이
차. 수요자 중심으로 운영

(1) (2) (3) (4) (5) (6) (7) (8) (9) (10)
① 바 – 가 – 나 – 사 – 아 – 다 – 라 – 자 – 마 – 차
② 가 – 바 – 사 – 나 – 다 – 아 – 자 – 라 – 마 – 차
③ 바 – 가 – 사 – 나 – 아 – 다 – 자 – 라 – 차 – 마
④ 가 – 바 – 나 – 사 – 아 – 다 – 자 – 라 – 마 – 차
⑤ 가 – 바 – 나 – 사 – 다 – 아 – 라 – 자 – 마 – 차

04 다음 글에서 설명한 내용과 [보기]의 예가 바르게 연결된 것은?

(가) 구체적 위험: 이 위험은 손해를 일으킬 수 있는 사고의 발생이 아주 가까운 장래에 매우 높은 개연성을 가지고서 임박해 있거나, 목전에 닥쳐있는 경우 혹은 이미 사고가 발생한 경우에 존재한다. 즉, 손해 발생에 대한 충분한 개연성이 구체적으로 현존하는 경우로서, 사회적으로 더 이상 용인할 수 없는 단계이다.

(나) 추상적 위험: 이 위험은 구체적인 경우가 아니라 전형적인 사안과 관련이 있다. 즉, 구체적으로 위험이 존재하지는 않지만 대부분 그러한 경우라면 사고의 위험이 예견되는 경우를 말한다. 다시 말해 위험의 실현이 기존의 경험적 지식에 의할 때 전형적으로 일어날 수 있는 가상적 위험이다.

(다) 외관상 위험: 이 위험은 객관적으로 위험이 존재하지는 않지만, 위험방지행정청에서 위험이 존재하는 것으로 오인한 것에 대해 아무런 주의 의무 위반이 존재하지 않는 경우를 말한다. 즉, 담당 행정청이 개입하는 시점에서의 합리적인 판단에 의할 때, 위험을 인정할 수 있는 객관적인 근거가 존재하지만 사후에 위험이 실제로는 존재하지 않았다는 것이 밝혀질 때 외관상 위험이라 한다.

(라) 오상위험: 이 위험에서는 위험방지행정청의 주의 깊은 예측판단이 결여되어 있다. 여기에서 담당 행정청이 상황을 합리적이고 사리에 맞게 판단할 경우에는 공공의 안전이나 질서에 대한 위험이 존재한다는 근거를 발견할 수 없을 것임에도 불구하고 행동을 취한 것을 말한다. 적어도 담당 행정청은 충분한 주의를 기울이지 아니한 채 사안을 틀리게 혹은 불충분하게 조사하였거나 판단한 것이다.

(마) 위험의 혐의: 아직 조사의 필요성이 존재함에도 불구하고 위험방지행정청이 결정을 내려야 하는 경우들이 있다. 담당 행정청의 관점에서 계속적인 조사 없이는 정말로 위험상황·장해가 발생하였거나 발생할 것인지를 인식할 수 없다면, 이 경우가 위험의 혐의에 해당된다. 즉, 위험의 혐의란 위험이 존재한다고 판단할 만한 근거는 존재하지만, 그것만으로는 아직 손해 발생에 대한 충분한 개연성이 있다고 단언하기 어려운 상황으로서 위험존재에 대한 판단이 불명확한 경우이다.

보기

ㄱ. 중독 증세를 보이는 한 어린이가 병원에 실려 갔다. 어린이의 부모는 아이가 방금 전 떠먹는 즉석 아이스크림을 사서 먹었다고 진술하였다. 치료 담당 의사는 도착한 경찰관 P에게 살모넬라균이나 수많은 다른 병균들이 아이스크림 내에 존재할 가능성이 있음을 설명하였다. 자세한 것은 실험실의 검사 이후에 밝혀질 것이라고 한다.

ㄴ. 배우 A는 방음이 잘되지 않는 그의 집에서 큰 소리로 탐정물 대본을 연습하고 있는데, 여러 번 다음과 같은 구절이 낭독되고 있다. "너를 죽이고 말테야!", "살려줘!", 이에 따라 이웃집 사람들이 경찰에 신고를 하였고, 경찰이 잠긴 문을 부수고 주거에 침입하였다.

ㄷ. 김해 국제공항에 폭발물 경고가 접수되었다. 즉시 출동하여 조사를 하였는데, 복도에 '무주물(無主物)'로 보이는 트렁크 가방이 발견되었다. 가방 안에서 째깍째깍 하는 소리가 감지되었다. 경찰은 즉시 사람들을 밖으로 대피시켰다. 하지만 호출된 특수부대는 단지 소리가 크게 나게끔 맞춰진 휴대용 자명종 시계만을 발견하였다.

ㄹ. 폭풍우의 영향으로 나무 한 그루가 반쯤 꺾인 채 교통량이 많은 도로 위에 걸쳐져 있다. 이 나무의 불안정성과 계속되는 폭풍우의 날씨로 인해 나무가 곧 도로에 떨어질 것으로 예상된다.

ㅁ. 겨울에 강이나 호수에 얼음이 얼어 있다.

ㅂ. 서울 시내 모 방송국의 한 방송팀은 칼부림 격투장면의 야외촬영을 하고 있다. 이는 촬영 중임을 웬만한 사람이면 명백히 인식할 수 있는 정도이다. 하지만 그곳에 다가온 경찰관은 곧바로 폭력적인 싸움을 금지시켰다.

ㅅ. A는 자신의 새끼사자와 함께 시내에서 산보를 하고 있다. 이를 보고 겁에 질린 통행인들이 경찰에 신고를 하였다. 경찰은 대단위 작전을 전개하여 사자를 찾아내었는데, 이 새끼사자는 보통의 개와 같은 크기로서 그다지 위험하지 않는 것으로 밝혀졌다.

① (가) – ㄱ, ㄷ, ㅂ ② (나) – ㄱ, ㄹ, ㅁ ③ (다) – ㄴ, ㄷ, ㅅ
④ (라) – ㄴ, ㄷ, ㅂ ⑤ (마) – ㄱ, ㅁ, ㅅ

정답 및 해설 P. 3~5

STEP 04 실전 문제

01 다음 글에서 추출된 원리가 적용될 수 없는 사례를 고르면?

> 백화점 진열장에 전시된 상품을 보면 상품은 아무 말도 하지 않는다. 그 상품을 'x' 라고 하자. 그 'x'는 자기 자신에 대해서 아무 말도 안 하는 듯이 보인다. 그것은 아직 술어가 달리지 않은 주어일 뿐이지만 사실상 그렇지 않다. 진열장에 전시되어 있다는 것 자체가 자기 자신에 대한 자화자찬인 것이다. 즉, 상품 'x'는 인간이 술어를 붙여야 할 주어에 불과한 게 아니라 이미 자체 내에 술어를 포함하고 있다. 다시 말하자면 그 존재 안에 이미 자기 자신에 대한 판단을 내포하고 있는 것이다. 그 판단은 의식되지 않는 상태로 소비자에게 강요된다. 소비자는 상품이 스스로 내린 그 판단을 마치 자기가 주체적으로 내린 판단인 양 착각을 하게 된다.

① 다큐멘터리 사진은 객관적인 정보를 제공하는 듯하지만 이미 그 사진에 찍혔다는 것 자체가 주관적이다.

② 역사는 사실의 기록인 것 같지만 역사로 기록되어 남았고, 그것이 다시 조명되는 과정에서 끊임없이 선택이 이루어졌다는 사실을 생각해 보면 객관적이라 할 수 없다.

③ 영화는 사람들 사이의 관계를 현실적으로 보여줌으로써 실제 생활인 것처럼 보일 수 있지만, 그것은 창작된 것으로 사실상 꾸며진 이야기에 불과하다.

④ TV 뉴스는 현장을 취재한 자료화면을 제시하여 사실감과 객관성을 높이지만, 그 자료화면이 선택된 것 자체로는 객관적이지 않다.

⑤ 옛날 사람들의 초상화는 그저 그 사람의 얼굴을 보여주는 것 같지만, 이는 그가 초상화를 그릴 정도로 신분이 높았다는 것과 권력이 있었다는 것을 말해 준다.

02 다음 글에서 관찰된 원리와 어울리지 않는 것을 [보기]에서 모두 고르면?

> 상자 안에는 버튼이 하나 있다. 그 버튼을 누르면, 상자 안에 있는 먹이통으로 먹이가 자동으로 굴러 떨어지는 장치를 해놓았다. 그 상자 안에 비둘기를 한 마리 집어넣고 관찰을 해 보았다. 비둘기가 여기저기를 쪼다가, 우연히 버튼을 쪼았다. 그러자 먹이가 먹이통으로 굴러 떨어지고, 비둘기는 그것을 먹었다. 또 다시 여기저기를 쪼다가 버튼을 쪼았고, 먹이가 굴러 떨어지자, 그것을 먹었다. 비둘기가 여기저기를 쪼다가 버튼을 쪼는 시간 간격이 점점 줄어들더니, 마침내 비둘기는 버튼을 집중적으로 쪼고, 먹이를 먹는 과정을 반복하였다. 그 비둘기는 상자 밖으로 나온 후에도, 상자 안에 있던 버튼과 같은 것을 보면 집중적으로 쪼는 행동을 했다. 그러나 상자 밖에서는 먹이를 얻을 수 없었다. 그래서 그런지 얼마 후에 비둘기는 버튼을 쪼지 않았다. 비둘기는 우연하게 어떤 행동을 했다가 먹이를 얻게 됨으로써 그 행동을 강화하게 된 것이다. 그러나 먹이가 더 이상 주어지지 않자 그 행동은 사라지고 말았다.

보기

ㄱ. 목표관리(MBO)이론을 좋아하는 박세용이 직원들 스스로가 업무수행의 목표를 정하도록 하였더니, 직원들의 업무만족도가 제고되었다.

ㄴ. 평소 인간은 야단맞는 것보다는 칭찬받기를 좋아한다고 생각하는 관리자 김경원은 새로운 아이디어를 얻기 위해 직원들이 아이디어를 내놓으면 비록 말도 안 되는 것일지라도 칭찬과 격려를 아끼지 않았다.

ㄷ. 초등학교 선생님인 박주연은 학생들의 발표력을 키우기 위해 발표를 잘한 학생에게 표를 주었다. 그리고 표를 10장 모은 학생에게는 아이스크림을 사주었다.

ㄹ. 초등학생 20명을 가, 나 두 그룹으로 나누었다. 가 그룹은 11시 50분에 수업을 마치는 벨소리가 난 후 12시에 점심을 주고, 나 그룹은 12시 50분에 수업을 마치는 벨소리가 난 후 13시에 점심을 주었다. 1년이 지난 뒤, 일요일에 집에 있을 때, 어느 때 배고픔을 느꼈는가를 알아보았다. 가 그룹은 12시, 나 그룹은 13시에 배고픔을 느꼈다고 응답했다.

ㅁ. 어떤 꼬마 아이가 엄마와 손을 잡고 가다가 무거운 짐을 들고 가시는 할머니를 보고, 뛰어가 도와 드렸다. 아이 엄마는 이를 기특해 하며 자장면을 사주었다. 그 이후로 아이는 무거운 짐을 들고 가는 사람을 보면 도와주었다.

① ㄱ, ㄴ　　② ㄱ, ㄹ　　③ ㄴ, ㄷ
④ ㄴ, ㅁ　　⑤ ㄹ, ㅁ

03 다음 글에서 제시된 실험원리, 조건 및 결과에 근거하여 동일한 실험 대상자에게 '옷솔'이라는 글자를 분리하여 '옷'이라는 글자는 왼쪽 눈으로만 볼 수 있도록 하고, '솔'이라는 글자는 오른쪽 눈으로만 볼 수 있도록 한 후, 본 글자를 말하고 또 그 글자를 왼손으로 고르라고 할 경우, 그 결과로 옳은 것은?

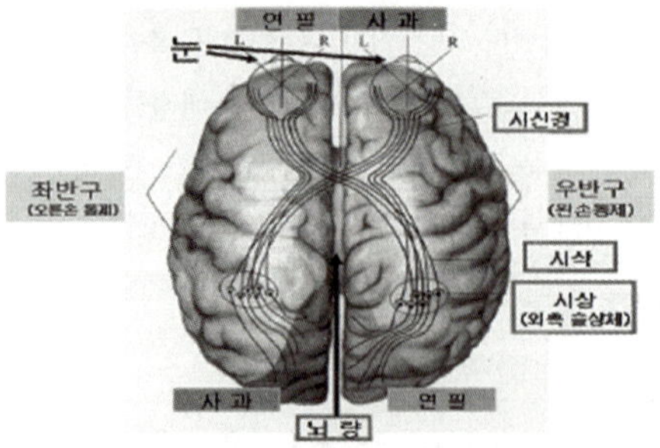

[그림 1]

[그림 2]

[그림 1]은 사람의 대뇌를 머리 위에서 내려다 본 것으로 좌반구와 우반구가 있음을 보여주고, 두 눈을 통해 받아들여진 시각 정보가 대뇌의 시각 피질에 전달되는 경로를 보여준다. 여기서 연필은 왼쪽에 있었고, 사과는 오른쪽에 있었지만 시각 피질에는 서로 반대 측면으로 전달된다. 그리고 좌반구는 오른쪽 신체의 정보를 받고 이에 대한 운동을 통제하며, 우반구는 그 반대 방향의 것에 관여한다. 그리고 좌반구와 우반구는 중앙에 있는 뇌량을 중심으로 정보를 교환한다. 그런데 뇌량을 절단하면 특이한 현상이 발생한다. 즉 [그림 2]와 같이 좌측에 왼쪽 눈으로만 볼 수 있도록 '나사'라는 글자를 보여주면, 이 글자는 우반구의 시각 피질에 전달되어 앞에 놓여있는 '나사'를 골라내기는 하지만 말로는 이 '나사'라는 말을 표현하지 못한다. 그 이유는 본 것을 언어화하는 데는 좌반구의 기능이 필요한데, 뇌량이 절단되어 정보가 전달되지 않았기 때문이다. 다만, 각 눈에서 본 시각정보는 반대편 시각 피질에 전달된다.

	말로 응답	왼손으로 고른 것
①	옷	고르지 못함
②	솔	옷
③	응답 못함	옷
④	옷솔	솔
⑤	응답 못함	옷솔

04 **다음 인터뷰 내용과 [보기]의 욕구를 연결한 것으로 적절하지 않은 것은?**

(가) 중학생: 같은 반 친구들이 왕따를 시키고 몇몇 친구들은 때리기까지 해서 학교를 다니기가 두렵고 싫어요.
(나) 직장인: 자신이 생각할 때 의미 있는 삶을 영위할 수 없다면, 아무리 좋은 대학을 나오고 좋은 직장을 다니더라도 소용없는 일이라고 생각합니다.
(다) 고등학생: 기말고사 기간이라 이틀간 잠을 못 잤더니 너무 피곤하네요. 두 시간만이라도 잤으면 좋겠어요.
(라) 고등학교 선생님: 요즘은 학교 환경이 예전과 많이 달라졌습니다. 특히 학생들의 태도는 과거와 완전 딴판입니다. 예전엔 선생님 그림자도 밟지 않는다는 말이 통하기도 했는데, 지금은 그런 학생들 찾기가 쉽지 않네요.
(마) 대학생: 몸이 좋지 않아 1년간 집에서 쉬었는데 빨리 복학하여 학우들을 만나고 싶습니다.

보기

ㄱ. 식욕, 성욕 등과 같은 생리적 욕구
ㄴ. 외부의 위협이나 고통으로부터 안전하고자 하는 욕구
ㄷ. 집단에 속하여 어울려 살고 싶어 하는 욕구
ㄹ. 타인으로부터 존경받고 싶어 하는 욕구
ㅁ. 자아를 실현하고자 하는 욕구

① (가) – ㄴ
② (나) – ㅁ
③ (다) – ㄴ
④ (라) – ㄹ
⑤ (마) – ㄷ

05 다음은 사람을 설득하는 심리학적 법칙들에 대한 설명이다. [보기]의 내용 중 법칙과 관련하여 추론한 내용으로 적절한 것을 고른 것은?

(가) '상호성의 법칙'에 의하면 다른 사람으로부터 호의를 받게 되면 그에 대해서 자신도 갚아야 한다는 심리적 압박감이 생겨나게 된다고 한다.

(나) '일관성의 법칙'은 지금까지 행동해 온 것과 일관되게 혹은 일관되게 보이도록 행동하고자 하는, 거의 맹목적인 욕구를 의미한다. 일단 어떤 선택을 하거나 입장을 취하게 되면, 그러한 선택이나 입장과 일치되게 행동해야 한다는 심리적 부담감을 느끼게 된다는 것이다.

(다) '사회적 증거의 법칙'에 의하면 무엇이 옳은가를 결정하기 위해서 사람들이 사용하는 방법 중의 하나는 다른 사람들이 옳다고 생각하는 것이 무엇인지를 알아내는 것이라고 한다. 이 법칙은 주어진 상황에서 우리 행동의 옳고 그름은 얼마나 많은 사람들이 우리와 행동을 같이 하느냐에 의해 결정된다고 주장한다.

(라) '희귀성의 법칙'이란 일반적으로 쉽게 얻어지지 않는 것은 상대적으로 그 가치가 높다는 인식이 사람들에게 잠재되어 있기 때문에, 사람들은 어떤 대상의 가치를 그의 획득 가능성이라는 기준을 사용하여 결정한다는 것이다.

보기

ㄱ. (가)의 견해에 의하면, 상대방이 양보하면 나도 양보해야 한다는 심리적 부담을 느끼게 된다는 주장이 설득력을 지닐 수 있다.

ㄴ. 원하는 것을 달성하기 위해 먼저 상대방에게 무리한 부탁을 하고 나서 상대방이 거절하는 경우, 처음 자신이 원했던 것보다 작은 것을 제안하는 이른바 일보 후퇴, 이보 전진이라는 설득 전략은 (나)의 원리를 적용시킨 것으로 볼 수 있다.

ㄷ. A 사무관이 결식아동돕기 등의 자선 기부금을 모집하기 위한 TV 공익 광고 캠페인을 기획하면서 이미 기부금을 약속한 사람들의 명단을 계속해서 화면에 제공하는 것이 효과적이라고 판단했다면 이는 (다)의 견해에 바탕을 둔 것으로 이해될 수 있다.

ㄹ. 심리적 저항 이론에 따르면 어떤 대상에 대하여 선택의 자유를 제한 당하게 되면 그 자유를 얻고 싶어하는 동기가 유발되어 사람들은 그 자유를 이전보다 더 강렬하게 원하게 된다고 한다. 이는 (라)의 이론과 밀접히 관련된다고 할 수 있다.

ㅁ. 주어진 상황이 애매모호하고 불확실성이 높을 때 가장 효과적으로 사람들에게 영향력을 행사할 수 있는 원리를 설명하고 있는 것은 (나)의 견해다.

ㅂ. "판매기한이 이제 하루 남았습니다", "독점 판매, 한정 판매, 이제 곧 마감합니다"와 같은 판매전략은 (라)의 이론을 적용한 것으로 볼 수 있다.

① ㄱ, ㄴ, ㄷ, ㅂ
② ㄱ, ㄴ, ㄷ, ㅁ
③ ㄱ, ㄹ, ㅁ, ㅂ
④ ㄴ, ㄷ, ㅁ, ㅂ
⑤ ㄱ, ㄷ, ㄹ, ㅂ

06 다음 글은 다양한 자본(Capital)의 유형에 대한 설명이다. 이를 바탕으로 추론한 설명 중 가장 적절하지 않은 것은?

> 지속적 발전이란 미래의 세대가 인구당 자본을 지금의 세대만큼 또는 그 이상 갖게 되는 과정을 의미한다. 전통적으로 사람들은 지속적 발전을 위해 A 자본, B 자본, 그리고 C 자본이 필요했고, 이들의 총합은 국가의 부를 이루고 더불어 경제발전과 성장의 근간을 이룬다고 믿어왔다. 하지만 이 과정에서 자본의 구성요소가 바뀌기 시작한다. 즉, 일부 A 자본은 개발을 통해 자연적으로 소모되어 공장과 설비를 짓기 위한 B 자본으로 변환되었다. 또한 B 자본은 시간이 흐름에 따라 그 가치가 절하될 가능성이 큰 반면, 교육이나 훈련을 통해 습득한 C 자본의 중요성이 증대하기 시작하였다. 하지만 최근에 이들 세 가지 유형의 자본이 경제성장 과정에 필요한 전부가 아니라는 사실이 일부 학자들로부터 나오게 되었다. 이들은 이 세 가지 자본에는 경제행위의 주체들이 상호작용하고, 성장과 발전을 추진하기 위해 스스로를 조직하는 방법이 결여되어 있다고 주장하였다. 따라서 이들에게 '빠뜨린 연결고리(the missing link)'가 바로 D 자본이다. 즉, 위의 A, B, C 세 가지 자본의 조합에 D 자본이 추가되지 않을 경우 지속적 발전은 불가능하다는 것이다.

① B 자본은 법적인 소유권의 대상이 된다.

② C 자본은 개인의 속성이며, 개인이 부분적으로 혹은 전적으로 체화해 소지하는 것이다.

③ D 자본은 한 행위자에 의해 독점되지 않고 사회적 관계를 맺은 행위자들 간에 공유된다.

④ C 자본은 신뢰와 더불어 구성원들의 기회주의적 행동을 억제하고 공동의 이익을 극대화하는 규범을 확립시킨다.

⑤ D 자본은 어느 한 행위자가 독점적인 소유권을 주장하기 힘든 자본이다.

07 다음 [표]와 [그림]은 각 국가가 가지고 있는 문화적 환경을 분석한 결과 확인된 고배경문화와 저배경문화의 특성과 해당 국가들을 보여주고 있다. 글로벌경영활동을 수행하는 과정에서 가장 적절하지 못한 것은?

[표] 각 국가가 가지고 있는 고배경문화와 저배경문화의 특성 비교

구분	고배경문화	저배경문화
법률 또는 법률가	덜 중요하다.	매우 중요하다.
개인의 말	• 매우 중요하다. • 개인의 비공식적인 의사표시가 보증의 역할을 한다.	• 크게 중시하지 않는다. • 서면으로 보증한다.
공간개념	서로 어울리는 공간을 중요시 여긴다.	개인적인 공간을 중요하게 여기고 침해받는 것을 싫어한다.
시간개념	시간 구분이 분명하지 않다.	'시간은 돈이다'라는 개념이 매우 강하다.
협상	• 오래 끄는 것이 보통이다. • 협상의 목적을 모든 당사자들이 서로 충분히 이해하여 저절로 해결되도록 한다.	매우 신속히 수행한다.
경쟁입찰	빈번하지 않다.	일반적이다.

[그림] 고배경문화와 저배경문화를 가지고 있는 국가들의 위치

강한 저배경문화 ←→ 강한 고배경문화

스위스 독일 스칸디나비아 미국 프랑스 영국 이탈리아 스페인 한국 라틴아메리카 중동

① 독일에서 현지기업과 전략적 제휴를 통해 협력관계에 있는 한국기업은 자신의 파트너기업과 분쟁이 발생하였을 경우 법적 조치를 통해 해결하는 것이 바람직하다.

② 중동에서 사업활동을 시작하고자 하는 미국기업이 현지기업과 신속하게 협상을 진행함으로써 시간을 단축하고자 할 경우 문화적 갈등이 발생할 가능성이 낮다.

③ 브라질기업의 최고경영자는 스위스기업의 최고경영자와 처음 만나 이야기할 때 지나치게 접근하는 것을 피해야 한다.

④ 독일기업의 경우 영국기업과 사업활동을 하는 것보다 스페인기업과 사업활동을 하는 경우 문화적 차이로 인한 갈등이 발생할 가능성이 더욱 높다.

⑤ 스페인에서 기업활동을 수행하는 것에 비해 스위스에서 활동하는 글로벌기업들은 약속시간을 더욱 철저히 준수하여야 한다.

08 다음 글의 (가)~(다) 정책결정 모델과 [보기]의 사례 내용이 옳게 짝지어진 것은?

(가) 정부는 국가 이익을 극대화시키는 정책을 선택한다. 이러한 정책 추진의 주요한 주체는 국가 즉, 정부이다. 특정한 정책적 선택이 이루어지는 절차는 다음과 같다. 우선 정책 결정자가 국가 이익을 가장 중시한다고 전제한다. 어떠한 전략적 문제와 관련하여 다양한 정책적 대안이 존재하며, 각 대안은 국가 이익의 견지에서 그 비용과 이익이 분석된다. 분석 결과 국가 이익을 극대화시키는 대안이 선택된다.

(나) 정부는 여러 조직들로 구성되며, 각 조직은 이미 설정된 정책결정 절차와 관행을 가지고 있다. 이러한 조직의 행태는 제기된 문제의 성격과 크게 상관없이 일상적 정책결정 방식에 의존한다. 이러한 정책 추진의 주요한 주체는 행정 각 조직들이다. 정부의 정책은 조직 과정의 산물이며, 그 조직의 과거 정책결정 과정을 반영한다.

(다) 정부 내에는 위계적으로 편성된 정책결정 담당자들 간에 정해진 정책결정 과정에 따른 거래가 존재한다. 정책 추진의 주요한 주체는 정부 내 다양한 정책결정 담당자들이며, 정책결정을 함에 있어 그들은 국가이익과 함께 개인적 이익을 아울러 고려한다. 다양한 이해관계의 충돌로 인해 정책결정 담당자들 간에 갈등이 생기며, 결국 정부의 정책은 그들 사이의 상호작용의 결과로서 정치적 산물인 것이다.

보기

㉠ 맥나마라 국방장관이 봉쇄를 선호한 반면, 러스크 국무장관과 전 국무장관인 애치슨은 공중 폭격을 주장하였다. 국가안보보좌관인 번디는 외교를 강조하였으나 군부는 공중 폭격에서 더 나아가 전쟁 감행까지 주장하였다. 그 타협의 결과 봉쇄전략이 채택되었다.

㉡ CIA와 공군 간의 업무처리 방식 차이로 인해 산크리스 토발 지역에 대한 U2기 파견 결정이 지연되었고, 이후 관련 기관들 간에 다양한 대안에 대한 이견 조정을 거쳐 결국 봉쇄전략이 채택되었다.

㉢ 무대응, 외교적 압력, 카스트로에 대한 비공식적 회유, 전쟁 감행, 공중 폭격, 봉쇄 등 가능한 전략들에 대한 평가결과 봉쇄전략이 채택되었다.

	(가)	(나)	(다)
①	㉠	㉡	㉢
②	㉡	㉠	㉢
③	㉡	㉢	㉠
④	㉢	㉠	㉡
⑤	㉢	㉡	㉠

09 다음 중 [보기]의 A~D 선거원칙으로부터 유추할 수 있는 것으로 가장 적절하지 않은 것은?

보기
• A: 사회적 지위, 재산, 인종, 학력 등에 관계없이 일정 연령에 달한 모든 국민에게 원칙적으로 선거권을 부여한다. • B: 1인 1표를 원칙으로 모든 선거인의 투표가치를 평등하게 취급한다. • C: 선거인의 의사가 선거결과를 확정하는 데 직접 반영되어야 한다. • D: 투표에 의해 나타나는 선거인 각자의 의사결정이 타인에게 알려지지 않도록 한다.

① 선거에서 외국인을 제외하는 것은 A에 위배된다.

② D는 자유로운 선거 분위기를 보장할 수 있는 중요한 선거원칙이다.

③ 재산정도, 납세액, 수입정도를 선거권 부여 기준으로 삼는 것은 A에 위배된다.

④ 선거인의 재산, 종교, 인종 등에 따라 투표가치에 차등을 두는 것은 B에 위배된다.

⑤ 국회의원 선거가 실시된 후에 해당 정당이 명단과 순위가 고정되어 있던 비례대표 후보자 명부를 변경하는 것은 C에 위배된다.

10 다음 갑의 견해에 근거할 때 정치적으로 가장 불안정할 것으로 예상되는 정치체제의 유형은?

> 민주주의 정치체제 분류는 선거제도와 정부의 권력구조(의원내각제 혹은 대통령제)를 결합시키는 방식에 따라 크게 A, B, C, D, E 다섯 가지 유형으로 나눌 수 있다. A형은 의원들이 비례대표제에 의해 선출되는 의원내각제의 형태이다. 비례대표제는 총득표수에 비례해서 의석수를 배분하는 방식이다. B형은 단순다수대표제 방식으로 의원들을 선출하는 의원내각제의 형태이다. 단순다수대표제는 지역구에서 1인의 의원을 선출하는 방식이다. C형은 의회 의원들을 단순다수대표 선거제도에 의해 선출하는 대통령제 형태다. D형의 경우 의원들은 비례대표제 방식을 통해 선출하며, 권력구조는 대통령제를 선택하고 있는 형태이다. 마지막으로 E형은 일종의 혼합형으로 권력구조에서는 상당한 권한을 가진 선출직 대통령과 의회에 기반을 갖는 수상이 동시에 존재하는 형태이다. 의회 의원은 단순다수대표제에 의해 선출된다.
>
> 한편, 갑은 "한 국가의 정당체제는 선거제도에 의해 영향을 받는다. 민주주의 국가들에 대한 비교 연구 결과에 의하면 비례대표제를 의회 선거제도로 운용하고 있는 국가들의 정당체제는 대정당과 더불어 군소정당이 존립하는 다당제 형태가 일반적이다. 전국을 다수의 지역구로 나누고 그 지역구별로 1인을 선출하는 단순다수대표제의 경우 군소정당 후보자들에게 불리하며, 따라서 두 개의 지배적인 정당이 출현하는 양당제의 형태가 자리 잡게 된다. 또한 정치적 안정 여부는 정당체제가 어떤 권력구조와 결합하는가에 따라 결정된다. 의원내각제는 양당제와 다당제 모두와 조화되어 정치적 안정을 도모할 수 있는 반면, 혼합형과 대통령제의 경우 정당체제가 양당제일 경우에만 정치적으로 안정되는 현상을 보인다."고 주장하였다.

① A형　② B형　③ C형
④ D형　⑤ E형

정답 및 해설 P. 5~6

CHAPTER 02

미시적으로 원리 파악하고 적용하기

STEP 01 유형 분석

Main Type	Sub Type 1	Sub Type 2
미시적 원리적용형 문제	원리 매칭형 문제	사례 제시형 문제

★ Main Type 미시적 원리적용형 문제

다양한 형태의 정보에서 핵심원리를 분석하고 정리해서 그것을 상황이나 사건에 적용하는 형태의 문제. Text로 정보를 주고, 그 정보를 바탕으로 핵심원리를 파악한 뒤에 방향성 차원에서 적용하는 형태의 문제들이다. 핵심원리가 적용된 구체적 사례라든지, 주어진 현상들이 핵심원리를 반영한 것이 맞는지를 가려내는 형식이 가장 일반적이다.

주어진 정보 중 어떤 구절을 근거로 원리를 판단할 것인가도 중요하지만, 더욱 중요한 것은 사례의 핵심내용이 무엇인지를 아는 것이다.

다음 글을 바탕으로 도출할 수 있는 것을 [보기]에서 모두 고른 것은?

사회 공헌 활동이 활성화된 일부 대기업을 제외한 대부분의 기업들, 특히 중소기업들은 각 기업의 특성에 적합한 사회 공헌 활동의 영역을 발굴하거나 사회 공헌 활동의 실질적인 노하우를 획득하는 데 어려움을 느끼고 있다. 최근 국내 기업의 사회 공헌 활동이 활발하게 전개되고 있지만, 기업의 사회 공헌 활동과 관련된 주요 이해관계자인 노동조합, 사회복지 관련단체, 시민단체, 정부 간에 각자의 역할과 관계 및 책임 범위에 대한 상호 견해 차가 존재하는 것도 사실이다.

한편, 최근 연구조사에 따르면 기업, 시민단체, 노동조합 모두 기업의 사회 공헌 활동을 활성화하기 위해 가장 필요한 정부의 역할로 세제혜택 강화를 강조했다. 그리고 기업의 사회 공헌 활동 중 정부 업무와 겹치는 활동의 조정 필요성, 사회 공헌 활동과 관련한 지원 및 사회 공헌 활동 내용에 대한 기준을 논의하고 정비할 필요성이 지적되었다. 기업이 실제로 가진 사회 공헌 활동의 공급자원에 관한 정보가 정부나 시민사회 등 이해관계자들에게 정확하게 전달되지 않거나, 기업 사회 공헌 활동의 수요에 관한 정보가 기업에게 정확하게 전달되지 않는 것으로 나타났다.

보기

㉠ 기업의 사회 공헌 활동 원칙과 관련된 각 주체들의 역할과 행동방향을 구체화하고, 이에 기초한 협력이 지속적으로 재생산될 수 있도록 사회 공헌 협약을 체결해야 한다.

㉡ 일부 국가에서 실시하고 있는 것과 같이 기업의 사회 공헌을 촉진하기 위하여 법적 의무를 명시해야 한다.

㉢ 최근 5년간 사회 공헌 활동 순위 상위 5%의 대기업을 대상으로 사업 아이템 개발, 파트너십 형성 지원 등의 서비스를 제공해야 한다.

㉣ 민간기업들의 기부금을 늘리기 위해서 공익활동에 대한 기부금의 세제혜택을 상향 조정해야 한다.

㉤ 기업의 규모, 사업 내용, 소재지 등에 따라 사회 공헌 활동을 구분하여 가이드라인을 제시하기 위한 협의체를 구성해야 한다.

㉥ 일반 국민과 전문가 그룹 간에 기업의 사회 공헌 활동 촉진을 위한 정부 역할과 관련하여 상당한 인식 차가 존재하므로 상호 이해를 증진해야 한다.

① ㉠, ㉢　　② ㉡, ㉣　　③ ㉠, ㉢, ㉤

④ ㉠, ㉣, ㉤　　⑤ ㉠, ㉣, ㉤, ㉥

★Sub Type 1 원리 매칭형 문제

의사소통능력에 나오는 내용일치 문제와 거의 유사하게 풀 수 있다. 주어진 정보에서 적용 가능한 구절을 찾아, 선택지와 매칭시켜서 비교한 후 그 구절을 근거로 선택지의 적·부를 가린다. 정보에서 해당하는 부분이 어떤 것인지 빨리 찾는 것이 중요하지만, 더 중요한 것은 이렇게 미시적으로 접근하는 문제일수록 정보의 전체적인 방향성이 무엇인지를 정확히 아는 것이다. 오히려 이런 거시적인 이해를 통해 미시적인 문제를 풀어낼 때도 있고, 이렇게 풀 때 풀이 속도의 향상이 일어날 수 있다.

정답 및 해설 P. 7

다음 글을 근거로 판단할 때 옳은 것은?

다산 정약용은 아전의 핵심적인 직책으로 향승(鄕丞)과 좌수(座首), 좌우별감(左右別監)을 들고 있다. 향승은 지방관서장인 현령의 행정보좌역이고, 좌수는 지방자치기관인 향청의 우두머리로 이방과 병방의 직무를 관장한다. 좌우별감은 좌수의 아랫자리인데, 좌별감은 호방과 예방의 직무를 관장하고, 우별감은 형방과 공방의 직무를 관장한다.

다산은 향승이 현령을 보좌해야 하는 자리이기 때문에 반드시 그 고을에서 가장 착한 사람, 즉 도덕성이 가장 높은 사람에게 그 직책을 맡겨야 한다고 하였다. 또한 좌수는 그 자리의 중요성을 감안하여 진실로 마땅한 사람으로 얻어야 한다고 강조하였다. 좌수를 선발하기 위해 다산이 제시한 방법은 다음과 같다. 먼저 좌수후보자들에게 모두 종사랑(從仕郎)의 품계를 주고 해마다 공적을 평가해 감사나 어사로 하여금 *식년(式年)에 각각 9명씩을 추천하게 한다. 그리고 그 가운데 3명을 뽑아 경관(京官)에 임명하면, 자신을 갈고 닦아 명성이 있고 품행이 바른 사람이 그 속에서 반드시 나올 것이라고 주장하였다. 좌우별감을 선발할 때에도 역시 마땅한 사람을 골라 정사를 의논해야 한다고 하였다.

다산은 아전을 임명할 때, 진실로 쓸 만한 사람을 얻지 못하면 그저 자리를 채우기는 하되 정사는 맡기지 말라고 하였다. 아울러 아첨을 잘하는 자는 충성스럽지 못하므로 이를 잘 살피도록 권고하였다. 한편 다산은 문관뿐만 아니라 무관의 자질에 대해서도 언급하였다. 그에 따르면 무관의 반열에 서는 자는 모두 굳세고 씩씩해 적을 막아낼 만한 기색이 있는 사람으로 뽑되, 도덕성을 첫째의 자질로 삼고 재주와 슬기를 다음으로 해야 한다고 강조하였다.

* 식년(式年): 과거를 보는 시기로 정한 해

---

① 관직의 서열로 보면 좌우별감은 좌수의 상관이다.
② 다산이 주장하는 좌수 선발방법에 따르면, 향승은 식년에 3명의 좌수후보자를 추천한다.
③ 다산은 아전으로 쓸 만한 사람이 없을 때에는 자리를 채우지 말아야 한다고 하였다.
④ 다산은 경관 가운데 우수한 공적이 있는 사람에게 종사랑의 품계를 주어야 한다고 주장했다.
⑤ 다산은 무관의 자질로 재주와 슬기보다 도덕성이 우선한다고 보았다.

★ Sub Type 2 사례 제시형 문제

구체적인 사례를 제시하고 그 사례에 적용되는 원리를 찾아내는 문제이다. 계약서 또는 법 조항 같은 형태의 정보들에서 이런 문제들을 종종 볼 수 있다. 상황의 핵심을 파악하고, 그 상황에 맞는 원리를 정보에서 찾는다.

정답 및 해설 P. 7

다음 글과 [상황]을 근거로 판단할 때, [보기]에서 옳은 것을 모두 고르면?

제00조(유치권의 내용) 타인의 물건 또는 유가증권을 점유한 자는 그 물건이나 유가증권에 관하여 생긴 채권이 변제기에 있는 경우에는 변제를 받을 때까지 그 물건 또는 유가증권을 *유치할 권리가 있다.

제00조(유치권의 불가분성) 유치권자는 채권 전부의 변제를 받을 때까지 유치물 전부에 대하여 그 권리를 행사할 수 있다.

제00조(유치권자의 선관의무) ①유치권자는 선량한 관리자의 주의로 유치물을 점유하여야 한다.

②유치권자는 채무자의 승낙 없이 유치물의 사용, 대여 또는 담보제공을 하지 못한다. 그러나 유치물의 보존에 필요한 사용은 그러하지 아니하다.

제00조(경매) 유치권자는 채권의 변제를 받기 위하여 유치물을 경매할 수 있다.

제00조(점유상실과 유치권소멸) 유치권은 점유의 상실로 인하여 소멸한다.

※ 유치: 물건 등을 일정한 지배 아래 둠

[상황]

甲은 아버지의 양복을 면접시험에서 입으려고 乙에게 수선을 맡겼다. 수선비는 다음 날까지 계좌로 송금하기로 하고 옷은 일주일 후 찾기로 하였다. 甲은 수선비를 송금하지 않은 채 일주일 후 옷을 찾으러 갔고, 옷 수선을 마친 乙은 수선비를 받을 때까지 수선한 옷을 돌려주지 않겠다며 유치권을 행사하고 있다.

[보기]

ㄱ. 甲이 수선비의 일부라도 지급한다면 乙은 수선한 옷을 돌려주어야 한다.

ㄴ. 甲이 수선한 옷을 돌려받지 못한 채 면접시험을 치렀고 이후 필요가 없어 옷을 찾으러 가지 않겠다고 한 경우, 乙은 수선비의 변제를 받기 위해 그 옷을 경매할 수 있다.

ㄷ. 甲이 수선을 맡긴 옷을 乙이 도둑 맞아 점유를 상실하였다면 乙의 유치권은 소멸한다.

ㄹ. 甲이 수선비를 지급할 때까지, 乙은 수선한 옷을 甲의 승낙 없이 다른 사람에게 대여할 수 있다.

---

① ㄱ, ㄴ　② ㄱ, ㄹ　③ ㄴ, ㄷ

④ ㄷ, ㄹ　⑤ ㄴ, ㄷ, ㄹ

STEP 02

문제 해결방법

1단계	2단계	3단계
핵심설명이나 핵심설명문장을 활용해서 정보의 전체적인 맥락 이해	주어진 정보의 구성 분석	전체 정보의 핵심 이해

4단계	5단계
선택지를 보며 매칭시킴	핵심원리를 선택지에 적용

1단계 | 주어진 정보가 무엇에 관한 것이고 어떤 것인지 거시적 맥락에서 먼저 파악한다. 이 경우 앞서 설명했던 핵심설명어나 핵심설명문장을 활용한다. 전체적인 맥락 파악으로 해결이 되는 선택지가 있을 수도 있다.

2단계 | 주어진 정보의 구성을 분석하는 데, 말하자면 제시문 형태의 경우 단락별로 어떤 내용이 담겨 있는지, 조항이나 법규 형태의 경우 어떤 제목으로 조항들이 묶여 있는지 확인하고, 전체적인 정보의 구조를 파악한다.

3단계 | 아무래도 원리 적용에 대한 문제다보니, 미시적으로 적용하는 부분이 있다하더라도 전체적인 원리를 적용해서 푸는 문제들이 선택지에 많이 주어진다. 그러므로 전체 맥락에서의 원리라는 것을 우선적으로 파악할 필요가 있다. 여기까지는 앞서 거시적인 차원에서 원리를 찾아갔던 방법과 유사하다. 따라서 Skill적인 부분도 거시적인 원리 파악에서 적용했던 Skill을 활용할 수 있다.

4단계 | 앞서 정보의 구조를 파악했다면, 그건 각 부분별로 어떤 내용인지 안다는 뜻이다. 그래서 선택지에 주어진 상황이나 사례, 적용이 어떤 부분에 해당하는지 매칭시킨다.

5단계 | 정보에서 주어진 원리를 선택지에 주어진 사례나 상황에 적용시켜서 진위를 결정한다.

SKILL ❶ 정보의 구조 분석법

정보의 구조라는 것은 정보의 내용이 무엇인지를 의미단위별로 파악하는 것이다. 그래야 매칭시킬 때 위치를 정확히 판단하고 빠른 시간 안에 찾아갈 수가 있다. 정보의 의미단위를 분류하고 그에 대해 접근하는 방법은 다음과 같다.

❶ 정보가 Text 형태로 주어졌을 때는 단락별 요약
❷ 정보가 법규나 규칙 형태로 주어졌을 때는 제목 파악
❸ 정보가 법규나 규칙 형태인데 제목이 없을 때는 제목 부여

1 정보가 Text 형태로 주어졌을 때는 단락별 요약

정보가 비문학 Text 같은 형태로 주어졌을 때는 단락별로 각각 어떤 정보를 담고 있는지 파악한다. 설명문의 대부분 첫 번째 문장 아니면 두 번째 문장이 핵심설명문장이 될 경우가 많다. 이 핵심문장을 중심으로 명사형으로 단락의 내용을 정리한다.

정답 및 해설 P. 7~8

다음 제시문에 근거하여 판단할 때 [보기]에서 옳은 것을 모두 고르면?

중위값(median)은 관찰값을 크기 순서로 나열했을 경우 가장 중앙에 위치하게 되는 값을 말하며, 평균(mean)은 관찰값의 합을 관찰값의 개수로 나눈 값을 말한다. 만일 관찰값의 분포가 좌우대칭의 종모양인 경우 중위값과 평균은 일치한다. 그러나 분포가 좌 또는 우로 치우쳐 있는 경우에는 평균이 극단값에 민감하게 영향을 받기 때문에 중위값과 평균은 일치하지 않는다.

경제 관련 자료의 경우 분포가 대칭인 것보다는 비대칭인 경우가 대부분을 차지하고 있다. 대표적인 예로서 소득분포의 경우에는 어느 나라에서나 분포의 봉우리가 가운데보다 왼쪽(소득이 적은 쪽)에 치우치게 되어 평균소득이 중위소득보다 크게 된다. 이 경우 다수의 인구(또는 가구)가 평균소득에 훨씬 못 미치는 소득수준에 머무르게 되기 때문에 이 평균소득을 근거로 한 국가의 후생수준을 평가하는 것은 문제가 있다. 이 같은 이유로 미국에서는 오래전부터 지역 주민들의 경제적 능력을 대표하는 수치로 평균소득이 아닌 중위소득을 공개하였다.

통계학적으로 중위값과 평균을 구하는 데는 동일한 양의 정보가 필요하기 때문에 지금까지 정부 통계로 평균을 발표하던 것을 중위값으로 대체하거나 중위값을 추가로 공개하더라도 추가적인 노력이나 비용이 필요없다. 그러나 정부가 정책을 입안할 때 어느 수치를 기준으로 하느냐에 따라 정책효과나 정책으로 인해 영향을 받게 되는 지역이나 주민은 달라질 가능성이 매우 크다. 해당 변수의 분포가 비대칭일수록 그 영향은 당연히 더욱 커지게 된다.

| 보기 |

ㄱ. 정부는 신뢰성 있는 정보의 전달을 위해 추가비용이 들겠지만 평균과 중위값 정보를 동시에 제공해야 한다.
ㄴ. 각 국가별 무역수지를 조사하고 정책을 결정할 경우 중위값을 사용하더라도 평균값을 사용하는 경우와 같이 극단값의 영향을 크게 받는다.
ㄷ. 전국 주택가격의 가격 분포가 대칭적이라면 굳이 중위값을 사용할 필요가 없다.
ㄹ. 평균소득과 중위소득의 차이가 클 경우 평균소득으로 후생수준을 판단하는 것은 적정한 방법이라 할 수 없다.
ㅁ. 특정 경제변수의 분포가 우측(경제변수의 크기가 큰 쪽)으로 치우친 경우 중위값이 평균보다 좌측에 있다.

① ㄱ, ㄴ　　② ㄴ, ㄹ　　③ ㄷ, ㄹ
④ ㄱ, ㄴ, ㅁ　　⑤ ㄷ, ㄹ, ㅁ

2 정보가 법규나 규칙 형태로 주어졌을 때는 제목 파악

법규 형태나 계약서 형태로 주어지는 정보는 2~3개의 항목마다 대부분 제목들이 붙어 있다. 이 제목이 바로 핵심설명문장의 역할을 하게 된다. 처음 정보를 볼 때 조항 앞에 붙어 있는 제목만 훑어 본 다음 선택지를 읽고 해당하는 항목에 바로 바로 매칭하여 푸는 방법을 연습하면 문제풀이의 스피드를 향상시킬 수 있다.

정답 및 해설 P. 8

다음 [A도서관 자료 폐기 지침]을 근거로 판단할 때 옳은 것은?

[A도서관 자료 폐기 지침]

가. 자료 선정

도서관 직원은 누구든지 수시로 서가를 살펴보고, 이용하기 곤란하다고 생각되는 자료는 발견 즉시 회수하여 사무실로 옮겨야 한다.

나. 목록 작성

사무실에 회수된 자료는 사서들이 일차적으로 갱신 대상을 추려내어 *갱신하고, 폐기 대상 자료로 판단되는 것은 폐기심의대상 목록으로 작성하여 폐기심의위원회에 제출한다.

다. 폐기심의위원회 운영

폐기심의위원회 회의(이하 '회의'라 한다)는 연 2회 정기적으로 개최한다. 회의는 폐기심의대상 목록과 자료의 실물을 비치한 회의실에서 진행되고, 위원들은 실물과 목록을 대조하여 확인하여야 한다. 폐기심의위원회는 폐기 여부만을 판정하며 폐기 방법의 결정은 사서에게 위임한다. 폐기 대상 판정 시 위원들 사이에 이견(異見)이 있는 자료는 당해 연도의 폐기 대상에서 제외하고, 다음 연도의 회의에서 재결정한다.

라. 폐기 방법

(1) 기증: 상태가 양호하여 다른 도서관에서 이용될 수 있다고 판단되는 자료는 기증 의사를 공고하고 다른 도서관 등 희망하는 기관에 기증한다.

(2) 이관: 상태가 양호하고 나름의 가치가 있는 자료는 자체 기록보존소, 지역 및 국가의 보존전문도서관 등에 이관한다.

(3) 매각과 소각: 폐지로 재활용 가능한 자료는 매각하고, 폐지로도 매각할 수 없는 자료는 최종적으로 소각 처리한다.

마. 기록 보존 및 목록 최신화

연도별로 폐기한 자료의 목록과 폐기 경위에 관한 기록을 보존하되, 폐기한 자료에 대한 내용을 도서관의 각종 현행자료 목록에서 삭제하여 목록을 최신화한다.

※ 갱신: 손상된 자료의 외형을 수선하거나 복사본을 만듦

① 사서는 폐기심의대상 목록만을 작성하고, 자료의 폐기 방법은 폐기심의위원회가 결정한다.

② 폐기 대상 판정 시 폐기심의위원들 간에 이견이 있는 자료의 경우, 바로 다음 회의에서 그 자료의 폐기 여부가 논의되지 않을 수 있다.

③ 폐기심의위원회는 자료의 실물을 확인하지 않고 폐기 여부를 판정할 수 있다.

④ 매각 또는 소각한 자료는 현행자료 목록에서 삭제하고, 폐기 경위에 관한 기록도 제거하여야 한다.

⑤ 사서가 아닌 도서관 직원은 이용하기 곤란하다고 생각되는 자료를 발견하면 갱신하거나 폐기심의대상 목록을 작성하여야 한다.

3 정보가 법규나 규칙 형태인데 제목이 없을 때는 제목 부여

법규 형태나 계약서 형태인데 각 조항이 제목별로 몇 개씩 묶여 있지 않고 그냥 쭉 나열되는 경우가 있다. 이럴 때는 각 조항별로 핵심어를 찾아서, 각 조항에 제목을 붙인다고 생각하면 된다. 말하자면 선택지에서 제시되는 사례를 바로 찾을 수 있도록 인덱스를 설정해 놓는 셈이다. 그런 후 선택지와 비교했을 때 해당되는 구절을 어디서 찾아야 할지 빠르게 알 수 있다.

정답 및 해설 P. 8

다음은 기존 청국 중심의 동아시아 질서를 변경하려는 일본이 조선과 체결한 강화도 조약의 주요 내용이다. 아래 내용에서 추론할 수 있는 것을 [보기]에서 모두 고르면?

제1조 조선은 자주지방(自主之邦)으로서 일본국과 평등한 권리를 가지며, 앞으로 피차 동등지례(同等之禮)로 상대한다.

제2조 15개월 후 수시로 사신을 서울과 동경에 파견하여 예조판서와 외무경을 만나 업무를 처리하며 주류(駐留)문제는 시의(時宜)에 맡기기로 한다.

제3조 양국 간 왕래공문은 조선측은 한문, 일본측은 일본어를 사용하기로 한다.

제4조 부산 초량에 일본 공관을 두어 새로 의정할 협정에 의해 통상을 비롯한 제반업무를 처리하게 하며 제5조에 의해 개항할 2개 항에서 일본인에게 토지와 가옥을 임차(賃借), 조영(造營)할 수 있도록 허용한다.

제5조 경기, 충청, 전라, 경상, 함경 5도 중 통상에 편리한 2개 항을 개항하도록 한다.

제6조 일본 선박 및 선원들의 해난을 구조한다.

제7조 조선 연해의 안전운항을 위해 일본항해자가 연해를 조사하여 해도를 작성할 수 있다.

제8조 조선이 지정하는 각 항(港)에 일본 상인을 관할할 관리를 두고 양국 간 협의사항이 있으면 지방장관을 만나 협의한다.

제9조 양국 상민의 자유무역을 규정하여 양국 상민이 조선 지방관리의 부당한 간섭을 받지 않고 각자 임의로 직접 거래할 수 있다.

제10조 조약항에서의 일본의 영사재판권을 인정한다.

제11조 통상협정(通商協定) 체결 및 조약의 세부규정을 작성하기 위해 양국의 위원이 6개월 내에 서울 또는 강화부에서 협상한다.

제12조 본 조약은 조인 즉시 발효된다.

보기

㉠ 일본은 조선의 개항지에 자국의 관원을 설치할 수 있는 법적 근거를 명확히 하였다.
㉡ 일본은 서울에 외교사절을 두어 외교 업무를 수행할 수 있게 되었다.
㉢ 조선은 개항지에서 활동하는 일본상인의 활동에 대하여 규제하거나 통제할 법적 근거를 상실하였다.
㉣ 조선은 개항지에서 활동하는 일본 상인이 범죄를 저질렀을 경우 이들을 처벌하는 데 관여할 수 없게 되었다.
㉤ 일본은 부산 이외의 다른 5도의 모든 항구에서 상행위를 할 수 있는 법적 근거를 마련하였다.

① ㉡, ㉤　　② ㉠, ㉢, ㉣　　③ ㉡, ㉢, ㉤
④ ㉠, ㉡, ㉢, ㉣　　⑤ ㉠, ㉡, ㉣, ㉤

SKILL ② 사례 제시형 문제에서는 순서 뒤바꾸기

주어진 원리와 선택지의 사례 적용을 매칭시키는 경우의 문제에서는 그것을 선택지 순서대로 매칭하려는 경향이 있는데, 그럴 필요없이 눈에 띄는 어휘에 맞춰 먼저 선택지를 제거하는 방법으로 순서를 뒤바꾸어서 푸는 것이 문제 풀이의 스피드를 향상시킬 수 있는 Skill이 된다. 예를 들어 원리를 적용하는 데 구체적인 수치 계산이 나온 문제는 계산을 잘하는 사람이라면 이 유형의 선택지부터, 계산이 싫은 사람이라면 이 유형의 선택지는 건너 뛰고 다른 것부터 푸는 식으로 선택지 체크의 순서를 임의적으로 조정해서 풀도록 한다.

정답 및 해설 P. 8

○○시의 [버스정류소 명칭 관리 및 운영계획]을 근거로 판단할 때 옳은 것은?(단, 모든 정류소는 ○○시 내에 있다.)

[버스정류소 명칭 관리 및 운영계획]

ㅁ 정류소 명칭 부여기준
- 글자 수: 15자 이내로 제한
- 명칭 수: 2개 이내로 제한
  - 정류소 명칭은 지역대표성 명칭을 우선으로 부여
  - 2개를 병기할 경우 우선순위대로 하되, ·(중점)으로 구분

우선순위	지역대표성 명칭			특정법인(개인) 명칭	
	1	2	3	4	5
명칭	고유지명	공공기관, 공공시설	관광지	시장, 아파트, 상가, 빌딩	기타 (회사, 상점 등)

ㅁ 정류소 명칭 변경 절차
- 자치구에서 명칭 부여기준에 맞게 홀수달 1일에 신청
  - 홀수달 1일에 하지 않은 신청은 그 다음 홀수달 1일 신청으로 간주
- 부여기준에 적합한지를 판단하여 시장이 승인 여부를 결정
- 관련 기관은 정류소 명칭 변경에 따른 정비를 수행
- 관련 기관은 정비 결과를 시장에게 보고

명칭 변경신청 (자치구)	▶	명칭 변경 승인 (시장)	▶	명칭 변경에 따른 정비 (관련기관)	▶	정비 결과 보고 (관련기관)
홀수달 1일 신청		신청일로부터 5일 이내		승인일로부터 7일 이내		정비완료일로부터 3일 이내

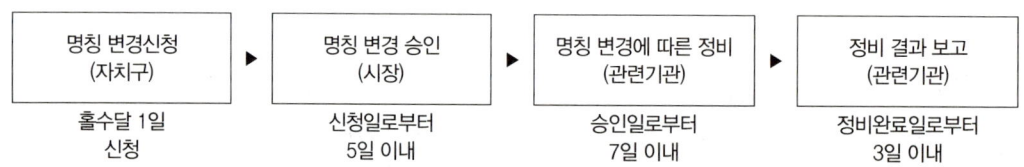

※ 단, 주말 및 공휴일도 일수(日數)에 산입하며, 당일(신청일, 승인일, 정비완료일)은 일수에 산입하지 않는다.

① 자치구가 7월 2일에 정류소 명칭 변경을 신청한 경우, ○○시의 시장은 늦어도 7월 7일까지는 승인 여부를 결정해야 한다.

② 자치구가 8월 16일에 신청한 정류소 명칭 변경이 승인될 경우, 늦어도 9월 16일까지는 정비 결과가 시장에게 보고된다.

③ '가나시영3단지'라는 정류소 명칭을 '가나서점·가나3단지 아파트'로 변경하는 것은 명칭 부여기준에 적합하다.

④ '다라중학교·다라동1차아파트'라는 정류소 명칭은 글자 수가 많아 명칭 부여기준에 적합하지 않다.

⑤ 명칭을 변경하는 정류소에 '마바구도서관·마바시장·마바물산'이라는 명칭이 부여될 수 있다.

STEP 03

Skill 연습

SKILL ❶

정보가 Text 형태로 주어졌을 때, 단락별로 정보의 내용을 파악하는 연습을 한다. 본문 내용에서 핵심어가 될 만한 사항을 골라, 단락 핵심내용에 적어보자. 키워드만 적어도 되고, 문장을 구성해서 단락의 중심 내용을 적어도 된다. 그리고 선택지에서 이것을 몇 번째 단락에서 찾을지 먼저 체크하고 본문 내용과 비교한다. 실제 문제풀이에서는 따로 적기보다 단락 키워드에 동그라미를 치거나 밑줄을 긋는 방법으로 시간을 절약해야 한다. 이 훈련은 선택지에서 체크해야 하는 사항을 어디서 찾아야 하는지를 빨리 파악하는 능력을 향상시킬 것이다.

01 다음 글을 근거로 판단할 때 옳지 않은 것은?

본문 내용	단락 핵심내용
정부는 저출산 문제 해소를 위해 공무원이 안심하고 일과 출산·육아를 병행할 수 있도록 관련 제도를 정비하여 시행 중이다. 먼저 임신 12주 이내 또는 임신 36주 이상인 여성 공무원을 대상으로 하던 '모성보호시간'을 임신 기간 전체로 확대하여 임신부터 출산 시까지 근무시간을 1일에 2시간씩 단축할 수 있게 하였다.	
다음으로 생후 1년 미만의 영아를 자녀로 둔 공무원을 대상으로 1주일에 2일에 한해 1일에 1시간씩 단축근무를 허용하던 '육아시간'을, 만 5세 이하 자녀를 둔 공무원을 대상으로 1주일에 2일에 한해 1일에 2시간 범위 내에서 사용할 수 있도록 하였다. 또한 부부 공동육아 실현을 위해 '배우자 출산휴가'를 10일(기존 5일)로 확대하였다.	
마지막으로 어린이집, 유치원, 초·중·고등학교에서 공식적으로 주최하는 행사와 공식적인 상담에만 허용되었던 '자녀돌봄휴가'(공무원 1인당 연간 최대 2일)를 자녀의 병원진료·검진·예방접종 등에도 쓸 수 있도록 하고, 자녀가 3명 이상일 경우 1일을 가산할 수 있도록 하였다.	

① 변경된 현행 제도에서는 변경 전에 비해 '육아시간'의 적용 대상 및 시간이 확대되었다. (1단락, 2단락, 3단락)

② 변경된 현행 제도에 따르면, 초등학생 자녀 3명을 둔 공무원은 연간 3일의 '자녀돌봄휴가'를 사용할 수 있다. (1단락, 2단락, 3단락)

③ 변경된 현행 제도에 따르면, 임신 5개월인 여성 공무원은 산부인과 진료를 받기 위해 '모성보호시간'을 사용할 수 있다. (1단락, 2단락, 3단락)

④ 변경 전 제도에서 공무원은 초등학교 1학년인 자녀의 병원진료를 위해 '자녀돌봄휴가'를 사용할 수 있었다. (1단락, 2단락, 3단락)

⑤ 변경된 현행 제도에 따르면, 만 2세 자녀를 둔 공무원은 '육아시간'을 사용하여 근무시간을 1주일에 총 4시간 단축할 수 있다. (1단락, 2단락, 3단락)

02 다음 글을 근거로 판단할 때 옳은 것은?

본문 내용	단락 핵심내용
군국기무처는 1894년 7월 27일부터 같은 해 12월 17일까지 존속한 최고 정책결정 기관이었다. 1894년 7월 흥선대원군을 추대한 새로운 정권이 수립되자, 그 이전부터 논의되어 오던 제도개혁을 실시하고자 합의체 형식의 초정부적 정책결정 기구인 군국기무처를 구성하였다. 이 기구의 이름은 1882년부터 1883년까지 존속하였던 기무처의 이름을 따서 흥선대원군이 명명하였다.	
군국기무처가 실제로 활동한 기간은 약 3개월이었다. 이 기간 중 군국기무처는 40회의 회의를 통해 약 210건의 의안을 심의하여 통과시켰는데, 그중에는 189개의 개혁의안도 포함되어 있었다. 군국기무처가 심의하여 통과시킨 의안은 국왕의 재가를 거쳐 국법으로 시행하였는데, 그 가운데는 전제왕권의 제약이나 재정제도의 일원화뿐만 아니라, 양반·상인 등 계급의 타파, 공·사노비제의 폐지, 조혼의 금지, 과부의 재가 허용 등 조선사회의 경제·사회질서를 근본적으로 변혁시키는 내용도 있었다. 여기에는 1880년대 이래 개화운동에서 강조한 개혁안과 더불어 동학운동에서 요구한 개혁안이 포함되기도 하였다. 군국기무처가 추진한 이때의 개혁을 갑오개혁이라고 부른다.	
그러나 군국기무처의 기능은 청일전쟁에서 일본이 최초의 결정적인 승리를 거둔 1894년 9월 중순 이후 서서히 약화되기 시작하였다. 청일전쟁의 초기에는 조선의 개혁정권에 대해 회유정책을 쓰며, 군국기무처의 활동에 간섭을 하지 않았던 일본이 청일전쟁의 승리가 확실해지자 적극적인 개입정책을 쓰기 시작하였던 것이다. 일본 정부가 새로 임명한 주한공사 이노우에는 군국기무처를 자신이 추진하려는 일본의 제도적 개입의 방해물로 간주하여 11월 20일 고종에게 요구한 20개의 안건에 군국기무처의 폐지를 포함시켰다. 고종도 그의 전제왕권을 제약한 군국기무처의 존재를 탐탁지 않게 여기던 터였으므로 이 기구를 12월 17일 칙령으로 폐지하였다.	

① 흥선대원군은 군국기무처를 칙령으로 폐지하였다. (1단락, 2단락, 3단락)

② 군국기무처는 기무처의 이름을 따서 고종이 명명하였다. (1단락, 2단락, 3단락)

③ 일본의 청일전쟁 승리가 확실해지면서 군국기무처의 기능은 더욱 강화되었다. (1단락, 2단락, 3단락)

④ 군국기무처는 실제 활동 기간 동안 월 평균 210건 이상의 개혁의안을 통과시켰다. (1단락, 2단락, 3단락)

⑤ 군국기무처가 통과시킨 의안에는 동학운동에서 요구한 개혁안이 담기기도 하였다. (1단락, 2단락, 3단락)

03 다음 글을 근거로 판단할 때, [보기]에서 옳은 것을 모두 고르면?

본문 내용	단락 핵심내용
국회의원 선거는 목적에 따라 총선거, 재선거, 보궐선거 등으로 나누어진다. 대통령제 국가에서는 의원의 임기가 만료될 때 총선거가 실시된다. 반면, 의원내각제 국가에서는 의원의 임기가 만료될 때뿐만 아니라 의원의 임기가 남아 있으나 총리(수상)에 의해 의회가 해산된 때에도 총선거가 실시된다.	
대다수의 국가는 총선거로 전체 의원을 동시에 새롭게 선출하지만, 의회의 안정성과 연속성을 고려하여 전체 의석 중 일부만 교체하기도 한다. 이러한 예는 미국, 일본, 프랑스 등의 상원선거에서 나타나는데, 미국은 임기 6년의 상원의원을 매 2년마다 1/3씩, 일본은 임기 6년의 참의원을 매 3년마다 1/2씩 선출한다. 프랑스 역시 임기 6년의 상원의원을 매 3년마다 1/2씩 선출한다.	
재선거는 총선거가 실시된 이후에 당선 무효나 선거 자체의 무효 사유가 발생하였을 때 다시 실시되는 선거를 말한다. 예를 들어 우리나라에서는 선거 무효 판결, 당선 무효, 당선인의 임기 개시 전 사망 등의 사유가 있는 경우에 재선거를 실시한다.	
보궐선거는 의원이 임기 중 직책을 사퇴하거나 사망하는 등 부득이한 사유로 의정 활동을 수행할 수 없는 경우에 이를 보충하기 위해 실시되는 선거이다. 다수대표제를 사용하는 대부분의 국가는 보궐선거를 실시하는 반면, 비례대표제를 사용하는 대부분의 국가는 필요 시 의원직을 수행할 승계인을 총선거 때 함께 정해 두어 보궐선거를 실시하지 않는다.	

보기

ㄱ. 일본 참의원의 임기는 프랑스 상원의원의 임기와 같다. (1단락, 2단락, 3단락, 4단락)

ㄴ. 미국은 2년마다 전체 상원의원을 새로 선출한다. (1단락, 2단락, 3단락, 4단락)

ㄷ. 우리나라에서는 국회의원 당선인이 임기 개시 전 사망한 경우 재선거가 실시된다. (1단락, 2단락, 3단락, 4단락)

ㄹ. 다수대표제를 사용하는 대부분의 국가에서는 의원이 임기 중 사망하였을 때 보궐선거를 실시한다. (1단락, 2단락, 3단락, 4단락)

① ㄱ, ㄴ　② ㄱ, ㄷ　③ ㄴ, ㄹ
④ ㄱ, ㄷ, ㄹ　⑤ ㄴ, ㄷ, ㄹ

04 다음 글을 근거로 판단할 때, [보기]에서 옳은 것을 모두 고르면?

본문 내용	단락 핵심내용
인류 역사상 불공정거래 문제가 나타난 것은 먼 옛날부터이다. 자급자족 경제에서 벗어나 물물교환이 이루어지고 상업이 시작된 시점부터 불공정거래 문제가 나타났고, 법을 만들어 이를 규율하기 시작하였다.	
불공정거래 문제가 법적으로 다루어진 것으로 알려진 최초의 사건은 기원전 4세기 아테네에서 발생한 곡물 중간상 사건이다. 기원전 388년 겨울, 곡물 수입 항로가 스파르타로부터 위협을 받게 되자 곡물 중간상들의 물량 확보 경쟁이 치열해졌고 입찰가격은 급등하였다. 이에 모든 곡물 중간상들이 담합하여 동일한 가격으로 응찰함으로써 곡물 매입가격을 크게 하락시켰고, 이를 다시 높은 가격에 판매하였다. 이로 인해 그들은 아테네 법원에 형사상 소추되어 유죄 판결을 받았다. 당시 아테네는 곡물 중간상들이 담합하여 일정 비율 이상의 이윤을 붙일 수 없도록 성문법으로 규정하고 있었으며, 해당 규정 위반 시 사형에 처해졌다.	
곡물의 공정거래를 규율하는 고대 아테네의 성문법은 로마로 계승되어 더욱 발전되었다. 그리고 로마의 공정거래 관련법은 13세기부터 15세기까지 이탈리아의 우루비노와 피렌체, 독일의 뉘른베르크 등의 도시국가와 프랑스 등 중세 유럽 각국의 공정거래 관련법 제정에까지 영향을 미쳤다. 영국에서도 로마의 공정거래 관련법의 영향을 받아 1353년에 에드워드 3세의 공정거래 관련법이 만들어졌다.	

보기

ㄱ. 인류 역사상 불공정거래 문제는 자급자족 경제 시기부터 나타났다. (1단락, 2단락, 3단락)

ㄴ. 기원전 4세기 아테네의 공정거래 관련법에 규정된 최고형은 벌금형이었다. (1단락, 2단락, 3단락)

ㄷ. 로마의 공정거래 관련법은 영국 에드워드 3세의 공정거래 관련법 제정에 영향을 미쳤다. (1단락, 2단락, 3단락)

ㄹ. 기원전 4세기 아테네 곡물 중간상 사건은 곡물 중간상들이 곡물을 1년 이상 유통하지 않음으로 인해 발생하였다. (1단락, 2단락, 3단락)

① ㄱ ② ㄷ ③ ㄱ, ㄴ

④ ㄴ, ㄹ ⑤ ㄷ, ㄹ

SKILL ❷ **법조문이나 계약서 형식의 정보에서 제목이 붙어 있을 경우 제목으로 인지하면 가장 간단하고, 제목이 붙어 있지 않으면 조항마다 자기가 스스로 제목을 붙이면 된다. 법조문 형식의 글은 조와 항으로 되어 있다. '△△조 ①항'의 형태이므로 조가 여러 개 있으면 조별로 제목을 만들고, 조는 하나지만 그 안에 항이 나열되어 있을 경우에는 항으로 제목을 만든다. 대부분은 조별로 되어 있어서 조별로 만들게 된다.**

01 다음 글을 근거로 판단할 때, [보기]에서 옳은 것을 모두 고르면?

조항 내용	조별 핵심내용
제○○조 ① 사업자는 소비자를 속이거나 소비자로 하여금 잘못 알게 할 우려가 있는 표시·광고 행위로서 공정한 거래질서를 해칠 우려가 있는 다음 각 호의 행위를 하거나 다른 사업자로 하여금 하게 하여서는 안 된다. 1. 거짓·과장의 표시·광고 2. 기만적인 표시·광고 3. 부당하게 비교하는 표시·광고 4. 비방적인 표시·광고 ② 제1항을 위반하여 제1항 각 호의 행위를 하거나 다른 사업자로 하여금 하게 한 사업자는 2년 이하의 징역 또는 1억 5천만 원 이하의 벌금에 처한다.	
제△△조 ① 공정거래위원회는 상품 등이나 거래 분야의 성질에 비추어 소비자 보호 또는 공정한 거래질서 유지를 위하여 필요한 경우에는 사업자가 표시·광고에 포함하여야 하는 사항(이하 '중요정보'라 한다)과 표시·광고의 방법을 고시할 수 있다. ② 공정거래위원회는 제1항에 따라 고시를 하려면 관계 행정기관의 장과 미리 협의하여야 한다. 이 경우 필요하다고 인정하면 공청회를 개최하여 사업자단체, 소비자단체, 그 밖의 이해관계인 등의 의견을 들을 수 있다. ③ 사업자가 표시·광고 행위를 하는 경우에는 제1항에 따라 고시된 중요정보를 표시·광고하여야 한다.	
제□□조 ① 사업자가 제△△조 제3항을 위반하여 고시된 중요정보를 표시·광고하지 않은 경우에는 1억 원 이하의 과태료를 부과한다. ② 제1항에 따른 과태료는 공정거래위원회가 부과·징수한다.	

보기

ㄱ. 공정거래위원회가 중요정보 고시 여부를 결정함에 있어 상품 등이나 거래 분야는 고려의 대상이 아니다. (첫째 조, 둘째 조, 셋째 조)

ㄴ. 사업자 A가 다른 사업자 B로 하여금 공정한 거래질서를 해칠 우려가 있는 비방적인 표시·광고를 하게 한 경우, 공정거래위원회는 사업자 A에게 과태료를 부과한다. (첫째 조, 둘째 조, 셋째 조)

ㄷ. 사업자가 표시·광고 행위를 하면서 고시된 중요정보를 표시·광고하지 않은 경우, 공정거래위원회는 5천만 원의 과태료를 부과할 수 있다. (첫째 조, 둘째 조, 셋째 조)

ㄹ. 공정거래위원회는 소비자 보호를 위해 필요한 경우, 사업자가 표시·광고에 포함하여야 하는 사항과 함께 그 표시·광고의 방법도 고시할 수 있다. (첫째 조, 둘째 조, 셋째 조)

① ㄱ, ㄴ
② ㄱ, ㄷ
③ ㄴ, ㄷ
④ ㄴ, ㄹ
⑤ ㄷ, ㄹ

02 다음 글을 근거로 판단할 때, [보기]에서 옳은 것을 모두 고르면?

조항 내용	조별 핵심내용
제00조 ① 민사에 관한 분쟁의 당사자는 법원에 조정을 신청할 수 있다. ② 조정을 신청하는 당사자를 신청인이라고 하고, 그 상대방을 피신청인이라고 한다.	
제00조 ① 신청인은 다음 각 호의 어느 하나에 해당하는 곳을 관할하는 지방법원에 조정을 신청해야 한다. 1. 피신청인의 주소지, 피신청인의 사무소 또는 영업소 소재지, 피신청인의 근무지 2. 분쟁의 목적물 소재지, 손해 발생지 ② 조정사건은 조정담당판사가 처리한다.	
제00조 ① 조정담당판사는 사건이 그 성질상 조정을 하기에 적당하지 아니하다고 인정하거나 신청인이 부당한 목적으로 조정신청을 한 것임을 인정하는 경우에는 조정을 하지 아니하는 결정으로 사건을 종결시킬 수 있다. 신청인은 이 결정에 대해서 불복할 수 없다. ② 조정담당판사는 신청인과 피신청인 사이에 합의가 성립되지 아니한 경우 조정 불성립으로 사건을 종결시킬 수 있다. ③ 조정담당판사는 신청인과 피신청인 사이에 합의된 사항이 조정조서에 기재되면 조정 성립으로 사건을 종결시킨다. 조정조서는 판결과 동일한 효력이 있다.	
제00조 다음 각 호의 어느 하나에 해당하는 경우에는 조정신청을 한 때에 민사소송이 제기된 것으로 본다. 1. 조정을 하지 아니하는 결정이 있는 경우 2. 조정 불성립으로 사건이 종결된 경우	

보기

ㄱ. 신청인은 피신청인의 근무지를 관할하는 지방법원에 조정을 신청할 수 있다. (첫째 조, 둘째 조, 셋째 조, 넷째 조)

ㄴ. 조정을 하지 아니하는 결정을 조정담당판사가 한 경우, 신청인은 이에 대해 불복할 수 있다. (첫째 조, 둘째 조, 셋째 조, 넷째 조)

ㄷ. 신청인과 피신청인 사이에 합의된 사항이 기재된 조정조서는 판결과 동일한 효력을 갖는다. (첫째 조, 둘째 조, 셋째 조, 넷째 조)

ㄹ. 조정 불성립으로 사건이 종결된 경우, 사건이 종결된 때를 민사소송이 제기된 시점으로 본다. (첫째 조, 둘째 조, 셋째 조, 넷째 조)

ㅁ. 조정담당판사는 신청인이 부당한 목적으로 조정신청을 한 것으로 인정하는 경우, 조정 불성립으로 사건을 종결시킬 수 있다. (첫째 조, 둘째 조, 셋째 조, 넷째 조)

① ㄱ, ㄷ ② ㄴ, ㄹ ③ ㄱ, ㄷ, ㄹ
④ ㄱ, ㄷ, ㅁ ⑤ ㄴ, ㄹ, ㅁ

03 다음 글을 근거로 판단할 때, [보기]에서 옳은 것을 모두 고르면?

연구용역 계약사항	조별 핵심내용
ㅁ 과업수행 전체회의 및 보고 ○ 참석대상: 발주기관 과업 담당자, 연구진 전원 ○ 착수보고: 계약일로부터 10일 이내 ○ 중간보고: 계약기간 중 2회 　– 과업 진척상황 및 중간결과 보고, 향후 연구계획 및 내용 협의 ○ 최종보고: 계약만료 7일 전까지 ○ 수시보고: 연구 수행상황 보고 요청 시, 긴급을 요하거나 특이사항 발생 시 등 ○ 전체회의: 착수보고 전, 각 중간보고 전, 최종보고 전	
ㅁ 과업 산출물 ○ 중간보고서 20부, 최종보고서 50부, 연구 데이터 및 관련 자료 CD 1매	
ㅁ 연구진 구성 및 관리 ○ 연구진 구성: 책임연구원, 공동연구원, 연구보조원 ○ 연구진 관리 　– 연구 수행기간 중 연구진은 구성원을 임의로 교체할 수 없음. 단, 부득이한 경우 사전에 변동사유와 교체될 구성원의 경력 등에 관한 서류를 발주기관에 제출하여 승인을 받은 후 교체할 수 있음.	
ㅁ 과업의 일반조건 ○ 연구진은 연구과제의 시작부터 종료(최종보고서 제출)까지 과업과 관련된 제반 비용의 지출행위에 대해 책임을 지고 과업을 진행해야 함. ○ 연구진은 용역완료(납품) 후에라도 발주기관이 연구결과와 관련된 자료를 요청할 경우에는 관련 자료를 성실히 제출하여야 함.	

보기

ㄱ. 발주기관은 연구용역이 완료된 후에도 연구결과와 관련된 자료를 요청할 수 있다. (첫째 조, 둘째 조, 셋째 조, 넷째 조)

ㄴ. 과업수행을 위한 전체회의 및 보고 횟수는 최소 8회이다. (첫째 조, 둘째 조, 셋째 조, 넷째 조)

ㄷ. 연구진은 연구 수행기간 중 책임연구원과 공동연구원을 변경할 수 없지만 연구보조원의 경우 임의로 교체할 수 있다. (첫째 조, 둘째 조, 셋째 조, 넷째 조)

ㄹ. 중간보고서의 경우 그 출력과 제본 비용의 지출행위에 대해 발주기관이 책임을 진다. (첫째 조, 둘째 조, 셋째 조, 넷째 조)

① ㄱ, ㄴ　② ㄱ, ㄷ　③ ㄱ, ㄹ

④ ㄴ, ㄷ　⑤ ㄷ, ㄹ

04 다음 글을 근거로 판단할 때, [보기]에서 규정을 위반한 행위를 모두 고르면?

조항 내용	조별 핵심내용
제00조(청렴의 의무) ① 공무원은 직무와 관련하여 직접적이든 간접적이든 사례·증여 또는 향응을 주거나 받을 수 없다. ② 공무원은 직무상의 관계가 있든 없든 그 소속 상관에게 증여하거나 소속 공무원으로부터 증여를 받아서는 아니 된다.	
제00조(정치운동의 금지) ① 공무원은 정당이나 그 밖의 정치단체의 결성에 관여하거나 이에 가입할 수 없다. ② 공무원은 선거에서 특정 정당 또는 특정인을 지지 또는 반대하기 위한 다음의 행위를 하여서는 아니 된다. 1. 투표를 하거나 하지 아니하도록 권유 운동을 하는 것 2. 기부금을 모집 또는 모집하게 하거나, 공공자금을 이용 또는 이용하게 하는 것 3. 타인에게 정당이나 그 밖의 정치단체에 가입하게 하거나 가입하지 아니하도록 권유 운동을 하는 것 ③ 공무원은 다른 공무원에게 제1항과 제2항에 위배되는 행위를 하도록 요구하거나, 정치적 행위에 대한 보상 또는 보복으로서 이익 또는 불이익을 약속하여서는 아니 된다.	
제00조(집단행위의 금지) ① 공무원은 노동운동이나 그 밖에 공무 외의 일을 위한 집단행위를 하여서는 아니 된다. 다만, 사실상 노무에 종사하는 공무원은 예외로 한다. ② 제1항 단서에 규정된 공무원으로서 노동조합에 가입된 자가 조합 업무에 전임하려면 소속 장관의 허가를 받아야 한다.	

보기

ㄱ. 공무원 甲은 그 소속 상관에게 직무상 관계없이 고가의 도자기를 증여하였다. (첫째 조, 둘째 조, 셋째 조)

ㄴ. 사실상 노무에 종사하는 공무원으로서 노동조합에 가입된 乙은 소속 장관의 허가를 받아 조합 업무에 전임하고 있다. (첫째 조, 둘째 조, 셋째 조)

ㄷ. 공무원 丙은 동료 공무원 丁에게 선거에서 A정당을 지지하기 위한 기부금을 모집하도록 요구하였다. (첫째 조, 둘째 조, 셋째 조)

ㄹ. 공무원 戊는 국회의원 선거기간에 B후보를 낙선시키기 위해 해당 지역구 지인들을 대상으로 다른 후보에게 투표하도록 권유 운동을 하였다. (첫째 조, 둘째 조, 셋째 조)

① ㄱ, ㄴ　② ㄴ, ㄷ　③ ㄷ, ㄹ
④ ㄱ, ㄴ, ㄹ　⑤ ㄱ, ㄷ, ㄹ

정답 및 해설 P. 8~13

STEP 04 실전 문제

01 **다음 글에 나타난 원리를 적절히 응용한 정책을 [보기]에서 모두 고른 것은?**

> 가. 사람들은 과거에 행동해 온 것과 일관되게 혹은 일관되게 보이도록 행동하는 거의 맹목적인 욕구를 가지고 있다. 즉 사람들은 어떤 선택을 하거나 입장을 취하게 되면, 차후에도 그러한 선택이나 입장과 일치하게 행동해야 한다는 심리적 부담감을 느끼게 된다. 따라서 그러한 부담감은 사람들로 하여금 일관된 사고와 행위를 유지하게 만들고 있다.
>
> 나. 다른 사람들의 행동에 따라 어떤 행동이 옳은 것인가를 결정하는 우리의 성향은 다양한 상황에서 나타나고 있다. 예를 들면, 칵테일 바의 바텐더들은 영업 시작 전에 팁을 담는 유리병에 미리 1달러짜리 지폐 몇 장을 넣어둔다. 이렇게 바텐더에게 팁을 남기는 것이 적절한 행동이라는 인상을 손님에게 의도적으로 주입시켜 적지 않은 수입을 올리고 있다. 또한 디스코가 한참 유행일 때, 어떤 디스코 클럽의 주인은 안에 자리가 충분히 남아 있음에도 불구하고, 사람들을 의도적으로 밖에서 기다리게 하여 그 클럽이 인기있음을 암암리에 광고하였다.

보기

> ㄱ. 보궐선거의 투표참가를 독려하고자 투표참여 성향이 높았던 유권자들을 대상으로 과거 투표참여에 대한 감사의 글을 포함한 홍보물을 우송하는 정책
>
> ㄴ. 중고생들의 흡연율을 감소시키기 위해 흡연학생이 금연을 결심하면 그 사실을 담임교사가 다른 흡연학생들에게 알리면서 금연을 독려하는 정책
>
> ㄷ. A도시에 방사능폐기물처리장을 건립하기 위해 장관이 친필 서명한 협조 편지를 A도시의 모든 주민들에게 발송하는 정책
>
> ㄹ. 기부금 조성 증대를 위해 자선 기부금을 모집하는 TV 프로그램 방송 시 기부금을 약속한 사람들의 명단 및 숫자를 방송 도중 끊임없이 제공하는 정책

① ㄱ, ㄴ　　② ㄱ, ㄹ　　③ ㄴ, ㄷ
④ ㄱ, ㄴ, ㄹ　　⑤ ㄴ, ㄷ, ㄹ

02 다음 글의 '네트워크 경제'를 뒷받침할 수 있는 사례로 적절하지 않은 것은?

> 네트워크 경제에서 기업은 물적 재산이든 지적 재산이든 교환하기보다는 접속하는 쪽을 더 선호한다. 다시 말해 물적 자본의 소유권이 한때 산업 사회의 근간이었지만 이제는 점점 주변적 지위로 밀려나고 있다. 따라서 기업은 물적 자본을 자산이 아닌 단순한 경상비로 취급하고자 하며, 가급적 소유하지 말고 빌리자는 인식이 팽배해지고 있다. 기업들은 물적 소유를 털어내야만 살아남을 수 있다는 절박감으로 생사를 건 싸움을 벌이고 있다. 하룻밤만 자고 일어나면 확확 바뀌는 21세기 경제에서 물건을 대량으로 소유한다는 것은 시대에 뒤쳐진 생각이다. 생산에 필요한 것은 대부분 빌려 쓰는 추세로 이미 세상은 변하고 있는 것이다.
>
> 예전에는 판매자와 구매자가 시장의 주역이었지만 네트워크 경제 시대에는 공급자와 사용자가 주역이다. 시장을 통한 거래는 줄어들고 전략적 제휴, 외부 자원의 공유, 이익의 공유가 활성화된다. 기업들은 이제 서로에게 물건을 파는 것보다는 집합 자원을 공유하여 광범위한 공급자-사용자 네트워크를 통한 공동 경영을 선호한다. 이렇게 경제 활동의 기본 구도가 달라짐에 따라 경제를 주도하는 기업의 성격도 당연히 달라지고 있다. 시장이 중심이었던 시절에는 물적 자본을 많이 가진 기업이 판매자와 소비자의 상품 거래에서 주도권을 행사했다. 그러므로 네트워크 시대에는 가치 있는 지적 자본을 많이 보유한 기업이 우위를 점할 수밖에 없다. 즉 사용자는 이런 기업이 일방적으로 정한 조건을 받아들여야 중요한 아이디어, 지식, 기술에 접속할 수 있다.
>
> 네트워크 경제는 접속 중심의 구도이므로 기업의 성공은 시장에서 그때그때 팔아 치우는 물건의 양보다는 고객과 장기적 유대 관계를 맺을 수 있느냐 없느냐에 따라 좌우된다. 상품과 서비스의 관계가 근본적으로 변하고 있다는 데 유념해야 한다. 산업 시대에는 소비자에게 상품을 팔면서 무료 애프터서비스를 제공하는 데 주안점을 두었으나, 지금은 거꾸로 후속 서비스를 통해 고객과 장기적 관계를 맺겠다는 계산으로 상품을 아예 공짜로 제공하는 기업이 늘어나고 있다. 소비자의 의식도 이런 추세에 따라 소유에서 접속으로 서서히 기울고 있다. 값싼 내구재는 여전히 시장에서 거래되겠지만 가전제품이라든지 자동차나 집과 같은 고가품은 공급자에 의해 소비자에게 단기 대여, 임대, 회원제같은 다양한 서비스 계약의 형태로 제공될 것이다.

① 어느 면도기 제조업체에서는 면도기를 무료로 나눠주되, 면도날은 돈을 받고 파는 방식의 새로운 비즈니스 모델을 만들어냈다.

② 국내 반도체 분야의 경쟁사인 두 기업이 해외에서 가격 경쟁력 확보를 위해 서로의 첨단 기술을 전략적으로 공유하여 이익을 극대화하였다.

③ 세계적인 지명도를 지닌 기업들은 영업 이익을 극대화하기 위하여 생산 공정의 자동화를 강화시켜 대량생산을 통한 생산 단가를 줄이고 있다.

④ 어느 햄버거 회사가 자사의 브랜드와 햄버거 판매 전략을 현지 체인점에 판매함으로써 햄버거를 직접 생산하지 않고도 막대한 이익을 올리고 있다.

⑤ 어느 자동차 회사는 월 구독료를 내면 그 자동차 회사 브랜드의 차를 1년에 4번까지 바꿔서 탈 수 있는 서비스를 출시하였다.

03 다음 자료는 K은행의 금융상품 중 적금상품에 대한 설명이다. 상품 내용에 대한 설명 중 옳지 않은 것은?

상품명	W효도적금(효도 실천을 위해 가입하는 적금)
계약기간	1년
예금종류	자유적립식
금리안내	최고 2.15%(세전, 연%) – 모든 금리우대 조건 충족 및 최고계약 고시금리 반영 시
가입방법	영업점, 인터넷뱅킹, i-ONE뱅크
가입구분	개인
상품 특징	• 상품구조: 10년간 장기운용 및 중도인출 가능, 특별중도해지(부모님 환갑, 칠순, 사망 등) 금리우대 • 부가혜택: 진료비 할인정보 제공, 부모님 기념일 알람, 상조서비스 10% 할인 • 금리우대: 자동이체 우대 0.2%p, 부모명의 가입우대 0.15%p(영업점에서 가능), 비대면채널 가입 우대 0.1%p(18년 7월까지) • 최고금리: 최고금리 2.15% 가능
상품내용	• 구성상품: 정기적금(자유적립식) • 분할출금 – 출금 횟수: 자동재예치일부터 만기일(또는 다음 재예치일) 전일까지 2회 – 출금 가능액: 자동재예치 원리금 범위내 최고 10만 원 유지조건 – 출금 가능시기: 적금 가입 후 1년(재예치) 이후 – 가입채널: 영업점 창구, i-ONE뱅크, 개인인터넷뱅킹
가입금액	월 적립금액: 월 1백만 원 이내(만 원 단위)
가입대상	실명의 개인(외국인비거주자 제외, 가입연령 제한없음)
계약기간	• 계약기간: 1년제 • 자동연장: 1년 단위 자동연장(최대 9회)

① 모든 우대금리를 적용하여 최고 2.15%의 금리를 받는다.

② 재예치 시 중도인출이 가능한 상품이나 최소한 1년이 지난 시점에 출금이 가능하다.

③ 목돈이 필요한 부모를 위한 적금으로 월 적립금액은 제한이 없다.

④ 가입기간은 최장 10년까지로 장기운용이 가능하다.

⑤ 이 상품의 가장 큰 특징은 자녀가 부모이름으로 가입하면 우대금리를 주고 효도 관련 서비스를 제공하는 것이라 할 수 있다.

04 다음 글을 근거로 판단할 때, [보기]에서 옳은 것을 모두 고르면?

태어난 아기에게 처음 입히는 옷을 배냇저고리라고 하는데, 보드라운 신생아의 목에 거친 깃이 닿지 않도록 깃 없이 만들어 '무령의(無衿衣)'라고도 하였다. 배냇저고리는 대개 생후 삼칠일까지 입혔기 때문에 지역에 따라 '삼저고리', '이레안저고리' 등으로도 불리었다. 보통 저고리를 여미는 고름 대신 무명실 끈을 길게 달아 장수를 기원했는데, 이는 남아, 여아 모두 공통적이었다. 남자아기의 배냇저고리는 재수가 좋다고 하여 시험이나 송사를 치르는 사람이 부적같이 몸에 지니는 풍습이 있었다.

아기가 태어난 지 약 20일이 지나면 배냇저고리를 벗기고 돌띠저고리를 입혔다. 돌띠저고리에는 돌띠라는 긴 고름이 달려있는데 길이가 길어 한 바퀴 돌려 맬 수 있을 정도이다. 이런 돌띠저고리에는 긴 고름처럼 장수하기를 바라는 의미가 담겨있다.

백일에는 아기에게 백줄을 누빈 저고리를 입히기도 하였는데, 이는 장수하기를 바라는 의미를 담고 있다. 그리고 첫 생일인 돌에 남자아기에게는 색동저고리를 입히고 복건(幅巾)이나 호건(虎巾)을 씌우며, 여자아기에게는 색동저고리를 입히고 굴레를 씌웠다.

보기

ㄱ. 배냇저고리는 아기가 태어난 후 약 3주간 입히는 옷이다.
ㄴ. 시험을 잘 보기 위해 여자아기의 배냇저고리를 몸에 지니는 풍습이 있었다.
ㄷ. 돌띠저고리와 백줄을 누빈 저고리에 담긴 의미는 동일하다.
ㄹ. 남자아기뿐만 아니라 여자아기에게도 첫 생일에는 색동저고리를 입혔다.

① ㄴ ② ㄱ, ㄴ ③ ㄱ, ㄷ
④ ㄱ, ㄹ ⑤ ㄱ, ㄷ, ㄹ

[05~06] 다음은 근로복지공단 산재·고용보험에 따른 자료이다. 다음을 읽고 물음에 답하시오.

[산재보험]

○ 가입대상 사업장: 근로자 1인 이상 고용(사용)하는 모든 사업장

- 근로자 1인 이상 고용(사용)하는 모든 사업장은 산재·고용보험 당연적용 사업장임.
- 당연적용 사업장에서 업무상 재해를 당한 근로자는 사업주의 성립신고 여부와 관계없이 산재보상을 받을 수 있음. 다만, 사업주는 성립일로부터 소급하여 보험료를 납부하여야 하며, 재해자에게 지급된 보험급여액의 50%를 추가로 납부하여야 함.
- 당연적용 사업장에 해당하지 않는 경우 공단의 승인을 얻어 보험에 임의 가입할 수 있으며 가입신청서 접수일의 다음 날부터 보험관계가 적용됨.
- 고용보험 임의가입을 신청할 경우 근로자(적용 제외 근로자 제외) 과반수의 동의서를 첨부하여야 함.

○ 적용 근로자: 산재·고용보험 당연적용 사업장에서 근무하는 근로자는 모두 산재·고용보험 적용 근로자에 해당하며, 아래에 해당하는 근로자의 경우 고용보험에 한하여 적용이 제외됨.

- 만 65세 이후에 고용보험 적용사업장에 신규로 고용된 자(실업급여는 적용 제외하나 고용안정·직업능력개발사업은 적용), 만 65세 이전부터 고용보험에 가입된 자는 연령과 관계없이 적용대상으로 고용된 기간 동안 실업급여 보험료를 포함한 고용보험료 전체를 부과
- 1개월간 소정근로시간이 60시간 미만인 자(1주간의 소정근로시간이 15시간 미만인 자를 포함)
- 다만, 생업을 목적으로 근로를 제공하는 자 중 3개월 이상 계속하여 근로를 제공하는 자와 "일용근로자"는 적용대상임 (「고용보험법」 제2조 제6호에 따라 "일용근로자"란 1개월 미만 동안 고용되는 자를 말함)
- 「사립학교교직원 연금법」의 적용을 받는 자
- 「국가공무원법」과 「지방공무원법」에 따른 공무원. 다만 대통령령으로 정하는 바에 따라 별정직공무원, 임기제공무원의 경우는 본인의 의사에 따라 고용보험(실업급여 사업에 한함)에 가입할 수 있음.

05 **산재·고용보험 본문에 대한 내용으로 옳지 않은 것은?**

① 사립학교를 다니고 있는 정규직 교직원은 산재보험을 받기 어렵다.

② 산재보험 미적용 사업장도 근로자의 보험 적용이 가능하다.

③ 산재 및 고용보험을 적용하는 사업장에 근무해도 모든 근로자가 보험이 적용되는 것은 아니다.

④ 공단 승인으로 보험에 임의 가입했을 경우 가입신청일 당일부터 보험관계가 적용된다.

06 **다음 중 고용보험을 받을 수 있는 사람을 [보기]에서 모두 고르면?**

보기
• 재호: 10년째 토익학원에서 월, 수, 금요일에 3시간씩 일하는 스타강사 • 현수: 주말마다 애견박람회에서 5시간씩 2개월째 일하고 있는 아르바이트생 • 인숙: 국가정보원에 근무하며 본인의사에 따라 보험에 가입한 별정직공무원 • 병철: 68세로 보험적용 근무지에 신입으로 들어온 직원

① 재호, 현수
② 현수, 인숙
③ 재호, 인숙
④ 인숙, 병철

07 다음 글을 근거로 판단할 때 옳은 것은?

> 제○○조 ① 지방자치단체의 장은 하수도정비기본계획에 따라 *공공하수도를 설치하여야 한다.
> ② 시·도지사는 공공하수도를 설치하고자 하는 때에는 사업시행지의 위치 및 면적, 설치하고자 하는 시설의 종류, 사업시행기간 등을 고시하여야 한다. 고시한 사항을 변경 또는 폐지하고자 하는 때에도 또한 같다.
> ③ 시장·군수·구청장(자치구의 구청장을 말한다. 이하 같다)은 공공하수도를 설치하려면 시·도지사의 인가를 받아야 한다.
> ④ 시장·군수·구청장은 제3항에 따라 인가받은 사항을 변경하거나 폐지하려면 시·도지사의 인가를 받아야 한다.
> ⑤ 시·도지사는 국가의 보조를 받아 설치하고자 하는 공공하수도에 대하여 제2항에 따른 고시 또는 제3항의 규정에 따른 인가를 하고자 할 때에는 그 설치에 필요한 재원의 조달 및 사용에 관하여 환경부장관과 미리 협의하여야 한다.
> 제□□조 ① 공공하수도관리청(이하 '관리청'이라 한다)은 관할 지방자치단체의 장이 된다.
> ② 공공하수도가 둘 이상의 지방자치단체의 장의 관할구역에 걸치는 경우, 관리청이 되는 자는 제○○조 제2항에 따른 공공하수도 설치의 고시를 한 시·도지사 또는 같은 조 제3항에 따른 인가를 받은 시장·군수·구청장으로 한다.
>
> * 공공하수도: 지방자치단체가 설치 또는 관리하는 하수도

① A자치구의 구청장이 관할구역 내에 공공하수도를 설치하려고 인가를 받았는데, 그 공공하수도가 B자치구에 걸치는 경우, 설치하려는 공공하수도의 관리청은 B자치구의 구청장이다.

② 시·도지사가 국가의 보조를 받아 공공하수도를 설치하려면, 그 설치에 필요한 재원의 조달 등에 관하여 환경부장관의 인가를 받아야 한다.

③ 시장·군수·구청장이 공공하수도 설치에 관하여 인가받은 사항을 폐지할 경우에는 시·도지사의 인가를 필요로 하지 않는다.

④ 시·도지사가 공공하수도 설치를 위해 고시한 사항은 변경할 수 없다.

⑤ 시장·군수·구청장이 공공하수도를 설치하려면 시·도지사의 인가를 받아야 한다.

08 다음 글을 근거로 판단할 때, [보기]에서 옳은 것을 모두 고르면?

주민투표제도는 주민에게 과도한 부담을 주거나 중대한 영향을 미치는 주요사항을 결정하는 과정에서 주민에게 직접 의사를 표시할 수 있는 기회를 주기 위해 2004년 1월 주민투표법에 의해 도입되었다. 주민투표법에서는 주민투표를 실시할 수 있는 권한을 지방자치단체장에게만 부여하고 있다. 한편 중앙행정기관의 장은 지방자치단체장에게 주민투표 실시를 요구할 수 있고, 지방의회와 지역주민은 지방자치단체장에게 주민투표 실시를 청구할 수 있다.

주민이 직접 조례의 제정 및 개폐를 청구할 수 있는 주민발의제도는 1998년 8월 지방자치법의 개정으로 도입되었다. 주민발의는 지방자치단체장에게 청구하도록 되어 있는데, 지방자치단체장은 청구를 수리한 날로부터 60일 이내에 조례의 제정 또는 개폐안을 작성하여 지방의회에 부의하여야 한다. 주민발의를 지방자치단체장에게 청구하려면 선거권이 있는 19세 이상 주민 일정 수 이상의 서명을 받아야 한다. 청구에 필요한 주민의 수는 지방자치단체의 조례로 정하되 인구가 50만 명 이상인 대도시에서는 19세 이상 주민 총수의 100분의 1 이상 70분의 1 이하의 범위 내에서, 그리고 그 외의 시·군 및 자치구에서는 19세 이상 주민 총수의 50분의 1 이상 20분의 1 이하의 범위 내에서 정하도록 하고 있다.

주민소환제도는 선출직 지방자치단체장 또는 지방의회 의원의 위법·부당행위, 직무유기 또는 직권남용 등에 대한 책임을 묻는 제도로, 2006년 5월 지방자치법 개정으로 도입되었다. 주민소환 실시의 청구를 위해서도 주민소환에 관한 법률에 따라 일정 수 이상 주민의 서명을 받아야 한다. 광역자치단체장을 소환하고자 할 때는 선거권이 있는 19세 이상 주민 총수의 100분의 10 이상, 기초자치단체장에 대해서는 100분의 15 이상, 지방의회 지역구의원에 대해서는 100분의 20 이상의 서명을 받아야 주민소환 실시를 청구할 수 있다.

| 보기 |

ㄱ. 주민투표법에서 주민투표를 실시할 수 있는 권한은 지방자치단체장만이 가지고 있다.

ㄴ. 인구 70만 명인 甲시에서 주민발의 청구를 위해서는 19세 이상 주민 총수의 50분의 1 이상 20분의 1 이하의 범위에서 서명을 받아야 한다.

ㄷ. 주민발의제도에 근거할 때 주민은 조례의 제정 및 개폐에 관한 사항을 지방의회에 대해 직접 청구할 수 없다.

ㄹ. 기초자치단체인 乙시의 丙시장에 대한 주민소환 실시의 청구를 위해서는 선거권이 있는 19세 이상 주민의 100분의 20 이상의 서명을 받아야 한다.

① ㄱ, ㄷ　② ㄱ, ㄹ　③ ㄴ, ㄷ
④ ㄱ, ㄴ, ㄹ　⑤ ㄴ, ㄷ, ㄹ

09 다음 글과 [상황]을 근거로 판단할 때 옳은 것은?

제00조(경계표, 담의 설치권) ① 인접하여 토지를 소유한 자는 공동비용으로 통상의 경계표나 담을 설치할 수 있다. 이 경우 그 비용은 쌍방이 절반하여 부담한다.

② 전항에도 불구하고 토지의 경계를 정하기 위한 측량비용은 토지의 면적에 비례하여 부담한다.

제00조(경계선 부근의 건축) ① 건물을 축조함에는 경계로부터 반미터 이상의 거리를 두어야 한다.

② 인접지소유자는 전항의 규정에 위반한 자에 대하여 건물의 변경이나 철거를 청구할 수 있다. 그러나 건축에 착수한 후 1년을 경과하거나 건물이 완성된 후에는 손해배상만을 청구할 수 있다.

제00조(차면시설의무) 경계로부터 2미터 이내의 거리에서 이웃 주택의 내부를 관망할 수 있는 창이나 마루를 설치하는 경우에는 적당한 *차면(遮面)시설을 하여야 한다.

제00조(지하시설 등에 대한 제한) 우물을 파거나 용수, 하수 또는 오물 등을 *저치(貯置)할 지하시설을 하는 때에는 경계로부터 2미터 이상의 거리를 두어야 하며, 지하실공사를 하는 때에는 경계로부터 그 깊이의 반 이상의 거리를 두어야 한다.

* 차면(遮面)시설: 서로 안 보이도록 가리는 시설

* 저치(貯置): 저축하거나 저장하여 둠

[상황]

○ 甲과 乙은 1,000m²의 토지를 공동으로 구매하였다. 그리고 다음과 같이 A토지와 B토지로 나누어 A토지는 甲이, B토지는 乙이 소유하게 되었다.

A토지 (면적 600m²)	B토지 (면적 400m²)

○ 甲은 A토지와 B토지의 경계에 담을 설치하고, A토지 위에 C건물을 짓고자 한다. 乙은 B토지를 주차장으로만 사용한다.

① 토지의 경계를 정하기 위해 측량을 하는 데 비용이 100만 원이 든다면 甲과 乙이 각각 50만 원씩 부담한다.

② 통상의 담을 설치하는 비용이 100만 원이라면 甲이 60만 원, 乙이 40만 원을 부담한다.

③ 甲이 B토지와의 경계로부터 반미터 이상의 거리를 두지 않고 C건물을 완성한 경우, 乙은 그 건물의 철거를 청구할 수 없다.

④ C건물을 B토지와의 경계로부터 2미터 이내의 거리에 축조한다면, 甲은 C건물에 B토지를 향한 창을 설치할 수 없다.

⑤ 甲이 C건물에 지하 깊이 2미터의 지하실공사를 하는 경우, B토지와의 경계로부터 2미터 이상의 거리를 두어야 한다.

10 다음 [소비자의 8대 기본권리]와 [보기]의 사례를 연결한 것 중 가장 적절하지 않은 것은?

> [소비자의 8대 기본권리]
> (1) 물품 또는 용역(이하 '물품 등'이라 한다)으로 인한 생명·신체 또는 재산에 대한 위해로부터 보호받을 권리
> (2) 물품 등을 선택함에 있어서 필요한 지식 및 정보를 제공받을 권리
> (3) 물품 등을 사용함에 있어서 거래상대방·구입장소·가격 및 거래조건 등을 자유롭게 선택할 권리
> (4) 소비생활에 영향을 주는 국가 및 지방자치단체의 정책과 사업자의 사업 활동 등에 대하여 의견을 반영시킬 권리
> (5) 물품 등의 사용으로 인하여 입은 피해에 대하여 신속·공정한 절차에 따라 적절한 보상을 받을 권리
> (6) 합리적인 소비생활을 위하여 필요한 교육을 받을 권리
> (7) 소비자 스스로의 권익을 증진하기 위하여 단체를 조직하고 이를 통하여 활동할 수 있는 권리
> (8) 안전하고 쾌적한 소비생활 환경에서 소비할 권리

보기

> ㄱ. 저녁식사를 준비하는 중에 전기압력밥솥이 폭발하여 피해를 입은 소비자가 제조회사에 보상을 요구하면서 정부에 강제 리콜을 실시하도록 건의하였다.
> ㄴ. 유전자변형콩을 사용한 식품이 제조·판매되면서 불안을 느낀 소비자들이 소비자단체를 결성하여 유전자변형콩의 안전성 여부에 대한 정부기관의 연구자료 제공을 요구하고, 일반 소비자들에게 교육을 실시하는 등 적극적인 대응책을 펴나가고 있다.
> ㄷ. 미국산 수입쇠고기의 광우병 문제가 심각한 사회적 이슈로 등장하자 소비자단체가 중심이 되어 정부에 쇠고기원산지 표시제를 실시하도록 요구함으로써 소비자가 정확한 정보를 제공받고 선택을 할 수 있게 되었다.
> ㄹ. 부동산가격이 급등하여 사회적인 문제가 되자 소비자들은 국토해양부가 아파트 분양가를 규제하고 시공사가 분양원가를 공개하도록 요구하는 동시에 아파트 실거래 가격을 인터넷을 통하여 공개하는 정책을 실시하도록 요구하여 관철시켰다.
> ㅁ. 자동차의 급발진으로 운전자가 다치고 차가 파손되는 사건이 발생하자 피해를 입은 소비자가 자동차 제조사를 상대로 소비자단체를 통하여 손해배상청구소송을 제기함과 동시에 급발진이 발생하는 빈도가 높은 차종에 대한 정보를 인터넷을 통하여 공유하여, 다수의 소비자들이 관련 정보를 제공받을 수 있었다.

① ㄱ-(1), (4), (5)
② ㄴ-(1), (2), (6), (7)
③ ㄷ-(1), (2), (3), (4), (7)
④ ㄹ-(2), (3), (4), (6)
⑤ ㅁ-(1), (2), (5), (7)

정답 및 해설 P. 13~14

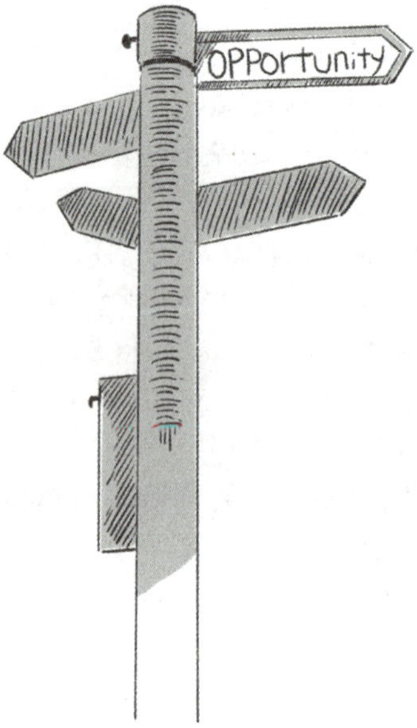
OPPortunity

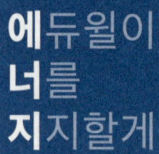

기회를 찾아야
기회를 만든다.

– 패티 헨슨(Patty Hansen)

수리나 기호화된 정보에서 원리 파악하고 적용하기

PART 3

01 CHAPTER

수리적 원리
파악하고 적용하기

STEP 01 **유형 분석**

Main Type	Sub Type 1	Sub Type 2
사칙연산을 이용하는 문제	수치적 규칙찾기형 문제	수리적 상황 이해하기 문제

★ Main Type 사칙연산을 이용하는 문제

수치가 등장하는 문제에서 가장 기본이 되는 것은 사칙연산이다. 간단한 계산을 통해 상황을 이해하고, 결론을 도출하는 것인데 이런 문제의 핵심은 주어진 조건을 정확하게 판단하는 문제 이해력이라고 할 수 있다. 시간 계산이라든가 비용 계산에도 이런 기준을 가지고 문제를 만들 수 있어 사실 자원관리능력과도 통하는 유형이라고 할 수 있다.

정답 및 해설 P. 15

건강보험공단에서는 소아기 예방접종 프로그램에 대해 다음과 같이 안내를 하였다. 이를 근거로 판단할 때, [보기]에서 옳은 것을 모두 고르면?

소아기 예방접종 프로그램에 포함된 백신(A~C)은 지속적인 항체 반응을 위해서 2회 이상 접종이 필요하다. 최소 접종연령(첫 접종의 최소연령) 및 최소 접종간격을 지켰을 때 적절한 예방력이 생기며, 이러한 예방접종이 유효하다고 한다. 다만 최소 접종연령 및 최소 접종간격에서 4일 이내로 앞당겨서 일찍 접종을 한 경우에도 유효한 것으로 본다. 그러나 만약 5일 이상 앞당겨서 일찍 접종했다면 무효로 간주하고 최소 접종연령 및 최소 접종간격에 맞춰 다시 접종하여야 한다. 다음은 각 백신의 최소 접종연령 및 최소 접종간격을 나타낸 표이다.

[표] A~C 백신의 최소 접종연령 및 최소 접종간격

종류	최소 접종연령	최소 접종간격			
		1, 2차 사이	2, 3차 사이	3, 4차 사이	4, 5차 사이
백신 A	12개월	12개월	–	–	–
백신 B	6주	4주	4주	6개월	–
백신 C	6주	4주	4주	6개월	6개월

다만, 백신 B의 경우 만 4세 이후에 3차 접종을 유효하게 했다면 4차 접종은 생략한다.

보기

ㄱ. 만 2세가 되기 전에 백신 A의 예방접종을 2회 모두 유효하게 실시할 수 있다.

ㄴ. 생후 45개월에 백신 B를 1차 접종했다면, 4차 접종은 반드시 생략한다.

ㄷ. 생후 40일에 백신 C를 1차 접종했다면, 생후 60일에 한 2차 접종은 유효하다.

① ㄱ ② ㄴ ③ ㄷ

④ ㄱ, ㄴ ⑤ ㄱ, ㄷ

★ Sub Type 1 수치적 규칙찾기형 문제

수치가 변하는 주기라든가 숨겨진 원리를 찾는 문제일 수도 있고, 수치적 특징을 이해한 다음에 그것을 거시적으로 적용하여 문제에 쉽게 접근하는 문제일 수도 있다. 그리고 조금 더 쉬운 유형은 일정한 기준을 제시한 뒤에 그 기준에 적·부 여부를 체크하는 문제도 수치적 규칙 찾기 문제에 해당한다.

정답 및 해설 P. 15

다음 [그림]은 데이터의 흐름도이다. 주어진 [조건]을 바탕으로 A에서 1이 입력되었을 때 F에서의 결과가 가장 크게 되는 값은?

[그림]

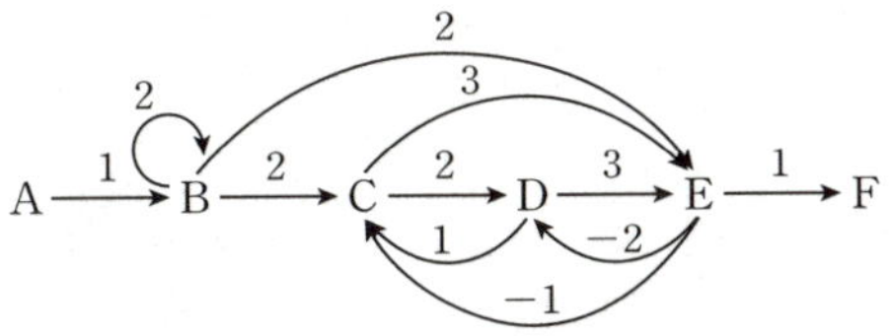

조건

○ 데이터는 화살표 방향으로만 이동할 수 있으며, 같은 경로를 여러 번 반복해서 이동할 수 있다.

○ 화살표 위의 숫자는 그 경로를 통해 데이터가 1회 이동할 때마다 데이터에 곱해지는 수치를 의미한다.

○ 각 경로를 따라 데이터가 이동할 때, 1회 이동 시간은 1시간이며, 데이터의 총이동시간은 10시간을 초과할 수 없다.

○ 데이터의 대소 관계는 '음수< − <양수의 원칙'에 따른다.

① 256 ② 384 ③ 432

④ 864 ⑤ 1296

★ Sub Type 2 수리적 상황 이해하기 문제

수학적 원리라고는 하지만 미분이나 삼각함수같은 것은 아니고, 방정식을 설정하거나 경우의 수를 따지는 형태의 문제들이다. 경우의 수도 사실상 부정방정식인 경우가 많아서 방정식을 설정하고 그에 따라 문제를 풀어가는 유형의 문제들이라고 할 수 있다.

정답 및 해설 P. 15

다음 컴퓨터 단층 촬영 장치의 원리를 설명한 글에서 추론한 것으로 옳은 것을 [보기]에서 고른 것은?

X−선이 물체에 투과될 때 그 물체는 일정 비율의 X−선을 흡수하고 나머지만 통과시킨다. 이때 물체에 따라 X−선을 흡수하는 정도가 다르며 이것을 '흡수도'로 나타낸다. [그림]은 정육면체 모양의 네 가지 물체 A~D가 겹쳐 있을 때 X−선을 화살표 방향으로 각각 투과시켜 측정한 흡수도를 숫자로 나타낸 것이다.

[그림]

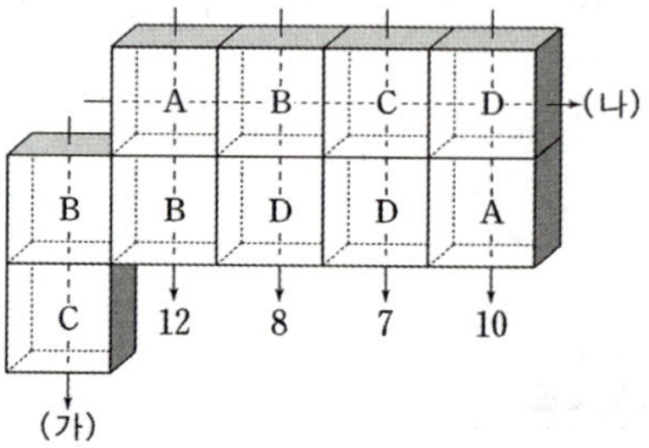

여러 개의 물체를 투과할 때의 흡수도는 각 물체의 흡수도를 더한 값이다. 따라서 여러 방향에서 측정된 흡수도로부터 물체 A~D 각각에 대한 흡수도를 알아낼 수 있다. 이와 같은 과정을 인체 여러 부위에서 반복 시행한 결과들을 컴퓨터를 이용하여 합성하면 인체 내부의 3차원적 영상을 얻게 된다.

| 보기 |

ㄱ. A~D 중 흡수도가 가장 작은 물체는 D이다.
ㄴ. 흡수도 (가)는 10보다 크다.
ㄷ. 흡수도 (나)는 20보다 작다.

① ㄱ ② ㄴ ③ ㄱ, ㄷ
④ ㄴ, ㄷ ⑤ ㄱ, ㄴ, ㄷ

STEP 02

문제 해결방법

1단계	2단계	3단계
단순한 사칙연산인가 일종의 규칙 찾기인가를 판단	사칙연산의 경우 기준점을 잡고, 사칙연산을 시행	단순한 계산이 아닌 경우, 방정식 형태나 수치의 규칙을 찾음

4단계
규칙을 정리하고, 적용

1단계 | 수치적인 원리를 통해 판단을 하는 문제들은 기본적으로 그 원리가 단순한 사칙연산일 경우도 상당히 많다. 우선적으로는 간단한 사칙연산을 통해 나오는 유형의 문제인지 확인하고, 그렇지 않을 경우 규칙이라든가 수치의 특징들을 파악하는 문제로 볼 수 있다.

2단계 | 사칙연산에 대한 문제라면 기준점을 잡고 그것에 대해 사칙연산을 시행하여 나오는 수치로, 선택지를 판단하게 된다.

3단계 | 단순한 사칙연산 문제가 아니라면 수치의 나열 규칙이나 특징들을 찾아내서, 그 원리를 이해한다. 이때 더해서 얼마라거나 하는 조건들이 나오면 미지수를 설정하고 방정식 문제로도 치환해 볼 수 있다.

4단계 | 방정식 문제라면 방정식으로 풀면 되고, 주어진 미지수에 비해 조건이 적으면 부정방정식이 되면서 경우의 수로 나열해 푼다. 규칙을 적용하는 문제라면 규칙의 핵심원리가 무엇인지 이해하고 거시적 맥락으로 적용하기를 해 본다.

SKILL ❶ 비용, 시간에 대한 조건이라면 사칙연산으로 해결

비용이나 시간을 계산하는 문제들은 대부분 사칙연산이나 간단한 비례식으로 풀어가는 문제들이 많다. 결국 조건을 빠르게 파악하는 것이 관건이고, 이런 문제일수록 읽어야 할 조건이 많을 수 있다. 하지만 정작 중요한 것은 한두 가지이니 그 핵심조건이 무엇인지를 빨리 파악하는 것이 중요하다. 사칙연산이나 공식 같이 하나로 표현되는 핵심을 파악한 뒤에 그 공식 위주로 문제를 바라보는데, 그 이후에는 제한조건이나 단서 조항이 붙어서 그 공식에 영향을 주는지 아닌지를 체크하는 식으로 문제를 풀어가면 된다.

그리고 또 주의할 것 하나는 문제를 풀어가는 형태적 Skill인데, 계산을 수행해서 바로 나오는 문제와 판단 형식으로 선택지에서 하나하나 고르는 문제를 구분하도록 한다. 선택지에서 선택하는 경우 계산을 통해 체크하는 선택지와 계산 없이 체크하는 선택지를 분리해서, 자신에게 유리한 것을 먼저 수행하는 식으로 선택지 체크 순서를 '에디팅' 해야 한다.

정답 및 해설 P. 15

다음 제시문을 읽고 바르게 판단하지 못한 것은?

민법 제750조는 고의 또는 과실로 인한 위법행위로 타인에게 손해를 가한 자는 그 손해를 배상할 책임이 있다고 규정하고 있다. 고의로 인한 위법행위의 경우 손해배상책임이 있는 것은 당연하나, 과실의 경우에는 무엇을 기준으로 과실유무를 결정하느냐가 중요한 법정책적 과제가 된다. 일반적으로 민법 제750조에 대한 해석론을 보면, 과실유무의 판단은 일반인·보통인의 주의 정도를 다하였는가 아닌가를 기준으로 하고 있다. 한마디로 동조의 과실은 개개인의 평상시의 주의 정도를 기준으로 하는 구체적 과실이 아니라 일반인·보통인의 주의 정도를 기준으로 하는 추상적 과실을 의미한다. 물론 이때의 일반인·보통인이란 당사자의 직업, 지위, 당해사건의 환경 등을 고려한 평균개념이다.

그러나 추상적인 기준을 보다 객관화할 수 있는 근거가 필요하다. 이에 판사 갑은 선창에 매어 두었던 배가 밧줄이 느슨해져 움직이는 바람에 옆에 있던 다른 배를 파손한 사건에 대해 가해를 한 배의 소유자의 주의 의무 정도를 판단하는 기준을 다음과 같이 제시했다.

소유자의 주의 의무 정도를 판단하는 데에는 다음과 같은 세 가지 변수가 있다. (1) 그 배를 매어 둔 밧줄이 느슨해져 다른 배에게 피해를 줄 확률(P), (2) 그러한 사건이 생길 때 다른 배에게 줄 피해의 정도(L), (3) 그러한 사건을 방지하기 위하여 사전조치를 하는 데 드는 비용(B)이 그것이다. 배 소유자의 과실로 인한 책임은 $B < PL$일 때 물을 수 있다.

① B가 주의 의무를 이행하는 데 드는 비용이라면, PL은 주의 의무를 이행할 경우 방지할 수 있는 기대손실액이다.

② 사고방지비용이 사고의 기대손실액(사고확률×사고피해금액)보다 작은데도 사고방지노력을 하지 아니한 경우에는 과실이 인정된다.

③ 갑에 의하면, 사고확률이 0.1%, 사고피해금액이 25,000원 그리고 사고방지비용이 50원인 경우 배 소유자의 과실이 인정되지 않는다.

④ 갑에 의하면, 한 사람의 과실유무를 판단하기 위해서는 그의 사고방지비용과 다른 사람의 사고방지비용을 비교해야 한다.

SKILL ❷ 방정식 형태의 문제

수치 사이의 일정한 규칙이 있다면 이는 대부분 사칙연산의 조합으로 표시할 수 있고, 그런 관계를 방정식으로 나타낼 수 있다. 방정식은 '='을 얼마나 잘 활용하는가 하는 문제로, 'A와 B의 합은 C이다.' 같은 진술을 A+B=C 같이 기호화하는 것이다. 미지수의 개수만큼 방정식이 주어지면 방정식을 연립하여 필요한 미지수를 구할 수 있다. 반면 주어진 미지수보다 방정식이 적은 경우는 부정방정식이라 하여 경우의 수를 사용해야 한다.

❶ 미지수와 방정식 수가 일치하는 일반적인 방정식 형태의 문제
❷ 미지수가 방정식 수보다 많은 부정방정식 형태의 문제

그리고 미지수의 종류가 많아지면 도표의 형태로 도식화해서 풀면 의외로 단순해지므로, 도표를 그릴 수 있는 것은 도표를 그리면서 푸는 연습을 하는 것이 좋다.

1 일반적인 방정식 형태의 문제

미지수와 주어진 공식의 개수가 일치하여 처음 미지수를 잘 잡아 공식을 도출한 다음 간단한 연립방정식 계산 문제로 끝나는 형태이다. 이 문제들은 조건에 '합해서 얼마', '빼면 얼마', '몇 배' 같은 표현이 사용되며, 주로 더하기를 이용한 경우가 많다. '총', '더해서' 같은 표현이 나오면 그 부분에서 방정식이 도출될 가능성이 많다.

정답 및 해설 P. 16

다음 글과 [대화]를 근거로 판단할 때 대장 두더지는?

- ㅇ甲은 튀어나온 두더지를 뿅망치로 때리는 '두더지 게임'을 하였다.
- ㅇ두더지는 총 5마리(A~E)이며, 이 중 1마리는 대장 두더지이고, 나머지 4마리는 부하 두더지이다.
- ㅇ대장 두더지를 맞혔을 때는 2점, 부하 두더지를 맞혔을 때는 1점을 획득한다.
- ㅇ두더지 게임 결과, 甲은 총 14점을 획득하였다.
- ㅇ두더지 게임이 끝난 후 두더지들은 아래와 같이 [대화]를 하였다.

[대화]

- 두더지 A: 나는 맞은 두더지 중에 가장 적게 맞았고, 맞은 횟수는 짝수야.
- 두더지 B: 나는 두더지 C와 똑같은 횟수로 맞았어.
- 두더지 C: 나와 두더지 A, 두더지 D가 맞은 횟수를 모두 더하면 모든 두더지가 맞은 횟수의 3/4이야.
- 두더지 D: 우리 중에 한 번도 맞지 않은 두더지가 1마리 있지만 나는 아니야.
- 두더지 E: 우리가 맞은 횟수를 모두 더하면 12번이야.

① 두더지 A ② 두더지 B ③ 두더지 C
④ 두더지 D ⑤ 두더지 E

2 부정방정식 형태의 문제

방정식 문제는 '합하면 얼마다'라는 식으로 제시되어 각각의 미지수를 놓고 구하는 식으로 전개되는데, 간혹 미지수보다 방정식이 적은 부정방정식 형태로 제시되는 문제가 있다. 이 유형의 문제는 경우의 수를 따지는 문제가 되기 때문에, 경우의 수에서는 기준을 잡고 표를 그려서 해결하는 것이 가장 안 헷갈리고 일목요연하게 풀 수 있는 방법이다.

정답 및 해설 P. 16

[01~02] 새로 개선한 홈페이지에 대해서 하루 동안 방문한 민원인들을 대상으로 투표를 실시하였다. 만족은 3점, 보통은 2점, 불만족은 1점으로 점수를 주는 방법으로 진행하였고, 투표에 참여한 민원인들은 하루 동안 25명만이 점수 주기 투표에 참여하였다. 그런데 만든지 얼마 안 되서 버그가 발생하여, 총점 51점의 결과만 나오고 구체적으로 몇 점짜리 투표가 주어졌는지 등 세부적인 사항이 나오지 않는다. 다음 물음에 답하여라.

---

01 다음 중 추론한 것으로 적절한 것끼리 [보기]에서 고른 것은?

| 보기 |

ㄱ. 만족에 투표한 사람이 15명일 수 있다.
ㄴ. 불만족하는 사람이 단 한 명도 없을 수도 있다.
ㄷ. 만족하는 사람이 많다고 가정할수록 불만족하는 사람도 많아진다.
ㄹ. 보통에 투표한 사람이 9명일 수 있다.

① ㄱ, ㄴ ② ㄱ, ㄷ ③ ㄴ, ㄷ
④ ㄴ, ㄹ ⑤ ㄷ, ㄹ

02 만약 보통과 불만족에 투표한 사람이 같다는 사실이 추가로 밝혀졌을 때, 만족에 투표한 사람 수는?

① 8명 ② 9명 ③ 10명
④ 11명 ⑤ 12명

STEP 03

Skill 연습

SKILL ❶

사칙연산 혹은 비례 관계 등 간단한 계산을 통하여 결론에 다다르는 문제들을 풀어보는데, 무엇을 더하고 무엇을 곱할 것인지와 같은 핵심 포인트에 집중해서 문제를 읽어야 한다. 문제에서 핵심으로 가지고 있는 사칙연산이나 공식같은 조건들이 무엇인지를 먼저 정리해 보고 문제를 푸는 연습을 하도록 한다.

01 **다음은 시신에 알을 낳는 검정금파리를 통해 사망 시각을 추정하는 과정에 대해 설명하는 글이다. 이 글에 대한 진술로 옳은 것을 [보기]에서 고른 것은?**

> 시신은 10월 15일 오전 8시에 도로 주변의 공터에서 발견되었고, 현장의 시신에서 채집한 검정금파리 유충은 오전 9시에 보존 처리되었다. 현장은 하루 중 기온의 변화가 거의 없는 지역이다. 연구 자료에 의하면, 채집된 검정금파리 유충과 같은 정도로 성숙하기 위해서는 ADH(온도·시간 누적값) 936이 필요하다. ADH는 온도와 시간을 곱한 값인데, 생명 활동이 가능한 온도 범위에서 검정금파리의 유충이 특정한 단계에 도달하는 데 필요한 총 ADH는 항상 일정하다. 시신이 발견된 날의 평균 기온은 20℃였으므로 10월 15일의 ADH는 180이다. 한편, 시신이 발견되기 전날 평균 기온은 21℃였으므로 이날의 ADH는 504이다. 이틀 동안의 ADH의 합은 684이므로 936이 되려면 252가 더 필요하다. 10월 13일의 평균 기온은 21℃였다.

보기

ㄱ. 사망 시각은 10월 13일 정오 이전일 것이다.
ㄴ. 생명 활동이 가능한 온도 범위에서 검정금파리 유충은 기온이 높을수록 빨리 성숙한다.
ㄷ. 현장에서 검정금파리 유충을 채집할 때, 성숙 단계가 서로 다른 다양한 유충들 가운데, 가장 많은 수가 속해 있는 단계의 유충을 채집하여야 한다.

① ㄱ　② ㄷ　③ ㄱ, ㄴ
④ ㄴ, ㄷ　⑤ ㄱ, ㄴ, ㄷ

핵심공식이나 계산:

02 다음 글을 근거로 할 때 [사례]의 빈칸에 들어갈 점수는?

1. 누진계급의 구분 및 진급

① 교도소장은 수형자에 대한 단계별 처우를 위하여 수형자의 행형(行刑)성적에 따라 누진계급을 제1급, 제2급, 제3급, 제4급으로 구분한다.

② 신입수형자는 제4급에 편입하고 행형성적에 따라 단계별로 상위 계급으로 진급시킨다.

③ 계급의 진급은 각 계급의 책임점수를 매월 소득점수로 모두 공제한 때에 이루어진다. 만약 책임점수를 공제하고 소득점수가 남아있는 경우에는 이를 다음 계급의 소득점수로 인정한다.

2. 책임점수 및 소득점수

① 각 계급의 책임점수는 집행할 형기를 월 단위로 환산하여 이에 수형자의 개선급 유형 및 범수(犯數)별 점수를 곱하여 얻은 수로 한다(책임점수=집행할 형기의 개월 수×개선급 유형 및 범수별 점수).

② 책임점수는 계급이 바뀔 때마다 잔여형기를 기준으로 다시 부여한다.

③ 개선급은 범죄성향의 강화와 개선 정도에 따라 책임점수의 산정기준이 되는 분류급을 의미한다. 개선급 유형 및 범수별 점수는 다음과 같다.

[표] 개선급 유형 및 범수별 점수

개선급 유형		범수별 점수	
구분	판단기준	초범	2범 이상
A급	범죄성향이 강화되지 아니한 자로서 개선이 가능한 자	2점	2.5점
B급	범죄성향이 강화된 자로서 개선이 가능한 자	3점	3.5점
C급	범죄성향이 강화된 자로서 개선이 곤란한 자	4점	4.5점

④ 매월의 소득점수 산정은 소행점수, 작업점수, 상훈점수의 합산에 의한다.

사례

초범인 갑은 법원에서 징역 5년 2개월 형을 선고받고 교도소에 수감되었다(잔여형기 5년). 그리고 교도소 심사에서 '범죄성향이 강화되지 아니한 자로서 개선이 가능한 자'라는 판정을 받았다. 갑이 12개월 만에 129점의 소득점수를 얻어 제3급으로 진급하였다면 제2급으로 진급하기 위해서는 앞으로 최소한 (   )점을 더 획득하여야 한다.

① 81
② 87
③ 96
④ 111
⑤ 115

핵심공식이나 계산:

03 다음 글을 근거로 판단할 때, 정원이가 결제할 최소 금액은?

○ 정원이는 이번 달에 인터넷 면세점에서 가방, 영양제, 목베개를 각 1개씩 구매한다. 각 물품의 정가와 이번 달 개별 물품의 할인율은 다음과 같다.

구분	정가(달러)	이번 달 할인율(%)
가방	150	10
영양제	100	30
목베개	50	10

○ 이번 달 개별 물품의 할인율은 자동 적용된다.
○ 이번 달 구매하는 모든 물품의 결제 금액에 대해 20%를 일괄적으로 할인받는 '이달의 할인 쿠폰'을 사용할 수 있다.
○ 이번 달은 쇼핑 행사가 열려, 결제해야 할 금액이 200달러를 초과할 때 '20,000원 추가 할인 쿠폰'을 사용할 수 있다.
○ 할인은 '개별 물품 할인 → 이달의 할인 쿠폰 → 20,000원 추가 할인 쿠폰' 순서로 적용된다.
○ 환율은 1달러당 1,000원이다.

① 180,000원　② 189,000원　③ 196,000원
④ 200,000원　⑤ 210,000원

핵심공식이나 계산:

PART 3
CHAPTER 01

04 **물에 황산이나 수산화나트륨과 같은 전해질을 녹이고 전류를 흘려주면 수소와 산소로 분해된다. 이때 (−)극에서 수소가 발생하고, (+)극에서 산소가 발생하며, 발생하는 두 기체의 부피 비는 수소:산소=2:1로 일정하다. 아래의 표는 수소와 산소가 반응하여 수증기가 생성될 때, 기체의 부피 관계를 나타낸 것이다. 다음의 설명 중 틀린 것은?**

[표] 수증기가 생성될 때의 기체 부피 관계

실험	반응 전 넣은 기체(mL)		생성된 수증기(mL)
	수소	산소	
1	30	10	20
2	20	20	20
3	80	30	㉠

※ 수소와 산소가 반응하여 수증기가 합성될 때의 반응식: $2H_2(g) + O_2(g) \rightarrow 2H_2O$

① 수소와 산소를 반응시킬 때 수소와 산소는 2:1의 비율로 반응하므로 실험1에서 반응 후의 남은 기체는 수소 10mL이다.

② 수소기체 10mL와 산소기체 10mL를 반응시키면 산소기체가 남는다.

③ 수소기체 40mL와 산소기체 29mL가 완전히 반응하면 수증기 40mL가 생성된다.

④ 실험2에서 반응 후 남는 기체는 산소이다.

⑤ 실험3에서 수소와 산소가 반응하여 생성된 수증기는 40mL이다.

핵심공식이나 계산:

SKILL ❷

주어진 문제들에서 방정식 찾는 연습을 해 본다. 방정식을 세울 때 미지수가 총 몇 개인지, 방정식이 몇 개인지를 정확히 판단해야 한다. 미지수와 방정식 수가 맞으면 그냥 연립방정식 풀이 문제가 되는데, 방정식 수가 하나 적으면 부정방정식 형태가 되면서 경우의 수를 따져야 한다. 다음 문제들을 풀면서 미지수가 어떤 것인지 파악해 보는 연습과 도표화되는 것이 있다면 도표화하는 연습을 해 보자.

01 A, B, C 세 기업이 있다. 이 기업들은 해외시장 개척을 위해 현지 조사할 전문가들을 해외로 보냈다. 각 기업의 정책은 전문가들의 다수결을 따른다고 가정할 때, 아래의 [보기]를 참고하여 베트남에 대한 C 기업의 결정은 무엇이며, C 기업에서 파견한 전문가의 수는 몇 명인가?(단, 전문가들은 '투자가능' 아니면 '투자불가' 둘 중의 한 가지 의견을 반드시 선택한다.)

보기

(가) 이들 기업들에서는 베트남에 총 15명의 전문가들을 보냈다고 한다. 그런데 그 중에서 9명이 '투자불가' 의견을 제출했다.

(나) A 기업에서 '투자가능'이라는 의견을 낸 사람은 3명이고, B 기업에서 '투자불가'의 의견을 낸 사람은 3명이다.

(다) B 기업은 4명의 전문가를 파견한 A 기업보다 한 명 더 파견했다.

① 투자불가, 3명　② 투자불가, 5명　③ 투자불가, 6명
④ 투자가능, 4명　⑤ 투자가능, 7명

미지수의 종류:

02 다음 글을 근거로 판단할 때, [보기]에서 옳은 것을 모두 고르면?

○ 손글씨 대회 참가자 100명을 왼손으로만 필기할 수 있는 왼손잡이, 오른손으로만 필기할 수 있는 오른손잡이, 양손으로 모두 필기할 수 있는 양손잡이로 분류하고자 한다.

○ 참가자를 대상으로 아래 세 가지 질문을 차례대로 하여 해당하는 참가자는 한 번만 손을 들도록 하였다.
[질문 1] 왼손으로만 필기할 수 있는 사람은?
[질문 2] 오른손으로만 필기할 수 있는 사람은?
[질문 3] 양손으로 모두 필기할 수 있는 사람은?

○ 양손잡이 중 일부는 제대로 알아듣지 못해 질문 1, 2, 3에 모두 손을 들었고, 그 외 모든 참가자는 올바르게 손을 들었다.

○ 질문 1에 손을 든 참가자는 16명, 질문 2에 손을 든 참가자는 80명, 질문 3에 손을 든 참가자는 10명이다.

보기

ㄱ. 양손잡이는 총 10명이다.
ㄴ. 왼손잡이 수는 양손잡이 수보다 많다.
ㄷ. 오른손잡이 수는 왼손잡이 수의 6배 이상이다.

① ㄱ ② ㄴ ③ ㄱ, ㄴ
④ ㄱ, ㄷ ⑤ ㄴ, ㄷ

미지수의 종류:

03 어느 과학자가 간염을 치료하기 위한 신약을 개발하였다. 이 약의 효과를 검증하고자 60명의 간염환자 중 40명을 무작위로 선택하여 신약을 투여하고, 나머지 20명에게는 위약(placebo)을 투여하는 임상 실험을 하였다. 다음 [표]는 임상 실험 결과를 나타낸 것이며, 이에 대한 설명으로 옳은 것을 [보기]에서 모두 고른 것은?

[표] 신약 임상 실험 결과 (단위: 명)

구분	호전됨	호전되지 않음	합
신약	A	B	40
위약	C	D	20
합	48	12	60

보기

ㄱ. D가 클수록 신약을 투여 받은 사람 중 호전된 사람의 비율이 커진다.

ㄴ. A와 C의 차이가 작을수록 신약을 투여 받은 사람 중 호전된 사람의 비율이 작아진다.

ㄷ. A : B가 4 : 1이면 신약을 투여 받은 사람 중 호전된 사람의 비율이 위약을 투여 받은 사람 중 호전된 사람의 비율과 같다.

① ㄱ ② ㄴ ③ ㄱ, ㄴ

④ ㄴ, ㄷ ⑤ ㄱ, ㄴ, ㄷ

미지수의 종류:

04 **A동아리 회원은 총 21명으로, 1학년과 2학년의 법학 및 정치학 전공자로 구성되어 있다. [보기]와 같은 사실이 알려져 있다고 할 때, 법학을 전공하는 2학년의 학생 수는?**

보기

- 정치학 전공 학생 수는 법학 전공 학생 수보다 많다.
- 각 전공별, 각 학년별로 적어도 1명은 동아리 회원이 있다.
- 법학을 전공하는 학생들은 1학년 학생 수가 더 많고, 정치학을 전공하는 1학년과 2학년 학생 수는 동일하다.
- 법학을 전공하는 2학년 학생 수는 정치학을 전공하는 2학년 학생 수의 $\frac{1}{2}$ 이상이다.
- 법학 전공 1학년의 학생 수는 정치학 전공 1학년 학생 수와 동일하다.

① 1명 ② 2명 ③ 3명
④ 4명 ⑤ 5명

미지수의 종류:

정답 및 해설 P. 16~18

STEP 04

실전 문제

[01~02] S씨는 현재 150인 미만 사업장에 다니고 있으며 월평균 보수가 2백만 원이라고 할 때, 아래 물음에 답하시오.

[표] 고용보험료율

구분		근로자	사업자
실업급여		6.5	6.5
고용안정, 직업능력 개발사업	150인 미만 기업		2.5
	150인 이상(우선지원대상기업)		4.5
	150인 이상 1,000인 미만 기업		6.5
	1,000인 이상 기업, 국가지방자치단체		8.5

[고용보험료 계산]

근로자 수	□ 150인 미만 □ 150인 이상(우선지원대상기업) □ 150인 이상 1,000인 미만 □ 1,000인 이상						
월평균 보수	㉠	근로자 실업급여	㉡	사업주 실업급여	㉢	사업주 고안직능	㉣
총액		실업급여 근로자 부담금		실업급여 사용자 부담금		고용안정, 직업능력 개발사업 요율 사용자 부담금	
㉤		㉡		㉢		㉣	

※ 보험료: 월평균 보수×실업급여요율(고안직능요율)÷1,000

01 S씨가 지불하는 고용보험료는?

① 11,000원 ② 12,000원 ③ 13,000원 ④ 14,000원

02 다음 중 ㉤에 들어갈 금액으로 알맞은 것은?

① 13,000원 ② 26,000원 ③ 30,000원 ④ 31,000원

[03~04] A는 상사의 지시에 따라 음료를 주문하려고 한다. 아래 물음에 답하시오.

[표] 메뉴판

(단위: 원)

구분	음료	S사이즈	M사이즈
Hot	카페라떼	2,500	3,000
Hot	카푸치노	2,600	3,100
Hot	대추차	1,700	2,800
Cold	요거트스무디	3,000	3,500
Cold	자몽에이드	3,200	3,800

상사: "따뜻한 커피 2종류, 찬 음료 1종류로 총 20잔 주문 부탁해요. 일단 각 종류별로 6잔씩 S사이즈로 주문해 주시고요, 나머지 두 잔은 같은 종류로 예산에 맞춰 M사이즈로 2잔 주문해 주세요. 예산은 54,000~55,000원 사이에서 쓰시면 됩니다."

03 상사의 지시에 따를 때, A가 지불할 가능성이 없는 금액은 얼마인가?

① 54,200원 ② 54,400원 ③ 54,600원 ④ 54,800원

04 사용 가능한 금액 중 최소 금액으로 구입하려고 할 때, A가 주문할 음료의 구성으로 알맞은 것은?

① 카페라떼, 카푸치노, 요거트스무디

② 카페라떼, 카푸치노, 자몽에이드

③ 카페라떼, 카푸치노, 대추차, 요거트스무디

④ 카페라떼, 카푸치노, 대추차, 자몽에이드

05 다음 글을 근거로 판단할 때, [보기]의 각 괄호 안에 들어갈 숫자의 합은?

A부처와 B부처에 소속된 공무원 수는 각각 100명이고, 모두 소속된 부처에 있었다. 그런데 A부처는 국가 행사를 담당하게 되어 B부처에 9명의 인력지원을 요청하였다. B부처는 소속 공무원 100명 중 9명을 무작위로 선정해서 A부처에 지원 인력으로 보냈다. 얼마 후 B부처 역시 또 다른 국가 행사를 담당하게 되어 A부처에 인력지원을 요청하였다. A부처는 B부처로부터 지원받았던 인력을 포함한 109명 중 9명을 무작위로 선정해서 B부처에 지원 인력으로 보냈다.

보기

ㄱ. A부처와 B부처 간 인력지원이 한 차례씩 이루어진 후, A부처에 B부처 소속 공무원이 3명 남아있다면 B부처에는 A부처 소속 공무원이 ( )명 있다.
ㄴ. A부처와 B부처 간 인력지원이 한 차례씩 이루어진 후, B부처에 A부처 소속 공무원이 2명 남아있다면 A부처에는 B부처 소속 공무원이 ( )명 있다.

① 5
② 8
③ 10
④ 13
⑤ 15

06 다음 [측량학 수업 필기]를 근거로 판단할 때, [예제]의 괄호 안에 들어갈 수는?

[측량학 수업 필기]

- 축척: 실제 수평 거리를 지도상에 얼마나 축소해서 나타냈는지를 보여주는 비율
  1/50,000, 1/25,000, 1/10,000, 1/5,000 등을 일반적으로 사용함
  예) 1/50,000은 실제 수평 거리 50,000cm를 지도상에 1cm로 나타냄
- 등고선: 지도에서 *표고가 같은 지점들을 연결한 선(* 표고: 표준 해면으로부터 지표의 어느 지점까지의 수직 거리)
  축척 1/50,000 지도에서는 표고 20m마다, 1/25,000 지도에서는 표고 10m마다, 1/10,000 지도에서는 표고 5m마다 등고선을 그림
  예) 축척 1/50,000 지도에서 등고선이 그려진 모습

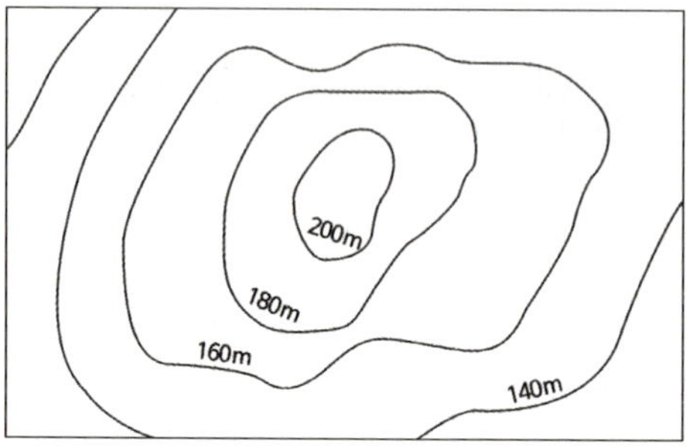

- 경사도: 어떤 두 지점 X와 Y를 잇는 사면의 경사도는 다음의 식으로 계산함

$$경사도 = \frac{두\ 지점\ 사이의\ 표고\ 차이}{두\ 지점\ 사이의\ 실제\ 수평\ 거리}$$

예제

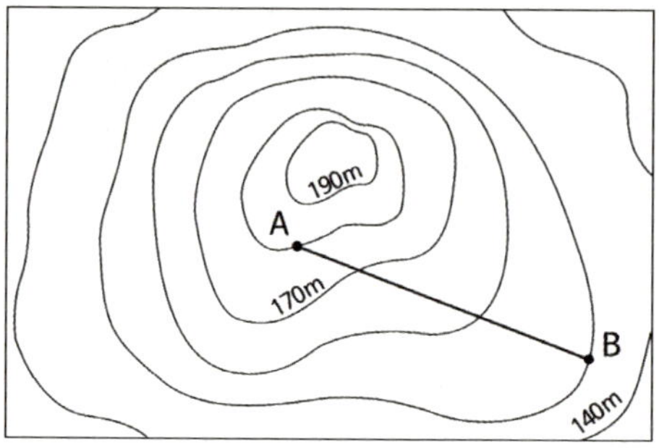

위의 지도는 축척 1/25,000로 제작되었다. 지도상의 지점 A와 B를 잇는 선분을 자로 재어 보니 길이가 4cm였다. 이때 두 지점 A와 B를 잇는 사면의 경사도는 (   )이다.

① 0.015 ② 0.025 ③ 0.03
④ 0.055 ⑤ 0.7

07 민주는 A~E 5개 회사 중 한 회사에 투자하려고 한다. 투자수익은 석유가격에 따라 다음 [표]와 같이 결정되지만 석유가격이 어떻게 될지는 아무도 확실히 모른다. 민주의 목적이 투자수익을 극대화하는 것이라 할 때, 민주가 할 수 있는 최선의 선택으로 적절한 것은?(단, 표에서 양수는 이득을, 음수는 손해를 나타낸다.)

[표] 석유가격에 따른 투자수익 상황

구분	유가가 오른다	유가가 현상태를 유지한다	유가가 내린다
A	−10	+5	+15
B	+1	+5	+10
C	−5	+10	+5
D	+1	+10	+15
E	0	+10	+15

① 유가가 내릴 가능성이 높다고 여겨지면, A회사에 투자한다.
② 유가가 오를 가능성이 높다고 여겨지면, B회사에 투자한다.
③ 유가가 현 상태를 유지할 가능성이 높다고 여겨지면, C회사에 투자한다.
④ 자신의 선택이 유가에 영향을 주지 않는다고 여겨지면, D회사에 투자한다.
⑤ 유가가 오를 가능성이 낮다고 여겨지면, E회사에 투자한다.

08 우리 사무실은 나를 포함하여 총 16명의 기술직 직원과 사무직 직원으로 구성되어 있으며, 다음 [조건]의 내용이 모두 참이다. 다만, 나를 빼고 15명의 직원만을 고려하여도 [조건] 내용이 모두 참일 때, 나의 직종과 성별은?

조건

㉠ 사무직 직원의 수가 기술직 직원의 수보다 많다.
㉡ 남자 기술직 직원의 수가 남자 사무직 직원의 수보다 많다.
㉢ 남자 사무직 직원의 수가 여자 사무직 직원의 수보다 많다.
㉣ 여자 기술직 직원이 적어도 한 명은 있다.

① 나의 직종과 성별은 기술직 남자이다.
② 나의 직종과 성별은 기술직 여자이다.
③ 나의 직종과 성별은 사무직 남자이다.
④ 나의 직종과 성별은 사무직 여자이다.
⑤ 위의 내용만으로는 알 수 없다.

09 **다음 내용을 근거로 판단할 때, [보기]에서 옳은 것을 모두 고르면?**

○A위원회는 12명의 위원으로 구성되며, 위원 중에서 위원장을 선출한다.
○12명의 위원은 자신을 제외한 11명 중 서로 다른 2명에게 1표씩 투표하여 최다 득표자를 위원장으로 결정한다.
○최다 득표자가 여러 명인 경우 추첨을 통해 이들 중 1명을 위원장으로 결정한다.
※ 기권 및 무효표는 없다.

보기

ㄱ. 득표자 중 5표를 얻은 위원이 존재하고 추첨을 통해 위원장이 결정되었다면, 득표자는 3명 이하이다.
ㄴ. 득표자가 총 3명이고 그 중 1명이 7표를 얻었다면, 위원장을 추첨으로 결정하지 않아도 된다.
ㄷ. 득표자 중 최다 득표자가 8표를 얻었고 추첨 없이 위원장이 결정되었다면, 득표자는 4명 이상이다.

① ㄴ ② ㄷ ③ ㄱ, ㄴ
④ ㄱ, ㄷ ⑤ ㄴ, ㄷ

10 '시한'그룹에서는 인터넷을 기반으로 한 새로운 문화 사업에 투자하기로 결정하였다. 그것을 연구할 태스크포스팀으로 14개의 소그룹을 구성하고, 각 그룹마다 과장, 대리, 사원 급의 3명씩을 배치하였다. 이들은 모두 '시한물산'과 '시한개발' 계열사에서 차출된 인재들이다. 그런데 과도한 차출 때문에 '시한물산'의 경우 사원들이 많이 차출되면서 모기업의 일이 잘 안 돌아간다고 연락이 와 사원만 '시한물산'으로 구성된 팀을 해체하고 연구팀의 수를 줄이려고 한다. 다음 [조건]을 참고하여 줄여야 할 팀 수는?

조건

(가) 어느 팀을 보아도 과장과 사원은 다른 계열사 출신이다.

(나) '시한물산' 출신의 대리와 '시한물산' 출신의 사원으로 구성된 팀의 수와 '시한개발' 출신의 대리와 '시한개발' 출신의 사원으로 구성된 팀의 수를 합한 것이 8팀이다.

(다) '시한물산' 출신의 과장은 7명이다.

(라) 과장, 대리, 사원 중 한 사람만 '시한물산' 출신인 팀의 수는 9팀이다.

① 2팀　② 3팀　③ 4팀
④ 5팀　⑤ 6팀

정답 및 해설 P. 18~20

CHAPTER 02

기호화된 정보에서 원리 파악하고 적용하기

STEP 01 유형 분석

Main Type	Sub Type 1	Sub Type 2
새로운 규칙을 주고 적용하기	원리의 핵심 이해해서 적용하기	반복되는 패턴찾기

★ Main Type 새로운 규칙을 주고 적용하기

새로운 지식, 지시사항, 매뉴얼들을 습득하고, 그것을 잘 이행하는지 능력을 체크하는 문제라고 보면 된다. 쉬운 형태로서는 매뉴얼 유형의 문제가 주어진다. 공문 쓰는 방법, 기기 사용하는 방법, 보고서 쓰는 방법 등을 알려주고, 그것을 적용하는 문제이다. 조금 어렵게 내면 일반적인 지시사항보다는 낯선 상황에서 적용되는 지시사항이 주어지는데, 이 낯선 상황을 잘 이해하고 핵심적인 부분을 잘 적용하는지를 체크하는 형태의 문제이다.

다음 글에서 설명한 방법으로 [보기]에 주어진 수열을 정렬할 때 다섯 번째 교환이 이루어진 후의 수열은?

인접한 두 숫자의 크기를 비교하여 교환하는 방식으로 정렬한다. 이때 인접한 두 숫자는 수열의 맨 앞부터 뒤로 이동하며 비교된다. 맨 마지막 숫자까지 비교가 이루어져 가장 큰 수가 맨 뒷자리로 이동하게 되면 한 라운드가 종료된다. 다음 라운드는 맨 뒷자리로 이동한 수를 제외하고 같은 방식으로 비교 및 교환이 이루어진다. 더 이상 교환할 숫자가 없을 때 정렬이 완료된다. 교환은 두 개의 숫자가 서로 자리를 맞바꾸는 것을 말한다.

예시

다음은 '30 15 40 10'의 수열을 위의 방법으로 정렬한 것이다. 괄호는 각 단계에서 비교가 이루어지는 인접한 두 숫자를 나타낸다.

○ 제1라운드

(30 15) 40 10 → 30>15이므로 첫 번째 교환
15 (30 40) 10 → 40>30이므로 교환이 이루어지지 않음
15 30 (40 10) → 40>10이므로 두 번째 교환
15 30 10 40 → 가장 큰 수 40이 맨 마지막으로 이동

○ 제2라운드 (40은 비교 대상에서 제외)

(15 30) 10 40 → 30>15이므로 교환이 이루어지지 않음
15 (30 10) 40 → 30>10이므로 세 번째 교환
15 10 30 → 40을 제외한 수 중 가장 큰 수 30이 40 앞으로 이동

○ 제3라운드 (30, 40은 비교 대상에서 제외)

(15 10) 30 40 → 15>10이므로 네 번째 교환
10 15 30 40 → 정렬 완료

보기

37 82 12 5 56

①	5	12	37	56	82
②	37	12	82	5	56
③	5	56	12	37	82
④	12	37	5	56	82
⑤	12	5	37	56	82

★ Sub Type 1 **원리의 핵심 이해해서 적용하기**

주어지는 규칙을 그냥 기계적으로 적용하기보다는, 그것의 핵심원리를 이해해서 적용하는 형태의 문제다. 세부적인 지시사항을 따라가기보다는 그래서 결국 이러한 일이나 수행한 결과가 어떻게 될 것이며, 그것을 간단하게 이해하면 어떻게 되는지 파악하는 능력을 체크하는 문제이다.

정답 및 해설 P. 20

다음 글을 근거로 판단할 때, [그림 2]의 정육면체 아랫면에 쓰인 36개 숫자의 합은?

정육면체인 하얀 블록 5개와 검은 블록 1개를 일렬로 붙인 막대를 30개 만든다. 각 막대의 윗면에는 가장 위에 있는 블록부터, 아랫면에는 가장 아래에 있는 블록부터 세어 검은 블록이 몇 번째 블록인지를 나타내는 숫자를 쓴다. 이런 규칙에 따르면 [그림 1]의 예에서는 윗면에 2를, 아랫면에 5를 쓰게 된다. 다음으로 검은 블록 없이 하얀 블록 6개를 일렬로 붙인 막대를 6개 만든다. 검은 블록이 없으므로 윗면과 아랫면 모두에 0을 쓴다. 이렇게 만든 36개의 막대를 붙여 [그림 2]와 같은 큰 정육면체를 만들었더니, 윗면에 쓰인 36개 숫자의 합이 109였다.

[그림 1]

[그림 2]

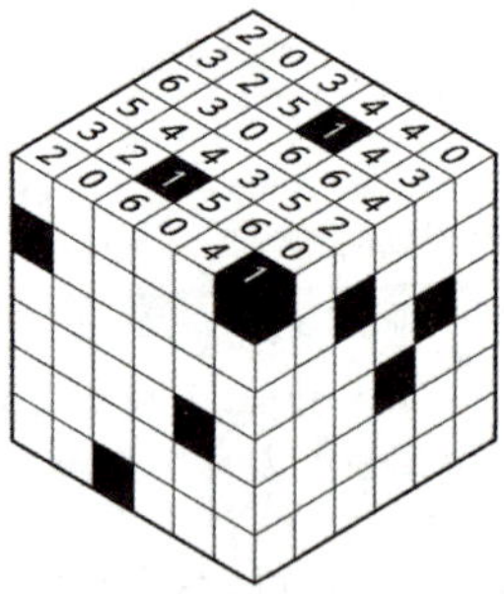

① 97　② 100　③ 101
④ 103　⑤ 104

★ Sub Type 2 반복되는 패턴찾기

주어진 지시사항을 수행하다보면 반복되는 패턴이 읽혀져서, 결국 한참 뒤까지 예측 가능한 상황이 되는 문제들이다. 사실 수추리 유형이 여기에 속하는 전형적인 문제인데, 아무래도 수열이다 보니 추리 부분에 나와야 하는 문제가 수리능력으로 나오는 경우가 많다. 수열 외에 도형의 변화라든가, 일정한 무늬의 변화, 기하학적 패턴들의 변화, 명령어의 구성 예시같은 형태의 문제들이 나올 수 있다.

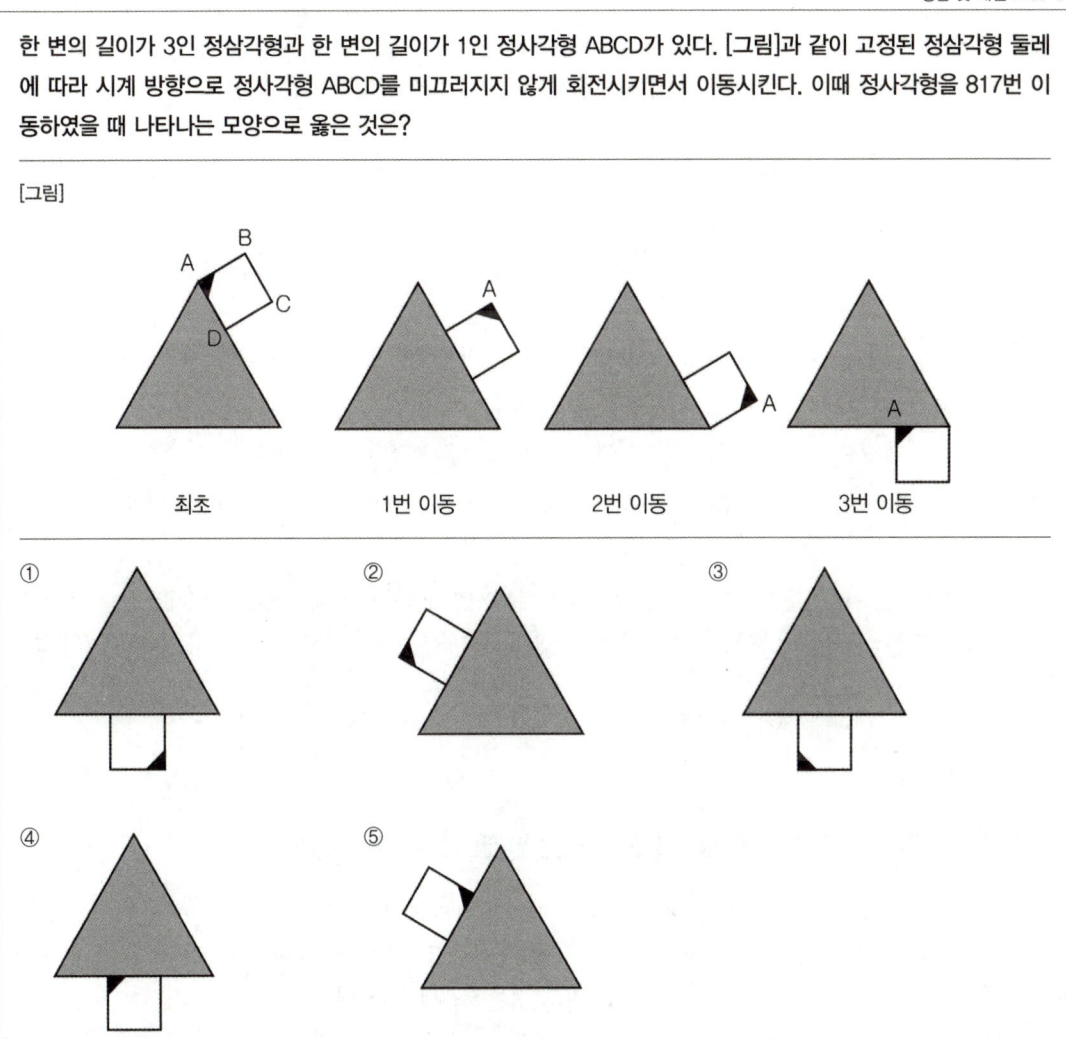

정답 및 해설 P. 20~21

한 변의 길이가 3인 정삼각형과 한 변의 길이가 1인 정사각형 ABCD가 있다. [그림]과 같이 고정된 정삼각형 둘레에 따라 시계 방향으로 정사각형 ABCD를 미끄러지지 않게 회전시키면서 이동시킨다. 이때 정사각형을 817번 이동하였을 때 나타나는 모양으로 옳은 것은?

[그림]

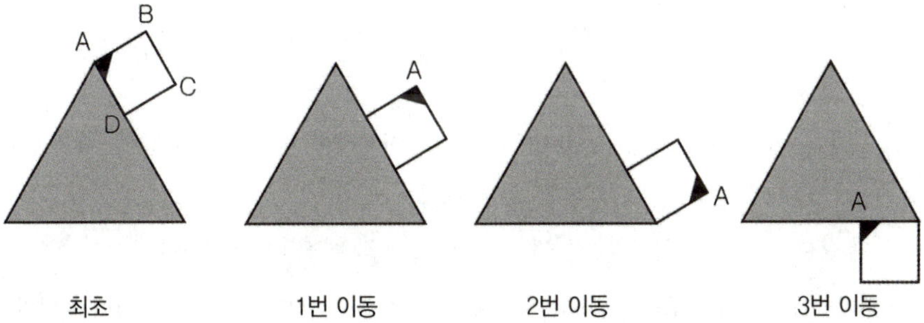

①

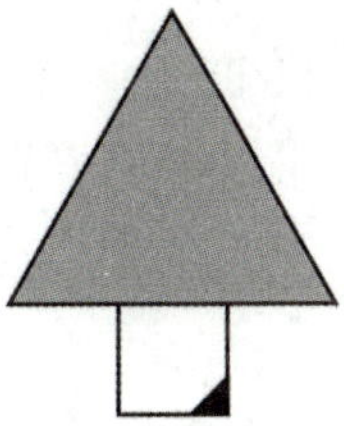

②

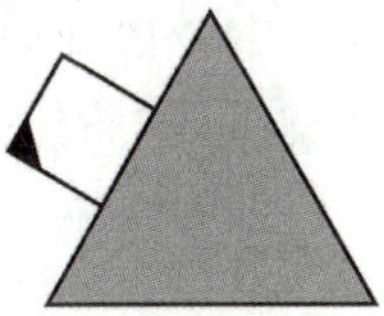

③

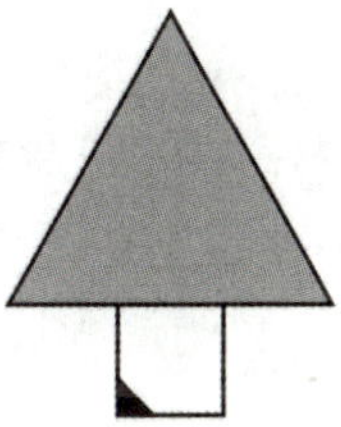

④

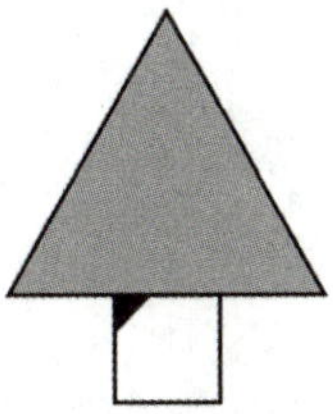

⑤

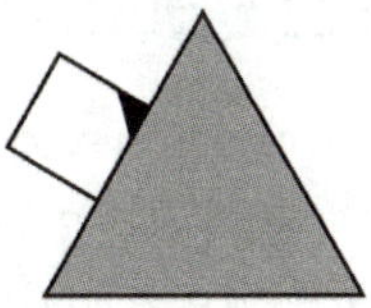

STEP 02

문제 해결방법

1단계	2단계	3단계
단순한 지시사항 적용 문제인지, 패턴이나 의미를 찾아내는 문제인지 구분	지시사항 적용이라면 주변 조건들에 단서 조항이나 예외 조항이 있는지 정도만 체크한 후에 그대로 적용	패턴이나 의미 찾기 문제라면 적용 후와 적용 전을 비교하면서 규칙성 도출

4단계
규칙성을 찾으면 선택지에 적용

1단계 | 주어진 지시사항이 존재하면 그것을 충실히 수행하는 문제이고, 주어진 조건을 파악한 후에 거기서 2차적으로 패턴을 찾아내는 문제라면 일단 패턴을 파악해서 정확하게 주어진 원리를 이해하는 것이 필요하다.

2단계 | 지시사항 적용 문제라면 조건을 정확하게 읽고, 큰 맥락에서 어떻게 하라는 것인지 이해한다. 그리고 단서 조항이나 '※'와 같은 기호 뒤에 붙어 있는 특별 조건들이 없는지 확실하게 체크한다.

3단계 | 패턴이나 의미찾기 문제라면 샘플이나 예로 주어진 것들을 비교한다. 달라진 것이 어떤 것인지 확인한 후 그것을 규칙으로 정리한다.

4단계 | 규칙성을 찾았으면 그것을 적용한다. 정답을 찾을 때는 선택지에서 답을 찾는 방법도 있지만, 제거해 나가는 방법도 있다는 것을 잊지 말자. 규칙이 한 번에 적용되어서 바로 나오는 문제면 답을 직접 찾으면 되지만, 부분 부분 적용하면서 찾아가는 문제라면 한 부분 적용한 후 해당되지 않는 선택지를 지우고, 또 한 부분 찾고 지우고 하는 식으로 단계적으로 풀어나간다.

SKILL ❶ 자주 나오는 매뉴얼이나 공문 형태의 문제들은 미리 파악

결재 서류 작성하기와 같은 문제는 초창기 NCS 샘플 문제로 자주 제시되었던 것이라, 상당히 익숙한 문제이다. 전화받기와 같은 회사생활 매뉴얼 문제들이 다 그렇다. 그래서 이런 문제들은 조직이해능력의 유형에서 중복되어 나올 수 있다. 하지만 시험 출제 영역에 조직이해능력이 없을 경우 문제해결능력에서 출제된다.

자주 나오는 유형의 문제이지만, 사실 결재 서류의 작성이나 전화받기 같은 것은 디테일한 면에서 약간의 차이가 있을 뿐 대부분의 프로세스는 비슷하기 때문에, 한 번 나왔을 때 잘 익혀두면 다음에 나오는 문제는 기본적인 이해를 바탕으로 파악하기 때문에 조금 더 쉽게 접근할 수 있다. 다음 두 가지 유형의 문제들의 자주 출제되는 핵심요소는 다음과 같다.

❶ 결재 서류 작성 및 전결 문제 → 전결에 대한 이해와 누가 전결권을 가지는지 여부 ❷ 전화받기 문제 → 전화 당겨받기나 착신 전환

1 결재 서류 작성 및 전결 문제

전결(專決)은 기관의 장이 권한에 속하는 사무의 일부를 일정한 자격권자에게 위임하면 그 위임받은 자가 일정한 범위의 위임 사항에 관하여 장을 대신하여 결재하는 제도를 말한다. 반면 대결(代決)은 결재권자가 휴가, 출장, 기타의 사유로 상당 기간 부재중이거나 긴급한 문서의 경우에 결재권자의 사정에 의하여 받을 수 없는 때에는 그 직무를 대리하는 자가 하는 결재이다.

대부분 청구서나 품의서 같은 문제에서 출제가 많이 되는데, 금액별로 전결권자가 정해져 있으므로 일단 그 범위를 찾는 것부터 시작한다. 그리고 해당 직책자 밑에 전결이라 쓰고, 그 아래까지는 결제를 하지만 그 직책 위로까지는 올라가지 않는다. 비용 문제가 아닐 때도 권한에 따라 전결권이 다르게 정해져 있으므로, 해당 권한에 해당하는 직책자가 누구인지 찾는 문제가 대부분이라고 생각하면 된다.

정답 및 해설 P. 21

인사팀인 김소현은 비품을 교체하기 위해 구매 품의서를 작성 중이다. 다음 구매 품의서의 결재란이 옳게 작성된 것은?

구매 품의서

결재	담당	팀장	본부장	대표이사	최종
	김소현				

기안부서	인사팀
기안자	김소현
기안일	2021. 05. 30
제목	책상 및 의자 교체 건

비품의 고장으로, 책상 및 의자를 구입하고자 하오니 검토 후 재가 바랍니다.

– 아래 –

[예상 소요비용]

항목	단가	수량	금액
책상	160,000원	32개	5,120,000원
의자	110,000원	32개	3,520,000원
설치비	200,000원	2명	400,000원

[구매 전결 규정]

기준	전결자		
	팀장	본부장	대표이사
900만 원 미만	○		
1,000만 원 미만		○	
1,000만 원 이상			○

※ 전결자를 포함한 이하 직책자의 결재를 받는다.

※ 전결자에 해당하는 결재란에 '전결'로 표시하며, 최종 결재란에 전결자의 서명을 기재한다.

①

결제	담당	팀장	본부장	대표이사	최종
	김소현	서명	전결		본부장 서명

②

결제	담당	팀장	본부장	대표이사	최종
	김소현	서명	서명	전결	대표이사 전결

③

결제	담당	팀장	본부장	대표이사	최종
	김소현	서명	서명	전결	

④

결제	담당	팀장	본부장	대표이사	최종
	김소현	서명	전결		대표이사 서명

⑤

결제	담당	팀장	본부장	대표이사	최종
	김소현			전결	대표이사 서명

2 전화받기 문제

전화받기 문제에서는 디테일한 차이가 있을 수는 있지만, 대부분 전화받기의 작동 방식이 비슷하다. 그러므로 다음 문제에서 나오는 정도의 동작들만 익혀 놓아도 대부분은 비슷하게 작동하게 된다.

정답 및 해설 P. 21

다음은 내선 전화 매뉴얼이다. 전화를 올바르게 사용한 사람은 누구인가?

[내선 전화 매뉴얼]

1. 회사 내부 전화 걸기

① 내선전화 번호 누르기 → ② 통화

2. 외부 전화 걸기

① 9번 누르기 → ② 외부 전화번호(휴대폰 혹은 유선전화) 누르기 → ③ 통화

3. 전화 돌리기(잘못 걸려온 전화를 다른 전화로 돌려야 할 때)

① 담당자 연결 알리기 → ② 끊기 버튼(수화기 놓는 곳) → ③ 신호음 확인 후 바로 담당자 내선전화 입력 → ④ 연결음 확인 후 끊기

4. 전화 당겨 받기

① 수화기 들기 → ② *(별표) 두 번 빠르게 누르기 → ③ 통화

5. 착신 전환

1) 등록 시: ① *88+희망번호*

2) 해제 방법: ① #88*

---

① 마케팅팀에서 근무하는 나희는 인사팀의 진수에게 전화하려고 9번과 전화번호, 통화 버튼을 차례로 눌렀다.

② 옆자리 직원이 휴가를 낸 수영이는 #를 두 번 빠르게 누른 뒤 통화버튼을 눌러 전화를 자기 자리로 당겨 받았다.

③ 잠시 사무실을 비우게 된 경진이는 *88과 휴대폰 번호*를 입력하였다.

④ 서연이는 점심시간에 피자를 시키기 위해 8번과 전화번호, 통화 버튼을 차례로 눌렀다.

⑤ 민정이는 팀장님께 전화를 연결해드리기 위해 전화를 받은 채 바로 내선전화를 입력했다.

SKILL ❷ 기호화된 지시사항을 단순화, 비교를 통한 선명화

기호화된 지시사항은 충실히 따르기만 해도 문제가 어느정도 해결이 된다. 하지만 한 문제에 59초라는 시간의 압박을 받는 상황에서 그런 식으로 문제를 풀면 시간이 부족하게 되는 것은 당연한 일이다. 지시사항을 보고 그것을 최대한 단순하게 받아들이고, 정리하는 연습을 해야 한다.

❶ 단순히 지시사항만 제시되어 있는 경우
❷ 지시사항이 여러 개 나열되어 있는 경우

1 단순히 지시사항만 제시되어 있는 경우

단순하게 지시사항만 나열되어 있다면 그 지시사항에 대한 이야기를 조금 더 알아보기 쉬운 조건으로 단순화하는 방법으로 푸는 것이 좋다. 즉, '결국 이 지시사항을 다 따르면 최종적으로는 이렇게 된다는 것이구나'하는 식으로 이해하는 것이 좋다. 패턴을 반복하는 문제도 알고 보면 이렇게 지시사항을 정확하게 이해하는 문제와 같은 결의 문제라고 생각할 수 있다. 그 패턴이라는 것이 지시사항을 충실히 이행할 때 찾아지는 원리 같은 요소이기 때문이다.

2 지시사항이 여러 개 나열되어 있는 경우

여러 개의 지시사항들이 나열되어 있으면 차이점을 인식해야 한다. 다른 기호들과의 차이점을 찾아내면 대부분 문제의 포인트는 그 차이점에서 기인하기 때문이다. 때로는 그 차이점을 가지고 기호의 의미를 추론해 내는 문제도 나오므로 차이점을 포인트별로 정리하거나, 차이점이라고 인식되는 부분에 표시를 해서 분명하게 구분하는 것이 좋다.

정답 및 해설 P. 21

칠판에 1부터 10까지의 자연수 10개가 적혀 있다. 다음의 조작을 두 수가 남을 때까지 반복하여 시행하였다. 이에 대한 설명으로 옳은 것을 [보기]에서 모두 고른 것은?

조작: 칠판에 적혀 있는 세 수 a ,b ,c를 택하여 지우고, 지운 세 수의 합에서 1을 뺀 수(a+b+c+1)를 칠판에 쓴다.

| 보기 |

ㄱ. 조작을 4번 시행하였다.
ㄴ. 남아 있는 두 수의 합은 51이다.
ㄷ. 조작을 시행하는 과정에서 36은 남아 있는 수가 될 수 없다.

① ㄱ　② ㄷ　③ ㄱ, ㄴ
④ ㄴ, ㄷ　⑤ ㄱ, ㄴ, ㄷ

STEP 03

Skill 연습

SKILL ❶

자주 나오는 전결 문제나 전화받기, 그 외의 직장생활에 필요한 매뉴얼 같은 문제들은 어느정도 정해진 유형이 있으므로 미리 파악하여 기본적인 이해를 갖추는 것이 좋다. 물론 똑같이 나오지는 않으므로 세부 내용은 문제마다 자세히 봐야겠지만, 큰 구성은 비슷하기 때문이다. 앞으로 문제를 풀 때마다 이런 문제를 접하면 그 자리에서 한 번 더 보면서 익혀두도록 한다.

01 다음은 A기업의 고객 불만 응대 매뉴얼이다. 매뉴얼을 이해하지 못한 사람은?

[고객 불만 응대 매뉴얼]

1. 불만 접수	2. 경청
3. 처리사항 검토	4. 처리 결정사항 안내
5. 고객 수용/비수용	6. 설득
7. 해결/고객 비수용	

① 정인: 불만이 접수되면 우선 고객의 이야기를 끝까지 들어야 해.

② 소미: 고객이 처리 결정사항을 수용하지 않으면 설득단계로 넘어가야겠다.

③ 영인: 불만사항이 생기면 바로 보상해주면 되겠다.

④ 수원: 처음부터 고객을 설득하려고 하면 안 돼.

[02~03] **다음의 상황을 보고 이어지는 질문에 답하시오.**

종합상사의 인사팀에서 사원 교육을 담당하는 K는 신입사원 교육을 위한 사무실 내 전화 관련 매뉴얼을 항목별로 만들어 상사에게 피드백을 받기로 하였다.

[사무실 내 전화 매뉴얼]

1. 일반 전화 걸기
   : 회사 외부에 전화를 걸어야 하는 경우
   → 수화기를 들고 0번을 누른 후 (지역번호) + 전화번호를 누른다.

2. 전화 당겨 받기
   : 다른 직원에게 전화가 걸려왔으나 사정상 받을 수 없어 내가 받아야 하는 경우
   → 수화기를 들고 *(별표)를 누른다.
   ※ 전화 당겨 받기는 같은 팀 내에서만 가능하다. 만약 다른 팀 전화도 당겨 받으려면 인사팀 내 시스템관리 담당자를 통해 받을 수 있는 부서 범위를 지정해야 한다.

3. 회사 전화를 내 휴대폰으로 받기
   : 외근 나가 있는 상황이나 퇴근 후에 급한 전화가 올 예정인 경우
   → 외근 나가기 전 또는 퇴근 전에 미리 사무실 내 전화기로 1번과 3번을 연달아 누르고 난 후 신호음이 울리면 내 휴대폰 번호를 누르고 #(우물정자)를 누른다.
   → 내 휴대폰의 회사 전화 수신을 해지하려면 사무실 내 전화기로 2번과 3번을 연달아 누르고 난 후 신호음이 울리면 수화기를 내려놓는다.
   ※ 불가피하게 전화를 받지 못하는 경우, 수화기를 들고 전화기의 자동응답 버튼을 누른 후 1을 누르고 자동응답 멘트를 녹음한 뒤, #(우물정자)를 눌러 녹음을 완료한다.

4. 회사 내 직원과 전화하기
   → 수화기를 들고 내선번호를 누르면 자동으로 연결이 된다.

5. 전화 넘겨 주기
   : 다른 직원에게 걸려온 전화를 사정상 내가 먼저 받은 후 해당 직원에게 넘겨줄 때
   → 통화 중인 상대에게 양해를 구한 뒤 *(별표)를 누르고 해당 직원의 내선번호를 누른다.
   : 전화를 넘겨준 뒤에 신호음이 들리니, 반드시 신호음을 듣고 수화기를 내려 놓아야 한다.

02 K는 기능이 중복되어 사용되는 버튼은 기능별 설명을 첨부한 삽화를 그려 매뉴얼에 포함시키려 한다. 다음 중 설명을 첨부할 필요가 없는 버튼은?

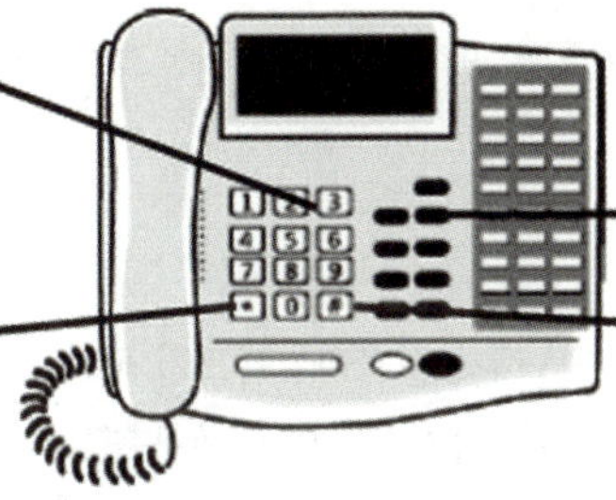

03 K가 정리한 매뉴얼에 대해 상사는 추가할 내용을 더 고민해보라는 피드백을 남겼다. 이에 따라 K가 추가할 내용으로 가장 적절하지 않은 것은?

상황	추가 내용
① 일반 전화 걸기	지역번호 없이 070으로 시작하는 인터넷 전화에 전화를 거는 방법
② 회사 전화를 내 휴대폰으로 받기	휴대폰으로도 전화 받기 어려운 상황을 대비한 내선전화 자동응답 기능 활성화 방법
③ 회사 내 직원과 전화하기	빠르고 편리한 연결을 위한 직원 내선번호의 단축번호 저장 방법
④ 전화 넘겨 주기	회사의 품위를 지키는 공손한 전화 응대 방법

04 다음의 쓰레기 분리배출 규정을 준수한 행동은?

[쓰레기 분리배출 규정]

○ 배출 시간: 수거 전날 저녁 7시~수거 당일 새벽 3시까지(월~토요일에만 수거함)

○ 배출 장소: 내 집 앞, 내 점포 앞

○ 쓰레기별 분리배출 방법

– 일반 쓰레기: 쓰레기 종량제 봉투에 담아 배출

– 음식물 쓰레기: 단독주택의 경우 수분 제거 후 음식물 쓰레기 종량제 봉투에 담아서 배출
공동주택의 경우 음식물 전용용기에 담아서 배출

– 재활용 쓰레기: 종류별로 분리하여 투명 비닐봉투에 담아 묶어서 배출

① 1종(병류)

② 2종(캔, 플라스틱, 페트병 등)

③ 3종(폐비닐류, 과자 봉지, 1회용 봉투 등)

※ 1종과 2종의 경우 뚜껑을 제거하고 내용물을 비운 후 배출

※ 종이류, 박스, 스티로폼은 각각 별도로 묶어서 배출

– 폐가전·폐가구: 폐기물 스티커를 부착하여 배출

○ 종량제 봉투 및 폐기물 스티커 구입: 봉투판매소

① 甲은 토요일 저녁 8시에 일반 쓰레기를 쓰레기 종량제 봉투에 담아 자신의 집 앞에 배출하였다.

② 공동주택에 사는 乙은 먹다 남은 찌개를 그대로 음식물 쓰레기 종량제 봉투에 담아 주택 앞에 배출하였다.

③ 丙은 투명 비닐봉투에 캔과 스티로폼을 함께 담아 자신의 집 앞에 배출하였다.

④ 丁은 사이다가 남아 있는 페트병을 투명 비닐봉투에 담아서 집 앞에 배출하였다.

⑤ 戊는 집에서 쓰던 냉장고를 버리기 위해 폐기물 스티커를 구입 후 부착하여 월요일 저녁 9시에 자신의 집 앞에 배출하였다.

SKILL ❷ **주어진 지시사항을 결과적으로 단순하게 이해하는 연습이다. 지시사항을 한 마디 또는 자신의 이해로 바꿔넣는 연습을 해 보도록 한다.**

01 다음 [표]는 어느 지역의 퇴적암층 A, B, C, D, E에 포함되어 있는 화석을 조사한 자료이다. 지질 시대를 대규모의 지각 변동과 생물의 급변으로 구분한다고 할 때, 지질 시대를 둘로 구분하는 경계로 가장 적절한 것은?

[표] 퇴적암층 A~E에 포함되어 있는 화석 현황

지층 \ 화석	가	나	다	라	마	바
A	○					
B	○				○	○
C		○		○		○
D		○	○	○		○
E		○				

※ 대규모의 지각 변동: 부정합을 경계로 상하 지층의 시간 차이가 크고, 화석의 종류가 뚜렷하게 달라지므로 부정합을 경계로 지질 시대를 구분한다.
※ 생물계의 급변: 많은 종류의 화석이 갑자기 절멸하거나 출현한 시기를 경계로 지질 시대를 구분한다.

① A−B ② B−C ③ C−D
④ D−E ⑤ A−E

이 문제의 핵심 포인트를 요약 :

02 UN사무국은 사무차장 A, 사무차장보 P와 R, 외부심사위원 1, 2, 3, 4 총 7명으로 이루어진 인사위원회를 [그림]과 같이 구성하였다. 이 인사위원회가 s, t, u, v, w, x, y, z 8명의 지원자 중 한 사람을 선택하는 과정과 인사위원의 선호도를 바탕으로 외부 심사위원 2에게 추천된 지원자 중 사무차장의 최종 선택 결과를 다르게 만들 수 있는 지원자 조합은?

[선택 과정]

1. 외부 심사위원은 추천된 2명 중에서 자신이 선호하는 지원자를 사무차장보에게 보고한다.
2. 사무차장보는 외부 심사위원으로부터 보고받은 지원자 중 자신이 선호하는 지원자를 사무차장에게 보고한다.
3. 사무차장은 사무차장보로부터 보고받은 지원자 중 자신이 선호하는 지원자를 최종적으로 선택한다.

[그림] 인사위원회 조직도

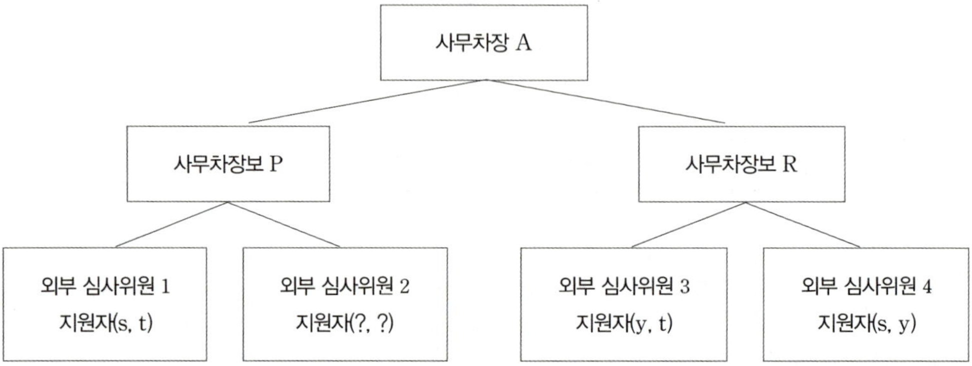

[표] 인사위원의 지원자 선호도 순위

선호 순위	외부 심사위원				사무차장보		사무차장
	1	2	3	4	P	R	A
1	u	z	y	x	u	v	u
2	x	v	t	u	x	x	s
3	v	u	z	s	w	y	w
4	s	y	u	w	s	t	y
5	t	t	v	y	t	u	z
6	w	x	s	z	v	w	v
7	y	s	w	t	z	s	x
8	z	w	x	v	y	z	t

① (s, u) ② (s, y) ③ (t, x) ④ (u, v) ⑤ (w, z)

이 문제의 핵심 포인트를 요약 :

03 다음 순서도에 따라 'FoOLish PoWdeR' 문서를 읽을 경우 옳은 것은?

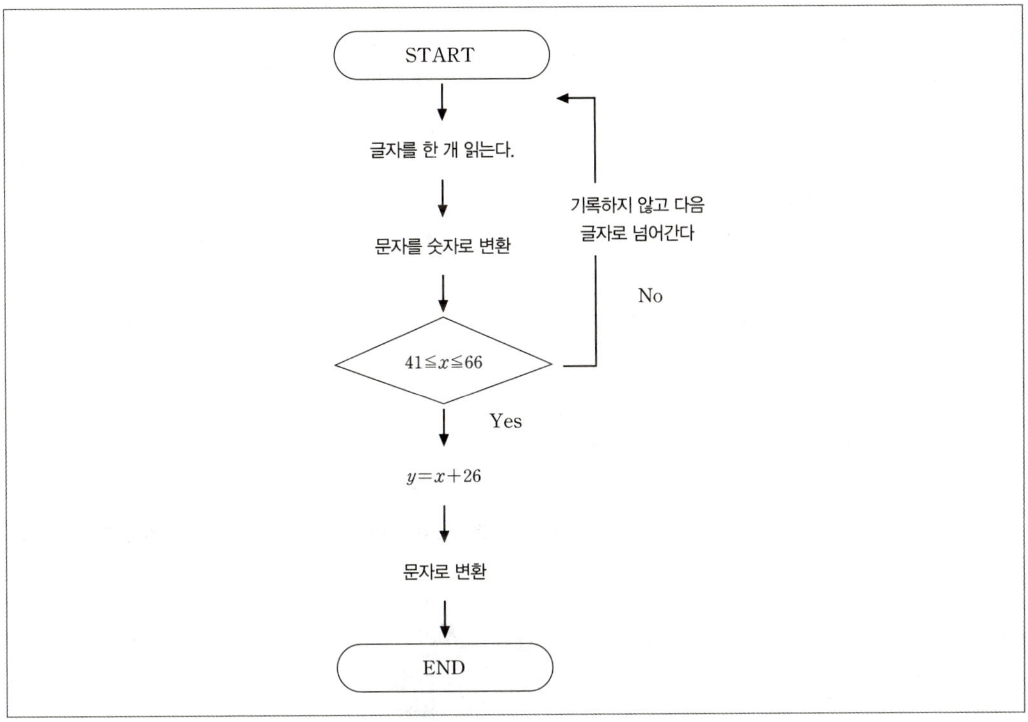

※ x=41∼66=A∼Z
y=x+26=a∼z

① OI ODE ② fOolISH pOwDEr ③ 46 55 52 56 64 59
④ 72 81 78 83 90 85 ⑤ fol pwr

이 문제의 핵심 포인트를 요약 :

04 **다음 배드민턴 복식 경기 방식을 따를 때, 경기 상황에서 나타날 서브 방향 및 선수 위치로 가능한 것은?**

[배드민턴 복식 경기 방식]

- 점수를 획득한 팀이 서브권을 갖는다. 다만 서브권이 상대팀으로 넘어가기 전까지는 팀 내에서 같은 선수가 연속해서 서브권을 갖는다.
- 서브하는 팀은 자신의 팀 점수가 0이거나 짝수인 경우는 우측에서, 점수가 홀수인 경우는 좌측에서 서브한다.
- 서브하는 선수로부터 코트의 대각선 위치에 선 선수가 서브를 받는다.
- 서브를 받는 팀은 자신의 팀으로 서브권이 넘어오기 전까지는 팀 내에서 선수끼리 서로 코트 위치를 바꾸지 않는다.

※ 좌측, 우측은 각 팀이 네트를 바라보고 인식하는 좌, 우이다.

[경기 상황]

- 甲팀(A·B)과 乙팀(C·D) 간 복식 경기 진행
- 3:3 동점 상황에서 A가 C에 서브하고 甲팀(A·B)이 1점 득점

점수	서브 방향 및 선수 위치	득점한 팀
3 : 3	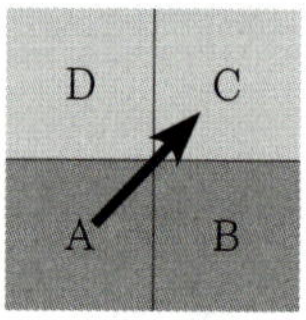	甲

①
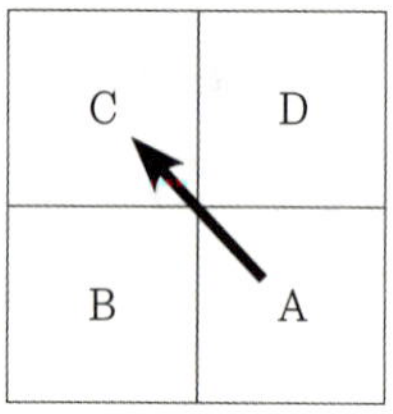

②
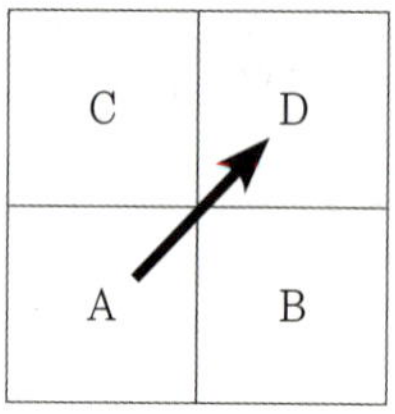

③
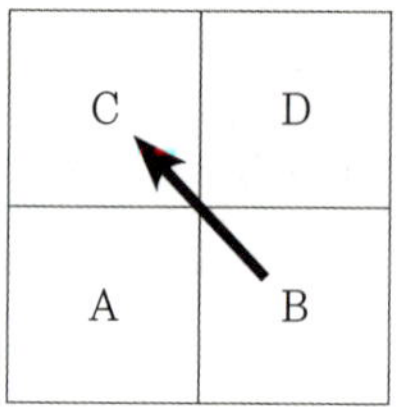

④
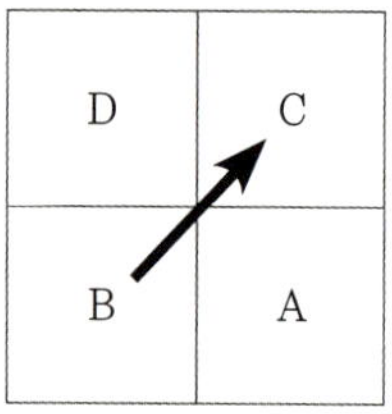

⑤
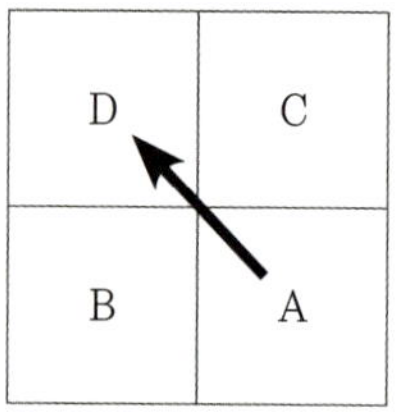

이 문제의 핵심 포인트를 요약 :

정답 및 해설 P. 21~22

STEP 04

실전 문제

[01~02] 다음과 같은 [그림]과 [규칙]이 주어졌을 때, 아래 질문에 답하시오.

[그림]

1	2	3	4
5	6	7	8
9	10	11	12
13	14	15	16

규칙

1. 표에 있는 숫자 중에 아무 숫자를 하나 골라 동그라미를 치고, 그 숫자의 가로줄과 세로줄을 모두 ×자로 만든다.
2. ×표가 되어 있지 않고, 동그라미를 치지 않은 숫자 중에서 하나를 선택하고, 그 숫자가 포함된 가로줄과 세로줄을 모두 ×로 만든다.
3. 4개의 동그라미를 만들 때까지 이런 동작을 반복한다.
4. 그리고 이제 동그라미 된 4개의 숫자의 합을 더한다.

01 다음 중 [보기]에서 적절한 것을 고른 것은?

보기

ㄱ. 최종적으로 구한 숫자의 경우의 수는 총 4가지다.
ㄴ. 마지막에 구한 숫자의 합이 26이 될 수 있다.
ㄷ. 1이 포함된 최종 숫자의 합과 11이 포함된 최종 숫자의 합은 언제나 같다.

① ㄱ ② ㄴ ③ ㄷ
④ ㄱ, ㄴ ⑤ ㄴ, ㄷ

02 만약 동그라미를 치는 숫자를 6으로 시작해서 위의 작업을 완수했을 때 나올 수 있는 최종 합은?

① 30 ② 34 ③ 36
④ 39 ⑤ 41

03 **다음 [그림]은 주어진 규칙에 따라 작동하는 기계를 나타낸 자료이고, [표]는 기계를 움직이는 규칙을 나타낸 자료이다. 이 기계에는 램프가 하나 달려 있는데, 파란색, 노란색, 빨간색 불이 켜질 수 있다. 다음 [그림]의 기계가 정지했을 때, 최종적으로 변한 테이프의 모양을 고르면?**(단, 현재 기계의 램프에는 파란색 불이 켜져 있다고 가정한다.)

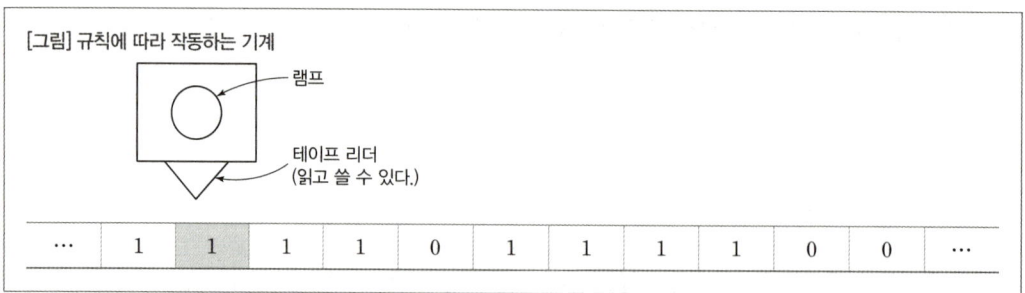

[그림] 규칙에 따라 작동하는 기계

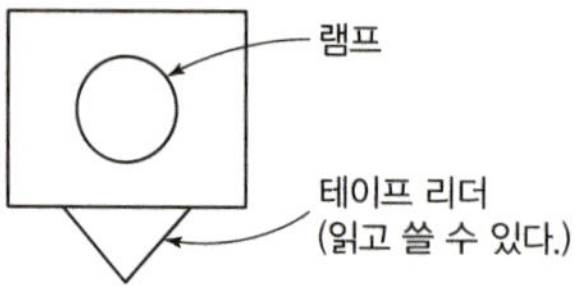

…	1	1	1	1	0	1	1	1	1	0	0	…

※ 단, 짙은 색 칸은 기계가 읽기 시작하는 칸임

[표] 기계를 움직이는 규칙

현재 ~색 램프이고	~을 읽었다면	~을 쓰고	~으로 한 칸 이동하고	~색 램프를 켜라
파란색	1	1	오른쪽	파란색
파란색	0	1	오른쪽	노란색
노란색	1	1	오른쪽	노란색
노란색	0	0	왼쪽	빨간색
빨간색	1	0	정지	빨간색
빨간색	0	0	정지	빨간색

①	…	1	0	1	1	1	0	1	1	1	1	0	…
②	…	1	1	1	1	0	1	1	1	1	0	0	…
③	…	1	1	1	1	1	0	1	1	1	0	0	…
④	…	1	1	1	1	1	1	1	1	0	0	0	…
⑤	…	1	1	1	1	1	1	1	1	1	0	0	…

04 다음 글을 읽고 [그림]에 표시된 사촌의 종류를 바르게 나열한 것은?

결혼 배우자를 구하는 방식 중 지정혼이란 혼인의 상대를 특정한 범위의 사람으로 정하여 의무적으로 혼인하는 것을 말한다. 지정혼은 특히 사촌간(四寸間)의 혼인을 지정하는 것인데, 어떤 범위의 사촌을 형제자매와 마찬가지로 금혼의 범위에 넣고 어떤 범위의 사촌을 지정혼의 대상으로 규정할지는 사회에 따라 차이가 있다. 혼인을 연구하는 학자들은 사촌을 다음과 같이 넷으로 분류한다. 즉, 자기를 중심으로 부모 세대에서 남녀의 성(性)이 같은 편의 자녀를 평행사촌이라 한다. 이와 달리 아버지의 남매의 자녀와 어머니의 남매의 자녀와 같이 부모 세대에서 성이 다른 관계의 자녀를 교차사촌이라 한다. 평행사촌도 교차사촌과 같이 아버지 쪽으로 맺어진 사촌을 일컫는 부변이 있으며, 어머니 쪽으로 맺어진 사촌을 일컫는 모변이 있다. 이들을 모두 합하면 부변평행사촌, 부변교차사촌, 모변평행사촌, 모변교차사촌 등 네 부류의 사촌으로 구분될 수 있다.

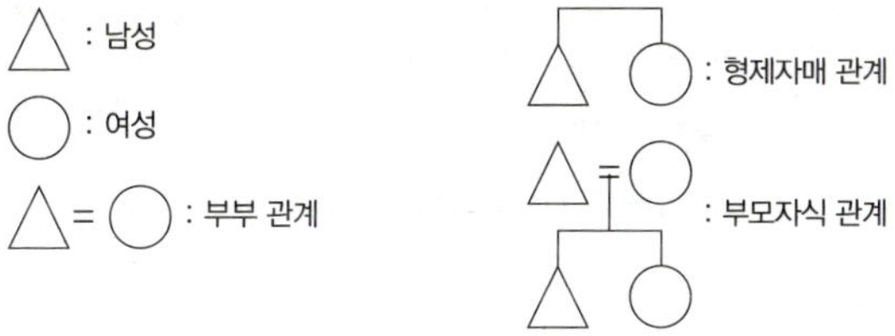

[그림]

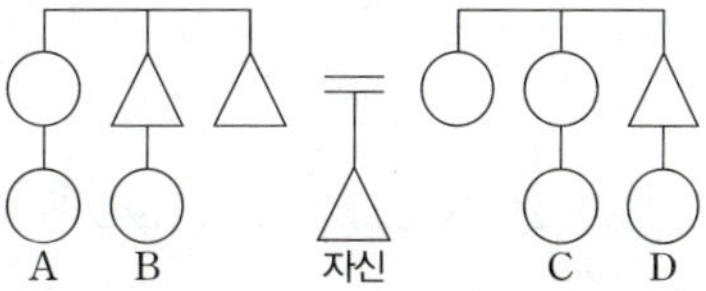

	A	B	C	D
①	부변교차사촌	부변교차사촌	모변교차사촌	모변교차사촌
②	부변평행사촌	부변평행사촌	모변교차사촌	모변평행사촌
③	부변교차사촌	부변평행사촌	모변평행사촌	모변교차사촌
④	모변평행사촌	부변교차사촌	모변평행사촌	부변교차사촌
⑤	모변교차사촌	부변교차사촌	모변교차사촌	부변교차사촌

05 다음 설명 중 옳지 않은 것은?

[표] 직무 권한 규정

직무			직무 권한 직위			
대분류	소분류	항목	사장	본부장	실장	팀장
3. 기획	4. 연구개발	1. 중장기 연구개발계획 및 연도 연구개발사업계획	○			
		2. 연구과제 선정				
		가. 중장기 과제		○		
		나. 현안 과제			○	
		3. 연구 및 기술개발 과제의 시행				
		가. 과제비 20억 원 이상		○		
		나. 과제비 20억 원 미만			○	
		4. 연구과제 평가			○	
		5. 전력기술연구개발 협약				
		가. 기본방침 수립	○			
		나. 협약 관리			○	
6. 인사	16. 출장	1. 국내 출장				
		가. 본부장(상임이사), 사장 직속의 처(실, 팀)장	○			
		나. 본부장(상임이사) 직속의 처(실, 단, 팀)장		○		
		다. 팀장			○	
		라. 팀원				○
		2. 해외 출장				
		가. 기본품의				
		(1) 본부장(상임이사)	○			
		(2) 처(실, 단)장, 1(갑)직급 직원 및 1차사업소장	○			
		(3) 1, 2(을)직급 직원		○		
		(4) 3직급 이하 직원			○	
		나. 출장 명령				○

① 본부장 직속 단장의 국내 출장은 본부장에게 권한이 있다.
② 중장기 연구개발사업계획은 사장에게 권한이 있다.
③ 전력기술연구개발 협약 관리는 실장에게 권한이 있다.
④ 과제비 20억 원의 연구과제는 실장에게 권한이 있다.
⑤ 해외 출장 명령을 내리는 것은 팀장에게 권한이 있다.

06 갑과 을은 체스보드를 사용해 게임을 하기로 했다. [그림]의 A1 위치에 말을 놓고 이 하나의 말을 차례대로 움직여 H8 위치에 옮겨 놓는 사람이 승리하는 것이 룰이다. 말은 오른쪽이나 위쪽, 혹은 오른쪽 대각선 방향으로만 한 칸씩 움직일 수 있다. 갑이 먼저 시작했다고 했을 때, 갑이 이 게임을 이기기 위한 전략 중 [보기]에서 적절하지 않은 것끼리 짝지은 것은?(단, 기권이나 휴식은 없고 자기 차례에 반드시 말을 움직여야 한다.)

[그림]

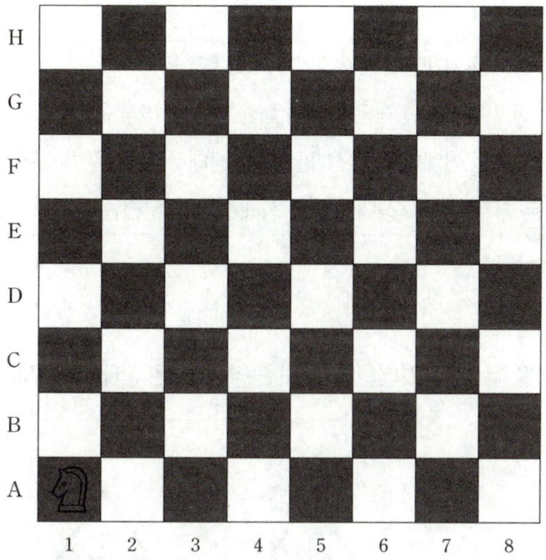

보기

ㄱ. 갑의 차례에 D6을 가게 되면 갑이 승리할 수 있다.
ㄴ. 갑이 지나야 할 위치와 지나지 말아야 할 위치는 개수로 세면 동일하다.
ㄷ. 갑이 이기기 위해서 제일 처음 A1에서 출발할 때 다음 차례에 갈 수 있는 곳은 한 곳뿐이다.
ㄹ. 갑이 이기기 위해서는 하얀 곳을 지나서는 안 된다.
ㅁ. 갑이 C3를 지나면 반드시 이길 수 있다.

① ㄱ, ㄴ, ㅁ ② ㄱ, ㄷ ③ ㄴ, ㄷ, ㄹ
④ ㄴ, ㄹ, ㅁ ⑤ ㄴ, ㅁ

[07~08] 다음 [표]를 참고하여 질문에 답하시오.

[표] 스위치별 기능

스위치	기능
♡	1번과 2번 기계를 오른쪽으로 180도 회전함
♥	1번과 3번 기계를 오른쪽으로 180도 회전함
♤	2번과 3번 기계를 오른쪽으로 180도 회전함
♠	3번과 4번 기계를 오른쪽으로 180도 회전함
☆	1번과 4번 기계의 작동 상태를 다른 상태로 바꿈(운전 → 정지, 정지 → 운전)
★	2번과 3번 기계의 작동 상태를 다른 상태로 바꿈(운전 → 정지, 정지 → 운전)
○	모든 기계의 작동 상태를 다른 상태로 바꿈(운전 → 정지, 정지 → 운전)

※ △(번호)=운전, ▲(번호)=정지

07 처음 상태에서 스위치를 두 번 눌렀더니 화살표 모양과 같은 상태로 바뀌었다. 어떤 스위치를 눌렀는가?

[그림]

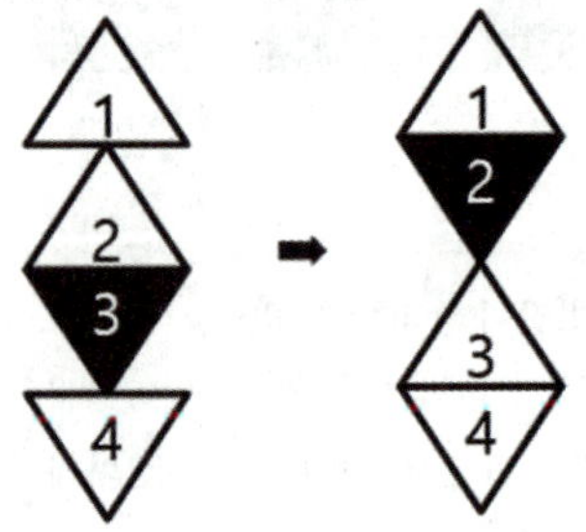

① ♤ ○　　② ☆ ♤　　③ ♥ ○　　④ ♤ ★

08 처음 상태에서 스위치를 세 번 눌렀더니 화살표 모양과 같은 상태로 바뀌었다. 어떤 스위치를 눌렀는가?

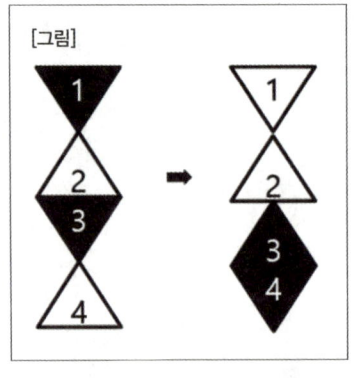

[그림]

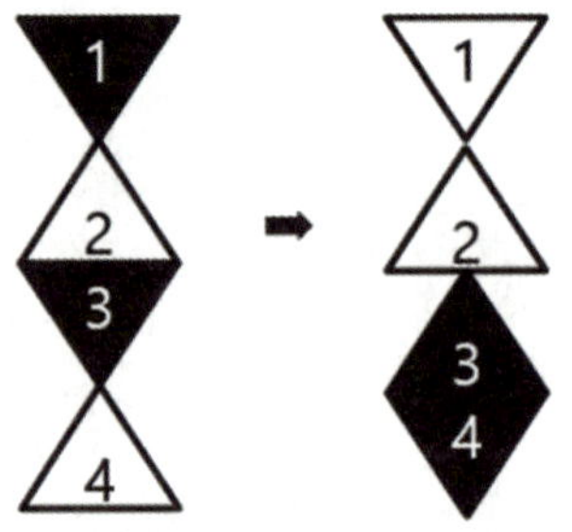

① ♡ ☆ ♤　　② ★ ○ ♠　　③ ♡ ♥ ★　　④ ○ ☆ ♤

[09~10] 다음 [그래프] 구성 명령어 실행 예시인 [보기]를 참고하여 아래 질문에 답하시오.

보기

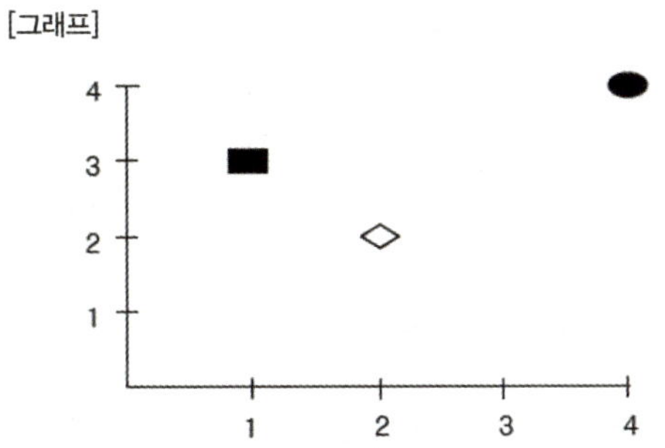

W4 / L4
R(1,3):B / D(2,2):W / O(4,4):B

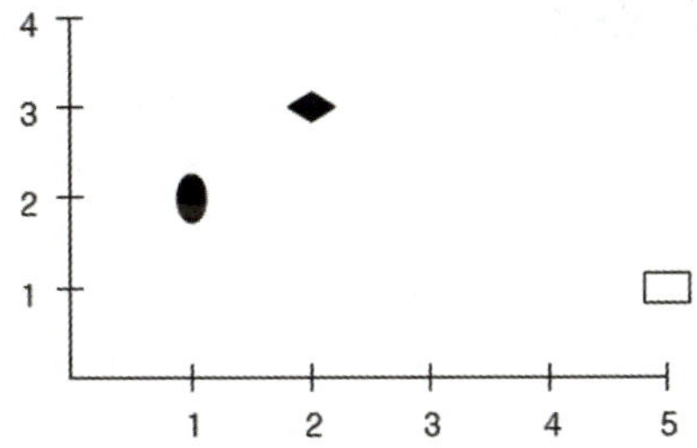

W5 / L4
R(5,1):W / D(2,3):B / O′(1,2):B

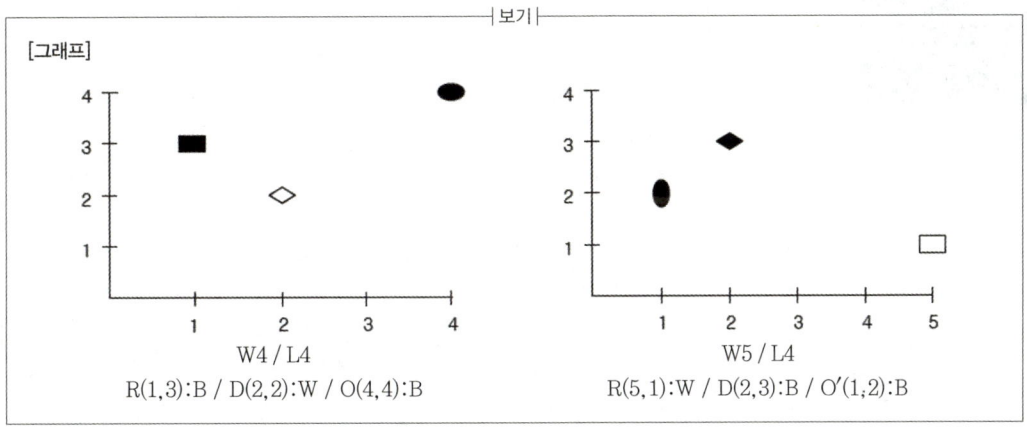

09 다음 [그래프]에 알맞은 명령어는 무엇인가?

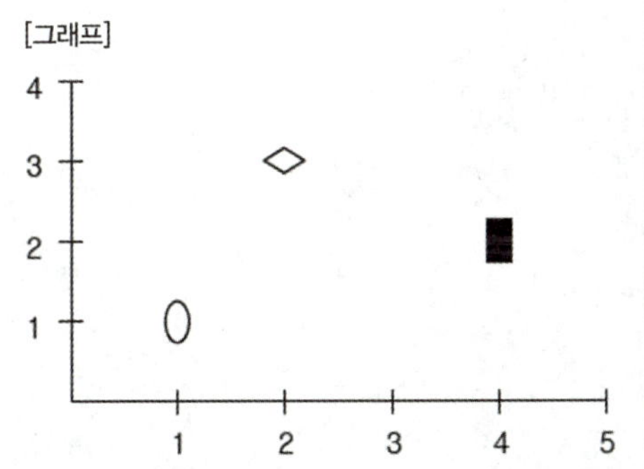

① W4 / L5
R(2,4): B / D(3,2): B / O'(1,1): W
② W4 / L5
R'(4,2): B / D(2,3): B / O(1,1): W
③ W5 / L4
R'(4,2): B / D(2,3): W / O'(1,1): W
④ W5 / L4
R'(4,2): B / D(3,2): W / O(1,1): W

10 W6 / L4 R(6,3): B, D'(2,4): W, O(3,1): W의 [그래프]를 산출할 때, 오류가 발생하여 다음과 같은 [그래프]가 산출되었다. 다음 중 오류가 발생한 값은?

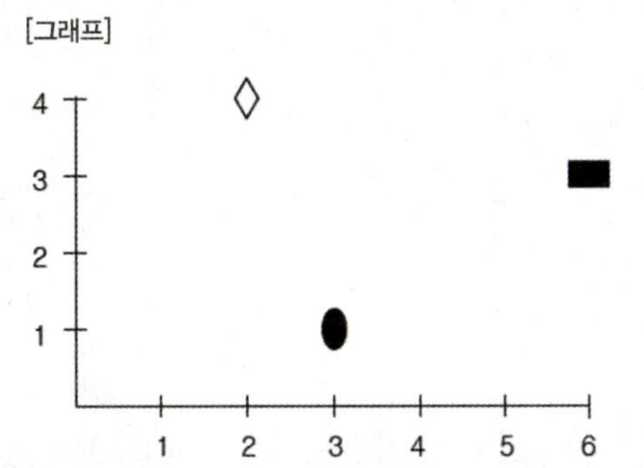

① W6 / L4
② R(6,3): B
③ D'(2,4): W
④ O(3,1): W

정답 및 해설 P. 23~24

에듀윌이
너를
지지할게

ENERGY

꿈을 풀어라.
꿈이 없는 사람은
아무런 생명력도 없는 인형과 같다.

– 발타사르 그라시안(Baltasar Gracian)

기본 퀴즈

CHAPTER 01 명제 문제

CHAPTER 02 연쇄추리 문제

CHAPTER 03 참 · 거짓 문제

PART 4

CHAPTER 01

명제 문제

STEP 01 유형 분석

Main Type	Sub Type 1	Sub Type 2
조건을 주고 참인 선택지 찾기	비교형 문제 (　　) 채우기	일반적인 Text 형태에서 참인 것 찾기

★ Main Type 조건을 주고 참인 선택지 찾기

조건을 연쇄해서 선택지에 주어진 명제의 참·거짓을 체크하는 형태의 문제이다. 가장 흔하면서도 가장 기본적인 형태의 문제로, 연쇄의 기본이 되는 연역규칙만 잘 숙지하고 이어 붙여도 웬만한 문제는 해결이 가능한 노가다 형태의 문제이다. 그러므로 이런 문제는 선택지를 뒤에서부터 체크하는 '에디팅'을 이용하는 것이 좋다.

정답 및 해설 P. 25

다음 주어진 명제가 모두 참일 경우, 반드시 참인 명제는?

○ 서울이 더우면 대구도 덥다.
○ 부산이 덥지 않으면 서울은 덥다.
○ 제주가 덥지 않으면 대구도 덥지 않다.

① 제주가 더우면 대구도 덥다.
② 부산이 더우면 대구는 덥지 않다.
③ 서울이 덥지 않으면 대구도 덥지 않다.
④ 서울이 더우면 제주도 덥다.

★Sub Type 1 비교형 문제 (　) 채우기

흔히들 '빵꾸 뚫어 놓는 문제'의 별칭으로 부르는 문제로, 결론에 대해 참으로 이르게 하는 전제를 찾는 문제이다. 앞선 Main Type의 문제가 전제들을 모아서 결론을 찾는 문제라면, 이 Type의 문제는 결론까지 이르는 가운데 필요한 조건을 찾는 문제이다. 사실 이 두 Type의 문제는 다른 유형이 아니라, 물어보는 포인트만 다를 뿐이다.

정답 및 해설 P. 25

다음 주어진 [조건]에서 '그러므로 진정한 지도자는 배움이 있는 자이다.'라는 결론을 이끌어 내기 위해서 반드시 필요한 또 하나의 [조건]은?

조건

○ 참을 깨달은 자는 배움이 있는 자이다.
○ 책임의 소중함을 느끼는 자가 아니라면 겨레를 위해 희생을 각오한 자가 아니다.
○ 진정한 지도자는 겨레를 위해 희생을 각오한 자이다.

① 참을 깨달은 자는 책임의 소중함을 느끼는 자이다.
② 책임의 소중함을 느끼는 자는 참을 깨달은 자이다.
③ 배움이 있는 자는 책임의 소중함을 느끼는 자이다.
④ 참을 깨달은 자는 겨레를 위해 희생을 각오한 자이다.
⑤ 겨레를 위해 희생을 각오한 자라면 진정한 지도자가 아니다.

★Sub Type 2 일반적인 Text 형태에서 참인 것 찾기

[조건]을 바탕으로 연쇄를 해서 참이 되는 명제를 찾는 문제들은 처음에만 어렵게 느껴질 뿐 익숙해지면 상당히 쉽게 처리할 수 있다. 그래서 이런 형태의 문제임을 쉽게 파악할 수 없도록 주어지는 조건이 일반적인 Text 형태로 주어지는 경우들이 있다. 이런 경우에는 참·거짓을 찾아내는 명제 문제인지, 아니면 제시문을 바탕으로 판단하는 의사소통이나 문제해결의 원리 찾기 유형의 문제인지 헷갈릴 수가 있다. 대부분은 문제가 '다음 중 반드시 참인 것은?'이나 '다음 중 논리적으로 타당한 것은?'처럼 논리 문제로 주어지면서 구분이 될 것이다. '일치하는 것은?', '판단으로 적절한 것은?' 같은 문제들과 구분될 수 있다.

정답 및 해설 P. 25

다음 글을 토대로 판단할 때, [보기]의 진술 중 반드시 참인 것을 모두 고르면?

장애 아동을 위한 특수 교육 학교가 있다. 그 학교에는 키 성장이 멈추거나 더디어서 110cm 미만인 아동이 10명, 심한 약시로 꾸준한 치료와 관리가 필요한 아동이 10명 있다. 키가 110cm 미만인 아동은 모두 특수 스트레칭 교육을 받는다. 그리고 특수 스트레칭 교육을 받는 아동 중에 약시인 아동은 없다. 약시인 아동의 경우에만 특수 영상장치가 설치된 학급에서 교육을 받는다. 숙이, 철이, 석이는 모두 이 학교에 다니는 아동이다.

| 보기 |

ㄱ. 특수 스트레칭 교육을 받으면서 특수 영상장치가 설치된 반에서 교육을 받는 아동은 없다.
ㄴ. 숙이가 약시가 아니라면, 그의 키는 110cm 미만이다.
ㄷ. 석이가 특수 영상장치가 설치된 반에서 교육을 받는다면, 그는 키가 110cm 이상이다.
ㄹ. 철이 키가 120cm이고 약시가 아니라면, 그는 특수 스트레칭 교육을 받지 않는다.

① ㄱ, ㄴ　② ㄱ, ㄷ　③ ㄴ, ㄷ
④ ㄴ, ㄹ　⑤ ㄷ, ㄹ

STEP 02

문제 해결방법

1단계	2단계	3단계
주어진 각 명제들을 기호로 치환하여 표시한다.	결론과 전제를 나누어 생각해서, 각 위치에 넣고, 빠진 부분에 집중한다.	빠진 부분을 채워서, 결론까지 유도한다.

1단계 | 주어진 명제들을 가능한 단순화해서 기호로 치환한다. '가령 A이면 B이다.'를 'A→B'라는 식으로 바꿔준다. 그래야 복잡한 명제가 주어져도 쉽게 도식화해서 풀 수 있다. 이때 주의할 것은 'A라면 B'라는 가언과 등가로 취급해야 할 것이 'B가 아니라면 A도 아니다.'라는 대우 명제라는 것을 잊어서는 안 된다.

2단계 | 처음에 정언으로 주어진 시작점을 찾는다. '만약 A라면 B이다.'라는 식으로 조건이 달린 것은 'A가 아닌 경우에는 B가 아니다.'가 되는 것이 아니기 때문에, A가 아닌 경우 알 수 있는 것이 없어진다. 따라서 'A다.'처럼 정언으로 제시되어서 확정된 것을 시작점으로 찾아야 한다. 그리고 확정된 것에서부터 시작하여 조건들을 고려하면서 진술들을 연결해 나간다. 결론을 보면 시작점과 끝점을 알 수 있다.

3단계 | 단순히 모든 명제들이 가언으로만 되어 있을 경우 대우만 주의하면 끝나지만, 실제로는 여러 가지 내용과 형식으로 되어 있기 때문에 선언이라든가, 연언 등을 주의하면서 읽어야 하는데, 이런 것들을 복합적으로 연결하여 결론이 나와야 하므로 빠진 부분을 채워 연결짓도록 한다.

SKILL ❶ 대표 연역규칙 정리

논리적 타당성이 성립하는 몇몇 연역규칙들을 정리해 보면 간단히 정리할 수 있다. 그중에서도 중요한 것은 '가언적 삼단논법', '선언적 삼단논법'이다. 가언적 삼단논법은 주어진 전제가 '만약 ~라면'이라는 가언으로 주어지는 삼단논법을 말하고, 선언적 삼단논법은 전제가 'A이거나 B'의 식으로, 선택적으로 주어지는 삼단논법을 말한다. 그리고 딜레마논법은 두 개의 가언과 한 개의 선언으로 구성되어 있는데, 선언 문장이 모순관계이고 나머지 가언 문장은 각 모순의 경우 어떻게 된다는 결론이다. 이를 비롯한 대표 연역규칙을 정리하면 다음과 같다.

❶ 가언적 삼단논법
❷ 선언적 삼단논법
❸ 딜레마(양도)논법
❹ 연쇄논법
❺ 간접추리법
❻ 귀류법
❼ 선언지 첨가법
❽ 단순화
❾ 연언화

1 가언적 삼단논법

먼저 가언적 삼단논법에서 주목할 것은 다음과 같은 '역, 이, 대우'의 관계이다.

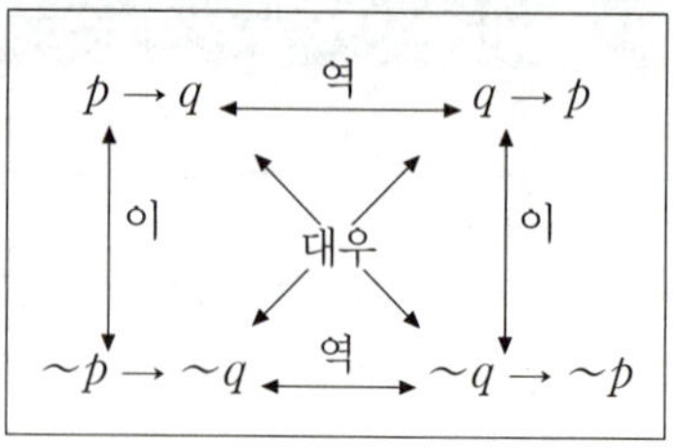

여기서 p를 앞에 있으니까 '전건', q를 뒤에 있으므로 '후건'이라 부른다. 그리고 ~ 표시를 '부정'이라 부르고, ~ 표시가 붙지 않은 것은 그냥 '긍정'이라고 말한다. 위의 표의 관계를 풀어서 말하면 다음과 같다.

- 전건긍정: p이면 q이다. 그런데 p이다. 따라서 q이다.
- 후건긍정: p이면 q이다. 그런데 q이다. 따라서 p이다.
- 전건부정: p이면 q이다. 그런데 p가 아니다. 따라서 q가 아니다.
- 후건부정: p이면 q이다. 그런데 q가 아니다. 따라서 p가 아니다.

이것을 구체적인 조건을 넣어 생각해 보자. '대학시절에 공부를 했다면 학점이 좋을 것이다.'가 주어진 명제일 때, 이것을 정리하면 다음과 같다.

- 전건긍정: A는 대학시절에 공부를 했다. 따라서 학점이 좋을 것이다.
- 후건긍정: B는 학점이 좋다. 따라서 대학시절에 공부를 했을 것이다.
- 전건부정: C는 대학시절에 공부를 하지 않았다. 따라서 학점이 좋지 않을 것이다.
- 후건부정: D는 학점이 좋지 않다. 따라서 대학시절에 공부를 하지 않았을 것이다.

여기서 '대학시절에 공부를 했다면 학점이 좋을 것이다.'라는 명제가 참으로 주어진 전제라면, 누군가 대학시절에 공부를 했다고 하면 그 사람은 학점이 좋은 것은 당연하다. 그것이 전제이기 때문이다. 그런데 학점이 좋다고 모두 공부를 한 것인가 하면 반드시 그런 것은 아니다. 이것이 잘 이해가 안 가면 도식적으로 풀어보자. '대학시절에 공부를 했다면 학점이 좋을 것'이라는 조건은 다음과 같이 그림으로 나타낼 수가 있다.

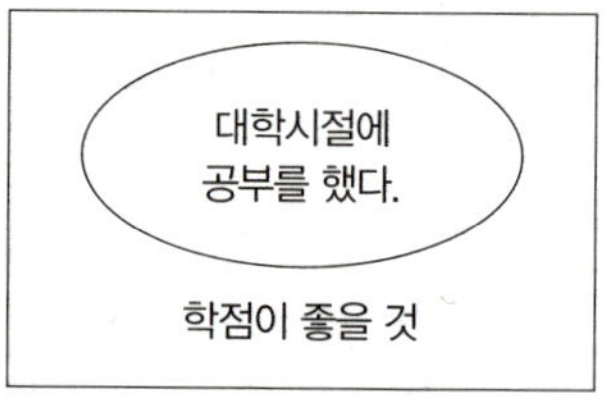

이 그림에 따르면 '대학시절에 공부를 했다.'는 조건을 만족시키면 무조건 '학점이 좋을 것'이라고 추론할 수 있다. 하지만 '학점이 좋다.'고 해서 무조건 '대학시절에 공부를 했다.'고는 추론할 수 없다. 다음 [그림]의 경우에는 대학시절에 공부를 했으면 학점이 좋을 전형적인 경우지만, [그림 2]의 경우에는 학점이 좋아도 대학시절에 공부를 하지 않은 경우를 나타내기 때문이다.

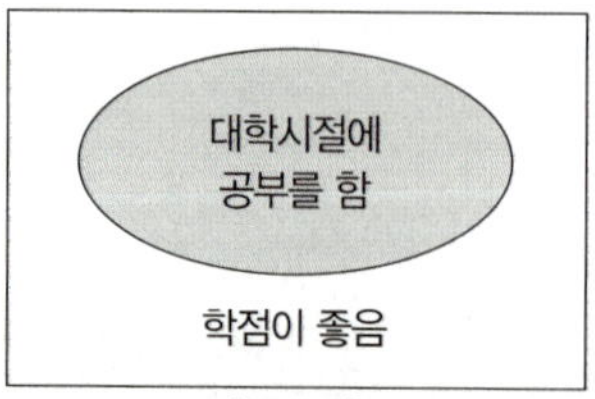

[그림 1]

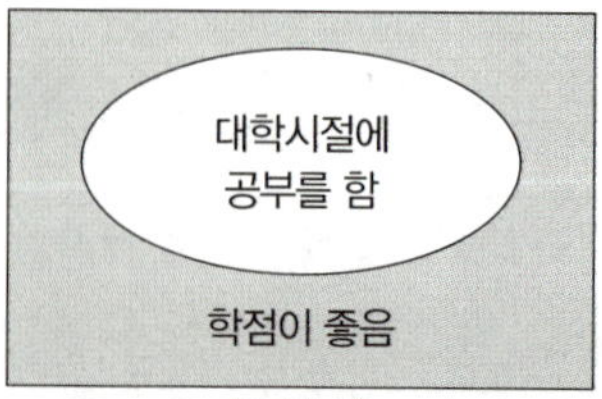

[그림 2]

마찬가지인 의미에서 대학시절에 공부를 하지 않았다고 해서 무조건 학점이 나쁘다는 결론 역시 낼 수 없다. 대학시절에 공부를 하지 않았으면서도 학점은 좋은 경우가 있기 때문이다. 결과적으로 전건긍정과 후건부정의 경우에는 타당하게 되고, 전건부정과 후건긍정의 경우에는 타당하지 않게 된다. 이것을 기호로 치환해서 나타내면 다음과 같다.

전건긍정 (타당)	전건부정 (부당)	후건긍정 (부당)	후건부정 (타당)
$p \rightarrow q$	$p \rightarrow q$	$p \rightarrow q$	$p \rightarrow q$
p	$\sim p$	q	$\sim q$
q	$\sim q$	p	$\sim p$

2 선언적 삼단논법

선언적 삼단논법을 이용한 선언지 긍정과 선언지 부정의 경우가 있다. 주어진 명제가 선언적인 명제일 경우 주목할 만한 이야기이다. '한나는 학점이 좋거나 영어점수가 좋다.'라는 명제가 주어졌다. or의 성질은 둘 중의 하나만 참이어도 전체적으로 참이 되기 때문에 둘 중의 하나만 맞으면 된다. 그러다보니 둘 다 참이 되어도 당연히 참이 된다는 사실을 깜빡하기 쉽다.

그래서 선언지 긍정의 오류가 비롯되는데 가령 '한나는 학점이 좋거나 영어점수가 좋은데, 학점이 좋다고 한다. 그렇다면 영어점수는 별로일 것이다.'라는 문장의 경우가 그것이다. 이런 경우는 부당한 논증이 된다. 한나는 학점도 좋으면서 영어점수도 같이 좋을 수가 있기 때문이다. 하지만 선언지 부정은 타당하다. '한나는 학점이 좋거나 영어점수가 좋은데, 학점은 별로다. 따라서 영어점수는 좋은 것이 확실하다.' 이 경우는 참이 된다는 것이다. 이 경우를 다시 기호로 나타내면 다음과 같다.

선언지 긍정 (부당)	선언지 부정 (타당)
$p \lor q$	$p \lor q$
p	$\sim p$
$\sim q$	q

3 딜레마(양도)논법

단순 딜레마논법과 복합 딜레마논법으로 나뉜다. 딜레마논법은 한 개의 선언과 두 개의 가언으로 구성된다. 그중에서도 단순 딜레마논법은 '결혼을 하면 후회한다. 결혼을 하지 않으면 후회한다. 사람은 결혼을 하거나 하지 않거나이다. 그러므로 무조건 후회하게 된다.'가 가장 대표적이다.

복합 딜레마논법도 두 개의 가언과 한 개의 선언으로 구성된 것은 같지만, 가언의 결론이 단순 딜레마논법처럼 일치하지는 않는다. 그러다보니 결론이 단순 딜레마논법처럼 하나로 모아지는 것은 아니다. '결혼을 하면 행복하다. 결혼을 안 하면 자유롭다. 사람은 결혼을 하거나 안하게 된다. 따라서 사람은 행복하거나 자유롭다.' 이러한 내용들을 형식적인 기호로 나타내면 다음과 같다.

단순 딜레마논법	복합 딜레마논법
$p \lor q$	$p \lor q$
$p \rightarrow r$	$p \rightarrow r$
$q \rightarrow r$	$q \rightarrow s$
r	$r \lor s$

4 연쇄논법

'프라하가 체코의 수도라면 부다페스트는 헝가리의 수도다. 그리고 부다페스트가 헝가리의 수도라면 브뤼셀은 벨기에의 수도다.' 이러한 조건에서 '프라하가 체코의 수도라면 브뤼셀은 벨기에의 수도다.'라는 말이 성립할까? 물론 성립한다. A → B, B → C를 A → B → C로 바꾼 다음에, 중간에 들어간 B를 생략하면 바로 A → C가 되는 것과 마찬가지다. 이것을 기호로 나타내면 다음과 같다.

$$\frac{\begin{array}{c} p \subset q \\ q \subset r \end{array}}{p \subset r}$$

5 간접추리법

언뜻 무언가 잘못되었다고 느낄 수도 있는 추리 방법이다. 가령 설에 부모님께 선물을 드리려고 한다. 그런데 부모님은 한사코 사양을 하신다. 정말로 사양을 하시는 걸까? 이럴 경우 이렇게 말할 수 있다. '사양해도 사양하시는 것이 아니다.' 그렇다면 결론은 어떻게 될까? 선물에 대해서는 사양하거나 사양하지 않는 두 가지 태도밖에 없다. 그런데 사양을 안 하면 그대로 안 하는 것인데, 사양을 한다고 해도 사양을 안 하는 것이라 했으니, 결국엔 사양을 안 하는 것이 된다. 이것을 기호로 나타내면 다음과 같다.

$$\frac{p \subset \sim p}{\sim p}$$

6 귀류법

귀류법(歸謬法)이란 검증할 명제가 참이라는 것을 증명하기 위해서 그 명제와 모순되는 명제를 참이라 놓고, 그것이 참이 아님을 보여주는 방법이다. 그런데 이때 참이 아님을 보여준 명제는 원래 검증하고자 하는 명제와 모순관계이기 때문에, 원래 명제가 참임이 증명되는 셈이다.

이에 대한 가장 대표적인 방법은 루트 2가 무리수임을 증명하는 것이었다. 이것을 증명하기 위해 루트 2를 유리수라고 놓고, 증명하다가 옳은 것이 아님을 알게 된다. 그렇다면 루트 2는 유리수가 아니므로 무리수가 된다. 더 간단히 말하면 어떤 사람이 여자임을 증명하기 위해, '만약 그 사람이 여자가 아니라면 ~'이라는 식으로 따져보는 것이다. 그런데 따져보니 도저히 여자가 아니라는 가정이 맞지 않는다는 것을 알게 된다. 그렇다면 그 사람은 여자가 되는 것이다. 이에 대한 형식은 다음과 같다.

$$\frac{p \subset (q \wedge \sim q)}{\sim p}$$

7 선언지 첨가법

선언지 첨가법은 얼핏 무슨 말인지 이해하기 어려울 수 있으나, 이것은 or의 성질을 이해하면 사실 간단한 문제이다. 가령 '어제 밥을 먹었다.'는 진술이 참이라고 해 보자. 그렇다면 '어제 밥을 먹거나 빵을 먹었다.'는 진술도 참이다. 왜냐하면 or이기 때문이다. or 진술은 첨가되는 진술 중에 하나만 참이어도 전체적으로 참이 된다.

따라서 밥을 먹었다는 것이 진실이라면 빵을 먹었든, 스파게티를 먹었든 뒤에 첨가된 진술의 참, 거짓 여부와는 관계없이 참이 되는 것이다. 이것을 기호로 나타내면 다음과 같다.

$$\frac{p}{p \lor q}$$

8 단순화

단순화는 and의 성질을 이해하면 간단한 문제이다. and 진술은 연속되는 두 진술이 참이어야 참이 된다. 그러니까 '어제 밥을 먹고 이를 닦았다.'라고 한다면 밥을 먹은 것도 참이고, 이를 닦은 것도 참이다. 그러니까 이 and 진술이 참이라면 이 진술을 단순하게 해서 '어제 이를 닦았다'라고만 해도 참이 된다. 이것을 기호로 나타내면 다음과 같다.

$$\frac{p \land q}{p}$$

9 연언화

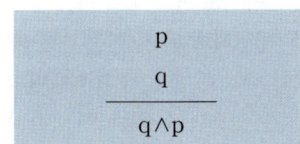

두 개의 명제를 연결시켜 도달한다. '밥을 먹었다.'도 참이고, '배가 불렀다.'도 참이라면 결국 '밥을 먹고 배가 불렀다'라고 이어 붙인 것도 참이 된다.

$$\frac{\begin{array}{c} p \\ q \end{array}}{q \land p}$$

지금까지 언급한 기호들은 사실 모두 잊어 버려도 상관이 없다. 각 기호들이 나타내는 바만 숙지하고 있다면 실제 문제를 풀 때도 걱정이 없을 것이다. 문제 자체가 문장을 쓰고 이 기호를 찾아 쓰라는 식의 문제는 나오지 않는다. 이 유형의 문제는 최소한의 논리적 결론 도출에 대한 능력을 체크하려는 것이며, 논리학을 다 알게 만들려는 것은 아니므로 언어적인 이해를 통한 풀이가 필요하지, 쓸데없는 기호를 나열하여 푸는 것은 바람직하지 않다.

SKILL ❷ 명제 논리 문제의 함정

앞서 설명한 연역규칙들을 가지고 문제들을 만들게 되는데, 최근 많은 응시 인원들이 몰려 시험의 변별성이 높아져야 됨에 따라 연역규칙들도 함정을 함유하게 되었다. 다음의 함정이나 기법들은 연역규칙을 어렵게 만드는 대표적인 문제 출제 기술들이다.

1 or와 and의 부정

or와 and의 부정 '~이고 ~라면'이나 '~이거나 ~라면'처럼 두 개의 조건이 or나 and로 이어지는 명제에서 부정은 각각 반대로 된다. 즉 (A or B)의 부정은 (~A and ~B)가 되고, (A and B)의 부정은 (~A or ~B)가 된다. 이것을 구체적인 명제에 적용해 보자.

박쥐가 후각능력이 약하거나 탁월한 청각능력이 없다면, 어둠 속을 빠르게 날아갈 수 없다.

이 전제가 참이라고 할 때, '박쥐는 빠르게 어둠 속을 날아갈 수 있다는 것이 확인되었다. 그러므로 박쥐의 청각능력이 탁월함이 분명하다.'라는 문장은 논리적으로 타당할까, 그렇지 않을까? 정답은 '타당하다.'이다. 논리적으로 타당하기 위해서는 대우가 되어야 한다. 위의 문장을 간단하게 기호로 도시화해 보면 (A or B) → C 가 된다. 이것의 대우는 ~C → (~A and ~B)가 된다. 이대로 문장을 구성해 보면 '박쥐는 빠르게 어둠 속을 날아갈 수 있다. 그러므로 박쥐는 후각능력이 약하지 않고 탁월한 청각능력이 있다.'가 된다.

그런데 뒤의 문장이 and로 연결되어 있기 때문에 두 조건 다 성립해야 참이 된다. '어둠 속을 빠르게 날아갈 수 있으면 후각능력도 약하지 않고 청각능력도 탁월'해야 하는 두 개의 조건을 다 만족시켜야 한다는 것이다. 해서 이 중 하나를 생략하더라도 문장은 성립하게 된다. 어둠 속을 빠르게 날아가는 것을 확인하면 어쨌거나 청각능력이 탁월한 것은 반드시 만족시켜야 하는 두 조건 중의 하나니까 충분히 유추할 수 있는 결론이 되는 것이다. 마찬가지로 '어둠 속을 빠르게 날아갈 수 있으면 후각능력이 약하지 않다.'도 이끌어 낼 수 있는 결론이 된다.

2 도치나 한정의 어구로 함정 만들기 (~만, ~일 때만 / 왜냐하면 등)

다음의 두 진술의 차이를 비교해 보자.

○ 높이 나는 새는 멀리 본다. ○ 오직 높이 나는 새만 멀리 본다.

'오직 높이 나는 새만 멀리 본다'라는 말을 살펴보자. 첫 번째 명제는 결국 '높이 난다면 멀리 본다.'라는 조건문으로 볼 수 있다. 그런데 두 번째 명제인 '오직 ~만'이라는 한정어구는 이 명제를 조금 특별하게 만들어 준다. '높이 난다면', '멀리 본다'는 조건문을 벤 다이어그램으로 도시화하면 [그림 1]과 같다.

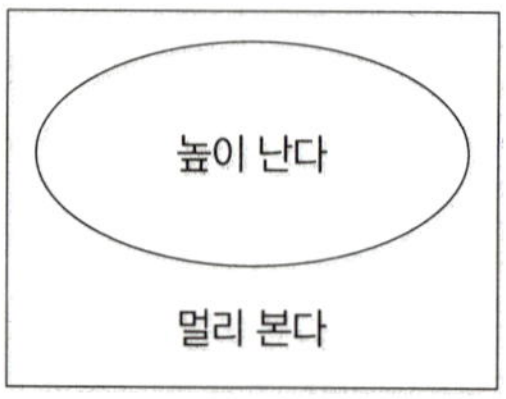

[그림 1]

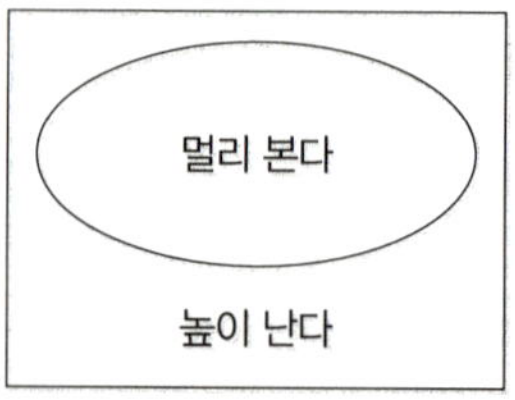

[그림 2]

즉 '높이 나는 새'라면 '멀리 보는 새'이기도 하므로 충분조건이 된다는 말이다. 그런데 '오직 높이 나는 새만 멀리 본다.'는 말은 이 평범한 진술을 [그림 2]처럼 나타낼 수 있다. '오직 높이 나는 새만' 멀리 보는 새일 자격을 갖출 수 있다는 말이 되고, 이 말은 곧 필요조건이 된다는 말이다. 그러니까 '~만'이라는 한마디 조사때문에 조건은 완연히 달라진다.

이러한 성질은 논리적 타당성 문제에 중요하게 응용된다. '오직 높이 나는 새만 멀리 본다. 그러므로 높이 난다면 멀리 보는 것이다.' 라는 문장이 논리적으로 타당한지에 대해 생각해 볼 수 있다. 그런데 '높이 난다면 멀리 보는 것'이라는 이 문장은 후건긍정의 오류가 된다. 그러므로 '~만'이라는 말이 나오면 그것을 [그림 2]처럼 도치된 형태로 생각해야 한다. 이러한 성질을 가지는 말은 '왜냐하면'이라는 것도 있다. 'A라면 B다. 그런데 A다. 그러므로 B다.'라는 평범한 조건문을 'A라면 B다. 그런데 B인 것 같다. 왜냐하면 A이기 때문이다.'라는 식으로 도치해서 써놓은 것이다. 바로 이 위치의 전환이 혼란을 유도한다.

3 복합적으로 제시하기 (and, or, 가언, 선언 등)

다음과 같은 명제를 생각해 보자.

푸른 리트머스종이를 산성용액에 넣으면 붉은색으로 변화하고, 알카리성 용액에 넣으면 색깔이 변화하지 않는다. 이제 산성이거나 알카리성인 어떤 용액 속에 푸른 리트머스종이를 넣었다. 만약 푸른 리트머스종이의 색깔이 붉은색으로 변화하지 않으면 우리는 그 용액이 알카리성이라고 결론을 지을 수 있다.

이 명제가 복잡해 보이는 이유는 바로 복합되어 있기 때문이다. 이 명제를 자세히 살펴 보면 다음과 같다.

- 대전제 – 푸른 리트머스종이를 산성용액에 넣으면 붉은색으로 변화하고, 알카리성 용액에 넣으면 색깔이 변화하지 않는다.
- 소전제 – 이제 산성이거나 알카리성인 어떤 용액 속에 푸른 리트머스종이를 넣었다.
- 결론 – 만약 푸른 리트머스종이의 색깔이 붉은색으로 변화하지 않으면 우리는 그 용액이 알카리성이라고 결론을 지을 수 있다.

간략하게 정리하면 이 명제의 구조는 아래와 같다.

푸른 리트머스종이를 (산성용액에 넣으면 → 빨간색) or (알카리성에 넣으면 → 변화 ×)

소전제는 산성 아니면 알카리성이라고 하니까 이 조건을 더욱 보충해준다. 그런데 붉은 색으로 변화하지 않았다는 것은 앞 조건이 부정된 것이다. 푸른 리트머스종이를 ~~(산성용액에 넣으면 → 빨간색)~~ or (알카리성에 넣으면 → 변화 ×)

이 얘기는 즉 선언용법에서 한 조건이 부정되면 나머지 하나는 성립하는 선언지 부정을 했다는 것이다. 그러니까 복잡해 보이는 이 명제는 가언과 or, 그리고 선언의 성질이 합쳐진 복합적인 양상을 보이고 있다. 이런 문제는 가능한 주어진 명제를 기호로 치환하는 것이 한눈에 알아보기 편하다. 가능한 단순하게 조건을 변환한 다음에 가장 중요하게 쓰이고 있는 용법과 기술이 무엇인지 파악해야 한다.

STEP 03

Skill 연습

SKILL ❶

다음 문장들은 전제와 결론으로 구성되어 있는데, 전제에서 결론이 '반드시 참'이 되게 나오지 않는다. 연역추리 형식을 따르는 것 같으면서도 조금씩 맞지 않는 부분이 있기 때문이다. 정확한 이유를 찾아 보자.

01 지구에서 자유낙하를 하면 지구의 중력가속도 $9.8m/s^2$만큼 가속을 받는다. 자유낙하를 하지 않으면 $9.8m/s^2$의 중력가속도를 경험할 일은 없다.

→ ______________________________

02 버스가 $5m/s^2$의 가속도를 가지면 안에 타고 있는 사람은 반대방향으로 $-5m/s^2$으로 가속을 받는다. 그런데 버스가 $5m/s^2$의 가속도를 내지 못했다. 그러므로 안에 타고 있던 사람은 $-5m/s^2$의 가속도를 받지 않는다.

→ ______________________________

03 금속 주변에서 자석이 움직이면 금속을 통과하는 자기장이 따라서 움직이며 변하게 된다. 이렇게 자기장이 움직이며 변하는 것을 보니 금속 주변에서 자석이 움직이고 있다는 것을 알 수 있다.

→ ______________________________

04 자석의 세기가 크지 않으면 맴돌이 전류의 세기는 작을 수밖에 없다. 그런데 자이로드롭에는 자석의 세기가 강한 걸 쓰니 맴돌이 전류가 클 것이다.

→ ______________________________

05 모든 사람은 만능이 아니다. 원숭이는 사람이 아니다. 그러므로 원숭이는 만능이 아니다.

→ ______________________________

06 국민이 책을 많이 읽으면 문화가 향상된다. 국민의 의식 수준이 높아지면 책을 많이 읽는다. 그러므로 국민의 의식 수준이 높아지면 문화가 다양해진다.

→ ______________________________

07 싸움을 하면 사이가 벌어진다. 형과 형의 여자친구 사이가 벌어졌다. 그러므로 둘은 싸움을 한 것이다.

→ ______________________________

08 친구들이 모이면 밤 늦게까지 논다. 친구들이 오지 않았다. 그러므로 밤 늦게까지 놀지 않는다.

→ ______________________________

09 성은이는 파란색을 좋아하거나 빨간색을 좋아한다. 파란색에 끌린다고 말하는 것을 보니 빨간색은 싫어하는 것 같다.

→ ______________________________

10 비가 계속 내리고 강물이 범람하면 다리가 유실될 것이다. 그런데 다리는 유실되지 않았다. 그러므로 비가 계속 내린 것은 아니다.

→ ______________________________

SKILL 2 다음 주어진 결론에 이르기 위해서 필요한 전제를 찾는 연습을 해 보자.

01

> • A: 만일 절대자가 세상을 지배하지 않는다면, 이 세상은 악이 지배할 것이 분명하다.
> • B: (   )
>
> ---
>
> 결론: 그러므로 절대자가 세상을 지배하는 것이 분명하다.

① 이 세상은 악이 지배한다.
② 이 세상은 악이 지배하지 않는다.
③ 이 세상은 악을 모른다.
④ 이 세상이 악한지 아닌지 알 수 없다.
⑤ 이 세상에는 신이 존재한다.

02

> • A: 그는 머리가 좋거나, 재산이 많거나, 인간성이 좋다.
> • B: (   )
> • C: 그는 머리가 좋지 않다.
>
> ---
>
> 결론: 그러므로 그는 인간성이 좋다.

① 그는 재산이 많다.
② 그가 머리가 좋다면 재산이 많다.
③ 그는 재산이 많지 않다.
④ 그가 머리가 좋다면 재산이 많지 않다.
⑤ 그는 인간성이 좋지 않다.

03

- A: 환율이 낮아지면 해외부동산 투자가 활성화되거나 해외펀드 투자가 감소한다.
- B: (   )

결론: 그러므로 해외펀드 투자가 감소했다.

① 해외부동산 투자가 활성화되지 않았다.
② 환율이 낮아지거나, 해외부동산 투자가 활성화되었다.
③ 환율이 낮아졌고, 해외부동산 투자는 활성화되었다.
④ 환율이 낮아지거나, 해외부동산 투자가 활성화되지 않았다.
⑤ 환율이 낮아졌고, 해외부동산 투자는 활성화되지 않았다.

04

- A: 고용인들이 해고되지 않는다면, 예산은 감소될 수 있다.
- B: 예산이 증가되지 않는다면, 고용인들은 해고될 것이다.
- C: (   )

결론: 그러므로 고용인들은 해고될 것이다.

① 예산은 감소된다.
② 예산은 증가된다.
③ 예산은 감소되거나 증가되지 않을 것이다.
④ 예산은 감소되지 않거나 증가되지 않을 것이다.
⑤ 예산은 감소되거나 증가할 것이다.

정답 및 해설 P. 25~26

STEP 04 **실전 문제**

01 다음 명제가 모두 참일 때, 옳지 않은 추론은?

- 사탕을 좋아하는 사람은 초콜렛을 좋아하지 않는다.
- 껌을 좋아하지 않는 사람은 쿠키를 좋아한다.
- 젤리를 좋아하는 사람은 초콜렛을 좋아한다.
- 젤리를 좋아하지 않는 사람은 껌을 좋아한다.

① 껌을 좋아하지 않는 사람은 젤리를 좋아한다.
② 사탕을 좋아하는 사람은 젤리를 좋아하지 않는다.
③ 사탕을 좋아하는 사람은 껌을 좋아한다.
④ 껌을 좋아하는 사람은 초콜렛을 좋아한다.
⑤ 초콜렛을 좋아하는 사람은 사탕을 좋아하지 않는다.

02 다음 명제가 참일 때, 참인 명제를 [보기]에서 모두 고른 것은?

직업기초능력을 공부하는 사람이 다 공채에 합격하는 것은 아니다.

보기

ㄱ. 직업기초능력을 공부하면 공채에 합격한다.
ㄴ. 직업기초능력을 공부하는 사람 중 공채에 합격하지 않는 사람이 있다.
ㄷ. 공채에 합격한 사람 중 직업기초능력을 공부하지 않은 사람이 있다.

① ㄱ　② ㄴ　③ ㄷ　④ ㄱ, ㄴ

03 '웨어러블 기기를 출시해야 한다면 의복형 웨어러블 기기를 출시하게 된다.'가 다음 [조건]의 명제들의 결론이라면 이것이 참이 되기 위해 반드시 필요한 전제는?

조건
○ 손목시계형 웨어러블 기기를 출시한다면 안경 스타일을 출시하지는 않는다. ○ 웨어러블 기기를 출시해야 한다면 안경 스타일이 될 것이다. ○ 의복형 웨어러블 기기를 출시하지 않는다면 팔찌형 웨어러블 기기를 출시하지 않는다.

① 손목시계형 웨어러블 기기를 출시하지 않는다면 팔찌형 웨어러블 기기를 출시하지 않는다.
② 팔찌형 웨어러블 기기를 출시하지 않는다면 손목시계형 웨어러블 기기를 출시하지 않는다.
③ 손목시계형 웨어러블 기기를 출시하지 않는다면 팔찌형 웨어러블 기기를 출시하게 된다.
④ 손목시계형 웨어러블 기기를 출시하지 않는다면 의복형 웨어러블 기기를 출시하지 않는다.
⑤ 팔찌형 웨어러블 기기를 출시한다면 안경 스타일의 웨어러블 기기를 출시하지 않는다.

04 영업부의 이 대리는 퇴근하면서 그의 상사인 차 과장이 김 대리에게 다음과 같이 말하는 것을 들었다. "자네 오후 8시까지 그 일을 끝마치지 못하면, 징계를 받을 줄 알게." 그런데 다음날 출근하여 보니 김 대리는 징계를 받고 우울해하고 있었다. 차마 어제 일을 물어 보지 못한 이 대리는 다음과 같이 결론을 내렸다. 그가 내린 다음 결론 중 가장 타당한 것은?

① 김 대리는 8시까지 그 일을 끝마쳤다.
② 김 대리는 8시까지 그 일을 끝마치지 못했다.
③ 김 대리는 8시까지 그 일을 끝마쳤을 수도 있고, 그렇지 못했을 수도 있다.
④ 김 대리는 9시에 그 일을 끝마쳤다.
⑤ 김 대리는 9시에도 그 일을 끝마치지 못했다.

05 **다음 명제가 모두 참이라고 할 때, 옳지 않은 것을 고르면?**

- 연예인을 좋아하는 사람은 TV를 자주 시청한다.
- TV를 자주 시청하는 사람은 인터넷을 많이 한다.
- 게임을 좋아하는 사람은 독서를 싫어한다.
- 인터넷을 많이 하는 사람은 게임을 좋아한다.

① TV를 자주 시청하는 사람은 독서를 싫어한다.
② 게임을 좋아하는 사람은 연예인을 좋아할 것이다.
③ 독서를 싫어하지 않는 사람은 TV를 자주 시청하지 않는다.
④ 인터넷을 많이 하지 않는 사람은 연예인을 좋아하지 않을 것이다.
⑤ 연예인을 좋아하는 사람은 게임을 좋아한다.

06 **두 명제 '〈코코〉를 좋아하는 사람은 〈인크레더블〉을 좋아한다.'와 '〈코코〉를 좋아하지 않는 사람은 〈겨울왕국〉도 좋아하지 않는다.'가 모두 참일 때, [보기]에서 참인 명제를 모두 고르면?**

보기

ㄱ. 〈코코〉를 좋아하지 않는 사람은 〈인크레더블〉을 좋아하지 않는다.
ㄴ. 〈겨울왕국〉을 좋아한다면 〈인크레더블〉을 좋아한다.
ㄷ. 〈인크레더블〉을 좋아하지 않으면 〈겨울왕국〉도 좋아하지 않는다.
ㄹ. 〈겨울왕국〉도 좋아하지 않는다면 〈코코〉를 좋아하지 않는다.

① ㄱ　② ㄴ, ㄷ　③ ㄴ, ㄹ　④ ㄴ, ㄷ, ㄹ

07 먼 은하계에 'X, 알파, 베타, 감마, 델타' 다섯 행성이 있다. X 행성은 매우 호전적이어서 기회만 있으면 다른 행성을 식민지화하고자 한다. 다음 [조건]의 진술이 참이라고 할 때, X 행성은 알파와 베타 행성을 침공한다고 한다. 그렇다면 중간에 빠진 전제는?

조건

ㄱ. X 행성은 델타 행성을 침공하지 않는다.
ㄴ. X 행성이 감마 행성을 침공하지 않는다면 알파 행성을 침공한다.
ㄷ. X 행성이 베타 행성을 침공한다면 감마 행성을 침공하지 않는다.

① X 행성이 감마 행성을 침공하거나 알파 행성을 침공한다.
② X 행성은 베타 행성을 침공하거나 델타 행성을 침공한다.
③ X 행성이 감마 행성을 침공했다면 델타 행성을 침공한다.
④ X 행성이 베타 행성을 침공했다면 델타 행성을 침공하지 않는다.
⑤ X 행성은 베타 행성을 침공하지 않거나 델타 행성을 침공하지 않는다.

08 다음 글의 내용이 참이라고 할 때, [보기]에서 반드시 참인 것을 모두 고르면?

진화 심리학의 가르침과 유전자 결정론이 둘 다 옳다면, 인간에게 자유 의지가 있다는 주장은 더 이상 근거가 없어 보인다. 그러나 인간에게 자유 의지가 없다는 말이 과연 성립할 수 있을까? 인간에게 자유 의지가 없다면, 우리는 양심과 도덕의 문제에 관심을 가질 필요가 없다. 인간의 행위는 모두 마지못해 한 행위에 불과할 것이기 때문이다. 하지만 우리는 양심과 도덕의 문제에 관심을 가질 필요가 있을 뿐만 아니라 그런 문제에 관심을 갖지 않을 수가 없다. 나아가 만일 유전자 결정론이 옳지 않다면, 우리는 이에 근거하고 있는 현대 생물학의 몇몇 이론을 포기해야 한다. 그런데 우리는 분명히 그럴 수 없다. 그것은 마침내 과학 전반을 불신하는 결과를 낳을 것이기 때문이다.

보기

ㄱ. 인간에게 자유 의지가 있다.
ㄴ. 유전자 결정론은 옳지 않다.
ㄷ. 진화 심리학의 가르침은 옳지 않다.
ㄹ. 현대 생물학은 인간의 자유 의지를 설명할 수 없다.

① ㄱ, ㄴ　② ㄱ, ㄷ　③ ㄴ, ㄹ
④ ㄱ, ㄷ, ㄹ　⑤ ㄴ, ㄷ, ㄹ

09 **다음 논증 중 전제에서 결론이 도출되지 않는 것은?**

① 영호는 주식 투자에서 이득을 보았는데, 주식 투자에서는 손해를 보는 사람이 있어야 이득을 보는 사람도 있다. 따라서 누군가는 주식 투자에서 손해를 보았다.

② 오직 고온에서 저온으로 열의 이동이 발생할 때에만 열에서 동력을 얻을 수 있다. 따라서 열에서 동력을 얻을 수 있었다면 고온에서 저온으로 열의 이동이 발생한 것이다.

③ 마이클 조던이 최고의 농구 선수라면 공중에 3초 이상 떠 있을 수 있어야 한다. 하지만 마이클 조던은 2.5초밖에 공중에 떠 있지 못한다. 그러므로 마이클 조던을 최고의 농구 선수라고 할 수 없다.

④ 도덕적 판단이 객관성을 지닌다면 도덕적 판단은 경험적 근거를 가지며 유전적 요인과는 무관할 것이다. 사람들이 히틀러의 유태인 학살 행위를 잘못이라고 판단하는 것을 볼 때, 도덕적 판단은 경험적 근거를 가진다. 따라서 도덕적 판단은 객관성을 지닌다.

⑤ 푸른 리트머스종이를 산성 용액에 넣으면 붉은색으로 변화하고, 알카리성 용액에 넣으면 색깔이 변화하지 않는다. 이제 산성이거나 알카리성인 어떤 용액 속에 푸른 리트머스종이를 넣었다. 만약 푸른 리트머스종이의 색깔이 붉은색으로 변화하지 않으면 우리는 그 용액이 알카리성이라고 결론을 지을 수 있다.

10 다음 글의 내용이 참일 때, 최종 선정되는 단체는?

○○부는 우수 문화예술단체 A, B, C, D, E 중 한 곳을 선정하여 지원하려 한다. ○○부의 금번 선정 방침은 다음 두 가지다. 첫째, 어떤 형태로든 지원을 받고 있는 단체는 최종 후보가 될 수 없다. 둘째, 최종 선정 시 올림픽 관련 단체를 엔터테인먼트 사업(드라마, 영화, K-pop) 단체보다 우선한다.

A 단체는 자유무역협정을 체결한 갑국에 드라마 콘텐츠를 수출하고 있지만 올림픽과 관련된 사업은 하지 않는다. B는 올림픽의 개막식 행사를, C는 폐막식 행사를 각각 주관하는 단체이다. E는 오랫동안 한국 음식문화를 세계에 보급해 온 단체이다. A와 C 중 적어도 한 단체가 최종 후보가 되지 못한다면, 대신 B와 E 중 적어도 한 단체는 최종 후보가 된다. 반면 게임 개발로 각광을 받은 단체인 D가 최종 후보가 된다면, 한국과 자유무역협정을 체결한 국가와 교역을 하는 단체는 모두 최종 후보가 될 수 없다. 후보 단체들 중 가장 적은 부가가치를 창출한 단체는 최종 후보가 될 수 없고, 최종 선정은 최종 후보가 된 단체 중에서만 이루어진다.

○○부의 조사 결과, 올림픽의 개막식 행사를 주관하는 모든 단체는 이미 □□부로부터 지원을 받고 있다. 그리고 위 문화예술단체 가운데 한국 음식문화 보급과 관련된 단체의 부가가치 창출이 가장 저조하였다.

① A　② B　③ C
④ D　⑤ E

정답 및 해설 P. 26~28

CHAPTER 02

연쇄추리 문제

STEP 01 유형 분석

Main Type	Sub Type 1	Sub Type 2
반드시 참인 것 찾기	시작점이 없는 문제	경우의 수가 갈리는 문제

★ Main Type 반드시 참인 것 찾기

연쇄논법을 이용한 퀴즈는 가장 기본이 되면서도, 또 취준생들이 어려워하는 유형 중 하나이다. 하지만 생각보다는 이 유형의 문제가 어렵지 않다. 약간의 학습만으로 풀이 방법과 정답을 알 수 있는 영역이 이 유형인만큼, 조금만 공부하고 큰 폭의 점수 향상을 기대할 수 있는 부분이다. 그리고 사실 이 유형의 기본은 이미 다 배웠다. CHAPTER 01에서 배웠던 연역규칙의 퀴즈적 응용 형태가 이 연쇄퀴즈 문제인 것이다.

연쇄형 논리 퀴즈는 단순화해서 보면, 조건문과 and, or 등의 접속사를 이용한 '문장 잇기'라고 생각하면 된다. 먼저 '만약 P라면 Q다.'처럼 가정을 하는 것이 가언이다. 이것은 조건을 제시하면서 그 조건이 만족될 경우 결론을 제시하는 형식이기 때문에, P라는 조건을 알게 되면 Q라는 결론이 자연스럽게 나온다는 점에서 퀴즈의 중요한 진술 형태로 사용된다. 그 외에 'A 또는 B'라는 선언 형태의 진술도 매우 중요하게 사용된다.

앞서 명제 문제와 다 합해서 살펴 봐도 가장 많이 나오는 유형의 문제가 바로 이 '반드시 참인 것 찾기'이다. 명제 문제에서 나오는 참인 것 찾기 문제는 참인 명제를 골라내는 문제라면, 연쇄추리 퀴즈 형태로 주어지는 문제는 주어진 상황에서 구체적으로 특정되는 결론에 이른다. 시작점을 찾고, 그것을 기점으로 연쇄규칙을 계속 이어붙이면 된다.

정답 및 해설 P. 28

SH기업에서는 평창 동계올림픽을 맞이하여, 비인기 종목이었던 동계올림픽 종목들을 후원하려고 검토하고 있다. 1차 후원 종목에 선정되기 위해서 [조건]과 같은 후원 가이드라인을 지켜야 한다. 다음 중 확실하게 후원하는 것들끼리만 짝지어진 것은?

조건

ㅇ 스노우보드를 후원하면 루지도 후원한다.
ㅇ 컬링과 바이애슬론 중 하나만 후원한다.
ㅇ 봅슬레이를 후원하면 루지는 후원하지 않는다.
ㅇ 스켈레톤, 크로스컨트리, 스노우보드 중에 최소한 두 가지는 후원한다.
ㅇ 바이애슬론을 후원하면 크로스컨트리는 후원하지 않는다.
ㅇ 봅슬레이를 후원하기로 한다.

① 크로스컨트리, 바이애슬론 ② 크로스컨트리, 컬링 ③ 스노우보드, 스켈레톤
④ 바이애슬론, 컬링 ⑤ 봅슬레이, 루지

★ Sub Type 1 시작점이 없는 문제

연쇄추리 퀴즈의 핵심은 처음 시작하는 시작점을 잡고, 거기서부터 연쇄하여 타고 들어가는 문제다. 즉 시작점이 없다는 것은 이 문제의 실마리를 잡지 못했다는 것과 같다. 시작점이 없는 문제가 출제되는 경우는 사실 거의 없다. 이런 경우는 시작점이 숨겨져 있는 경우가 많다. 보통 2~3개의 명제를 합해서 새로운 명제를 만드는 '추리'의 방식으로 시작점을 찾아낸다.

정답 및 해설 P. 28~29

A 공기업 사원인 설이는 연휴와 연차를 합해서 무려 10일의 휴가를 얻고, 유럽여행을 계획하고 있다. 다음은 설이가 계획한 [조건]에 따라 반드시 방문하는 나라들은?

조건

ㅇ 독일에 가거나 스페인에 간다.
ㅇ 스페인에 간다면 이탈리아도 간다.
ㅇ 프랑스에 가지 않는다면 영국에 간다.
ㅇ 독일에 간다면 프랑스에는 가지 않는다.
ㅇ 영국에 간다면 프랑스도 가고, 벨기에도 간다.

① 프랑스, 이탈리아 ② 영국, 이탈리아 ③ 영국, 스페인, 이탈리아
④ 프랑스, 스페인, 이탈리아 ⑤ 알 수 없다.

★ Sub Type 2 경우의 수가 갈리는 문제

처음 시작점 자체가 없어서 경우의 수를 갈라서 'A일 때와 A가 아닐 때' 두 가지로 접근해야 하는 문제도 있고, 처음에는 하나로 시작하지만 중간에 가다보면 하나로 이어지지 않아서 경우의 수를 갈라 투트랙으로 연쇄를 이어야 하는 경우도 있다.

정답 및 해설 P. 29

신입직원 갑, 을, 병, 정, 무가 기획과, 인력과, 총무과 가운데 어느 한 부서에 배치될 예정이다. 다음 [조건]의 진술들이 참일 때, 반드시 참인 것은?

조건

- ○ 갑이 총무과에 배치되면, 을은 기획과에 배치된다.
- ○ 을이 기획과에 배치되면, 정은 인력과에 배치되지 않는다.
- ○ 병이 총무과에 배치되면, 무는 기획과에 배치되지 않는다.
- ○ 병이 총무과에 배치되지 않으면, 정은 인력과에 배치된다.
- ○ 정이 인력과에 배치되지 않으면, 무는 기획과에 배치된다.

① 갑은 총무과에 배치되지 않는다.
② 을은 총무과에 배치된다.
③ 병은 기획과에 배치된다.
④ 정은 인력과에 배치되지 않는다.
⑤ 무는 총무과에 배치된다.

STEP 02

문제 해결방법

1단계	2단계	3단계
연쇄의 시작점을 파악한다.	가언이나 선언으로 된 조건들을 계속적으로 이어나간다.	반드시 되는 것과 될 가능성만 있는 것은 구분한다.

1단계 | 연쇄논법의 첫 번째 핵심이나, 관문은 바로 연쇄 시작점의 판단이다. 무엇으로 시작하느냐인데, 보통 문제나 조건에서 쉽게 시작점을 주는 경우가 대부분이지만, 가끔은 주어진 조건들을 조합해서 시작점을 추론해야 하는 경우도 있다.

2단계 | A라는 조건을 찾아냈으면, 'A라면 B다.' 혹은 'C가 아니라면 A가 아니다.'와 같은 조건과 연계한다. 후자의 경우 대우로 넘기면 된다. 이런 조건문으로 연결이 안 될 때는 선언문이나 양자택일문으로 연결될 가능성이 있는데, 'A나 B 둘 중에 하나만 선택한다.'라는 형태의 조건이라면, A가 선택된 상황에서 B는 버려야 한다.

3단계 | 대부분 연쇄논법의 문제는 '반드시 참이 되는 것을 고르라'든가, '반드시 가게 되는 사람은?'처럼 반드시 하게 되는 것과 그렇지 않은 것을 구분하는 문제이다. 그렇지 않은 것에는 틀린 것도 있지만, 맞을 수도 있고 틀릴 수도 있는 가능성의 영역에 있는 것도 있으니 이런 부분을 정확히 구분해야 할 것이다.

SKILL ❶ 시작점과 연쇄할 진술을 찾는 방법

연쇄논법의 실마리는 무조건 시작점이다. 이후 이어지는 진술들은 이 시작점으로부터 이어지는 연쇄의 과정에서 나오는 것들이다. 다시 말해 이 시작점을 찾지 못하면 아예 문제를 시작하지 못하는 것이다. 연쇄추리 퀴즈라고 유형을 파악한 순간, 가장 먼저 문제 아니면 조건 중에 시작점이 무엇인가를 정확하게 판단하는 것부터 시작한다. 그리고 이어지는 진술은 그 시작점에 대한 진술을 함유하는 것을 찾아내면서 이어 붙인다. 가령 A라는 시작점을 찾아냈다면 보통의 연쇄 문제에서는 다음의 세 가지 진술들이 이어지는 정보들로 가장 일반적이다.

- A라면 B다. → 바로 연결해서, B라는 것을 알 수 있다.
- C가 아니라면 A가 아니다. → 대우로 넘겨서 'A라면 C다'라는 진술로 바꿔, C라는 것을 알 수 있다.
- A가 아니거나 D가 아니다. → A가 아닌 것이 아니므로, D가 아니라는 것을 알 수 있다.

보통 시작점의 위치는 다음과 같다.

❶ 시작점이 조건에 있는 경우
❷ 시작점이 문제에 있는 경우

1 시작점이 조건에 있는 경우

가장 일반적인 형태의 문제이다. 그리고 사실 가장 쉬운 문제이기도 하다. [조건] 중에서 조건문(~라면)이나 선언문(~이거나) 형태가 아닌 평서문(~다) 형태의 진술을 찾는다. 거기가 바로 시작하는 포인트가 된다.

정답 및 해설 P. 29

다음 글의 내용이 참일 때, 반드시 참인 것만을 [보기]에서 모두 고르면?

교수 갑~정 중에서 적어도 한 명을 A 공기업 면접위원으로 위촉한다. 위촉조건은 아래와 같다.

ㅇ 갑과 을 모두 위촉되면, 병도 위촉된다.

ㅇ 병이 위촉되면, 정도 위촉된다.

ㅇ 정은 위촉되지 않는다.

보기

ㄱ. 갑과 병 모두 위촉된다.

ㄴ. 정과 을 누구도 위촉되지 않는다.

ㄷ. 갑이 위촉되지 않으면, 을이 위촉된다.

① ㄱ ② ㄷ ③ ㄱ, ㄴ
④ ㄴ, ㄷ ⑤ ㄱ, ㄴ, ㄷ

2 시작점이 문제에 있는 경우

문제에 시작점을 언급하는 경우도 많다. 보통 문제들을 자세히 읽지 않는 사람들의 경우 문제를 바로 넘기고 조건을 보다가, 조건에 시작점이 없어서 당황하는 경우가 생긴다. 이런 문제들의 경우는 문제가 조금 길어지고, 여러 조건들을 주게 된다. 만약 문제가 길다면 시작점이 숨어 있을 수도 있기 때문에 주의 깊게 읽어야 한다.

정답 및 해설 P. 29

장 비서는 해외영업부 이사인 정 이사의 출장길에 같이 갈 직원들의 동행 여부를 체크하고 있다. 후보 A, B, C, D, E, F, G 중 A는 프랑스어를 잘해서 꼭 들어가야 한다면 다음 중 [조건]을 참조하여 반드시 가게 되는 사람들끼리 짝지어진 것은?

조건

ㅇ A가 간다면 B는 가지 않는다.

ㅇ C가 가면 A는 가지 않는다.

ㅇ D가 가지 않으면 B는 간다.

ㅇ D가 가면 F도 간다.

ㅇ G는 A와 함께가 아니라면 아무데도 가지 않는다.

ㅇ E가 가면 C도 간다.

① A, C, E ② A, D, F ③ A, D, G ④ A, D, F, G

SKILL ❷ 시작점이 없는 경우

시작점이 없는 문제는 거의 출제되지 않는다. 숨어 있거나 두 개의 시작점이 있는 것이다. 문제나 조건에서 시작점을 찾을 수 없다면 다음의 경우로 숨어 있을 것이다.

❶ 추리하기가 숨어 있는 경우 1: 딜레마논법 ❷ 추리하기가 숨어 있는 경우 2: 상황조건을 합해서 나오는 경우 ❸ 경우의 수를 나눠야 하는 경우

1 딜레마논법을 이용한 방식

가장 흔하게 시작점이 숨어 있는 형태는 딜레마논법을 이용한 문제이다. 딜레마논법은 다음과 같다.

- A라면 B다.
- A가 아니라면 B다.
- 그런데 A거나 A가 아니다.

∴ 결론: 따라서 무조건 B일 수밖에 없다.

이것을 활용하여 앞의 조건 두 개 정도만 써 놓는 것이다.

- 자장면을 좋아하는 사람은 짬뽕을 좋아한다.
- 자장면을 좋아하지 않는 사람도 짬뽕을 좋아한다.

여기까지만 써 놓은 것인데, 사실 자장면을 좋아하는 것과 좋아하지 않는 것은 세상에 둘 밖에 없는 모순관계이기 때문에 사람이라면 자장면을 좋아하거나 안 좋아하거나 하나에는 무조건 속하게 되어 있다. 따라서 사실은 조건에 명시되어 있지 않더라도 '자장면을 좋아하거나 안 좋아한다'라는 진술도 숨겨져 있다고 봐야 한다. 그래서 딜레마논법으로 연결되며, 이 두 진술만으로도 '사람들은 짬뽕을 좋아한다'라는 시작점을 도출할 수 있다. 하지만 저런 형태로 쓰면 너무 쉬우므로, and를 이용해서 숨긴다든지, 아니면 대우를 이용해서 숨기는 방법으로 딜레마로 시작하는 것을 숨기는 경우가 있다. 예를 들어 위의 문장을 대우로 숨기면 다음과 같이 된다.

- 짬뽕을 좋아하지 않으면 자장면을 좋아하지 않는다.
- 짬뽕을 좋아하지 않으면 자장면을 좋아한다.

이 조건은 대우를 통해 처음의 진술이 되면서 짬뽕을 좋아한다는 시작점이 도출된다.

정답 및 해설 P. 29

A 공기업의 박 주임은 연휴 4일 동안 쉬려고 하였으나, 갑자기 생긴 비상상황때문에 급하게 감사를 받아야 할 상황이 되었다. 감사를 무사히 넘기기 위해 연휴에도 근무를 하기로 하였다. 다음과 같은 [조건]이라면 박 주임은 언제 일해야 하는가?

조건

㉠ 첫째 날 일하면, 둘째 날도 일한다.
㉡ 둘째 날 일하면, 셋째 날도 일하거나 첫째 날 일하지 않는다.
㉢ 넷째 날 일하지 않으면, 첫째 날 일하며 셋째 날 일하지 않는다.
㉣ 넷째 날 일하게 되면, 첫째 날도 일해야 한다.

① 첫째 날, 둘째 날
② 둘째 날, 넷째 날
③ 첫째 날, 둘째 날, 셋째 날
④ 첫째 날, 둘째 날, 넷째 날
⑤ 4일 모두 일한다.

2 상황 조건들을 활용하는 방식

시작점이 숨겨져 있는 또 다른 방식은 상황 여러 개를 합해서 시작점을 도출하는 방식이다. 가령 'A과장은 평일 중 하루 쉬어야 한다.', '수요일까지 A과장은 아침마다 회의를 해야 한다', '주말을 이어 연달아 쉴 수는 없다.' 이런 조건들을 합하면 결국 A과장은 목요일에 쉬어야 한다는 시작점을 얻을 수 있다. 이런 시작점은 조건들이 유난히 많거나, 회사 등 현실적인 적용 문제에서 많이 보이게 된다. 시작점이 안 보이면 조건들을 이리저리 붙여서 시작점을 찾아보도록 한다.

정답 및 해설 P. 29

A교수는 월요일부터 목요일까지 강의를 한다. 그는 학생들에게 다음 주 월~토요일 중에서 다음 [조건]의 정보로부터 추론할 수 있는 요일에 시험을 볼 것이며, 며칠에 나누어 볼 수도 있다고 하였다. 시험보는 요일은?

조건

○ 목요일에 시험을 본다면 토요일에도 시험을 볼 것이다.
○ 월요일에 시험을 보지 않는다면, 화요일이나 목요일에 시험을 볼 것이다.
○ 월요일에 시험을 본다면, 수요일에 시험을 보지 않을 것이다.
○ 화요일에 시험을 본다면, 목요일이나 금요일에는 시험을 볼 것이다.
○ A교수가 강의를 하지 않는 날에는 시험을 보지 않을 것이다.

① 월　② 화　③ 월, 화　④ 화, 목

3 경우의 수를 나눠야 하는 경우

경우의 수를 나눠야 할 때는 경우의 수가 최소화되는 것이 좋다. A인 경우와 A가 아닌 경우로 나뉘는 경우가 대부분일 것이다. 조건에 A인 경우와 A가 아닌 경우로 나눠져 있으면 양쪽으로 경우의 수를 찾아가면 된다.

간혹 A or B로 경우를 나눠야 하는 경우도 생긴다. 이럴 때는 아래와 같이 세 가지 경우로 나눠야 한다.

- A (○), B (×)
- A (×), B (○)
- A (○), B (○)

정답 및 해설 P. 30

A, B, C, D 네 개의 국책 사업 추진 여부를 두고, 정부가 다음과 같은 기본 방침을 정했다고 하자. 이를 따를 때 반드시 참이라고는 할 수 <u>없는</u> 것은?

○ A를 추진한다면, B도 추진한다.
○ C를 추진한다면, D도 추진한다.
○ A나 C 가운데 적어도 한 사업은 추진한다.

---

① 적어도 두 사업은 추진한다.
② A를 추진하지 않기로 결정한다면, 추진하는 사업은 정확히 두 개이다.
③ B를 추진하지 않기로 결정한다면, C는 추진한다.
④ C를 추진하지 않기로 결정한다면, B는 추진한다.
⑤ D를 추진하지 않기로 결정한다면, 다른 세 사업의 추진 여부도 모두 정해진다.

SKILL ③ 연쇄추리의 주의할 점

여러 가지 연역규칙이 소개되었지만, 중요하게 생각할 것은 다음과 같은 사항이다. 네 가지 주의사항만 정확하게 인지하면 웬만한 연쇄논법의 문제들은 무리 없이 풀 수 있다.

① 'P → Q이다.'와 '~Q → ~P이다.'는 같은 말이다.

'기획부의 예산을 감축하면 인사부의 예산을 감축하지 않는다.'는 진술과 '인사부의 예산을 감축하면 기획부의 예산을 감축하지 않는다.'는 같은 진술이라는 것이다. 문제를 풀 때 이 변화양상을 항상 염두에 두고 풀어야 한다.

② 'and'와 'or'로 결합된 문장

'and'와 'or'로 결합된 문장의 처리도 신경써야 하는 부분이다. ~이 붙으면 and는 or로, or는 and로 바뀐다. 그러니까 '커피를 먹거나 차를 마시면 잠이 깬다.'라는 문장의 대우는 '잠이 깨지 않으면 커피를 먹은 것도 아니고 차를 마신 것도 아니다.'가 된다.

③ 한 문장이 주어졌다면 실제 주어진 문장은 대우까지 총 두 개이다.

대우 문장을 주어진 조건과 동일하게 생각해야 한다. A라는 결론을 이끌어내기 위해 'B이면 A다.'라는 진술은 중요하다. B라는 것이 밝혀지면, A라는 것을 알게 되니까 말이다. 그런데 또 'A가 아니면 C가 아니다.'같은 진술도 중요하다. 결국 이 문장은 대우로 넘기면 'C이면 A다.'라는 문장과 같은 말이되니까, C라는 것을 알게 되면 A라는 결론에 이르게 된다.

④ 모순된 결과에 주목하자.

단순히 조건을 따라 풀다가 다른 진술들 중에 모순이 발생하는 부분이 있다면, 이는 해당 조건에 따르는 것이 잘못되었다는 증거다. 따라서 그 부분을 탈락시키고 그 다음 조건을 비교해 보는 식으로 하나하나 따져보는 문제도 자주 등장한다. 이러한 문제는 간단한 표로 정리하면서 푸는 것이 헷갈리지 않는다.

STEP 03

Skill 연습

SKILL ❶

연쇄추리 퀴즈의 핵심이라고 할 수 있는 시작점 찾기를 연습해 보자. 시작점이 조건에 있는지 문제에 있는지, 그 시작점은 무엇인지 확인하는 연습이다.

01 우리나라의 경제에 대해서 다음과 같은 [조건]이 참이라면 다음 중 반드시 참인 것은?

조건

㉠ 미국과의 무역에서 흑자를 올릴 수 있다면 경제가 살아날 것이다.
㉡ 자동차의 수출이 원활해진다면 한국의 국가 신용도가 올라갈 것이다.
㉢ 자동차의 수출이 원활해진다면 미국과의 무역에서 흑자를 올릴 수 있다.
㉣ 경제가 살아나지는 않았다.

① 미국과의 무역에서 흑자를 올릴 수 있다.
② 미국과의 무역에서 흑자를 올릴 수도 있고 그렇지 않을 수도 있다.
③ 자동차 수출이 원활해진다.
④ 자동차 수출이 원활해지지 않는다.
⑤ 한국의 국가 신용도가 올라가지 않는다.

시작점의 위치: (문제, 조건)

시작점의 내용: ______________________________

02 시한이는 OTT 서비스를 사용하면서 여러 가지 채널에 가입하였다. 가장 먼저 넷플릭스에 가입하였으며, 그 외에는 다음의 [조건]에 따라 가입을 하였다. 시한이가 확실하게 가입한 OTT끼리 짝지어진 것은?

| 조건 |

- 디즈니+에 가입하든가 넷플릭스에 가입한다.
- 디즈니+에 가입하지 않았다면 웨이브에는 가입한다.
- 왓챠에 가입한다면 아마존 프라임에도 가입한다.
- 왓챠를 가입하지 않았다면 넷플릭스도 가입하지 않았다.

① 넷플릭스, 왓챠
② 넷플릭스, 왓챠, 아마존 프라임
③ 넷플릭스, 왓챠, 아마존 프라임, 디즈니+
④ 넷플릭스, 왓챠, 아마존 프라임, 웨이브
⑤ 넷플릭스, 왓챠, 아마존 프라임, 디즈니+, 웨이브

시작점의 위치: (문제, 조건)

시작점의 내용: ____________________

03 의료보험 가입이 의무화될 때, 다음의 [조건]에 맞는 선택은?

| 조건 |

- 정기적금에 가입하면 변액보험에 가입한다.
- 주식형 펀드와 해외펀드 중 하나만 가입한다.
- 의료보험에 가입하면 변액보험에 가입하지 않는다.
- 해외펀드에 가입하면 주택마련저축에 가입하지 않는다.
- 연금저축, 주택마련저축, 정기적금 중 최소한 두 가지는 반드시 가입한다.

① 변액보험에 가입한다.
② 정기적금에 가입한다.
③ 주식형 펀드에 가입한다.
④ 연금저축에 가입하지 않는다.
⑤ 주택마련저축에 가입하지 않는다.

시작점의 위치: (문제, 조건)

시작점의 내용: ____________________

04 국민체육진흥공단에서는 경쟁력있는 스포츠 중에서 몇 가지 종목을 집중 육성해서 국제 무대에 내놓으려 한다. 피겨스케이팅을 육성하는 것이 결정된다면 [조건]에 따라 다음 중 반드시 육성하지 않는 것으로 짝지어진 것은?

조건

- 축구를 육성하면 야구를 육성한다.
- 골프를 육성하면 야구를 육성하지 않는다.
- 수영을 육성하면 사이클을 육성한다.
- 축구를 육성하지 않으면 피겨스케이팅을 육성하지 않는다.
- 수영 또는 골프를 육성한다.
- 핸드볼을 육성하면 사이클을 육성하지 않는다.

① 야구, 축구　② 골프, 사이클　③ 수영, 핸드볼
④ 골프, 핸드볼　⑤ 야구, 사이클

시작점의 위치: (문제, 조건)

시작점의 내용: ____________________

SKILL ❷ **시작점이 보이지 않는 경우의 문제는 연쇄추리에서 가장 어려운 형태의 문제라고 할 수 있다. 추리나 경우의 수를 통해서 시작하는 문제로, 다음의 문제들에서 시작점을 찾아 보자.**

01 **용의자에 대한 다음 진술들이 참일 때, 목격한 범인에 대해서 이야기한 증인 중 반드시 참인 사람은?**

> ○ 범인의 머리카락이 갈색이거나 키가 크다.
> ○ 만약 범인의 머리카락이 갈색이라면, 그는 안경을 쓴다.
> ○ 범인은 안경을 쓰거나 왼손잡이다.
> ○ 만약 범인의 머리카락이 갈색이라면, 그는 안경을 쓰지 않는다.
> ○ 만약 범인이 안경을 쓰지 않는다면, 그는 키가 크지 않다.

① 학렬: 범인은 왼손잡이고 키가 크다.
② 주현: 범인은 키가 크고 안경을 쓴다.
③ 찬식: 범인은 안경을 쓰고 왼손잡이다.
④ 재덕: 범인의 머리카락이 갈색인지는 확실히 알 수 없지만 키는 크다.
⑤ 윤호: 범인이 왼손잡이인지도 확실히 알 수 없고, 키가 큰지도 확실히 알 수 없다.

02 **다음과 같은 사실이 알려졌을 때 판단한 것으로 올바른 것은?**

> ○ A를 복원하거나 B를 복원한다.
> ○ A를 복원한다면 C도 복원한다.
> ○ B를 복원한다면 D도 복원한다.
> ○ C와 D는 둘 다 한꺼번에 복원하지는 못한다.

① 두 개가 복원된다.
② 세 개가 복원된다.
③ 네 개가 복원될 수 있다.
④ 홀수 개가 복원될 것이다.
⑤ 몇 개가 복원되는지 확실히 알 수는 없다.

03 **은찬, 유주, 한길은 아이스크림을 사먹으려고 한다. 아이스크림 가게에는 초콜렛, 파인애플, 딸기, 바닐라, 버터 5가지 맛이 있으며, 모두 종류에 상관없이 무조건 3번을 덜어서 담을 수 있는 크기의 컵을 주문하였다. 그리고 각자 다음과 같은 방법에 따라 아이스크림을 선택하였다. 만약 한길이가 파인애플과 버터를 한 번씩 덜어서 담았다면, 바닐라는 최대 몇 번까지 세 명이 덜어서 컵에 담을 수 있는가?**(단, 한 사람이 같은 종류의 아이스크림을 두 번 이상 담을 수 있다.)

- 만약 초콜렛이 한 번이라도 선택됐다면, 세 명에 의해서 딸기가 선택된 횟수는 초콜렛이 선택된 횟수보다 많다.
- 한 명이 버터만 한 번 혹은 그 이상 덜어서 담았다면, 그 사람은 딸기는 먹지 않는다.
- 한 명이 바닐라만 한 번 혹은 그 이상 더는 것을 선택했다면, 그 사람은 파인애플은 먹지 않는다.
- 유주는 한길이 선택한 아이스크림의 종류보다 더 많은 종류를 선택해서 담았다.
- 유주는 적어도 한 번 이상 바닐라를 덜어서 담았다.

① 3번　② 4번　③ 5번
④ 6번　⑤ 7번

04 **휴가 기간에 장원, 우성, 성근, 회준, 소연, 병희, 근주는 동해안으로 함께 여행을 떠날 예정이다. 그런데 차를 가진 사람이 근주뿐이어서 쿠페와 SUV를 한 대씩 렌트해서 타고 가기로 하였다. 쿠페와 근주의 차엔 각 두 명씩 타고 SUV에는 세 명이 타고 가며, 근주는 자신의 차를 직접 운전한다. 인원 배정은 다음의 [조건]만 만족하면 된다. 다음 중 인원 배정을 했을 때 불가능한 일은?**

- 소연은 성근과 같은 차를 타야 한다.
- 장원은 회준이나 우성과 같은 차를 타선 안된다.
- 병희도 회준이나 우성과 같은 차를 타선 안된다.

① 소연이 SUV에 탄다.
② 병희가 근주의 차에 탄다.
③ 우성이 SUV에 탄다.
④ 장원이 SUV에 탄다.
⑤ 성근이 쿠페에 탄다.

정답 및 해설 P. 30~31

STEP 04

실전 문제

[01~02] 다음 A에 대한 정보인 [조건]이 사실로 밝혀졌다. 이를 바탕으로 질문에 답하시오.

조건

ㄱ. A는 외국어를 좋아하거나 가방을 들고 있다.

ㄴ. A가 가방을 들고 있다면, 그는 학생이다.

ㄷ. A가 사전을 가지고 있지 않다면, 그는 학생이다.

ㄹ. A가 외국어를 좋아한다면, 그는 학생이 아니다.

ㅁ. A는 외국어를 좋아한다.

01 위의 [조건]을 바탕으로 추론한 것 중 옳은 것으로 짝지어진 것은?

① A는 가방을 들고 있다, A는 학생이 아니다.

② A는 학생이다, A는 사전을 가지고 있다.

③ A는 사전을 가지고 있다, A는 학생이 아니다.

④ A는 외국어를 좋아한다, A는 학생이다.

02 만약 A가 ㅁ의 '외국어를 좋아한다'는 조건 대신 '외국어를 좋아하지 않는다'고 할 때, 다음 중 옳은 것은?

① A는 학생이다.

② A는 사전을 가지고 있다.

③ A는 가방은 들고 있지 않다.

④ A는 사전을 가지고 있지 않다.

03 주몽은 한나라와 싸우기 위해 출정을 하기로 하였다. 출정에는 부관급 부하들 중 네 명만 데려가며, 나머지는 남아서 나라를 지켜야 한다. 그런데 신녀인 여미을은 [조건]과 같이 예언을 했다. 이 예언을 지키면서 오이, 마리, 협보, 재사, 무골, 묵거, 무송 중에서 마리는 데려가지 않고, 묵거는 데려갈 때 총 나올 수 있는 경우의 수를 찾으면?

조건

(가) 마리가 가면 협보가 반드시 가야 한다.
(나) 오이가 가면 마리는 반드시 가지 말아야 하고, 마리가 가면 오이는 반드시 가지 말아야 한다.
(다) 마리, 무골 중 적어도 한 명은 가야 한다.

① 3가지
② 4가지
③ 6가지
④ 8가지
⑤ 10가지

04 시한기업에서는 최근 신입사원 공채를 진행했다. 그런데 신입사원들이 각자의 능력에 따라 편차가 심해서 면접 담당관은 아래와 같은 [조건]을 작성하였다. 이 중에서 단 두 명만 뽑아야 한다고 할 때, 뽑히는 사람은?

조건

○ A를 뽑으면 C를 뽑아야 한다.
○ D와 E는 같이 있어야 한다.
○ B와 D는 같이 있으면 마이너스가 된다.
○ C가 뽑히면 B도 뽑히고, B가 뽑히면 C도 뽑힌다.
○ E가 있으면 A도 있어야 한다.

① A, C
② B, D
③ B, C
④ E, A
⑤ D, E

05 환경공단의 실무 담당자는 환경정책과 관련된 특별위원회를 조직하면서 외부 환경 전문가를 위촉하려 한다. 현재 거론되고 있는 외부 전문가는 A, B, C, D, E, F이다. 이 여섯 명의 외부 인사에 대해서 담당자는 다음의 [조건]을 충족시키는 선택을 해야 한다. 만약 B가 위촉되지 않는다면, 몇 명이 위촉되는가?

조건

- ○ 만약 A가 위촉되면, B와 C도 위촉되어야 한다.
- ○ 만약 A가 위촉되지 않는다면, D가 위촉되어야 한다.
- ○ 만약 B가 위촉되지 않는다면, C나 E가 위촉되어야 한다.
- ○ 만약 C와 E가 위촉되면, D는 위촉되어서는 안 된다.
- ○ 만약 D나 E가 위촉되면, F도 위촉되어야 한다.

① 1명　② 2명　③ 3명　④ 4명　⑤ 5명

06 다음 [조건]을 참이라고 가정할 때, 회의를 반드시 개최해야 하는 날의 수는?

조건

- ○ 회의는 다음 주에 개최한다.
- ○ 월요일에는 회의를 개최하지 않는다.
- ○ 화요일과 목요일에 회의를 개최하거나 월요일에 회의를 개최한다.
- ○ 금요일에 회의를 개최하지 않으면, 화요일에도 회의를 개최하지 않고 수요일에도 개최하지 않는다.

① 0일　② 1일　③ 2일　④ 3일　⑤ 4일

07 어느 구청의 예산기획과에서는 내년도 예산을 짜고 있다. 감축되는 경우는 없고, 동결 아니면 증가될 예정이다. 다음 [조건]을 참조하여 만약 자치행정과가 동결되기로 예정되었다면 다음 중 예산이 증가되기로 한 과로만 묶인 것은?

조건

- ○ 총무과가 증가되거나 자치행정과가 증가될 것이다.
- ○ 지방세과가 증가된다면 지역경제과는 동결된다.
- ○ 민원지적과가 동결될 때에만 문화공보과는 증가될 것이다.
- ○ 문화공보과가 동결된다면 총무과는 동결된다.
- ○ 지방세과가 동결된다면 민원지적과는 동결되지 않는다.

① 총무과, 문화공보과

② 총무과, 문화공보과, 지방세과

③ 총무과, 민원지적과, 지방세과

④ 총무과, 민원지적과, 지방세과, 지역경제과

⑤ 총무과, 지역경제과, 민원지적과

08 어제 벌어진 강도 사건을 조사하기 위해 경찰은 수사 중이다. 증인 A~E의 진술 중 하나를 참고해서 다음과 같은 결론에 도달했다. 경찰이 참고한 증인은 누구인가?

사고 자동차가 1번 도로를 지나왔다면, 이 자동차는 A마을에서 왔거나 B마을에서 왔을 것이다. 자동차가 A마을에서 왔다면, 자동차 밑바닥에 흙탕물이 튀었을 것이고, 자동차 모습을 담은 폐쇄회로 카메라가 적어도 하나 있을 것이다. 자동차가 B마을에서 왔다면, 도로 정체를 만났을 것이고 적어도 검문소 한 곳을 통과했을 것이다. 자동차가 도로 정체를 만났다면 자동차 모습을 담은 폐쇄회로 카메라가 적어도 하나는 있을 것이다. 자동차가 적어도 검문소 한 곳을 통과했다면 자동차 밑바닥에 흙탕물이 튀었을 것이다. 따라서 자동차는 1번 도로를 지나오지 않았다.

① A: 자동차 밑바닥에 흙탕물이 튀었다.

② B: 자동차는 도로 정체를 만나지 않았다.

③ C: 자동차가 적어도 검문소 한 곳을 통과했다.

④ D: 자동차는 검문소를 한 곳도 통과하지 않았다.

⑤ E: 자동차 모습을 담은 폐쇄회로 카메라는 하나도 없다.

09 한나는 여름 휴가 때 읽을 책에 대한 계획을 세우고 있다. 다음의 [조건]에 따라 한나가 확실하게 읽을 책끼리 짝지어진 것은?

조건
○ 〈사피엔스〉를 읽는다면 〈호모데우스〉도 읽는다. ○ 〈호모데우스〉를 읽거나 〈총균쇠〉를 읽을 것이다. ○ 〈호모데우스〉를 읽지 않는다면 〈사피엔스〉는 읽는다. ○ 〈예루살렘의 아이히만〉을 읽지 않으면 〈호모데우스〉 역시 읽지 않는다.

① 〈사피엔스〉
② 〈호모데우스〉
③ 〈호모데우스〉, 〈예루살렘의 아이히만〉
④ 〈사피엔스〉, 〈예루살렘의 아이히만〉
⑤ 〈호모데우스〉, 〈총균쇠〉, 〈예루살렘의 아이히만〉

10 다음 세 진술이 모두 거짓일 때, 유물 A~D 중에서 전시되는 유물의 총 개수는?

○ A와 B 가운데 어느 하나만 전시되거나, 둘 중 어느 것도 전시되지 않는다. ○ B와 C 중 적어도 하나가 전시되면, D도 전시된다. ○ C와 D 어느 것도 전시되지 않는다.

① 0개 ② 1개 ③ 2개
④ 3개 ⑤ 4개

정답 및 해설 P. 32~33

CHAPTER 03

참·거짓 문제

STEP 01 유형 분석

Main Type	Sub Type 1	Sub Type 2
참·거짓+롤 유형	참·거짓 찾기	참·거짓 조건이 복문인 유형

★ Main Type 참·거짓+롤 유형

주어진 진술에서 참·거짓만을 가려내는 유형과는 다르게 등장인물이 롤을 가지는 형태의 문제이다. 차례대로 하면 Sub Type으로 나오는 참·거짓 찾기 유형부터 설명해야 하지만, 사실 참·거짓만 나오는 유형보다는 실제로 롤이 같이 나오는 유형이 훨씬 더 많이 출제되기 때문에 Main Type이 되었다. 등장인물들이 진술하고, 그 가운데 참·거짓을 찾아내는 것은 물론 그들의 진술에서 범인을 한 명 색출한다든지, 아니면 모두 다 롤이 하나씩 있어 누가 어떤 역할인지를 맞추는 스타일의 문제들이다.

정답 및 해설 P. 33

다음 구매팀 사원 A, B, C, D, E 중 입찰 비리에 연관된 사람이 한 명 있다. 감사팀에서는 이들에게 다음 [보기]와 같은 진술을 들었다. 그런데 이 중 참을 말한 사람은 단 한 명이라고 한다. 누가 비리에 연관된 사람인가?

보기

- A: B가 비리에 연관된 사람이다.
- B: 나는 비리와 연관이 없다.
- C: B는 아닌 것으로 알고 있다.
- D: C가 비리와 연관된 것으로 알고 있다.
- E: 나는 A가 비리와 연관된 사람이라고 알고 있다.

① A　② B　③ C
④ D　⑤ E

★ Sub Type 1 참·거짓 찾기

주어진 진술들 가운데서 참인지 거짓인지를 맞추는 유형의 문제이다. 등장인물들은 항상 참만 말하든지 항상 거짓만 말한다. 기본적으로는 등장인물들이 참을 말할 때, 거짓을 말할 때 등 경우의 수를 따지면서 조건과 맞는지에 대한 여부를 따지는 식으로 풀어나가는 문제다.

정답 및 해설 P. 33

국정원 도청 사건이 연일 시사 쟁점으로 떠오르는 가운데, 국정원의 국장을 지냈던 사람과 제1차장을 지냈던 사람, 제2차장을 지냈던 사람이 검찰로 소환되었다. 이 세 사람 중 적어도 한 명은 도청에 관여하였으며, 도청에 관여한 사람은 참을 말하지 않았을 때, 다음 [보기]의 진술을 참고하여 도청에 관여한 사람을 찾아내면?

보기

- 국장: 우리 세 사람 가운데 적어도 한 사람은 참말로 대답하고 있다.
- 1차장: 우리 세 사람 가운데 적어도 한 사람은 거짓말로 대답하고 있다.
- 2차장: ……

① 국장　② 1차장　③ 2차장
④ 국장, 1차장　⑤ 1차장, 2차장

★ Sub Type 2 참·거짓 조건이 복문인 유형

주어진 진술이 단문이 아니라 복문인데, 그 가운데 참은 몇 개, 거짓은 몇 개로 구분해서 진술 전체가 참·거짓으로 갈리는 게 아니라 한 사람의 진술 내에서도 참과 거짓이 나뉘는 형태의 문제이다.

정답 및 해설 P. 34

어느 모임에서 지갑 도난 사건이 있었다. 여러 가지 증거를 근거로 용의자는 A, B, C, D, E로 좁혀졌다. A, B, C, D, E 중 한 명이 범인이고, 그들의 진술은 다음 [보기]와 같다. 각각의 용의자들이 말한 세 가지 진술 중에 두 가지는 참이지만, 한 가지는 거짓이라고 밝혀졌다. 지갑을 훔친 사람은 누구인가?

| 보기 |

A: 나는 훔치지 않았다. C도 훔치지 않았다. D가 훔쳤다.

B: 나는 훔치지 않았다. D도 훔치지 않았다. E가 진짜 범인을 알고 있다.

C: 나는 훔치지 않았다. E는 내가 모르는 사람이다. D가 훔쳤다.

D: 나는 훔치지 않았다. E가 훔쳤다. A가 내가 훔쳤다고 말한 것은 거짓말이다.

E: 나는 훔치지 않았다. B가 훔쳤다. C와 나는 아는 사이이다.

① A　　② B　　③ C

④ D　　⑤ E

STEP 02

문제 해결방법

1단계	2단계	3단계
몇 명이 어떤 식의 진술을 했는지 파악하고, 가정을 참과 거짓의 경우로 나눈다.	각각의 결정에 따라 가정을 하고, 참과 거짓의 경우를 나눴으면 그것을 적용하여 상황과 맞춰 본다.	모순되거나 안 맞는 경우들을 솎아내고 최종 정답을 확정한다.

1단계 | 참·거짓 문제의 조건은 크게 두 가지이다. 하나는 등장인물들의 참·거짓 유무이고, 또 하나는 등장인물들의 롤이다. 가령 3명 중 범인이 한 명이고, A가 'B가 범인'이라고 말했을 수 있다. 그런 경우 A가 참말을 할 때와 거짓말을 할 때로 경우를 나누든가, A가 범인일 때와 아닐 때로 나눌 수 있다. 이 기본적인 풀이법에서 말하는 것은 바로 참과 거짓의 경우를 나눌 때이다. 가령 A와 B 둘의 진술이 있을 때, A의 말이 맞는 경우와 틀린 경우, 그리고 B의 말이 맞는 경우와 틀린 경우로 총 4가지 경우가 나오는데, 각각 주어진 상황과 들어맞는지 체크하도록 한다.

2단계 | 여러 인물에 한 인물을 잡아 그 사람이 참말을 할 때와 거짓말을 할 때로 나눈다. 각각의 경우에 주어진 상황이 성립하는지 안 하는지를 체크하게 된다.

3단계 | 다른 조건과 연동해서 안 맞는 것이 있으면 솎아내고, 맞는 것만 적용해서 정답을 확정한다.

SKILL ❶ 참·거짓만 나온 문제는 트리법

참·거짓 문제는 논리퀴즈에서는 유서 깊은 유형으로 많은 문제들이 개발되어 있으며, 논리퀴즈의 여러 유형 가운데 가장 자주 나오는 유형 중 하나다. 구체적으로는 발언이 참인가 거짓인가에 따라 경우의 수가 갈려서 그 경우의 수가 전제에 맞는지 아닌지를 확인하며, 결론을 찾아가는 유형의 문제이다.

❶ 참·거짓에 대한 가정 잡기
❷ 트리법

1 참·거짓에 대한 가정 잡기

등장인물 중에 하나의 말을 참·거짓으로 나눠서 가정하는 방법으로 문제풀이를 시작하게 된다. 그러려면 누구부터 시작할지 가장 효과적인 기준점이 있으면 좋을 것이다. 한 사람의 말이 참일 때와 거짓일 때를 생각해 보고, 그 다음에 그에 따라 경우의 수가 갈려 그 다음 사람의 말도 참·거짓을 생각하게 된다. 그러므로 가능한 적은 경우의 수를 찾는 것이 좋겠고, 그러기 위해서는 기준을 잘 적용해야 할 것이다. 보통 그런 기준은 자신에 대해 규정적인 말을 한 경우에 쉽게 나오는 편이다. 가령, 참말만 하는 사람과 거짓말만 하는 사람들만 사는 세계가 있는데 그 중에 한 사람이 '나는 거짓말쟁이다.'라는 말을 할 수 있을까? 만약 그가 참말만 하는 사람이라면 한 말이 참이 되어야 하므로 그 내용이 모순적이다. 만약 그가 거짓말만 하는 사람이라면 말한 내용이 거짓말이 되어야 하니까 그는 참말만 하는 사람이 되는데, 그렇게 되면 또 모순이 발생한다. 그러므로 이러한 자기 규정적인 진술은 좋은 시작점이 될 수 있다. 만약 이러한 시작점이 없으면 어떤 기준점을 잡고 그것에 대한 가정으로 시작하는 것이 그 다음 생각할 수 있는 수일 것이다.

① 참·거짓에 대해서 자기 자신을 언급
② 참·거짓에 대해서 다른 사람을 언급

참·거짓에 대해서 다른 사람을 언급하면 같이 붙어 다니는 효과가 있다. 다음과 같은 진술을 생각해 보자.

A: ~~~
B: A는 참말을 한다.

이때 A의 말이 참이면 B도 참이다. 반면 A의 말이 거짓이면 B의 말도 거짓이 된다. 한편, 다음과 같은 진술에서는 그것이 반대로 작용한다.

A: ~~~
B: A는 거짓말을 한다.

이때 A의 말이 참이면 B의 말은 거짓이 되고, A의 말이 거짓이면 B의 말은 참이 된다. 이렇게 한 사람이 다른 사람의 참·거짓 여부를 말하게 되면 일종의 블록처럼 붙어 다니는 효과가 나타난다. 때문에 이런 진술들은 좋은 기준점이 된다.

정답 및 해설 P. 34

어떤 살인 사건이 2018년 12월 23일 밤 11시에 한강 고수부지에서 발생했다. 범인은 한 명이며, 이 사건의 용의자 A, B, C, D, E 5명이 있다. 다음 [보기]에는 이들의 진술 내용이 기록되어 있다. 이 다섯 명 중에 오직 두 명만이 거짓말을 하고 있으며, 이 거짓말을 하는 두 명 중에 한 명이 범인일 때, 누가 살인범인가?

보기

- A: 나는 살인 사건이 일어난 밤 11시에 서울역에 있었다.
- B: 그날 밤 11시에 나는 A, C와 함께 있었다.
- C: B는 그날 밤 11시에 A와 춘천에 있었다.
- D: B의 진술은 참이다.
- E: C는 그날 밤 11시에 나와 단둘이 함께 있었다.

① A ② B ③ C ④ D ⑤ E

2 트리법

참·거짓으로만 구성된 문제들을 빨리 찾아가는 방법으로는 트리법이 있다. 앞서 소개한 기준을 잡아 생각하는 식으로 문제를 풀면 빠른 시간 안에 풀기는 어렵다. 그래서 이런 과정들을 기계화하고 도식화하는 '패턴' 기법이 필요하다. 참·거짓 유형에서는 트리법이 있다. 참·거짓의 경우에 맞춰 트리를 그리듯이, T/F를 전개해서 각 경우들의 진술과 모순점이 있는지 없는지를 체크하는 방식으로 문제를 풀 수 있다. 중요한 것은 트리를 그리는 것인데, 등장인물의 수에 맞춰서 T와 F로 나무를 계속 그려나가면 된다. 단, 이때 경우의 수를 줄여주는 진술이 있다.

① 스스로의 T/F를 말해 모순이 되는 진술
② 다른 사람의 T/F를 말해 경우의 수를 줄여주는 진술

예를 들어 세 명 A, B, C가 있다고 하면, 이들의 진술에 따라 트리는 총 8가지의 곁가지가 나오게 된다. 이때 각 경우에 맞춰 A, B, C가 말한 진술들의 참·거짓이 성립하는지를 체크하면 된다.

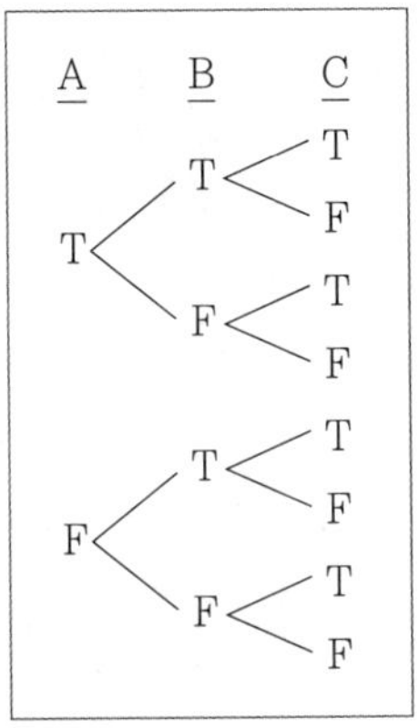

이때 만약 C의 진술이 'B의 말은 거짓이다'라고 한다면, B가 참이 될 때 C는 거짓이 되고, B가 거짓이 될 때 C는 참이 된다. 그러면 다음과 같이 경우의 수가 4가지로 줄게 된다.

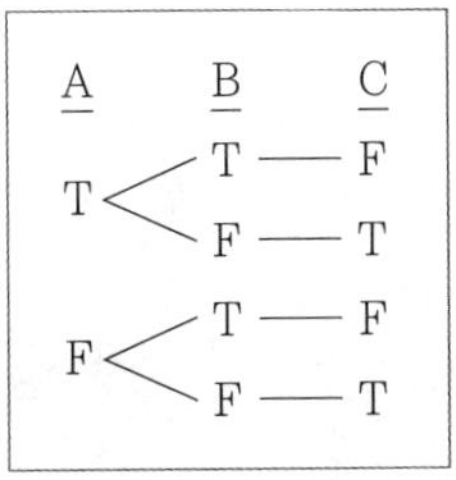

정답 및 해설 P. 34

A라는 마을과 B라는 마을이 있었다. A마을 사람들은 항상 참말만 하고, B마을 사람들은 항상 거짓말만 한다. 다음 세 사람의 진술인 [보기]를 보고 그들이 어느 마을 사람인지 바르게 연결한 것을 찾으면?

보기

- 갑: 정확히 우리 중 두 사람은 A마을 사람이다.
- 을: 그렇지 않다. 우리 중 한 사람만 A마을 사람이다.
- 병: 을의 말은 맞는 말이다.

갑 을 병

① A − A − A

② A − B − B

③ B − A − A

④ B − A − A

⑤ B − B − B

SKILL ❷ 참·거짓에 롤이 합쳐진 문제를 29초만에 푸는 시한법

참·거짓 조건에다가 범인이라는 롤이 들어가는 형태의 문제이다. 주의할 것은 범인이라고 하니 부정적인 어감 때문에 범인은 거짓을 말하며, 범인이 아니면 참을 말하는 것처럼 연상할 수 있는데, 이는 사실이 아니다. 대부분 문제의 조건에서는 범인과 참·거짓 여부는 관계가 없다. 이 상태로 앞서 경우의 수를 활용해서 문제를 풀면 범인이라는 변수가 들어가며, 경우의 수가 기하급수적으로 늘어난다.

이 경우에는 범인에 따라 경우의 수를 나누고, 그에 다른 진술의 참·거짓을 판별하는 것이 효과적이다. 이렇게 할 때는 표를 그리는 것이 한눈에 체크하기에 좋다. 표는 롤의 개수에 따라 달라진다. 보통 롤이 1개 있는 경우와 등장인물이 모두 롤을 가질 때로 나눠진다.

❶ 시한법 1: 롤이 하나만 있는 경우
❷ 시한법 2: 등장인물이 모두 롤을 가진 경우

1 롤이 하나만 있는 경우 → 시한법 1

등장인물들 가운데 범인이 한 명이라는 유형이다. 그렇다면 각각의 진술과 개별 인물들이 범인인 경우를 나타내는 표를 그릴 수 있다. 예를 들어 A~D까지 4명이라면 그들의 진술과 그들 각각이 범인인 경우를 가로축과 세로축으로 놓고 표를 그린다.

진술 \ 범인	A	B	C	D
A				
B				
C				
D				

그리고나서 A가 범인일 때, B가 범인일 때, C가 범인일 때, D가 범인일 때 각 진술들의 참·거짓 여부를 체크해서 문제의 조건과 맞춰 본다. 롤이 하나만 있는 경우의 참·거짓 문제는 이렇게만 잘하면 59초 안에 풀 수 있다. 하지만 여기서 이 과정을 조금 더 빨리 하는 방법이 있다. 이를 시한법이라 지칭하겠다. 시한법은 그야말로 아무리 긴 참·거짓 문제라 해도 29초 안에 해결하는 방법이다. 같은 표를 범인인 경우로 체크하는 것이 아니라, 진술을 위주로 체크한다. A의 진술이 참인 경우는 언제이므로 나머지는 거짓, B의 진술이 거짓인 경우는 언제이므로 나머지는 참인 형태의 식이다. 예를 들어 다음과 같은 문제를 풀어 보자.

A~D 중 범인이 한 명 있다. 다음 [보기]와 같이 진술했는데 이 진술 중 참은 단 한 개라고 한다. 누가 범인인가?

| 보기 |

- A: B가 범인이다.
- B: 나는 범인이 아니다.
- C: A가 범인이다.
- D: 적어도 나는 범인이 아니다.

이때 평범하게 표를 그리면 다음과 같다.

진술 \ 범인	A	B	C	D
A				
B				
C				
D				

그리고 먼저 A가 범인인 경우 각 진술들이 참인지 아닌지 체크한다.

진술 \ 범인	A	B	C	D
A	F			
B	T			
C	T			
D	T			

그리고 B가 범인인 경우를 또 체크한다.

진술 \ 범인	A	B	C	D
A	F	T		
B	T	F		
C	T	F		
D	T	T		

이런 식으로 C나 D까지 다 체크하는 방식이 표를 그려서 해결하는 원래적인 모습이다. 그런데 시한법은 이 기준을 바꾼다. 같은 문제를 시한법으로 해결하면 표에서 A의 진술을 먼저 생각한다. A의 진술은 B가 범인이라는 것이므로 A의 진술이 참이 되는 것은 B가 범인이 될 때이다. 그러면 자동적으로 그 외의 경우는 다 거짓이 된다.

진술 \ 범인	A	B	C	D
A	F	T	F	F
B				
C				
D				

그리고 B의 진술은 자신은 범인이 아니라는 말이니까, 자신이 범인인 경우는 이 진술이 거짓이다. 하지만 그 외의 경우에는 전부 참이다.

진술 \ 범인	A	B	C	D
A	F	T	F	F
B	T	F	T	T
C				
D				

C의 진술은 A가 범인이라는 말이므로, A가 범인인 경우만 이 진술이 참이 되고 나머지는 거짓이 된다.

진술 \ 범인	A	B	C	D
A	F	T	F	F
B	T	F	T	T
C	T	F	F	F
D				

그리고 마지막으로 D의 진술은 자신은 범인이 아니라는 것이므로, D가 범인일 때는 이 진술이 거짓이고 나머지는 참이다.

진술 \ 범인	A	B	C	D
A	F	T	F	F
B	T	F	T	T
C	T	F	F	F
D	T	T	T	F

이런 식으로 시한법은 조건 적용의 프로세스를 범인인 경우에서 진술로 바꾼 것인데, 하나가 참이면 나머지는 거짓 하는 식으로 한꺼번에 파악할 수 있어 문제에 따라 29초면 끝날 때도 많다. 반드시 익히도록 하자.

2 등장인물이 모두 롤을 가진 경우 → 시한법 2

등장인물이 모두 롤을 가진 경우이다. 이렇게 되면 앞선 방법대로 표를 그릴 수 없다. 하지만 기본적으로 경우의 수를 나열한 뒤에 그것을 빨리 체크하기 위해서는 표로 체크하는 방법이 제일 효과적이다. 결론적으로 다른 형태로 그리게 된다는 얘기다. 가령 등장인물 A~C가 각각 가, 나, 다에 배정이 되는 식이라면 표는 다음과 같이 그린다.

A	B	C
가	나	다
가	다	나
나	가	다
나	다	가
다	가	나
다	나	가

이것이 각각의 경우가 되어서, 진술과 상황이 맞나 체크하게 된다. 다음과 같이 문제를 풀어 보자.

세 명의 변호사, 공무원, 의사가 있다. 변호사는 항상 거짓을 말하고, 의사는 늘 진실을 말한다. 공무원이 말하는 것은 진실 또는 거짓이다. 이들이 나란히 길을 가는데 한 경찰이 다가와 이들에게 신분을 물었다. 이들은 [보기]와 같이 대답했다. 오른쪽 사람의 직업과 왼쪽 사람의 직업으로 알맞게 짝지어진 것은?

보기

- 왼쪽 사람: 가운데 사람은 공무원이다.
- 가운데 사람: 오른쪽 사람은 변호사다.
- 오른쪽 사람: 나는 공무원이 아니다.

구분	왼쪽 사람	오른쪽 사람
①	공무원	의사
②	의사	공무원
③	변호사	의사
④	변호사	공무원
⑤	공무원	변호사

그러면 이에 맞춰서 표를 그려 보면 다음과 같다.

왼쪽		가운데		오른쪽	
공무원		의사		변호사	
공무원		변호사		의사	
의사		공무원		변호사	
의사		변호사		공무원	
변호사		의사		공무원	
변호사		공무원		의사	

처음 경우에 진술을 넣어 생각해 보자.

왼쪽		가운데		오른쪽	
공무원	F	의사	T	변호사	T
공무원		변호사		의사	
의사		공무원		변호사	
의사		변호사		공무원	
변호사		의사		공무원	
변호사		공무원		의사	

이렇게 참·거짓 여부 체크가 된다. 두 번째 경우도 생각해서 채워 넣으면 다음과 같다.

왼쪽		가운데		오른쪽	
공무원	F	의사	T	변호사	T
공무원	F	변호사	F	의사	T
의사		공무원		변호사	
의사		변호사		공무원	
변호사		의사		공무원	
변호사		공무원		의사	

이런 식으로 차근차근 채워 넣은 뒤에 조건을 비교하는 것이다. 하지만 역시 이 방법 역시 진술 위주로 하면 훨씬 빠른 시간에 접근할 수 있다. 진술 위주로 풀어나가는 방식을 시한법 2라고 한다. 같은 조건에서 진술로 풀어가는 방법을 체크해 보자.

왼쪽		가운데		오른쪽	
공무원		의사		변호사	
공무원		변호사		의사	
의사		공무원		변호사	
의사		변호사		공무원	
변호사		의사		공무원	
변호사		공무원		의사	

왼쪽 사람이 가운데 사람은 공무원이라 했으므로, 이 경우 중에 해당 진술이 참이 되는 경우는 세 번째와 여섯 번째 경우다. 이를 표시하면 다음과 같다.

왼쪽		가운데		오른쪽	
공무원		의사		변호사	
공무원		변호사		의사	
의사	T	공무원		변호사	
의사		변호사		공무원	
변호사		의사		공무원	
변호사	T	공무원		의사	

이렇게 되면 왼쪽 사람의 나머지 경우들은 모두 거짓이 된다는 것을 빠르게 체크할 수 있다.

왼쪽		가운데		오른쪽	
공무원	F	의사		변호사	
공무원	F	변호사		의사	
의사	T	공무원		변호사	
의사	F	변호사		공무원	
변호사	F	의사		공무원	
변호사	T	공무원		의사	

가운데 사람의 진술은 '오른쪽 사람이 변호사'이니까, 이런 경우는 첫 번째와 세 번째다. 이때는 가운데 사람의 진술이 참이지만 이 경우 외에 나머지는 가운데 사람의 진술은 거짓이 된다.

왼쪽		가운데		오른쪽	
공무원	F	의사	T	변호사	
공무원	F	변호사	F	의사	
의사	T	공무원	T	변호사	
의사	F	변호사	F	공무원	
변호사	F	의사	F	공무원	
변호사	T	공무원	F	의사	

마지막으로 오른쪽 사람의 진술은 '나는 공무원이 아니다'이므로 자신이 공무원인 네 번째와 다섯 번째의 경우 이 말은 거짓이고, 나머지는 참이 된다.

왼쪽		가운데		오른쪽	
공무원	F	의사	T	변호사	T
공무원	F	변호사	F	의사	T
의사	T	공무원	T	변호사	T
의사	F	변호사	F	공무원	F
변호사	F	의사	F	공무원	F
변호사	T	공무원	F	의사	T

주어진 조건은 의사는 참을 말하고, 변호사는 거짓을 말해야 하니까 성립하는 것은 두 번째 경우가 된다.

왼쪽		가운데		오른쪽	
공무원	F	의사	T	변호사	T
공무원	F	변호사	F	의사	T
의사	T	공무원	T	변호사	T
의사	F	변호사	F	공무원	F
변호사	F	의사	F	공무원	F
변호사	T	공무원	F	의사	T

이렇게 시한법 2를 사용하면 역시 29초만에 해결이 가능해진다.

SKILL ❸ 복문에서 모순을 기준으로 잡기

보기에서 주어진 한 사람의 진술이 한 문장이 아니라, 두 개 이상의 진술로 이어질 때가 있다. 그리고 그 진술들은 참과 거짓으로 나뉘게 된다. 가령 다음과 같은 식이다.

• A: 나는 C와 아는 사이고, 지금은 가을이다.
• B: 나는 학생이 아니고, 지금은 여름은 아니다.
• C: 나는 A와 모르는 사이고, 지금은 봄이다.

이 사람들이 각각 참 하나, 거짓 하나씩 말했다는 조건이라면, 그냥 풀려고 하면 8가지 경우의 수를 체크해야 한다. 이런 문제에서는 모순이라는 기준이 숨어 있다. A와 C의 말을 보면 A는 C와 아는 사이라고 하고, C는 A를 모르는 사이라고 한다. 이 진술들은 둘 다 거짓이나 둘 다 참이 될 수 없고, 한 진술은 참이고 한 진술은 거짓인 모순관계이다. 그러면 경우를 다음과 같이 두 가지로 나눌 수 있다.

① A의 앞 진술은 참, C의 앞 진술은 거짓 → 자연스럽게 A의 뒷 진술은 거짓, C의 뒷 진술은 참
② A의 앞 진술은 거짓, C의 앞 진술은 참 → 자연스럽게 A의 뒷 진술은 참, C의 뒷 진술은 거짓

이렇게 되면 두 가지 경우를 체크할 수 있고, 다른 문제를 푸는 데도 문제가 없게 된다.

정답 및 해설 P. 34

다음을 참이라고 가정할 때, 반드시 참인 것을 [보기]에서 모두 고르면?

○ A, B, C, D 중 한 명의 근무지는 서울이다.
○ A, B, C, D는 각기 다른 한 도시에서 근무한다.
○ 갑, 을, 병 각각의 두 진술 중 하나는 참이고, 다른 하나는 거짓이다.
○ 갑은 "A의 근무지는 광주이다."와 "D의 근무지는 서울이다."라고 진술하였다.
○ 을은 "B의 근무지는 광주이다."와 "C의 근무지는 세종이다."라고 진술하였다.
○ 병은 "C의 근무지는 광주이다."와 "D의 근무지는 부산이다."라고 진술하였다.

보기

ㄱ. A의 근무지는 광주이다.
ㄴ. B의 근무지는 서울이다.
ㄷ. C의 근무지는 세종이다.

① ㄱ ② ㄷ ③ ㄱ, ㄴ
④ ㄴ, ㄷ ⑤ ㄱ, ㄴ, ㄷ

STEP 03 Skill 연습

SKILL ❶

다음은 참·거짓 문제의 기본적인 틀을 익히기 위해 스타크래프트라는 게임의 소재를 빌려와 만든 문제들이다. 이 문제에서 중요한 설정은 프로토스족은 항상 참말만 하고, 반면에 저그족은 항상 거짓말만 하는 사람들이다. 이 두 종족이 섞여 사는 사회가 있다. 다음 물음에 답해 보자.

01 A와 B, 두 사람이 있다. A가 다음과 같이 말했다. A와 B는 어떤 종족일까?

- A: 적어도 우리들 중 한 사람은 저그족이다.

A: ________________족, B: ________________족

02 K, L, M 세 사람이 있다. 이때 K와 L이 다음과 같이 말했다. M은 어떤 종족일까?

- K: L은 저그족이다.
- L: K와 M은 같은 종족이다.

M: ________________족

03 N과 O가 있다. 이들이 어떤 종족인지 알고 싶어서 이들 중 한 사람에게 "당신네들 가운데 혹시 프로토스족이 있습니까?"하고 질문을 던졌다. 그 사람은 그 자리에서 대답을 했는데 그 사람의 대답을 듣고 그들이 어떤 사람들인지 알았다. 물음에 답한 사람은 어떤 종족이고, 다른 한 사람은 어떤 종족일까?

답한 사람: __________족, 가만히 있던 사람: __________족

04 P, Q, R 세 사람이 있다. 이들 중 한 사람은 저그족이고, 또 한 사람은 프로토스족, 그리고 마지막 한 사람은 테란족이다. 테란족은 참말을 하기도 하고 거짓말을 하기도 한다. 이들은 다음과 같이 말하였다. P, Q, R은 각각 어떤 종족일까?

- P: 나는 테란족이다.
- Q: P의 말은 참말이다.
- R: 나는 테란족이 아니다.

P: __________족, Q: __________족, R: __________족

SKILL ❷ **다음 주어진 문제들을 시한법을 써서 해결해 보자. 시한법은 잘만 익히면 표를 그리는 시간밖에 필요하지 않은 기적의 시간단축법이다.**

01 A~E 다섯 명 중 한 명이 비트코인으로 큰 돈을 벌었다고 한다. A~E가 다음 [보기]와 같이 진술한 내용 중 참을 말한 사람은 단 한 명뿐이다. 비트코인으로 돈을 번 사람은 누구인가?

보기

- A: B가 비트코인으로 부자가 된 사람이다.
- B: 내가 알기로는 E가 비트코인으로 돈을 번 사람이다.
- C: 확실히 나는 비트코인으로 돈을 번 사람은 아니다.
- D: 적어도 B는 아닌 것으로 알고 있다.
- E: D가 비트코인으로 돈을 번 사람이라고 알고 있다.

① A ② B ③ C ④ D ⑤ E

표:

02 형석, 성은, 지민, 희진 네 사람은 S그룹 경영지원실의 사원들인데, 이 네 사람 중에 최근 일어난 임원진의 횡령 사건과 연관이 있는 사람이 한 명 있다고 한다. 그래서 S그룹 감사실에서는 이 네 사람을 불러 차례로 질문을 했는데, 이 중 세 사람은 거짓말로 대답하고, 한 사람만 참말을 했다고 한다. 다음 [보기]의 진술을 보고 횡령 사건과 연관이 있는 사람과 참말을 한 사람을 올바르게 연결한 것은?

보기

- 형석: 횡령 사건과 연관이 있는 사람은 성은입니다.
- 성은: 횡령 사건과 연관이 있는 사람은 희진입니다.
- 지민: 나는 횡령 사건과는 연관이 없습니다.
- 희진: 성은이는 거짓말을 하고 있습니다.

구분	횡령 사건과 연관이 있는 사람	참말을 한 사람
①	형석	성은
②	성은	지민
③	지민	희진
④	희진	형석
⑤	지민	지민

표:

03 공기업 취업 스터디를 같이 하고 있는 여정, 은정, 미정 세 사람은 각각 한국전력, 인천국제공항공사, 코레일에 최종 합격했다. 세 사람이 다음 [보기]와 같이 진술한 내용 중 두 명만 참을 말하였을 때, 각 최종 합격한 공기업과 옳게 연결된 것은?

보기
• 여정: 은정이가 인천국제공항공사에 들어갔다. • 은정: 미정이는 한국전력에 합격했다. • 미정: 여정이는 인천국제공항공사에 합격하지는 못했다.

구분	여정	은정	미정
①	인천국제공항공사	한국전력	코레일
②	인천국제공항공사	코레일	한국전력
③	한국전력	인천국제공항공사	코레일
④	한국전력	코레일	인천국제공항공사
⑤	코레일	인천국제공항공사	한국전력

표:

PART 4 CHAPTER 03

04 만우절날 첫 출근을 하게 된 현무는 새로 발령 받은 부서인 15층에 찾아 갔다. 막상 15층에 도착해 보니, 사무실이 세 개가 있고 각 사무실의 앞에는 다음 [보기]와 같은 안내문이 붙어 있었다. 한 사무실에는 총무부가, 또 한 사무실에는 인사부가, 그리고 다른 사무실은 기획부였다. 세 개의 안내문 중 단 하나만 거짓이라고 할 때 가장 올바른 결론은?

보기

○ 01호실: 02호실이 인사부다.
○ 02호실: 03호실은 인사부 혹은 총무부다.
○ 03호실: 01호실은 기획부다.

① 01호실은 총무부다.　② 01호실은 인사부다.　③ 03호실은 총무부다.
④ 03호실은 인사부다.　⑤ 02호실은 기획부다.

표:

정답 및 해설 P. 35~36

STEP 04
실전 문제

01 A, B, C 세 사람이 있다. 이들은 각각 참말을 말하거나 거짓말을 말한다. A와 B가 다음 [보기]와 같이 말했다. 이들 중 진실을 말하는 사람은?

보기
- A: 우리들 A, B, C 모두는 거짓말을 한다.
- B: 우리 중 한 사람만 진실을 말한다.

① A ② B ③ C
④ A와 C ⑤ B와 C

02 빠숑, 로사, 드리머 세 사람은 각각 주식, 부동산, 코인을 메인으로 하는 재테크 중 한 가지씩을 하고 있다. 세 사람이 서로에 대해 다음 [보기]와 같이 진술한 내용 중 두 명만 참을 말하였을 때, 다음 중 사실인 것은?

보기
- 빠숑: 로사는 부동산을 하고 있다.
- 로사: 부동산을 하고 있는 것은 빠숑이다.
- 드리머: 나는 코인에는 손대지 않았다.

① 빠숑은 부동산을 한다.
② 로사는 코인을 한다.
③ 드리머는 주식을 한다.
④ 빠숑은 코인은 하지 않는다.
⑤ 드리머는 부동산을 한다.

03 A, B, C 세 사람이 어떤 표결에 참여하여 찬성했거나, 반대했거나 기권했다. 그리고 표결이 끝난 후 세 사람이 다음 [보기]와 같이 각각 두 가지 진술을 했는데, 그 두 진술 가운데 하나는 참이고, 다른 하나는 거짓이다. 반드시 참인 것은?

보기
• A: ○ 나는 찬성했다. ○ B와 C 중 적어도 하나는 찬성했다. • B: ○ A는 찬성했고, C는 기권하지 않았다. ○ 나는 기권했다. • C: ○ A는 기권했고, B는 찬성했다. ○ 나는 기권했다.

① A와 B는 모두 찬성했다.
② A와 B는 모두 기권했다.
③ A와 C는 모두 찬성했다.
④ B와 C는 모두 반대했다.
⑤ B와 C는 모두 기권했다.

04 공금횡령사건과 관련해 갑, 을, 병, 정이 참고인으로 소환되었다. 이들 중 갑, 을, 병은 소환에 응하였으나, 정은 응하지 않았다. 다음 [보기]의 정보가 모두 참일 때, 귀가 조치된 사람을 모두 고르면?

보기
○참고인 네 명 가운데 한 명이 단독으로 공금을 횡령했다. ○소환된 갑, 을, 병 가운데 한 명만 진실을 말했다. ○갑은 '을이 공금을 횡령했다', 을은 '내가 공금을 횡령했다', 병은 '정이 공금을 횡령했다'라고 진술했다. ○위의 세 정보로부터 공금을 횡령하지 않았음이 명백히 파악된 사람은 모두 귀가 조치되었다.

① 병　　② 갑, 을　　③ 갑, 병
④ 을, 병　　⑤ 갑, 을, 병

05 A, B, C, D 네 사람만 참여한 달리기 시합에서 동순위 없이 순위가 완전히 결정되었다. A, B, C는 각자 다음 [보기]와 같이 진술하였다. 이들의 진술이 자신보다 낮은 순위의 사람에 대한 진술이라면 참이고, 높은 순위의 사람에 대한 진술이라면 거짓이라고 하자. 반드시 참인 것은?

보기

- A: C는 1위이거나 2위이다.
- B: D는 3위이거나 4위이다.
- C: D는 2위이다.

① A는 1위이다.
② B는 2위이다.
③ D는 4위이다.
④ A가 B보다 순위가 높다.
⑤ C가 D보다 순위가 높다.

06 다음 [조건]과 [보기]를 근거로 판단할 때, 곶감의 위치와 착한 호랑이, 나쁜 호랑이의 조합으로 가능한 것은?

조건

- ○ 착한 호랑이는 2마리이고, 나쁜 호랑이는 3마리로 총 5마리의 호랑이(甲~戊)가 있다.
- ○ 착한 호랑이는 참말만 하고, 나쁜 호랑이는 거짓말만 한다.
- ○ 곶감은 꿀단지, 아궁이, 소쿠리 중 한 곳에만 있다.

보기

- 甲: 곶감은 아궁이에 있지.
- 乙: 여기서 나만 곶감의 위치를 알아.
- 丙: 甲은 나쁜 호랑이야.
- 丁: 나는 곶감이 어디 있는지 알지.
- 戊: 곶감은 꿀단지에 있어.

	곶감의 위치	착한 호랑이	나쁜 호랑이
①	꿀단지	戊	丙
②	소쿠리	丁	乙
③	소쿠리	乙	丙
④	아궁이	丙	戊
⑤	아궁이	甲	丁

07 **다음 글의 내용이 참일 때, 가해자인 것이 확실한 사람과 가해자가 아닌 것이 확실한 사람의 연결로 적절한 것은?**

> 폭력 사건의 용의자로 A, B, C가 지목되었다. 조사 과정에서 A, B, C가 각각 [보기]와 같이 진술하였는데, 이들 가운데 가해자는 거짓만을 진술하고, 가해자가 아닌 사람은 참만을 진술한 것으로 드러났다.

보기

- A: 우리 셋 중 정확히 한 명이 거짓말을 하고 있다.
- B: 우리 셋 중 정확히 두 명이 거짓말을 하고 있다.
- C: A, B 중 정확히 한 명이 거짓말을 하고 있다.

	가해자인 것이 확실	가해자가 아닌 것이 확실
①	A	C
②	B	없음
③	B	A, C
④	A, C	B
⑤	A, B, C	없음

08 **갑, 을 두 사람이 A에 대하여 [보기]와 같이 보고하였다. 그런데 갑은 세 가지 거짓말을 했고, 을은 두 가지 거짓말을 했다면, 두 사람의 말을 듣고 확실하게 단정할 수 있는 것은?**

보기

- 갑: A는 한국인이고, 남자이며, 키가 크고, 영어를 할 수 있다.
- 을: A는 한국인이고, 여자이며, 키가 크지 않고, 영어를 하지 못한다.

① A는 한국인이다.
② A는 여자이다.
③ A는 키가 크다.
④ A는 한국인이 아니다.
⑤ A는 영어를 하지 못한다.

09 갑, 을, 병 세 사람은 항상 거짓말만 하든지 항상 진실만 이야기한다. 갑에게 "당신은 항상 거짓말만 합니까, 혹은 항상 참말만 합니까?"라고 물었다. 하지만 갑의 말이 분명하게 들리지 않았다. 그래서 을에게 방금 "갑이 뭐라고 했습니까?"하고 물었더니 을이 "갑은 자신이 항상 거짓말만 한다고 말했다."고 답변했다. 이때 듣고 있던 병이 "을은 지금 거짓말을 하고 있어요. 그를 믿지 마세요."라고 하였다. 그렇다면 을과 병은 각각 어떤 사람들인가?

구분	을	병
①	항상 거짓말만 하는 사람	항상 거짓말만 하는 사람
②	항상 거짓말만 하는 사람	항상 참말만 하는 사람
③	항상 참말만 하는 사람	항상 거짓말만 하는 사람
④	항상 참말만 하는 사람	항상 참말만 하는 사람
⑤	알 수 없다.	항상 참말만 하는 사람

10 줄기세포를 연구하는 H교수는 기능별로 A, B, C 세 개의 팀을 운영하고 있다. 그런데 모 방송국에서는 연구원의 난자 제공 의혹을 해결하기 위해 이 세 팀과 각각 인터뷰를 시도하였다. 이 세 개의 팀이 인터뷰를 통해 한 진술은 다음 [보기]와 같고, 이 세 진술 가운데 적어도 하나는 참이고, 하나는 거짓이라면 거짓인 진술은 몇 개이고, 난자를 제공한 연구원은 어느 팀에 속하는 것일까?(단, 난자를 제공한 연구원은 분명히 한 명 있고, 그 연구원은 자발적으로 제공하였다는 것을 전제로 한다.)

보기

- A팀 – B팀에는 난자 제공 연구원이 없다.
- B팀 – 우리 팀에는 난자 제공 연구원이 없다.
- C팀 – 우리 팀에 난자 제공 연구원이 속해 있다.

① 한 개, A팀　② 한 개, B팀　③ 한 개, C팀
④ 두 개, A팀　⑤ 두 개, C팀

정답 및 해설 P. 36~38

에듀윌이
너를
지지할게

ENERGY

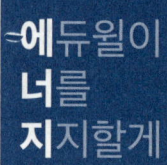

어둡다고 불평하는 것보다
촛불을 켜는 것이 더 낫다.
고민하는 대신
거기 언제나 무엇인가
할 수 있는 일이 있다.

– 아잔 브라흐마(Ajan Brahma), 『술취한 코끼리 길들이기』

적용 퀴즈

PART 5

CHAPTER 01

매칭하기 문제

STEP 01 유형 분석

Main Type	Sub Type 1	Sub Type 2
매칭하기로 풀리는 유형	추리가 숨어 있는 문제	경우의 수가 갈라지는 문제

★ Main Type 매칭하기로 풀리는 유형

매칭하기는 주어진 조건을 연결하여 조건에 맞는 짝을 연결시키는 유형의 문제이다. 주어진 조건에 따라 차례차례 풀어 가면 어려울 것 없다. 이 문제는 마치 방정식과 같아서 매칭시키는 것이 많아도, 조건만 충분히 제시된다면 노가다스럽게 풀 수 있는 문제들이다. 하지만 이러한 유형의 문제를 머릿속에서만 이해하려고 하면 어디선가 반드시 문제가 발생한다. 따라서 적절한 도표를 그려서 주어진 조건이나 진술을 배치하는 것이 효과적이다. 말로만 설명한 것을 도식적으로 그려 눈앞에 풀어 놓자는 것이다. 생각보다 훨씬 명료하게 문제의 조건과 풀이가 보일 것이다.

정답 및 해설 P. 39

A, B, C, D 네 사람은 원주, 전주, 진주, 충주로 각각 출장을 가게 되었다. 다음 [조건]에 따르면 C가 출장 가는 지역은?

조건

- A: 우리는 원주, 전주, 진주, 충주로 각자 출장을 가고, 서로 다른 지역으로 출장을 간다.
- B: 나는 원주로 가지 않고, A는 진주로 가지 않는다.
- C: 나는 전주로 가지 않고, D는 진주로 가지 않는다.
- D: 나는 충주로 가고, B는 진주로 가지 않는다.

① 원주 ② 진주 ③ 충주 ④ 알 수 없다.

★Sub Type 1 추리가 숨어 있는 문제

○, ×로 매칭해 나가다가 어느 순간 매칭이 안 되고, 버퍼링 걸리는 순간이 온다면, 추리하기 아니면 경우의 수로 갈라지는 문제일 것이다. 문제 가운데 아직 적용하지 않은 조건이 남아 있으면, 추리하기로 확장되는 경우가 많다. 조건을 보다가 쓸데없어 보이는 조건이 나오면 이는 추리하기가 나온다는 말과도 같으니, 쓸데없어 보이는 조건은 나중에 추리하기에 쓴다고 생각해도 좋다.

정답 및 해설 P. 39

A, B, C의 직업은 각각 기술자, 화가, 공무원 중 하나이다. 다음 [조건]을 통해 추론할 때, 공무원은 누구이고, 화가는 누구인가?

조건

ㄱ. A는 B의 후배와 동창이다.
ㄴ. A는 기술자보다 수입이 많다.
ㄷ. 화가는 나이가 가장 어리고, 수입도 가장 적다.

	공무원	화가
①	A	B
②	A	C
③	B	A
④	B	C
⑤	C	B

★ Sub Type 2 경우의 수가 갈라지는 문제

조건에 따라 표를 매칭해 가는데 아무리 해도 끝까지 안 채워지는 경우에는, 경우의 수가 갈리는 문제일 수 있다. 이때 경우가 갈리는 기준은 경우의 수가 가장 적게 갈라지는 것이 좋다. A가 (나)와 (다)는 확실히 아니고, (가) 아니면 (라)라면, (가)인 경우와 (라)인 경우로 갈라서 각각 끝까지 매칭해 본 다음에 모순에 직면하면 그 경우를 지우고 나머지 경우를 살리면 되고, 둘 다 모순점이 없이 맞다면 둘 다 성립한다는 말이 된다.

정답 및 해설 P. 39~40

여동생이 1명씩 있는 A, B, C, D, E 5명의 청년이 있다. 이 5명의 청년과 각각의 여동생을 합한 10명 모두가 다음의 [전제조건]하에 단체 미팅을 하여 5쌍의 커플이 탄생했다. [미팅결과]로 볼 때, C의 여동생의 상대가 된 청년은 누구인가?

[전제조건]

1. 미팅에 참가한 청년은 자신의 여동생과 커플이 될 수 없다.
2. 두 사람이 서로의 여동생과 커플이 될 수 없다.
   (예: 갑이 을의 여동생과 커플이 되었다면 을은 갑의 여동생과 커플이 될 수 없다.)

[미팅결과]

1. A의 상대는 B의 여동생도 D의 여동생도 아니었다.
2. B의 상대는 C의 여동생도 D의 여동생도 아니었다.
3. C의 상대는 B의 여동생도 E의 여동생도 아니었다.
4. D의 상대는 E의 여동생이 아니었다.
5. E의 상대는 A의 여동생도 D의 여동생도 아니었다.

---

① A ② B ③ C ④ D ⑤ E

STEP 02

문제 해결방법

1단계	2단계	3단계
○, ×로 매칭시키는 문제인지 정확히 숙지한다.	문제에서 주어진 조건들을 두 축으로 하는 도표를 그린다.	조건에 맞게 도표를 채운다.

4단계
주어진 조건만 가지고 확정이 안 될 경우 기준을 설정하여 경우의 수를 생각한다.

1단계 | 매칭시키기는 주어진 조건을 연결하여 조건에 맞는 짝을 연결시키는 유형의 문제이다. 주어진 조건에 따라 차례차례 풀어 가면 어려울 것 없는 문제다. 하지만 먼저 정확히 할 것은 주어진 문제가 매칭시키기 유형인지 알아보아야 한다는 것이다.

2단계 | 이러한 유형의 문제를 머릿속에서만 이해하려고 하면 어디선가 반드시 문제가 발생한다. 따라서 적절한 도표를 그려서 주어진 조건이나 진술을 배치하는 것이 효과적이다. 말로만 설명한 것을 도식적으로 그려 눈앞에 풀어 놓자는 것이다. 생각보다 훨씬 명료하게 문제의 조건과 풀이가 보일 것이다. 매칭시키기의 관건은 일목요연한 도표 활용에 달려 있다는 것을 명심하자. 실제적으로 주어진 조건에 따라 매칭하는 것 자체는 조금만 연습하면 금방 늘 일이지만, 전반적으로 매칭의 내용을 잘못 파악하거나, 방향 자체를 잘못 파악하면 굉장히 어려울 가능성이 있다.

3단계 | 주어진 조건 중에서 확정적인 것부터 하나 하나씩 적용하여, 표의 ○, × 여부를 채워 나간다.

4단계 | 3단계까지만 해서 다 적용이 되면 좋은데, 그렇지 않고 확정이 안 되는 경우가 있을 수 있다. 그럴 경우에는 경우의 수를 생각해야 한다. 그러니까 두 자리가 남는다면 1번 자리에 매칭이 될 때와 2번 자리에 매칭이 될 때로 가른다는 말이다.

SKILL ❶ 매칭하기 표 그리는 방법

매칭하기의 가장 기본적인 능력은 표를 그리는 능력이다. 주어진 [조건]을 듣고 판단하여 표를 그리는 것인데, 표가 [조건]을 정확하게 도식화하면 문제는 아주 간단해지는데, 자칫 지나치게 복잡해지거나 엉뚱한 방향으로 표를 그리게 되면, 문제는 미궁 속으로 빠지게 된다. 다음과 같은 문장들이 매칭하기의 문제에서 기본적인 문법으로 주어지는 표현들이라고 볼 수 있다.

❶ A는 ㄱ이다.
❷ B는 ㄴ이 아니다.
❸ C는 ㄷ 또는 ㄹ이다. C가 ㄷ은 아니다.
❹ D는 1이라는 특징이 있다. ㅁ은 1이라는 특징이 없다.
❺ E가 ㅂ이라면, F가 ㅅ이다.

이 문장들을 각각의 형태로 살펴 보면 다음과 같다.

1 A는 ㄱ이다.

→ 가장 간단한 형태의 조건으로 매칭하기의 가장 기본인 ㅇ로 연결하기를 그대로 하면 되는 진술이다.

구분	ㄱ	ㄴ	ㄷ	ㄹ
A	○			
B				
C				
D				

2 B는 ㄴ이 아니다.

→ '~이 아니다'라는 진술은 사실 '~이다'라는 진술보다 훨씬 더 흔하게 반복된다. 아무래도 '~이다'의 진술로 문제를 풀게 되면 문제의 난이도가 너무 떨어지기 때문이다. '~가 아니다'라는 직접적인 진술이 나올 수도 있지만, 간접적으로 제시되는 경우가 더 많다. 가령 'B는 치과의사와 밥을 먹은 적이 있다.'라는 진술은 B와 치과의사가 같이 밥 먹을 먹을 정도로 친한 사이라는 것이 중점이 아니라, 그냥 B가 치과의사는 아니라는 말 정도로 받아들여야 한다.

구분	ㄱ	ㄴ	ㄷ	ㄹ
A				
B		×		
C				
D				

3 C는 ㄷ 또는 ㄹ이다. C가 ㄷ은 아니다.

→ C는 ㄷ아니면 ㄹ인데, ㄷ은 아니니까 ㄹ이라는 결론에 도달하게 된다.

구분	ㄱ	ㄴ	ㄷ	ㄹ
A				
B				
C			×	○
D				

4 D는 1이라는 특징이 있다. ㅁ은 1이라는 특징이 없다.

→ D가 ㅁ이 아니라는 말이다. 가령 파란색, 빨간색, 노란색 트레이닝복을 입은 A, B, C가 있다고 가정하자. 그런데 'A는 어제 늦게까지 술을 마셨다.'라는 조건이 있고, '파란색 트레이닝복을 입은 사람은 최근 일주일 동안 술을 입에 대지 않았다.'고 하면 이 말은 곧 'A가 파란색 트레이닝복을 입은 사람이 아니다.'라는 뜻이 된다.

5 E가 ㅂ이라면, F가 ㅅ이다.

→ 여기서 주의할 것은 주어진 진술이 조건문이라는 사실이다. 그러니까 E가 ㅂ이라는 것이 밝혀지면, F가 ㅅ이 되므로 아무 문제가 없는데, 여기서 문제는 E가 ㅂ이라는 것을 모르거나 아니라고 하면, F와 ㅅ의 관계는 미궁에 빠진다. 이런 진술의 경우에는 F를 신경쓰기보다 오직 E가 어떻게 되는지 밝혀내는 데 신경을 집중해야 한다.

SKILL ❷ 추리하기를 알아보는 방법

가끔 문제를 한창 풀다가 추리하기가 갑자기 나오면 눈에 잘 안 들어온다. 추리하기는 이미 주어진 정보들을 두 개 이상 연달아 이어 붙여 새로운 정보를 창출하는 것이기 때문에 놓치기 쉽다. 표를 채우다가 막히는 부분이 생기면 이미 지나간 조건 중에 또 다시 적용되어야 할 부분이 있지 않나 다시 체크해 본다. 그래도 풀리지 않으면 두 가지 조건이 연동되어서 나올 만한 사실이 숨어 있는 것은 아닌지 체크해 본다. 또한, 주어진 조건 내의 단어의 의미를 다시 한 번 생각해 본다. 또한, 이미 채워진 부분과 남은 부분 간의 논리적 관계에 의해 결정되는 경우가 있는지 잘 살펴 보아야 한다. 현실적으로 문제 가운데 추리하기가 들어 있는 것을 체크하려면, 조건 가운데 활용하지 않은 조건이나 쓸데없어 보이는 조건이 남아 있으면 그것을 활용한 추리가 남아 있다고 보는 것이 타당한 판단이 될 것이다.

정답 및 해설 P. 40

서로 친구인 A, B, C, D 4명은 열심히 취업 공부에 임해 삼성에 합격하여 각각 전자, SDI, 에버랜드, 제일기획 중 1곳에서 일하는 사원들이 되었다. 다음 [조건]을 참조하여 SDI와 에버랜드에서 일하는 사람을 추론하면?

조건

ㄱ. A와 C는 에버랜드에 협조전을 보낸 적이 있다.
ㄴ. B와 제일기획에서 일하는 사람은 SDI에서 일하는 사람과 어제 늦게까지 술을 마셨다.
ㄷ. 제일기획에서는 D를 데려오려고 했다가 여러 가지 사정으로 무산되었고, 지금은 A에게 가능성을 타진하고 있다.
ㄹ. C는 최근에 A를 본적이 없다.

	SDI	에버랜드
①	A	C
②	D	B
③	C	D
④	D	A
⑤	C	B

STEP 03 Skill 연습

SKILL ❶ **다음 주어진 문제를 보고, 조건과 요소들을 정확히 파악해서 매칭표를 그려 보자. 사실 매칭표는 간단하게 그릴수록 좋다.**

01 서울 시내에 있는 어느 대학 구내식당에서 식중독 환자가 발생하였다. 때문에 식품의약품 안전청에서 그날 이 대학 구내식당에서 식사한 학생들을 대상으로 역학조사를 실시하였는데, 다음과 같은 조사결과를 얻었다. 다음의 조사결과가 모두 사실일 경우, 다음 중 반드시 참인 것은?

> 1) 철수는 떡볶이와 김밥, 그리고 육회를 먹었고, 식중독에 걸렸다.
> 2) 영호는 떡볶이와 육회는 먹지 않았고, 김밥만 먹었으며, 식중독에 걸리지 않았다.
> 3) 영희는 떡볶이와 육회는 먹었고, 김밥은 먹지 않았는데 식중독에 걸렸다.
> 4) 미선은 떡볶이와 김밥은 먹었고, 육회는 먹지 않았는데 식중독에 걸리지 않았다.

① 2)와 4)만 고려한다면, 김밥이 식중독의 원인이다.
② 1)과 3)만 고려한다면, 떡볶이와 육회가 식중독의 원인이다.
③ 1)과 2), 3)만 고려한다면, 식중독의 원인은 육회이다.
④ 2)와 3), 4)만 고려한다면, 식중독의 원인은 육회이다.
⑤ 2)와 3)만 고려한다면, 식중독의 원인은 김밥이다.

표 그리기

02 **S씨는 자신의 재산을 운용하기 위해 자산에 대한 설계를 받고 싶어 한다. S씨는 자산 설계사 A~E를 만나 조언을 들었다. 자산 설계사들은 주 투자처에 대해서 모두 조금씩 다르게 '해외펀드, 해외부동산, 펀드, 채권, 부동산' 중 각 1개씩을 골라 추천하였다. 다음 [조건]을 참조하여 A와 E가 추천한 항목은?**(단, 자산 설계사는 중복으로 추천할 수 없다.)

조건

- ○ S씨는 A와 D와 펀드를 추천한 사람과 같이 식사를 한 적이 있다.
- ○ 부동산을 추천한 사람은 A와 C를 개인적으로 알고 있다.
- ○ 채권을 추천한 사람은 B와 C를 싫어한다.
- ○ A와 E는 해외부동산을 추천한 사람과 같은 대학에 다녔었다.
- ○ 해외펀드를 추천한 사람과 부동산을 추천한 사람은 B와 같이 한 회사에서 근무한 적이 있다.
- ○ C와 D는 해외부동산을 추천한 사람과 펀드를 추천한 사람을 비난한 적이 있다.

① 펀드, 해외펀드 ② 채권, 펀드 ③ 부동산, 펀드
④ 채권, 부동산 ⑤ 펀드, 부동산

표 그리기

03 희진, 지민, 성은 세 사람은 한 기업에 최종 합격 후 연수원에서 교육을 받고 있다. 이들은 교육 기간 동안 두 개의 프로젝트를 수행해야 한다. 개인별 과제인 창의적 문제해결, 6모자 기법, 브레인스토밍의 세 가지 주제 중 하나를 선택(중복 가능)해야 한다. 그리고 세 개의 팀별 과제에도 참가해야 하는데, 팀별 과제에는 직무 개선, 인터페이스 혁신, 절차 간소화의 세 가지가 있다. 이 중 반드시 하나는 참여해야 한다. 다음 [조건]을 바탕으로 6모자 기법에는 아무도 참가하지 않고, 지민이가 인터페이스 혁신 프로젝트에 참가할 경우 희진이가 반드시 참가해야 프로젝트는?

조건

- 희진과 성은은 같은 개인 프로젝트 주제를 선택하지 않는다.
- 지민과 성은은 같은 팀 프로젝트에 참가하지 않는다.
- 성은은 브레인스토밍이나 인터페이스 혁신 중에 한 가지를 선택 또는 둘 다 참가해야 한다.
- 지민은 창의적 문제해결에 참가한다.

① 인터페이스 혁신　② 브레인스토밍　③ 직무 개선
④ 창의적 문제해결　⑤ 절차 간소화

표 그리기

04 **가상의 나라 A, B, C는 흰색, 검정색, 파랑색 국기 중 하나를 사용하며, 육군, 해군, 공군력 중 하나가 강하고, 두 나라는 크고 나머지 한 나라는 작다. [조건]을 참조하여 다음 중 참인 것은?**

조건
1) A나라는 육군이 강하다. 2) 해군이 강한 나라는 작다. 3) 흰색 국기를 사용하는 나라는 공군이 강하지 않다. 4) C는 크지 않다. 5) B가 크다면, 검정색 국기를 사용하는 나라는 육군이 강하다.

① A나라는 파랑색 국기를 사용하며, 작다.
② B나라는 크고 해군이 강하다.
③ C나라는 흰색 국기를 사용하며, 해군이 강하지 않다.
④ A나라가 검정색 국기를 사용하며, B나라는 공군이 강하다.
⑤ B나라가 흰색 국기를 사용하며, C나라는 공군이 강하다.

표 그리기

정답 및 해설 P. 40~42

STEP 04

실전 문제

[01~02] 대통령은 A, B, C, D, E, F, G, H를 내각과 청와대 수석으로 새로 기용하기로 하였다. 하지만 문제는 계파와 개인적 친소관계에 따라 함께 일할 수 없는 사람들이 있다는 것이다. 다음 비서실장이 파악한 관계들을 참조하여 아래 질문에 답하시오.

- B는 A, C, F와 함께 일할 수 없다.
- C는 D, F, H와 같은 하늘 아래 살 수 없을 정도로 서로 싫어한다.
- E는 B, C, D와 함께 일할 수 없다.
- G은 B, F와 같은 공기를 마시는 것조차 싫어한다.
- H는 A, B, D와 함께 일할 수 없다.

01 다음 중 틀린 것은?

① B와 D는 같이 일할 수 있다.
② A는 C와 같이 일할 수 있다.
③ C는 G와 같이 일할 수 없다.
④ C와 B는 모두 F와 H와 함께 일할 수 없다.

02 다른 사람과 가장 부딪히지 않는 사람을 '미래소통부 장관'으로 임명하려고 하는데, A는 청문회를 통과하지 못하고 결국 낙마하고 말았다. 그렇다면 누가 미래소통부 장관이 되었을까?

① B ② D ③ F ④ G

03 서정, 영민, 승훈, 경수, 재영 5명이 미세스 피자에서 피자를 사려고 한다. 각각 아래의 [조건]에 따라 포테이토, 불고기, 페퍼로니, 고구마 피자를 산다. 이들은 모두 각 사람마다 두 종류씩의 피자를 산다. 만약 재영이 포테이토를 주문하지 않고 경수는 고구마 피자를 주문한다면, 영민과 승훈이 공통으로 주문하는 피자는?

조건

- 서정과 경수는 두 종류 모두 같은 종류의 피자를 주문한다.
- 경수와 영민은 어떤 같은 종류의 피자도 주문하지 않는다.
- 서정과 재영은 정확하게 한 종류의 피자를 공통으로 주문한다.
- 영민은 페퍼로니를 주문하고, 서정은 불고기 피자를 주문하고 재영은 고구마를 주문한다.
- 승훈과 재영은 두 종류 모두 다른 피자를 주문한다.

① 포테이토 ② 불고기 ③ 페퍼로니
④ 불고기와 포테이토 ⑤ 포테이토와 페퍼로니

04 서로 성이 다른 3명의 야구선수(김씨, 서씨, 박씨)의 이름은 정덕, 선호, 대은이고, 이들이 맡은 야구팀의 포지션은 1루수, 2루수, 3루수이다. 그리고 이들의 나이는 18세, 21세, 24세이고, 다음과 같은 사실이 알려져 있다. 다음 중 성씨–이름–포지션–나이가 제대로 짝지어진 것은?

㉠ 2루수는 대은보다 타율이 높고, 대은은 성이 김씨인 선수보다 타율이 높다.
㉡ 1루수는 성이 박씨인 선수보다 어리나 대은보다는 나이가 많다.
㉢ 선호와 성이 김씨인 선수는 어제 경기가 끝나고 같이 영화를 보러 갔다.

① 김 – 정덕 – 1루수 – 18세
② 박 – 선호 – 3루수 – 24세
③ 서 – 대은 – 3루수 – 18세
④ 박 – 정덕 – 2루수 – 24세
⑤ 서 – 선호 – 1루수 – 21세

05 수덕, 원태, 광수는 임의의 순서로 각각 빨간색, 파란색, 노란색 지붕을 가진 집에 나란히 이웃하여 살고 있다. 3명은 각각 개, 고양이, 원숭이라는 서로 다른 애완동물을 기르며, 광부, 농부, 의사라는 서로 다른 직업을 갖는다. 다음 [조건]을 참조하여 반드시 참이라고 할 수 없는 것을 [보기]에서 모두 고른 것은?

조건

가. 광수는 광부이다.
나. 가운데 집에 사는 사람은 개를 키우지 않는다.
다. 농부와 의사의 집은 서로 이웃해 있지 않다.
라. 노란 지붕 집은 의사의 집과 이웃해 있다.
마. 파란 지붕 집에 사는 사람은 고양이를 키운다.
바. 원태는 빨간 지붕 집에 산다.

보기

ㄱ. 수덕은 빨간 지붕 집에 살지 않고, 원태는 개를 키우지 않는다.
ㄴ. 노란 지붕 집에 사는 사람은 원숭이를 키우지 않는다.
ㄷ. 수덕은 파란 지붕 집에 살거나, 원태는 고양이를 키운다.
ㄹ. 수덕은 개를 키우지 않는다.
ㅁ. 원태는 농부다.

① ㄱ, ㄴ
② ㄴ, ㄷ
③ ㄷ, ㄹ
④ ㄱ, ㄴ, ㅁ
⑤ ㄱ, ㄷ, ㅁ

06 런던에 가족과 같은 한 작은 출판사가 있다. 여기에는 Mr. 보스톡(Bostock), Mr. 우드(Wood), Mr. 케니(Kenny), Mrs. 크라우트(Kraut), Miss 알렉스(Alex), Miss 어윈(Irwin)이 일하고 있다. 이들이 맡고 있는 직책은 사장, 부사장, 재무, 편집책임자, 북 디자이너, 유통담당자 중 1개씩 맡고 있다. 다음 [조건]에 참조하여 크라우트와 케니의 직책을 순서대로 나열한 것은?

조건

- 부사장은 사장의 손자이다.
- 재무는 편집책임자의 사위이다.
- 보스톡은 총각이다.
- 우드는 22살이다.
- 알렉스는 북 디자이너와 이복 자매이다.
- 케니는 사장의 친구이다.
- 20세 이전에 결혼한 사람은 없다.

① 사장, 편집책임자
② 사장, 유통담당자
③ 유통담당자, 재무
④ 편집책임자, 유통담당자
⑤ 편집책임자, 재무

07 취업 전선에 뛰어든 희진이는 다음 주 공부 스케줄을 짜던 중 몇 가지 원칙을 정했다. 월요일부터 금요일까지 공부를 하되, 영어, 상식, 면접, 한자 공부 중 하나 이상은 하기로 정하였다. 희진이는 다음 [보기]와 같은 계획을 세웠다. 만약 상식에 관한 공부를 금요일에 하고, 면접 공부를 3일 연속으로 한다면, 다음 중 반드시 사실인 것은?

보기

- ○ 화요일에 공부하지 않은 과목을 목요일에 하고, 목요일에 공부한 과목은 화요일에 하지 않는다.
- ○ 월요일에 공부하지 않은 과목은 금요일에 하고, 금요일에 하는 공부는 월요일에는 하지 않는다.
- ○ 화요일과 금요일에는 영어 공부는 한다.
- ○ 금요일과 목요일에는 한자 공부는 한다.
- ○ 금요일에는 수요일보다 적지만, 화요일보다는 많은 과목을 공부하는데, 공부하는 과목의 개수는 다른 날과 다르다.

① 한자 공부는 월요일에 한다.
② 상식 공부는 목요일에 한다.
③ 면접 공부는 금요일에 한다.
④ 상식 공부는 화요일에 한다.
⑤ 한자 공부는 수요일에는 하지 않는다.

08 A~E 5명이 어떤 백화점에서 다음 [조건]을 바탕으로 모자를 샀다. 모자의 종류는 4가지이며, 5명 모두 모자를 1개씩 샀을 경우 다음 중 옳은 것은?

조건

a. A, B, E는 각각 서로 다른 모자를 샀다.
b. B, D, E는 각각 다른 모자를 샀다.
c. C는 다른 4명과는 다른 모자를 샀다.
d. A는 1형과 3형, B는 1형과 2형, C는 2형과 4형, D는 3형과 4형, E는 1형과 4형 이외의 것을 샀다.
e. 각 종류의 모자는 최소 1명 이상이 샀다.

① A는 2형을 샀다.
② B는 3형을 샀다.
③ C는 3형을 샀다.
④ D는 1형을 샀다.
⑤ E는 2형을 샀다.

09 기차 내 김씨, 이씨, 박씨가 타고 있는데, 이들은 각각 안내원, 검표원, 기관사 중 1개를 맡고 있다. 한편, 기차를 타려고 하는 3명의 회사원들은 김과장, 이과장, 박과장이다. 이들 6명은 다음과 같은 [조건]을 만족할 때, 다음 중 기관사의 성은 무엇인가?

조건

1) 박과장은 대전에 산다.
2) 검표원은 서울과 대전의 중간에 산다.
3) 이과장은 정확히 1년에 2,000만원을 벌고 있다.
4) 승객 중 검표원과 가장 가까이 사는 사람의 수입은 정확히 검표원의 3배이다.
5) 검표원과 같은 성을 가진 승객은 서울에 산다.
6) 승객들의 집은 각기 다르다.
7) 안내원은 김씨와 등산을 가곤 한다.

① 김씨
② 이씨
③ 박씨
④ 김씨, 이씨, 박씨 모두 될 수 있다.
⑤ 문제의 조건으로는 정답이 없다.

10 남자 A, B, C는 평소 가깝게 지내던 사람인 가영, 나희, 도화 3명의 여성에게 에메랄드, 루비, 다이아몬드 중 마음에 드는 보석을 하나씩 선물하기로 하였다. 하지만 선물을 같은 곳에서 포장하는 바람에 겉포장을 보고서는 어느 것에 무슨 보석이 들어있는지 확인이 불가능하였다. 다음의 진술이 참일 때, 옳지 않는 것은?

(가) 다이아몬드를 준비한 남자는 외아들로서 아직 미혼이며, 남자 3명 중 가장 키가 크다.
(나) 나희는 에메랄드를 받은 사람보다 젊다.
(다) A는 B의 이모부이며, B는 에메랄드를 선물한 사람보다는 키가 작다.
(라) 가영에게 선물을 할 남자는 2남 1녀 중 차남이다.
(마) A는 가영에게 선물하지 않을 것이다.

① B는 루비를 선물할 것이다.
② A는 에메랄드를 선물할 것이다.
③ 다이아몬드를 받을 사람은 나희이다.
④ 도화는 루비를 받을 것이다.
⑤ 가영이가 받은 선물은 에메랄드가 아니다.

정답 및 해설 P. 42~45

CHAPTER 02

순서정하기 문제

STEP 01 유형 분석

Main Type	Sub Type 1	Sub Type 2
절대적 순서 문제	절대적 순서 문제에서 경우의 수로 찾아가기	상대적 순서 문제

★ Main Type 절대적 순서 문제

순서 문제는 크게 절대적 순서 문제와 상대적 순서 문제로 갈린다. 다만 절대적 순서 문제는 하나라도 순서가 고정된 것이 있는 형태의 문제를 말하고, 상대적 순서 문제는 단 한 개도 고정되어 있지 않고 요소들의 상대적인 순서만 제시된 형태의 문제들을 말한다. 그러므로 절대적 순서 문제는 포인트나 기준이 되는 순서부터 채워 넣고, 그 앞뒤로 조건에 맞춰 채워 넣어가면서 풀면 된다.

정답 및 해설 P. 45

의예과의 윤리학 강의에서 다음의 8가지 주제 중에서 6개를 선택해서 토론을 하게 되었다. 토론의 주제는 (인간)복제, 낙태, 인공수정, 정신병, 비만증, 성교육, 유전자 조작, 의사의 책임이다. 토론의 순서는 [보기]의 규칙에 따라 정한다. 만약 '복제'와 '정신병'이 선택되지 않은 두 개의 주제이고, '비만증'이 네 번째 주제라면, 다섯 번째 토론되는 주제는?

보기

○ 만약 '복제'가 주제로 선택되지 않는다면, '의사의 책임'은 맨 마지막에 토론해야 한다.
○ 만약 '유전자 조작'이 주제로 선택된다면, '인공수정'의 바로 전 또는 바로 다음에 토론되어야 한다.
○ '낙태' 또는 '비만증'이 맨 처음 토론되어야 한다.

① 낙태 ② 성교육 ③ 인공수정 ④ 유전자 조작 ⑤ 알 수 없다.

★ Sub Type 1 절대적 순서 문제에서 경우의 수로 찾아가기

절대적 순서 문제라고 모든 순서가 다 정해지는 것이 아니다. 순서 문제에서는 특히 경우의 수가 많이 갈리는데, 표현 자체도 쉽기 때문에 몇 가지 경우라도 결론으로 낼 수 있다. 이때 주의할 것은 순서 정하기가 아니라, 결론이 여러개 나왔기 때문에 순서가 고정되지 않았다는 사실이다. 이 경우 문제 자체가 '몇 번째인가?'하는 물음보다는, '반드시 참이 되는 것은?'처럼 될 가능성이 더 높다. 두세 가지 경우가 나오면 그 경우들이 공유하는 사실은 반드시 참이 되는 진술이 된다.

정답 및 해설 P. 45

A, B, C, D, E 5명이 제주도 올레길 답사를 떠났다. 민박집에서 출발하여 서로 다른 코스를 선택하여 코스가 모두 끝나는 지점의 휴게소에서 만나기로 하였다. 다음 조건으로부터 항상 옳은 것은?

조건

- A가 도착하고 보니 이미 두 사람이 도착해 있었다.
- D는 B보다 늦게 도착하였다.
- D는 E보다 일찍 도착하였다.
- C는 D보다 일찍 도착하였다.

① B가 첫 번째로 도착하였다.
② C가 두 번째로 도착하였다.
③ D는 네 번째로 도착하였다.
④ E가 A보다 일찍 도착하였다.
⑤ C는 A보다는 늦게 도착했다.

★ Sub Type 2 상대적 순서 문제

상대적 순서 문제는 주어진 순서의 조건이 모두 상대적인 진술로 제시되는 문제이다. 'A보다 B가 크다', 'C는 D보다 늦다' 같은 진술들인데, 고정된 순서가 없기 때문에 하나의 표로 표시하기가 쉽지 않다. 상대적 순서를 기호화한 다음에 그것을 한 번에 그리는 식으로 문제를 풀어간다.

정답 및 해설 P. 46

다음은 A, B, C, D, E 다섯 명의 키를 비교한 것이다. [조건]을 참조하여 키가 큰 순서대로 올바르게 추론한 것은?

| 조건 |

- D는 C보다 크다.
- E는 A보다 작다.
- B는 A보다 크다.
- B는 C보다 작다.

① B>A>D>C>E
② B>A>E>D>C
③ D>B>A>C>E
④ D>C>B>A>E
⑤ D>C>A>E>B

STEP 02 문제 해결방법

1단계	2단계	3단계
조건을 파악해서 조건에 드러난 파편적인 순서를 정리한다.	기준을 잡고 순서를 배치한다.	순서다 보니 일정한 흐름에 따라 배치하는데, 경우의 수가 갈리는 것은 가지를 치면서 또 하나의 흐름으로 표시한다.

4단계
여러 흐름을 보고 나머지 조건들과 비교해서 순서를 확정한다.

1단계 | 순서 조건은 A는 "세 번째다."처럼 정확히 정해진 것보다, "A는 B 앞에 온다."와 같이 비교 진술이 많다. 그러므로 이 비교 진술들을 일단 눈에 보이게 기호로 정리해 놓는 것이 좋다. "A는 B의 바로 앞이다."라고 하면 "A–B" 정도로, "A는 B의 앞이다."하면 "A>B"정도로 미리 정해놓고 이런 기호로 주어진 조건을 바꿔 한 눈에 알기 편하게 한다.

2단계 | 순서를 판단하는 문제는 전·후의 일들을 정확히 하는 것이 제일 중요하다. B 전에 A라고 하면 A와 B가 반드시 붙어 있지는 않더라도 A>B의 순서는 반드시 지켜져야 한다는 것이다. A와 B 사이에 다른 여러 가지 사건이 들어갈 수는 있지만 B가 A 앞으로 나가지는 못한다. 이러한 조건들이 여러 가지 중첩되다 보면 순서가 어느 정도 밝혀지게 된다. 일단 기준이 되는 것은 조건 가운데 가장 많이 등장하는 요소가 될 것이다. 언급한 것이 많으므로 여러모로 표시할 것이 많을 수 있기 때문이다.

3단계 | 특히 순서 문제에서는 경우가 많이 갈릴 수밖에 없다. A에 대해서는 적어도 B 앞이라는 것만 알고 있다면, C나 D에 대해서는 그 관계를 모르기 때문에 C보다 앞설 때, D보다 앞설 때를 전부 나눠서 생각해야 하기 때문이다. 그렇기 때문에 앞서 언급한 경우처럼 정식으로 경우의 수를 가르기보다 흐름도를 만들어서 흐름도에서 가지를 치는 식으로 정리하는 것이 효과적이다.

4단계 | 흐름도를 보고, 아직 적용되지 않은(흐름도에서 적용하기 어려운) 조건들을 적용하여 순서를 확정한다. 가령 "A는 적어도 첫 번째는 아니다." 같은 진술을 흐름도상 나타내기 어려운데, 나중에 여러 가지 경우 중에 적어도 A가 제일 앞에 나오는 경우는 지울 수 있기 때문에 결론을 가려내는 중요한 구실을 하게 된다.

SKILL ❶ 순서를 기호화하기

순서를 판단하는 문제는 전·후의 일들을 정확히 하는 것이 제일 중요하다. B 전에 A라고 하면 A와 B가 반드시 붙어 있지는 않더라도 A>B의 순서는 반드시 지켜져야 한다는 것이다. A와 B 사이에 다른 여러 가지 사건이 들어갈 수는 있지만 B가 A 앞으로 나가지는 못한다. 이러한 조건들이 여러 가지 중첩되다 보면 순서가 어느 정도 밝혀지게 된다. 위치를 판단하는 문제와 마찬가지로 기준이 되거나 정확하게 밝혀진 부분부터 먼저 기재하고, 알려진 부분부터 순서를 정하기 시작한다. 부등호라든가 자신이 알아 볼 수 있는 기호를 쓰는 것이 순서를 판단하는 작업에 도움이 될 것이다. 몇 가지 기호를 정해놓는 것이 좋다.

ㅇ A 앞에 B가 있다. → B>A
ㅇ C는 D 바로 앞에 있다. → C－D
ㅇ E는 F의 전 또는 후에 온다. → E / F

이때 C－D라든가, E/F 같은 조건은 일종의 블록을 형성하는데 두 요소가 한꺼번에 움직임으로써 경우의 수를 확 좁혀주는 효과가 있다. 순서 문제를 풀어갈 때 매우 중요한 기준이 된다.

SKILL ❷ 상대적 순서 문제에서 웹 메이킹(거미줄 그리기)

상대적 순서 문제는 주어진 조건에 상대적인 크기 밖에 없는 경우다. 하나라도 순서가 정해져 있는 것이 있으면 그것의 앞, 뒤에 올 것을 정하는 과정에서 어느 정도 순서가 밝혀지는데, 상대적 순서 문제는 기준점이 없으므로, 이런 식의 접근이 용이하지가 않다. 가령 주어진 조건이 다음과 같다고 해 보자.

- A 앞에 B가 있다.
- C는 B 뒤에 있다.
- D는 A의 앞에 있다
- D가 맨 처음은 아니다.

D와 C의 관계를 구할 수가 없다. 다른 하나의 것에 대한 상대적인 조건만 나와 있기 때문에 제약 사항이 많은 것이다. 그런데 이 문제에 'A는 세 번째'라는 조건을 하나만 주어져도 다음과 같이 금방 찾을 수 있다.

- D>A
- B>A
- B>C

1	2	3	4
B	D	A	C

결국 하나의 절대적인 기준이 없으면 이 문제는 상대적인 순서만 알게 되고, 여러 가지 경우의 수를 생각하게 된다.

1) A가 세 번째 있을 경우

1	2	3	4
B	D	A	C

2) A가 네 번째 있을 경우

1	2	3	4
B	D	C	A
B	C	D	A

다행히 순서가 4개 밖에 없어서 경우의 수가 3개 밖에 나오지 않았는데, 만약 7명이 이런 식의 순서를 가진다면 문제는 상당히 복잡해진다. 그래서 매번 이렇게 복잡한 경우의 수를 그리지 말고, 이런 경우들을 다른 형태로 표현하기로 하자. 그것을 '거미줄 그리기' 혹은 '웹 메이킹'이라고 명명한다.

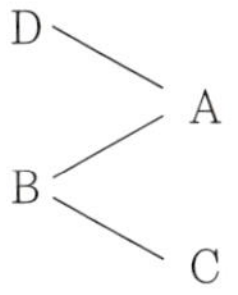

이 형태가 바로 위에서 이야기한 경우들을 한번에 나타내게 된다. 보통 문제들은 '참이 될 수 없는 것을 찾으라'는 식으로 출제되기 때문에 이 거미줄에서 어긋난 것을 선택지에서 찾아서 표시하면 답이 될 것이다.

STEP 03

Skill 연습

SKILL ❶ 다음 주어진 순서 문제에서 조건들을 기호화하는 연습을 해 보자.

01 다음은 같은 학원을 다니는 5명의 수학 시험 점수에 관한 내용이다. 다음 진술이 모두 참일 때 수학 점수가 가장 낮은 사람은 누구인가?

- 영수는 영희보다 수학 시험 점수가 높다. → ( )
- 동수는 영수보다 수학 시험 점수가 낮다. → ( )
- 철수는 동수보다 수학 시험 점수가 높다. → ( )
- 찬희는 다섯 중에서 수학 점수가 가장 높다. → ( )
- 영희와 철수는 수학 점수가 같다. → ( )

① 영수　② 동수　③ 찬희　④ 영희

02 다음 [조건]에 비추어 볼 때, 왼쪽에서 세 번째 자리에 위치할 수 없는 사람으로 짝지은 것은?

조건

㉮ B와 C는 A보다 오른쪽에 있다. → ( )
㉯ B는 E보다 왼쪽에 있다. → ( )
㉰ F와 G는 C보다 오른쪽에 있다. → ( )
㉱ D와 F는 E보다 오른쪽에 있다. → ( )
㉲ F는 가장 오른쪽에 있지 않다. → ( )

① B, D　② C, E　③ D, F
④ E, G　⑤ F, G

03 SH 타임즈의 이시한 기자는 '대학교 등록금 이대로 좋은가?'라는 기사를 쓰기 위해 A대, B대, C대, D대, E대, F대, G대 7곳의 각 대학교 학장들과의 인터뷰 약속을 하루에 몰아 잡았다. 그런데 정신없이 약속을 잡고 보니 어느 학교와의 인터뷰가 먼저인지 깜빡하여 메모에 정리해 보니 [보기]와 같았다. 그런데 아직까지 순서가 완전하지 않다가 서랍 제일 마지막에 있는 메모를 보고 순서를 재구성할 수 있었다. 그 메모에 적힌 구절은 무엇이었을까?

보기

㉠ D대보다 나중에 E대이다. → (　　　)
㉡ G대보다 나중에 B대이고, B대보다 나중에 E대이다. → (　　　)
㉢ G대보다 나중에 F대이고, F대보다 나중에 D대이다. → (　　　)
㉣ 네 번째 인터뷰 약속은 D대이다. → (　　　)
㉤ A대보다 나중에 F대고, A대가 맨 처음은 아니다. → (　　　)

① C대가 맨 끝은 아니다.
② C대는 D대보다 나중이다.
③ C대는 D대의 다음 다음이다.
④ C대는 G대와 E대 사이이다.
⑤ E대는 C대보다 나중이다.

04 국가대표 축구 대항전을 맞이하여 한국 대표팀은 모든 해외파와 국내파를 다 동원해서 시합을 치르려고 한다. 신문기자인 은혜씨는 파주 트레이닝 센터에 대표팀원들이 입소하는 기사를 쓰려고 자료를 요청하였는데 자료 전달과정에서 한 정보가 누락되어 완벽한 순서를 복원해 내지 못했다. 누락된 정보는?

㉠ A는 B보다는 먼저 입소했지만 C보다는 나중에 왔다. → (　　　)
㉡ D는 E보다 나중에 입소했지만 F보다는 먼저 왔다. → (　　　)
㉢ E는 A보다는 나중에 입소했지만 B보다는 먼저 왔다. → (　　　)
㉣ G는 A보다는 먼저 입소하였지만 H보다는 나중에 입소하였다. → (　　　)
㉤ C가 가장 먼저 오지는 않았으며, F가 제일 마지막에 오지 않았다. → (　　　)

① H와 G가 인접하여 입소하지는 않았다.
② D와 F가 인접하여 입소하지는 않았다.
③ H는 B보다 먼저 입소하였다.
④ A와 D가 인접하여 입소한 것은 아니다.
⑤ F는 B보다 먼저 입소하였다.

정답 및 해설 P. 46~47

STEP 04

실전 문제

01 **어떤 고고학 탐사팀이 발굴한 네 개의 유물 A, B, C, D에 대하여 다음과 같은 사실을 알게 되었다. 발굴된 유물을 오래된 것부터 시대순으로 나열한 것은?**

- B보다 시대가 앞선 유물은 두 개이다.
- C는 D보다 시대가 앞선 유물이다.
- A는 C에 비해 최근의 유물이다.
- D는 B가 만들어진 시대 이후에 제작된 유물이다.

① C－D－B－A

② C－B－D－A

③ C－D－A－B

④ C－A－B－D

⑤ C－A－D－B

02 **6명의 죄수 A, B, C, D, E, F가 월요일에서 토요일까지 6일 동안 가석방 심리에 출석해야 한다. 하루에 한 명씩 가석방 심리에 출석하며, 출석 순서는 다음 [조건]을 따를 때, 반드시 거짓인 것은?**

조건

- A에 대한 심리는 B보다 먼저 열려야 한다.
- C는 A에 대한 심리가 열린 바로 전날 또는 바로 다음날에 열린다.
- D는 화요일에 출석한다.
- F에 대한 심리는 수요일 또는 토요일에만 열릴 수 있다.

① A는 금요일에 출석한다.

② B는 금요일에 출석한다.

③ C는 수요일에 출석한다.

④ E는 수요일에 출석한다.

⑤ F는 수요일에 출석한다.

03 **다음은 7개 회사의 매출액에 대한 2013년도 조사 결과를 나타낸 것이다. 이러한 설명에 근거하여, 6개 회사 중 매출액이 낮은 것부터 순서대로 올바르게 나열한 것은?**

> ㄱ. G회사의 매출액은 F회사의 매출액보다 높다.
> ㄴ. A회사의 매출액과 C회사의 매출액은 같다.
> ㄷ. B회사의 매출액은 F회사의 매출액과 G회사의 매출액을 합한 것과 비슷하다.
> ㄹ. D회사의 매출액이 가장 낮다.
> ㅁ. E회사의 매출액은 C회사, B회사, G회사의 매출액을 모두 합한 것보다도 많다.
> ㅂ. A회사의 매출액은 B회사의 매출액과 G회사의 매출액을 합한 것과 같다.

① D, B, C, G, F, E
② D, G, A, B, C, E
③ D, B, G, A, C, E
④ D, F, G, B, C, E
⑤ D, F, B, G, C, E

04 **다음과 같은 상황에서 가은, 나영, 다솜, 라라, 마음, 바다, 사랑 7명 중 성적이 결코 3등이 될 수 없는 사람끼리 짝지어진 것은?**

> 1) 나영과 다솜의 점수는 가은의 점수보다 낮다.
> 2) 나영의 점수는 마음의 점수보다 높다.
> 3) 바다와 사랑의 점수는 다솜의 점수보다 낮다.
> 4) 라라와 바다의 점수는 마음의 점수보다 낮다.

① 나영, 라라 ② 다솜, 라라 ③ 바다, 사랑
④ 가은, 바다 ⑤ 가은, 사랑

05 **서류를 정리하던 회사원 P씨는 지금 난처한 상황에 있다. 지난달에 체결한 7건의 계약에 대한 자료들을 시간 순서대로 정리하는 중이었는데, 그만 커피를 엎질러 자료의 잉크가 번져 계약 날짜가 지워졌기 때문이다. P씨는 기억을 더듬고, 잉크가 번지지 않은 자료에 있는 단서들을 근거로 7개의 회사**(A, B, C, D, E, F, G)**와 맺은 계약이 어떤 순서로 맺어진 것인지 정리하려고 한다. 그가 지금까지 모은 정보는 다음 [보기]와 같다. 하지만 이 정보로는 확실하게 알 수 없었던 P씨는 번지다가 만 종이에서 발견한 단서로 7건의 계약의 순서를 정확하게 배열할 수 있게 되었다. 다음 중 결정적인 단서가 될 수 있는 정보는?**(단, 위 7건의 계약 이외에 지난달에 체결한 계약은 없는 것으로 간주한다.)

보기
○ B와의 계약이 F와의 계약에 선행한다. ○ G와의 계약은 D와의 계약보다 먼저 이루어졌는데, E와의 계약, F와의 계약보다는 나중에 이루어졌다. ○ B와의 계약이 지난달 가장 먼저 맺어진 계약은 아니다. ○ D와의 계약은 A와의 계약보다 먼저 이루어졌다. ○ C와의 계약은 G와의 계약보다 나중에 이루어졌다.

① E와의 계약은 B와의 계약에 선행한다.
② B와의 계약은 G와의 계약에 선행한다.
③ C와의 계약 뒤에도 다른 계약이 있었다.
④ C와의 계약이 가장 나중에 이루어지지는 않았다.
⑤ D와의 계약은 A와의 계약과 인접하여 이루어지지는 않았다.

06 8명의 신입사원 김, 이, 박, 강, 양, 정, 장, 유 사원 중 6명 만이 다음에 있을 회의에서 프리젠테이션(발표)을 할 수 있다. 한 명이 한 주제에 대해 프리젠테이션을 하며, 순차적으로 진행된다. 만약 정 사원이 세 번째 발표를 하고 이 사원이 정 사원이 발표한 이후 언젠가 발표를 한다면, 다음 중 발표 차례 자체가 아예 없는 사람은 누구인가?

> ○ 김 사원은 발표를 해야 하고, 순서는 첫 번째이거나 다섯 번째 발표다.
> ○ 만약 이 사원이 발표를 한다면, 장 사원도 발표를 해야 하고, 장 사원의 발표는 이 사원 바로 전에 있다.
> ○ 만약 박 사원이 발표를 한다면, 그것은 두 번째나 네 번째나 여섯 번째일 수 있다.
> ○ 만약 정 사원이 발표를 한다면, 양 사원도 발표를 해야 하고, 정 사원의 발표는 양 사원 전이다.
> ○ 만약 유 사원이 발표를 한다면, 그것은 김 사원 바로 전이거나 뒤일 수 없다.

① 김 사원 ② 박 사원 ③ 양 사원
④ 장 사원 ⑤ 유 사원

07 8명의 학생 A, B, C, D, E, F, G, H는 한 자전거를 같이 공유하고 있다. 어느 날 이 자전거를 이용하려는 계획을 세웠는데, 그날은 이들 외 다른 사람은 그 자전거를 이용하지 않을 것이고, 8명 학생들은 한 번에 한 명만 자전거를 이용할 수 있다. 어떤 학생도 한 번 이상 자전거를 이용하지 않으며, 다음 규칙들이 성립한다. 만약 F가 자전거를 이용하는 네 번째 학생이라면, 다음 중 사실은?

> 규칙
>
> • A, B, C는 연속적으로 자전거를 이용해야 하지만 반드시 이 순서인 것은 아니다.
> • E와 F는 C가 자전거를 이용하기 전에 그것을 사용해야 한다.
> • G는 자전거를 이용하는 마지막 학생이다.
> • 정확하게 한 학생이 A와 F 사이에 자전거를 이용해야 한다.
> • 정확하게 한 학생이 B와 D 사이에 자전거를 이용해야 한다.

① F가 자전거를 이용한 후에 바로 B가 자전거를 이용한다.
② H는 C가 자전거를 이용하기 바로 전에 자전거를 이용한다.
③ D는 자전거를 이용하는 일곱 번째 학생이다.
④ E는 자전거를 이용하는 첫 번째 학생이다.
⑤ H는 자전거를 이용하는 마지막 학생이다.

08 **갑, 을, 병, 정의 네 나라에 대한 다음의 [조건]으로부터 추론할 수 있는 것은?**

조건

- 이들 나라는 시대순으로 연이어 존재하였다.
- 네 나라의 수도는 각각 달랐는데 관주, 금주, 평주, 한주 중 어느 하나였다.
- 한주가 수도인 나라는 평주가 수도인 나라의 바로 전 시기에 있었다.
- 금주가 수도인 나라는 관주가 수도인 나라의 바로 다음 시기에 있었으나, 정보다는 이전 시기에 있었다.
- 병은 가장 먼저 있었던 나라는 아니지만, 갑보다는 이전 시기에 있었다.
- 병과 정은 시대순으로 볼 때 연이어 존재하지 않았다.

① 금주는 갑의 수도이다.

② 관주는 병의 수도이다.

③ 평주는 정의 수도이다.

④ 을은 갑의 다음 시기에 존재하였다.

⑤ 병은 금주의 다음 시기에 존재하였다.

[09~10] 한 회사의 임원이 서로 다른 4개의 도시인 부산, 광주, 대전, 전주에 있는 4명의 고객을 월요일에서 금요일 안에 만나야 한다. 그는 하루에 한 명씩 고객을 만날 것이고, 하루는 서울에 있는 그의 사무실로 돌아올 것이다. 그의 일정은 다음 [조건]을 따른다. 이를 보고 물음에 답하시오.

조건

- 그는 광주와 대전을 모두 방문한 이후에야 부산을 방문할 수 있다.
- 그는 대전을 방문하고 서울에 있는 사무실로 돌아온 이후에야 전주를 방문할 수 있다.
- 그는 일주일 동안 한 번에 한 도시만 방문할 것이다.

09 다음 중 임원의 월~금요일 출장 일정으로 가능한 것은?

① 부산 – 전주 – 서울 – 대전 – 광주
② 광주 – 대전 – 서울 – 전주 – 부산
③ 전주 – 광주 – 대전 – 서울 – 부산
④ 서울 – 전주 – 대전 – 광주 – 부산
⑤ 대전 – 서울 – 부산 – 광주 – 전주

10 만약 임원이 광주 이전에 전주를 방문한다면, 다음 중 반드시 사실인 것은?

① 대전 전에 부산을 방문한다.
② 대전 전에 광주를 방문한다.
③ 부산 전에 전주를 방문한다.
④ 서울 전에 전주를 방문한다.
⑤ 전주 전에 광주를 방문한다.

정답 및 해설 P. 47~49

CHAPTER 03

배치하기/ 위치 판단하기 문제

STEP 01 유형 분석

Main Type	Sub Type 1	Sub Type 2
팀을 나눠 배치하는 유형	개별 요소에 배치하는 유형	위치 판단하기

★ Main Type 팀을 나눠 배치하는 유형

배치하기에서 가장 일반적인 유형의 문제는 한정된 자원을 정해진 부분으로 나누는 것이다. 가장 일반적인 것은 정해진 그룹에 인원들을 배치하는 문제이다. 역시 주어진 [조건]에 맞춰 배치가 이루어지기 때문에 조건을 주시하는 것이 최우선이다. 기본적으로 어떤 식의 구조에서 어떤 식의 배치 방법을 원한다는 개념을 정립하고 문제를 풀기 시작해야 할 것이다.

정답 및 해설 P. 49

고등학교 동창인 7명(A, B, C, D, E, F, G)은 시청역에서 반창회 모임을 가진 후 집으로 귀가하는 데 모두 지하철 1호선 혹은 2호선을 이용하였다. 그런데 이들이 집으로 가는 데 다음과 같은 [조건]을 따라야 한다고 한다. 이때 A가 1호선을 이용하지 않았다고 할 때, 다음 중 가능하지 않은 것은?

조건

- 1호선을 이용한 사람은 많아야 3명이다.
- A는 D와 같은 호선을 이용하지 않는다.
- F는 G와 같은 호선을 이용하지 않는다.
- B는 D와 같은 호선을 이용한다.

① B는 지하철 1호선을 탄다.
② F는 지하철 1호선을 탄다.
③ C는 지하철 2호선을 탄다.
④ E는 지하철 1호선을 탄다.

★Sub Type 1 개별 요소에 배치하는 유형

배치하는 것이 팀 단위가 아니라, 세부적인 요소나 자리 차원으로 조금 더 세밀하게 구성되는 문제이다. 이런 경우 그림을 정확하게 그려서 도식적으로 상황이나 조건들이 한눈에 들어오게 하는 것이 중요하다.

정답 및 해설 P. 49~50

철수, 영희, 진희, 영철, 영미, 은숙, 희영, 강현 8명의 사람이 보트로 여행을 즐기고 있다. 이들에게는 모두 3개의 보트가 있으며, 색상은 각각 파란색, 노란색, 녹색이다. 각 보트는 최대 3명이 탑승할 수 있다. 각 사람은 하나의 좌석을 차지하고, 다음 [규칙]에 따라 보트에 탑승해 있다. 만일 두 사람만이 노란색 보트에 타고 있고, 영미가 녹색 보트에 타고 있다면 다음 중 옳은 것은?

규칙

- 철수와 영희는 반드시 같은 보트에 타야 한다.
- 진희는 반드시 노란색 보트에 타야 한다.
- 영철은 영미와 같은 보트에 탈 수 없다.
- 은숙이 탄 보트에는 한 자리가 비어 있어야 한다.
- 강현이 탄 보트에는 적어도 영미 혹은 진희 둘 중 한 명은 타고 있어야 한다.

① 철수는 녹색 보트에 타고 있다.
② 희영은 파란색 보트에 타고 있다.
③ 희영은 녹색 보트에 타고 있다.
④ 강현은 파란색 보트에 타고 있다.
⑤ 강현은 노란색 보트에 타고 있다.

★ Sub Type 2 위치 판단하기

정해진 위치를 찾아나가는 문제이다. 위치를 찾기 위해서는 주어진 그림이나 위치를 정확히 이해하는 것이 중요하다. 위치를 잡을 때 함정은 없는지 재차 확인하고, 간단하게라도 그림을 그려 정확한 위치를 표시해 가며 문제를 해결해야 할 것이다. 그림에서 알려진 위치부터 먼저 채워 넣고, 알려지지 않은 곳은 주어진 조건을 참고하여 채워 넣으면 된다.

정답 및 해설 P. 50

○○시는 새 청사를 신축했고, 곧 여기로 이사하려 한다. ○○시는 다음 [그림]과 같이 하나의 복도를 사이에 두고 8개의 사무실을 한 층에 배치하려 한다. 이 8개의 사무실 중 4개는 재정 관련 부서로 회계과, 예산기획과, 예산분석과, 세무과 사무실이다. 나머지 4개는 수도과, 홍보과, 공원녹지과 사무실 그리고 부시장실이다. [보기]의 배치계획에 따를 때 잘못된 것은?

[그림]

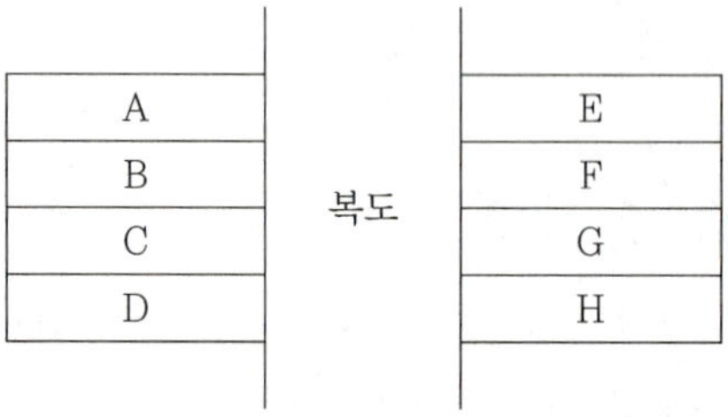

보기

ㄱ. 사무실 D는 부시장실로 내정되어 있다.
ㄴ. 예산분석과와 예산기획과는 복도를 중심으로 같은 쪽에 위치한다.
ㄷ. 부시장실과 공원녹지과는 복도를 중심으로 같은 쪽에 위치한다.
ㄹ. 예산기획과의 정면에는 공원녹지과가 위치한다.
ㅁ. 재정 관련 모든 사무실의 정면 및 옆에는 재정 관련 부서가 들어서지 않는다.

① 홍보과와 예산분석과는 복도를 중심으로 같은 쪽에 있다.
② 수도과와 세무과는 복도를 중심으로 같은 쪽에 있다.
③ 공원녹지과 옆에는 세무과가 있다.
④ 수도과 옆에는 예산기획과가 위치한다.
⑤ 회계과 옆에는 공원녹지과가 위치한다.

STEP 02

문제 해결방법

1단계	2단계	3단계
주어진 조건에 맞춰 도식화	채울 수 있는 것을 채움	블록처럼 묶여서 움직이거나 배치될 곳은 없는지 체크

4단계
경우의 수를 따라서 조건과 모순점이 없는지 체크

1단계 | 문제 안에서 이미 그림이 그려져서 주어진 문제도 있고, 그렇지 않은 문제도 있다. 어쨌든 위치 판단에서는 정확하게 그림을 그리고 시각적으로 확인해 가며 푸는 것이 효과적이다. 앞서 매칭하기 문제에서 기본이 되는 표를 그리면서 그것을 채우는 식으로 풀어 나가는데, 배치하기나 위치 판단에서는 그림이 표의 역할을 하는 것이다.

2단계 | 표에서 매칭한 것을 채워 나가듯이, 조건에서 나타난 위치를 그림에서 채워 나간다. 이때 중요한 것은 블록이 설정되는지의 여부다. 블록이라는 것은 같이 움직이는 것들이다. 가령 A는 B의 2층 위에 있다든지 하는 식으로 같이 표시되어야 하는 조건들이 있는데, 이것이 바로 그림상에 표시가 안 된다 하더라도 한 쪽에 이런 조건이 있었음을 잊지 않게 표시해 두어야 한다.

3단계 | 두 조건이 결합해야 나오는 정보들 가운데 반영하지 않은 것이 있나 체크한다. 이때 한 쪽에 표시해 둔 블록의 조건들이 혹시 들어가는지의 여부도 주의 깊게 봐야 한다.

4단계 | 답이 나오면 그만하면 되지만, 조건이 부족하여 정확하게 채워지지 않을 때, 경우의 수를 가르고 그 경우의 수에 맞게 남은 조건들을 배치하여 그림을 완성해 본다. 항상 그런 것은 아니지만 보통 블록으로 설정된 것이 경우의 수를 나눌 때 기준이 될 때가 많다.

SKILL ❶ 블록으로 움직이기

조건 가운데 특히 눈 여겨 볼 조건이 블록으로 묶어 주는 조건들이다. 이 조건들은 문제풀이를 한결 가볍게 해준다. 보통 경우의 수가 갈라질 때 블록으로 묶여 있는 조건들은 경우의 수를 반 이하로 줄여주기 때문이다. 블록은 배치하기나 위치 정하기에서 모두 중요한 요소가 되는데 각각 유형에 따라 다음과 같이 표현된다.

- 배치하기 – 같은 팀에 배치
- 위치 정하기 – 바로 옆 자리

블록 조건이 가장 중요한 셈이므로 블록으로 움직이는 조건은 각별히 표시를 해 놓도록 한다.

정답 및 해설 P. 51

다음 글을 읽고 추론할 때 참인 것은?

S그룹에서는 신입직원 중 핵심인재 7명을 다음 [조건]에 따라 전자, 건설, 물산 등 3개의 계열사에 배치하려고 한다. 직원 7명의 이름은 김기태, 나오미, 도연명, 모기환, 봉민두, 서종갑, 이찬호이며, 위의 세 계열사 중 한 계열사에는 3명을, 나머지 두 계열사에는 2명씩을 배치한다.

조건

가. 김기태씨와 나오미씨는 같은 계열사에 배치되어야 한다.
나. 도연명씨는 전자에 배치되어야 한다.
다. 이찬호씨는 건설에 배치되어야 한다.
라. 이찬호씨와 모기환씨는 같은 계열사에 배치되어서는 안 된다.
마. 모기환씨와 봉민두씨는 같은 계열사에 배치되어야 한다.
바. 전자에는 2명만이 배치되어야 한다.

① 김기태씨는 건설에 배치되었다.
② 나오미씨는 물산에 배치되었다.
③ 모기환씨는 건설에 배치되었다.
④ 봉민두씨는 전자에 배치되었다.
⑤ 서종갑씨는 물산에 배치되었다.

SKILL ❷ 위치 정하기에서 그림 그리기

위치를 잡을 때 함정은 없는지 재차 확인하고, 간단하게라도 그림을 그려 정확한 위치를 표시해 가며 문제를 해결해야 할 것이다. 그림에서 알려진 위치부터 먼저 채워 넣고, 알려지지 않은 곳은 주어진 조건을 참고하여 채워 넣으면 된다. 유형으로는 일자형과 공간형, 순환형으로 나뉘며, 일반적으로 난이도는 일자형은 순서 문제와 비슷하다. 그림으로는 다음과 같다.

공간형은 건물을 쌓는다고 생각하면 된다. 아래와 같은 정도의 그림이 나올 것이다.

순환형은 원형 테이블이나 정사각형 테이블이 주로 출제된다.

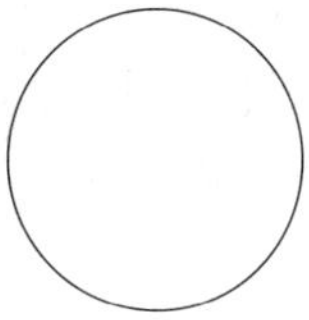

난이도는 보통 공간형, 순환형의 순으로 높아진다. 왜냐하면 면의 개수가 점차 많아지고 고정되지 않고 순환하는 형태를 나타내기 때문이다. 비록 난이도가 높아진다 할지라도 주어진 그림이나 위치를 정확히 이해하는 것이 문제 풀이의 핵심이다. 이런 형태의 그림은 기본형이고, 문제의 조건을 유심히 보면서 이런 것보다 어려운 그림이면 여기서 달라지는 것은 무엇인지 등의 비교 포인트에 주의해서 그림을 그려야 한다.

정답 및 해설 P. 51

○○구청은 별관을 신축했다. 5층짜리 건물이고, 한 층에는 작은 사무실 하나와 큰 사무실 하나로 이루어진 작은 건물이다. 총무과, 자치행정과, 문화공보과, 지방세과, 민원지적과, 지역경제과, 사회복지과, 환경위생과의 총 8개의 과가 이 별관에 입주한다. 다음 [조건]을 참조하여 만약 사회복지과가 지역경제과보다 높이 위치하고 있고, 지역경제과는 민원지적과보다 높이 위치할 경우 가능한 사무실 배치 현황은 몇 가지인가?

조건

- 한 과는 하나의 사무실을 사용한다.
- 5층 작은 사무실은 현재 비어있다.
- 3층 큰 사무실은 현재 비어있다.
- 지방세과는 2층의 작은 사무실을 쓴다.
- 사회복지과는 4층의 작은 사무실을 쓴다.
- 지방세과와 지역경제과는 모두 환경위생과보다 높은 층에 위치한다.
- 자치행정과, 민원지적과, 환경위생과는 모두 큰 사무실을 쓴다.

① 1가지　　② 2가지　　③ 4가지
④ 6가지　　⑤ 8가지

STEP 03

Skill 연습

SKILL ❶

주어진 요소를 일정한 그룹이나 위치에 배치하는 문제는 그림을 그려 직접 빼고 넣고를 표시하며 문제를 푸는 것이 도움이 될 것이다. 시각적인 풀이를 활용하면 아무래도 헷갈리는 부분이 줄어든다. 다음과 같은 문제들에서 주어진 조건을 보고 도식화하는 연습을 해 보자.

01 직육면체 모양의 보험회사 건물 5층에는 중앙의 접수 창구 공간을 둘러싼 형태로 같은 크기와 모양을 가진 10개의 방이 있다. 방들은 각각 구석에 하나, 구석이 아닌 곳에는 동쪽과 서쪽 면에 두 개씩, 북쪽과 남쪽 면에 한 개씩 배치되어 있다. 여기에 4명의 상담원 가영, 나난, 다진, 라미와 5명의 영업사원 마주, 바유, 사미, 아찬, 자영이가 근무하는데, 9명의 직원들은 다음의 [조건]에 따라 각기 다른 방에서 근무하게 된다. 만약 아찬이가 서쪽 면의 방에 있다면, 아찬이의 방과 직접 마주 볼 수 있는 방들을 모두 나열한 것은?

조건
○ 아찬이와 마주의 방은 구석에 있지 않고, 서로 인접해 있다. ○ 사미는 구석에 있다. ○ 상담원들끼리는 서로 인접한 방을 사용하지 않는다. ○ 다진이를 제외한 다른 상담원은 구석에 있는 방을 사용한다. ○ 자영이의 방은 바유의 방과 직접 마주보고 있다.

① 가영, 나난, 사미　② 빈방, 다진　③ 자영, 다진, 빈방
④ 가영, 나난　⑤ 가영, 다진

그림 그리기

02 ○○호텔은 지상 5층 건물이다. 각 층은 1인용 객실 하나와 2인용 객실 하나로 이루어져 있다. 1인용 객실은 1명만 투숙할 수 있으며, 2인용 객실은 2명이 투숙하는 것이 원칙이나 1명이 투숙할 수도 있다. 현재 이 호텔에는 9명의 손님 A, B, C, D, E, F, G, H, I가 투숙하고 있으며, 투숙 상황이 다음 [보기]와 같을 때 참이 아닌 것은?

보기

(가) B, E, G, H는 1인용 객실에 투숙하고 있다.
(나) 2층 2인용 객실과 3층 1인용 객실에만 투숙객이 없다.
(다) A와 C는 부부로 같은 객실에 투숙하고 있다. 또한 이들은 E보다 두 층 아래에 투숙하고 있다.
(라) G와 I는 같은 층에 투숙하고 있다. 그리고 이들이 투숙하고 있는 층은 H보다 한층 아래에 있다.
(마) D, F, I는 각각 혼자 숙박한다.

① A와 C는 I보다 위층에 투숙하고 있다.
② H는 B보다 아래층에 투숙하고 있다.
③ D는 B보다 위층에 투숙하고 있다.
④ F는 B보다 아래층에 투숙하고 있지 않다.
⑤ A와 C는 D보다 위층에 투숙하고 있지 않다.

그림 그리기

03 **경제불황 여파로 영등포 인력시장에 사람이 많이 몰렸다. 새벽녘부터 나온 8명의 사람들이 장작을 떼고 있는 드럼통가로 모여들었는데**(김씨, 이씨, 박씨, 장씨, 정씨, 유씨, 강씨, 한씨), **이 드럼통 옆은 거의 항상 지정석이었다. 다음 [조건]을 보고 처음으로 이름이 불려 일 나간 사람은?**

조건
가. 김씨와 이씨는 옆자리가 아니다. 나. 박씨의 왼편으로 세 번째 자리는 장씨의 것이다. 다. 유씨와 한씨는 마주보고 있었다.(서로 각각의 오른편으로 네 번째 자리) 라. 유씨의 옆자리는 박씨이거나 장씨였다. 마. 처음으로 이름이 불려 일 나간 사람의 왼쪽은 정씨의 자리이며, 오른쪽은 강씨의 자리였다.

① 김씨　② 이씨　③ 박씨　④ 한씨　⑤ 정씨

그림 그리기

04 여덟 개의 파랑, 초록, 주황, 보라, 빨강, 은색, 하양, 노랑 깃발들이 정확하게 하나씩 전시에 걸려 있다. 같은 줄에 있고, 연속적으로 번호가 붙여진 깃발만이 인접해 있다고 여겨진다. 각 깃발은 1에서 8까지 번호가 붙여지고, 1~4는 앞줄에, 5~8은 뒷줄에 배열된 여덟 개의 위치 중 하나에 걸려야 한다. 각각의 위치는 1과 5, 위치 2와 6, 위치 3과 7, 위치 4와 8이 서로 마주보고 있다. 각각의 깃발은 오직 한 위치에만 걸릴 수 있고, 다음 [조건]들이 적용된다. 만약 초록 깃발이 위치 2에 걸리고 주황과 하양 깃발이 서로 마주보는 위치에 걸린다면, 다음 중 위치 7에 걸릴 수 있는 깃발은 어느 것인가?

조건

- ㅇ 주황과 은색 깃발은 인접한 위치에 걸릴 수 없다.
- ㅇ 하양과 노랑 깃발은 인접한 위치에 걸려야 한다.
- ㅇ 은색 깃발은 위치 6에 걸려야 한다.
- ㅇ 만약 빨강과 노랑 깃발이 서로 마주보고 있다면, 파랑 깃발은 위치 3에 걸려야 한다.
- ㅇ 만약 초록 깃발이 앞줄에 걸린다면, 주황 깃발은 뒷줄에 걸려야 한다.

① 파랑　② 주황　③ 빨강
④ 은색　⑤ 하양

그림 그리기

정답 및 해설 P. 51~52

STEP 04

실전 문제

[01~02] **대외활동에 나선 여섯 명의 대학생 은희, 소현, 은철, 수지, 광희, 지용이는 세 명씩 두 개의 동아리에 다음과 같은 [조건]에 따라 배정된다. 이를 보고 물음에 답하시오.**

조건

- 각 사람은 둘 중 하나의 동아리에서 중복되지 않게 활동한다.
- 광희와 지용이는 같은 동아리에서 활동할 수 없다.
- 은철이 활동하는 동아리는 반드시 은희나 소현 중 적어도 한 명은 포함해야 한다.

01 **만약 수지와 지용이가 한 동아리에서 활동한다면, 반드시 같은 동아리에서 활동해야 하는 사람들은?**

① 은희와 은철　② 은희와 광희　③ 소현과 은철
④ 은철과 광희　⑤ 지용과 소현

02 **만약 은희와 수지가 다른 동아리에서 활동한다면, 다음 [보기]에서 반드시 참인 것끼리 묶인 것은?**

보기

ㄱ. 수지와 소현은 같은 동아리에서 활동한다.
ㄴ. 광희와 은철은 같은 동아리에서 활동한다.
ㄷ. 은희와 광희는 같은 동아리에서 활동한다.

① ㄱ　② ㄴ　③ ㄱ, ㄴ
④ ㄱ, ㄷ　⑤ ㄴ, ㄷ

03 **일곱 명의 농구 선수 ⓐ, ⓑ, ⓒ, ⓓ, ⓔ, ⓕ, ⓖ는 두 팀 Y와 K 중 한 팀의 세 포지션 포워드, 센터, 가드 중 하나로 뽑힌다. 한 포지션에는 한 명 이상은 있어야 한다. 만약 ⓖ가 Y 팀에 배정되고 ⓔ가 K 팀에 배정된다면, 다음 중 K 팀의 가드로 뽑혀야 하는 선수는 누구인가?**

ㅇ 만약 ⓕ나 ⓖ 중에서 한 명, 또는 두 명 모두 팀에 뽑힌다면, 그들은 포워드 포지션에 뽑힌다.
ㅇ 만약 팀에 뽑힌다면, ⓔ는 센터 포지션에 뽑힌다.
ㅇ 만약 팀에 뽑힌다면, ⓓ는 Y팀에 뽑힌다.
ㅇ ⓒ나 ⓔ는 모두 ⓑ와 같은 팀에 뽑히지 않는다.
ㅇ ⓔ는 ⓐ와 같은 팀에 뽑히지 않는다.
ㅇ 만약 ⓕ가 K팀에 뽑힌다면, ⓐ는 Y팀의 센터 포지션에 뽑힌다.

① ⓐ
② ⓑ
③ ⓒ
④ ⓓ
⑤ ⓔ

04 **a, b, c, d, e, f 6명이 원탁에 앉아 회의를 하고 있다. 다음 [조건]을 고려할 때, c의 바로 옆 오른쪽에 앉아 있는 사람은?**(단, 아래 조건에 제시된 왼쪽/오른쪽은 앉은 사람 기준이다.)

조건

ㅇ a는 f의 바로 옆 왼쪽에 앉아 있고, b의 바로 옆 오른쪽에 앉아 있다.
ㅇ b의 맞은 편에는 d가 앉아 있다.
ㅇ e의 왼쪽 두 번째 옆에는 d가 앉아 있고, 그 사이에 c가 앉아 있다.

① b
② d
③ e
④ f

[05~06] 취업 준비를 열심히 하던 한이는 체력도 경쟁력이라고 생각하여 헬스클럽에서 운동을 하기로 했다. 헬스클럽의 트레이너에게 어떤 운동을 하는 것이 좋은지에 대해 물어보니 부위별로 다음과 같은 운동들을 추천하였다.

부위	상체	하체	복근
운동 명칭	벤치 프레스 숄더 프레스 암컬 푸쉬업	레그 익스텐션 런지 스쿼트	크런치 레그 레이즈

트레이너는 이들 중 하루에 다섯 가지의 운동을 골라서 하면 될 것이라고 하면서 운동을 선택함에 있어 다음과 같은 주의사항을 일러주었다.

- 푸쉬업을 할 경우 벤치 프레스와 크런치는 선택하지 말 것.
- 런지를 할 경우 푸쉬업도 함께 할 것.

05 오늘 크런치를 하기로 했다면, 다음 중 반드시 참인 것은?

① 상체 운동은 두 가지는 해야 한다.
② 하체 운동은 반드시 하나 이상은 해야 한다.
③ 상체 운동은 반드시 하나 이상은 해야 한다.
④ 복근 운동은 하나 밖에 할 수 없다.

06 내일은 크런치 대신 벤치 프레스를 하기로 하였다. 상체 운동에서 두 가지만 할 예정이라면, 내일 하게 될 운동으로 확실하지 않은 것은?

① 숄더 프레스 ② 레그 익스텐션 ③ 스쿼트 ④ 레그 레이즈

07 **다음 [그림]과 같이 동일한 크기의 단층 건물 10개가 두 줄로 나란히 서 있고, 각 건물에는 1부터 10까지 번호가 붙어 있다. 또 각 건물에는 10개의 사무실 또는 상점**(변호사 사무실, 회계사 사무실, 법무사 사무실, 세무사 사무실, 감정평가사 사무실, 옷가게, 편의점, 노래방, 복사가게, 호프집) **중의 하나가 있고, A, B, C, D, E, F, G, H, I, J 10명이 각각 한 곳에서 일하고 있다. [보기]의 조건이 성립할 때, 반드시 참인 것은?**

[그림]

1	2	3	4	5
6	7	8	9	10

※ 1과 6, 2와 7, 3과 8, 4와 9, 5와 10번 건물은 각각 정면으로 마주보고 있다.

보기

(가) 전문직종 사무실, 즉 변호사·회계사·법무사·세무사·감정평가사 사무실은 짝수 번호 건물에 들어 있고, 나머지는 홀수 번호 건물에 들어 있다.

(나) 변호사 사무실과 법무사 사무실은 같은 줄에 있고, 세무사·회계사·감정평가사 사무실은 변호사·법무사 사무실과 다른 쪽 줄에 있다.

(다) D와 J는 1~5번 사이의 짝수 번호 건물에서 일하는데, D가 일하는 건물과 정면으로 마주보는 건물에 옷가게가 있고, 옷가게에서 큰 번호쪽으로 다음 다음 건물은 노래방이다.

(라) 감정평가사 사무실은 노래방 바로 옆이 아니고, 복사가게가 감정평가사 사무실과 정면으로 마주보는 건물에 있다.

(마) 법무사 사무실에서 감정평가사 사무실까지의 거리가 변호사 사무실에서 감정평가사 사무실까지의 거리보다 가깝다.

(바) 편의점은 법무사 사무실 바로 옆이 아니고, 편의점과 정면으로 마주보는 건물에 회계사 사무실이 있다.

(사) B는 옷가게에서 일한다.

(아) C는 전문직종 사무실에서 일하지 않으며, F가 일하는 건물과 G가 일하는 건물 사이에는 C가 일하는 건물만 있다.

① A는 감정평가사 사무실에서 일한다.
② C는 노래방에서 일한다.
③ D는 변호사 사무실에서 일한다.
④ F는 회계사 사무실에서 일한다.
⑤ J는 호프집에서 일한다.

08 **어느 날 아침 시한박사는 은선, 성은, 태연, 지연, 영신, 홍락, 병철 7명의 환자를 진료한다. 시한박사의 진료 시간은 오전 8시부터 오후 12시까지이며, 각 환자들은 정확히 매시 정각에 한 번씩만 진료를 받는다. 시한박사는 진료실 A, B 두 곳에서 매 시간 두 명까지만 진료를 하고, 각 진료실에는 두 사람 이상 들어갈 수 없다. 진료 순서는 다음 [조건]과 같을 때, 성은이가 진료받을 수 있는 시간과 장소로 옳은 것은?**(단, 오후 12~13시는 점심 시간이다.)

조건

- 은선 바로 다음 시간에 지연이 진료를 받는다.
- 병철은 오전 10시에 진료실 A에서 진료를 받는다.
- 은선과 태연은 같은 시간에 진료를 받는다.
- 영신과 홍락이가 진료 받는 시간은 두 시간 차이가 난다.
- 지연과 영신은 진료실 B에서 진료를 받아야 한다.

① 11시–B 진료실 ② 10시–B 진료실 ③ 8시–A 진료실
④ 9시–B 진료실 ⑤ 9시–A 진료실

09 **다음 [그림]과 같이 복도를 가운데 놓고 양쪽으로 방이 늘어선 원룸이 있다. 이 원룸에는 취준생**(취업준비생), **공시생**(공무원 준비생), **직장인의 세 부류의 사람들이 살고 있다. 원룸 주인은 다음과 같은 [규칙]을 알고 있다. 직장인이 살고 있는 방이 총 5개라면, 9호와 10호에 들어갈 부류의 사람으로 짝지어진 것은?**

[그림]

1호	2호	3호	4호	5호

6호	7호	8호	9호	10호

규칙

- ○ 마주 보고 있는 방이나 옆방에 같은 부류의 사람이 살지는 않는다.
- ○ 3호방은 취준생이 산다.
- ○ 7호방은 공시생이 산다.
- ○ 취준생은 총 2명이 사는데, 1~5호 사이에 한명, 6~10호 사이에 또 한명이 산다.

① 공시생 – 직장인 ② 취준생 – 직장인 ③ 취준생 – 공시생
④ 공시생 – 취준생 ⑤ 이 중에 답이 없다.

10 아홉 명의 승객들이 비행기의 일등석에 앉아 있다. 이 중 세 명은 회계사 G, H, I이고, 세 명은 의사 X, Y, Z이며, 세 명은 변호사 M, N, O이다. 좌석은 다음과 같이 두 좌석씩 다섯 줄로 배열되어 있다. 승객들은 [그림]의 좌석들 중 하나에 앉아야 하고, 인당 한 좌석 이상 앉을 수 없다. 승객들의 자리 배치는 [보기]의 조건을 따라야 한다. M, X, Y가 차례대로 1, 3, 5열의 복도 좌석에 앉는다고 가정하자. 만약 Y가 5열에 앉는 유일한 승객이라면 다음 중 반드시 사실이 <u>아닌</u> 것은?

[그림]

	창가	복도
1열		
2열		
3열		
4열		
5열		

보기

- G와 N은 창가 좌석에 앉아야 한다.
- 만약 M이 복도 좌석에 앉는다면, Z와 I는 서로 같은 열에 앉아야 한다.
- N은 H보다 앞 열의 좌석에 Z보다 뒷 열의 좌석에 앉아야 한다.
- 만약 X가 변호사들 중 한 명과 같은 열에 앉는다면, 회계사 중 두 명은 서로 같은 열에 앉아야 한다.
- I는 2열 창가 좌석에 앉는다.

① H는 복도 좌석에 앉는다.
② G는 3열에 앉는다.
③ M은 또 다른 변호사 옆에 앉는다.
④ O는 창가 좌석에 앉는다.
⑤ Z는 2열에 앉는다.

정답 및 해설 P. 52~55

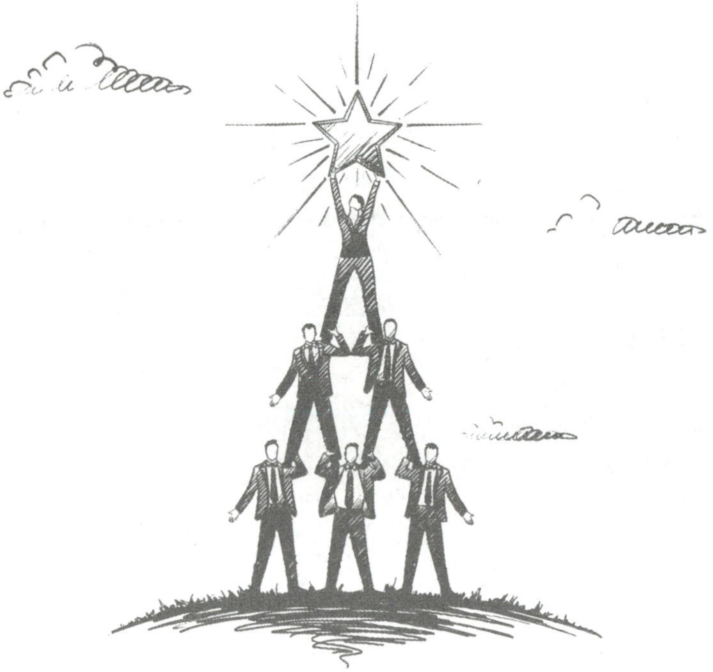

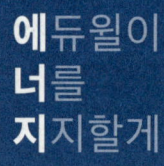

내가 꿈을 이루면
나는 누군가의 꿈이 된다.

– 이도준

eduwill

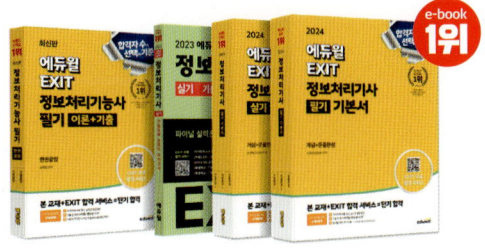

최신판

에듀윌 공기업

NCS, 59초의 기술

문제해결능력

정답과 해설

eduwill

최신판

에듀윌 공기업 NCS, 59초의 기술

문제해결능력

에듀윌
공기업
NCS, 59초의 기술

문제해결능력

정답 및 해설

eduwill

PART 2 Text로 된 정보에서 원리 파악하고 적용하기

CHAPTER 01 거시적으로 원리 파악하고 적용하기

STEP 01 유형 분석

p.43~45

★ Main Type 적용형 문제

정답 | ①

해설 |

ㄱ. (○) 범죄는 낮은 자기통제력에 영향을 받는데, 자기통제력은 만 6세 정도의 어린 나이에 형성되어 일생 동안 안정적으로 유지된다고 하니, 다 큰 어른들을 아무리 교정해봤자 효과가 크지 않을 것이라고 짐작할 수 있다.

ㄴ. (×) 6세 정도의 어린 나이에 생기므로, 초등학교 고학년을 대상으로 하면 너무 늦다.

ㄷ. (○) 6세 이전의 가정교육을 통해 자기통제력이 형성되므로 이 방법은 바람직하다.

ㄹ. (×) 민주적이거나 권위적으로 일관적이면 된다. 문제는 비일관적인 양육방식을 가질 때이다.

ㅁ. (○) 자녀들이 어릴 때일수록 일관된 가정교육의 필요성을 부모들에게 각인시키는 것이 필요하다.

ㅂ. (×) 위에서 주어진 이론은 10대 인구의 다소같은 사회과학적 요인이 아니라 생물학적 요인에 대한 이론이다.

ㅅ. (×) 자기통제력은 한 번 형성되면 변하지 않는다.

★ Sub Type 1 비교형 문제

정답 | ③

해설 |

① D유형하에서 공동체의 목적을 추구하기가 가장 쉽다.

② B유형과 D유형에서는 시민사회의 역량이 높기 때문에 아래로부터의 정치 참여가 원활하다.

③ C유형은 두 역량이 모두 낮기 때문에 사적인 관계에 의해 정책이 좌우될 수도 있다.

④ A유형에서는 시민사회역량이 개별 네트워크를 가질 만큼 높지 않다.

⑤ 위에서 정책을 과감히 밀어붙일 수 있는 것은 B유형이 아니라 A유형에 더 적절하다.

★ Sub Type 2 매칭형 문제

정답 | ②

해설 |

재난발생의 예측 가능성이 높으면 사전예방에 중점을 두고, 낮으면 사전예방을 조금 소홀히 해도 된다. 어차피 예측이 안 되기 때문이다. 피해 정도가 심하면 사후수습에 중점을 두어야 하지만, 피해 정도가 크지 않다면 사후수습에 중점을 두지 않아도 된다.

STEP 02 문제 해결방법

p.47~52

SKILL ❶

핵심설명어, 핵심설명문장 찾아내는 방법

1 문제에서 주어지는 문장

정답 | ④

해설 |

A방법은 심전도 결과에 신뢰성이 없으므로 ⓒ에는 맞지 않다. B방법은 수영이나 달리기를 측정하기 어려우므로 ㉠과 ⓒ에 적합하지 않다. D방법은 정적인 운동에 적합하기 때문에 동적인 ⓔ에 적합하지 않다.

2 정보의 첫 번째 문장

정답 | ③

해설 |

ㄱ. (×) 글에서는 적당한 양의 병균이 아이의 면역력을 길러주기 때문에 인간에게 오히려 유익할 수도 있다는 것이다. 따라서 덩치가 크다고 해서 면역력이 더 떨어질 이유는 전혀 없다.

ㄴ. (○) "위생 수준이 높아질수록 면역력이 떨어진다"고 했으므로 피부 질환에서도 이러한 현상은 나타날 것이다.

ㄷ. (○) 역시 마찬가지다. 호흡기 질환이건 피부 질환이건 종류는 중요하지 않으며, 위생 환경이 좋을수록 면역력이 떨어진다는 것이 중점이다.

ㄹ. (○) "39도 이상의 고열이 반나절 이상 계속되는 정도가 아니라면 그냥 내버려 두라"고 하였으므로, 만약 39도 이상의 고열이 반나절 이상 지속되면 해열제를 먹이는 등 적절한 치료가 행해져야 한다.

ㅁ. (×) 성장기에 걸리는 감기는 면역체계를 강화시켜 주기 때문에 고마운 병이다. 따라서 발병 초기에는 병원 진료와 약 치료를 필수적으로 해야 하는 것은 아니다.

3 분류 정보가 주어지기 전 바로 앞의 문장

정답 | ④

해설 |

A는 관점 Ⅰ에서는 정을, 관점 Ⅱ에서는 을을 선택한다.

사례에서 주어진 정보를 도시화하면 아래와 같다.

5	4	3	2	1	0	−1	−2	−3	−4	−5
을	갑			A		정			B	병

①, ② 관점 Ⅰ에 의하면 A는 정을, B는 병을 택한다.

③ A는 우선 의견이 다른 병과 정을 제하고, 자신의 입장 중에서 가장 극단적인 '을'을 선택한다. B는 갑과 을을 제하니까 정과 병 중에서 '병'을 택하게 된다.

⑤ B는 관점 Ⅰ에서는 병을, 관점 Ⅱ에서도 병을 택한다.

SKILL ❷

4사분면 활용법

정답 | ①

해설 |

① 제조 분야의 고품질화(O)와 다양한 부문의 지식 확보(S)를 이용한 적극적 정책으로, SO 전략이다.

④ 후발경쟁국과의 기술 격차가 줄어들었다고 후발경쟁국에서 인력을 스카우트하지는 않는다. 줄어든 것이지 추월한 것은 아니기 때문에 여전히 후발경쟁국의 기술은 뒤져 있는 것이다.

SKILL ❸

매칭하기 유형의 풀이 프로세스

정답 | ①

해설 |

(A) – 사고는 전의 경험과 관계없는 독립사건인데, 확률적으로 이제 슬슬 사고가 날 때가 되었다고 생각하는 (라)의 도박꾼의 오류에 해당된다.

(B) – 주의가 경고등에 쏠려 착륙기어를 안 내리고 말았으므로 (나)의 인지적 통로화와 연결시킬 수 있다.

(C) – 원인을 오리에 맞추고 찾는 행동을 통해 확증편향인 (다)의 오류와 관련있음을 알 수 있다. 여기서 시험을 망친 원인으로는 잠을 못 잤다거나 컨디션이 나쁘다거나 하는 대안적 가설의 가능성이 있을 수 있다.

(D) – 새로운 방법을 미처 찾아내지 못했다는 점에서 (가)의 기능적 고착의 오류와 연결시킬 수 있다.

(E) – 같은 결정과 실수를 반복하는 것으로 (마)의 매몰비용 오류라고 할 수 있다.

STEP 03 p.53~61

Skill 연습

SKILL ❶

01 ③ **02** ③ **03** ③ **04** ②

01

정답 | ③

해설 |

핵심설명어: 죄수, 교도관
핵심설명문장: 특별한 의미가 담긴 복장이 사람에게 미치는 영향은 컸다.
핵심원리: 죄수 역할을 하는 사람은 죄수처럼 행동했으며, 간수 역할을 하는 사람은 간수처럼 행동하기 시작했다.

① 제복은 곧 그가 가진 권위, 지위를 상징한다.

② 권위를 가진 사람은 스스로 체벌을 고안하여 강제하기도 하고 구타도 했다는 것으로 보아, 적절한 제동 장치가 없으면 폭주하기도 쉽다는 것을 짐작할 수 있다.

③ 이 실험은 인간의 의지력이 제복이나, 주어진 권위·지위 등에 굴복하는 상황을 묘사하고 있다. 이 실험에서 인간의 의지력이 드러나는 곳은 한 곳도 없다.

④ 제복이 이 실험에서는 곧 상징이 된다.

⑤ 교도소라는 외부와 단절된 환경이 이 실험의 중요한 환경 요소에 해당된다.

02

정답 | ③

해설 |

핵심설명어: 천부적인 재능
핵심설명문장: 천부적인 재능의 분배에서도 역시 그 누구도 자신의 처지에 대해 응분의 자격이 없다.
핵심원리: 타고난 것에 대해 권리를 주장할 수 없다.

제시문의 주요한 관점은 타고난 것에 대해 권리를 주장할 수 없다는 것이다. 그렇다면 타고난 것에 대해 책임을 묻지 않을 수도 있다. 타고난 사람의 잘못이 아니기 때문이다. 이러한 관점에서 나온 진술이 ㄱ이다. ㄹ 역시 타고나서 어쩔 수 없는 부분에 대해 이야기하고 있다.

03

정답 | ③

해설 |

> 핵심설명어: 조세 정책, 감세
> 핵심설명문장: 조세 정책의 정책방향(서민을 위한 것인가 부자를 위한 것인가)과 주장
> 핵심원리: 서민을 위한 정책인가 부자를 위한 정책인가에 따라 조세 정책을 분류

B는 서민들에게 유리한 조세 정책을 만들려고 하고 있다. 그런데 제시문에서 설명하는 소득세 혜택을 볼 때 소득세 면제 대상자를 줄이는 것은 서민들에게 큰 도움이 될 것 같지 않고, 승용차 10부제 차에게 혜택을 주는 것 역시, 자동차가 많은 사람들에게 더 유리하다. 마찬가지로 주택거래에 대한 세율을 내리는 것도 주택보유자에게 유리한 것이다. 그러므로 서민으로 추정되는 소형 임대아파트 거주자에게 혜택을 주는 방안이나, '국민기초생활보호대상자'에게 혜택을 주는 방법이 B가 생각할 만한 정책일 것이다.

04

정답 | ②

해설 |

> 핵심설명어: 조직문화 연구
> 핵심설명문장: 그래서 조직문화의 연구에서 포스트 모더니즘은 기존의 연구가 애매성을 배제하는 경향을 보이고 있다는 비판으로부터 출발한다.
> 핵심원리: 포스트 모더니즘의 특성이 애매성이라면, 모더니즘의 특성은 명료성이다. 명료함은 곧 보편적 원리이며, 구조를 탐색하는 방향으로 나간다.

ㄱ. (○) 복잡성, 다의성 등은 애매성을 가진 포스트 모더니즘의 특성에 잘 맞는다.
ㄴ. (×) 보편적 원리를 찾는 것은 모더니즘적이다.
ㄷ. (×) 체계를 중심으로 하는 것은 모더니즘적이다.
ㄹ. (×) 표준 운영 원리는 보편적 원리와 비슷한 뜻이 된다.
ㅁ. (○) 다양한 변화 때문에 보편적 사건보다는 구체적인 사건들에 관심을 가지는 것은 포스트 모더니즘적이다.

SKILL ❷

01 ⑤	02 ③	03 ②	04 ③

01

정답 | ⑤

해설 |

(가)는 범죄자를 단죄하는 효과와 그것의 전시효과를 이야기하고 있으므로, ㅁ과 이어져야 한다. 이것이 ㄴ과 연결되지 않는 것은 ㄴ이 전시효과에 대한 이야기가 아니라 응보의 법칙에 대한 이야기이기 때문이다. 따라서 ㄴ은 (나)의 범죄자들이 받아야 할 처벌에 대해서 감해주는 것 없이 처벌 받아야 한다는 말과 연결되고 있다. (다)에서는 교정시설의 필요성이 언급되면서 이러한 교정시설을 증축할 것을 말하는 ㄷ과 연결이 된다. (라)에서는 가능한 오랫동안 가둬놓아도 될 타당성을 제시하기 때문에 ㄹ과 연결이 된다.

02

정답 | ③

해설 |

A는 공익과 사익 중, 공익이 침해당할 때는 사익을 침해하는 것이 가능하다는 얘기로 ㄷ이 이에 해당한다. 개인의 운전할 자유를 빼앗지만 공익을 우선으로 두어야 하므로 어쩔 수 없는 선택인 것이다.

B는 화투놀이를 같이 한 사람들보다 더 심한 징계를 받은 사람에 대해 '동등한 대우'를 받아야 함을 주장하는 ㄴ과 연결된다.

C에서는 개인이 가지는 행정기관 행위의 지속성에 대한 신뢰를 지켜야 함을 말하며, ㄱ과 연결된다. ㄱ처럼 3년이나 되면 너무 길다.

D는 간단히 말하면 직접 연관이 없는 다른 것에 제재를 가해서는 안 된다는 것이다. ㄹ은 도시계획법상에 따라 결정해야 될 일에 기부 채납 의무의 준수 여부가 판단의 잣대로 등장하고 있으므로 바로 이 경우에 해당한다.

03

정답 | ②

해설 |

- '초점'은 잠재적 수요의 경우 승진, 전보 등과 관련되기 때문에 자격기준과 상관이 있고, 실질적 수요는 개인의 능력 부족에서 기인하기 때문에 직무와 개인의 차격 차를 살펴야 한다.
- '대상'은 실질적 수요로 (나)의 직무능력 미달자가 교육훈련을 필요로 하겠고, 잠재적 수요는 (사)의 새로운 직급을 맡게 될 사람이 필요할 것이다.
- '교육훈련 성격'에 잠재적 수요는 예방적인 것이 강하고, 실질적 수요로는 처방적인 성격이 강할 것이다.
- '수요조사 곤란도'는 전보나 승진 등에 따라 다르므로, 잠재적 수요는 쉽게 수요조사를 할 수 있는 반면, 실질적 수요는 능력 부족으로 인한 문제이기 때문에 수요조사 하기가 쉽지 않다.
- '교육훈련'은 잠재적 수요에서는 공급자 중심으로 짤 수 있겠지만, 실질적 수요에서는 당장 수요자에게 필요하기 때문에 수요자 중심으로 짜야 한다.

04

정답 | ③

해설 |

ㄱ. 이미 위험이 발생했으므로 (가)에 해당한다.
ㄴ. 위험이 존재하지 않았으나, 이웃집에서 위험이 있다고 잘못 판단한 것으로 (다)에 해당한다.

ㄷ. 위험으로 판단할 근거는 있었으나, 실제 위험이 없는 경우이므로 (다)에 해당한다.

ㄹ. 위험이 임박해 있고 충분한 개연성으로 일어날 것이므로 (가)에 해당한다.

ㅁ. 얼음이 언 것만으로 위험이 존재한다고 판단하기는 어려우나, 이런 얼음 위를 걷다가 깨져 물에 빠지는 경우가 종종 일어난다는 것을 경험적으로 알고 있다. (나)에 해당한다.

ㅂ. 주의 깊게 보면 알 수 있는데 그렇지 않고 행동한 것으로 (라)에 해당한다.

ㅅ. 사자라는 근거에 의해 위험을 판단했지만, 실제로는 그다지 위험하지 않음이 밝혀졌으므로 (다)에 해당한다.

STEP 04 p.62~71

실전 문제

01	③	02	②	03	②	04	③
05	⑤	06	④	07	②	08	⑤
09	①	10	④				

01

정답 | ③

해설 |

물건 자체에는 술어가 달려있지 않으나, 물건이 전시된다는 것 자체가 그 물건에 대한 또 다른 판단을 만들게 된다고 말하고 있다. 선택지 ①, ②, ④, ⑤의 경우 사실이나 본질 자체는 그대로이지만, 그것이 사진이나 역사, 뉴스, 그림의 소재가 된다는 것 행위에서 의미가 발생한다. 반면 ③ 영화는 창작된 허구라는 이야기이므로, 주어진 제시문의 원리에서 벗어난 사례이다.

02

정답 | ②

해설 |

보상이 주어지는 행동에 대해서 반복을 계속하는 비둘기의 예를 통해 보상이 없어지면 그런 행동은 지속되지 않음을 말하고 있다. 잘한 행동에 대해 적절할 보상을 함으로써 그런 행동이 지속되는 것을 요구하는 ㄴ, ㄷ, ㅁ이 주어진 글의 원리와 동일하다.

ㄹ 같은 경우는 벨소리와 연결되어 조건반사가 나타나는 행동으로, 보상에 대한 기대 때문에 어떤 행동이 반복되는 것은 아니다.

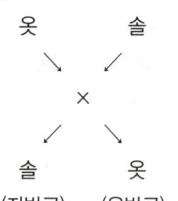

03

정답 | ②

해설 |

옷　　　솔

↘　↙

×

↙　↘

솔　　　옷

(좌반구)　(우반구)

언어통제　왼손통제

뇌량이 절단되어 있으므로 '옷+솔'이라는 종합이 발생되지 않는다.

04

정답 | ③

해설 |

왕따 당하는 것과 맞는 것이 두려운 (가)의 사례는 안전하고자 하는 ㄴ에 해당한다.

의미 있는 삶은 바로 자아실현을 하는 삶이기에 (나)는 ㅁ에 해당한다.

잠을 좀 잤으면 좋겠다는 (다) 고등학생의 욕망은 생리적 욕구에 해당하므로 ㄱ에 해당한다.

존경을 받고 싶어 하는 선생님인 (라)는 존경받고 싶은 욕구인 ㄹ에 해당한다.

학우들과 어울리고 싶은 (마)의 대학생은 집단에 속하고자 하는 ㄷ에 해당한다.

05

정답 | ⑤

해설 |

ㄱ. 기브 앤 테이크에 관한 것이다. 호의에는 호의로, 양보에는 양보로 갚아야 한다는 부담을 느낄 수 있으므로 옳은 진술이다. (○)

ㄴ. 협상의 전략으로 훌륭할지는 몰라도, 오히려 일관성이 없는 행동으로 비쳐질 수 있다. (×)

ㄷ. 많은 사람들이 기부금에 동참하고 있다는 것을 확인시켜 주는 것이므로 (다)를 응용한 전략이라고 볼 수 있다. (○)

ㄹ. 얻기 힘든 것에 대해 보다 높은 가치를 부여하게 되므로 적절한 진술이라 할 수 있다. (○)

ㅁ. 애매모호할수록 다른 사람의 선택을 신경쓰게 된다는 (다)의 원리를 참고해야 할 것이다. (×)

ㅂ. 곧 마감되어 이제 다시는 얻을 수 없다는 인식이 구매를 부추기는 것으로 적절하다. (○)

06

정답 | ④

해설 |

글의 문맥상 A 자본이나 B 자본은 소유와 사용의 대상이 될 수 있는 반면에 C 자본은 교육이나 훈련을 통해 습득한 자본이므로, 지식이나 기술 같은 인력에 관계된 자본이라는 것을 추론할 수 있다.

따라서 ②와 같은 진술이 가능하지만, ④는 오히려 사람들 사이의 관계에 대한 이야기이므로 D와 더 밀접한 연관이 있다고 추론할 수 있다. 여러 자본들을 연결하는 고리로서 등장하는 것이 D 자본인만큼, 이 자본을 사회자본의 형태로 이해할 수 있고, 따라서 ③이나 ⑤ 같은 형태의 진술이 가능하다.

07

정답 | ②

해설 |

[표]의 저배경문화에 대한 설명을 보면 계약이 중심이 된 합리적이지만 냉정한 관계가 유지되는 곳이라 할 수 있고, 고배경문화의 내용을 보면 정이 중심이 된, 그래서 약간은 비합리적인 문화라 할 수 있다. 중동은 대표적인 고배경문화로, 비교적 저배경문화에 속한 미국과의 교역 시 협상의 속도에서 신속하게 진행할 경우 트러블이 발생할 가능성이 높다.

① 독일은 비교적 강한 저배경문화의 국가이므로 법률로 해결하는 것이 가장 좋은 해결책이 될 수 있다.

③ 브라질기업의 CEO 입장에서는 친근하게 다가가고 싶겠지만, 스위스기업의 CEO는 개인적인 공간을 침해받는 것을 싫어하기 때문에 주의할 필요가 있다.

④ 영국은 스페인보다 독일 쪽에 조금 더 가깝기 때문에, 스페인보다 저배경문화라고 할 수 있으므로, 갈등 발생 가능성이 낮다.

⑤ 저배경문화 국가는 시간 구분이 철저하므로, 스페인보다 스위스에서 이런 부분에 조금 더 신경 써야 할 것이다.

08

정답 | ⑤

해설 |

- (가)는 여러 정책 중 분석을 통해 국가의 이익이 극대화되는 쪽으로 정책이 결정된다는 내용이므로, ⓒ에 적절하다.
- (나)는 조직 과정의 산물로 정책을 보는 입장으로 ⓛ에 적절하다.
- (다)는 정책결정 담당자들에 의해 정책이 결정되는 양상으로 ㉠이 예에 해당된다.

09

정답 | ①

해설 |

① A 원칙에서 '인종에 관계 없이'라고 하는 말의 대전제에는 '국민'일 경우를 말한다. 그러나 '외국인'은 우리나라 국적을 갖고 있지 않으므로, 국민에 포함되지 않는다. 따라서 외국인을 선거에서 제외하는 것은 전혀 원칙에 위배되지 않는다.

② 비밀투표라는 원칙이 보장되어야 자유로운 의사표시를 할 수 있을 것이다.

③ '사회적 지위, 재산' 등의 관계가 없어야 하므로, 이것을 선거권 부여의 기준으로 삼을 수 없다.

④ B 원칙에서는 모든 선거인의 투표가치를 평등하게 두라는 것이다. 재산이 많다고 해서 2표를 주고, 사회적 지위가 높다고 해서 10표를 인정하는 일 따위는 있어서는 안 되겠다는 뜻으로, 차등을 두지 말 것을 강조하고 있다.

⑤ 선거할 때 제시된 조건 내용이 바뀐다면 그것은 국민의 의사를 제대로 반영했다고 보기 어렵다.

10

정답 | ④

해설 |

- A – 비례대표제, 의원내각제
- B – 단순다수대표제, 의원내각제
- C – 단순다수대표제, 대통령제
- D – 비례대표제, 대통령제
- E – 단순다수대표제, 혼합제

우선 갑의 견해에 의하면 의원내각제는 어떤 형태의 정당이 들어서더라도, 안정적인 구조라고 간주한다. 따라서 A형과 B형은 제외된다.

혼합형과 대통령제일 경우, 정당체제가 양당제일 경우에만 안정된다고 하므로 혼합형이나 대통령제가 다당제와 결합하면 불안정한다고 간주한다는 것을 알 수 있다. 그런데 비례대표제는 다당제가 되기 쉽고, 단순다수대표제는 양당제가 되기 쉽다.

따라서 대통령제가 다당제가 되기 쉬운 비례대표제와 결합한 D형이 가장 불안정한 체제로 예상할 수 있다.

CHAPTER 02

미시적으로 원리 파악하고 적용하기

STEP 01 p.73~75

유형 분석

★ Main Type 미시적 원리적용형 문제

정답 | ④

해설 |

ㄱ. (○) 이해관계자의 역할과 관계 및 책임 범위에 대해서 상호 견해 차가 존재하므로, 이런 부분을 협약을 통해 명백하게 밝혀 놓는 것이 필요하다.

ㄴ. (×) 사회 공헌 활동을 '법적'으로 구속하자는 내용은 언급하지 않고 있다.

ㄷ. (×) 세금혜택 등의 지원을 해줄 수는 있어도 기업의 아이템 개발, 서비스 제공은 정부의 할 일이 아니다.

ㄹ. (○) 세금 부분에서 혜택을 주어야 한다고 주장하고 있다.

ㅁ. (○) 마지막 부분의 "기업이 실제로 가진 사회 공헌 활동의 공급자원에 대한 정보가 정부나 시민사회 등 이해관계자들에게 정확하게 전달되지 않거나, 기업 사회 공헌 활동의 수요에 관한 정보가 기업에게 정확하게 전달되지 않는 것으로 나타났다."를 통해 알 수 있다.

ㅂ. (×) 일반 국민과 전문가 그룹 간에 나는 견해 차가 아니라, '이해관계자' 간이다.

★ Sub Type 1 원리 매칭형 문제

정답 | ⑤

해설 |

마지막 부분의 "그에 따르면 무관의 반열에 서는 자는 모두 굳세고 씩씩해 적을 막아낼 만한 기색이 있는 사람으로 뽑되, 도덕성을 첫째의 자질로 삼고 재주와 슬기를 다음으로 해야 한다고 강조하였다." → 도덕성을 재주와 슬기보다 우선시함을 알 수 있다.

① "좌우별감은 좌수의 아랫자리인데, 좌별감은 호방과 예방의 직무를 관장하고, 우별감은 형방과 공방의 직무를 관장한다." → 관직의 서열로 보면 좌우별감은 좌수의 아랫자리라고 한다.

② "감사나 어사로 하여금 식년(式年)에 각각 9명씩을 추천하게 한다." → 향승이 아닌 감사나 어사가 9명씩을 추천하게 된다.

③ "다산은 아전을 임명할 때, 진실로 쓸 만한 사람을 얻지 못하면 그저 자리를 채우기는 하되 정사는 맡기지 말라고 하였다." → 자리를 채우기는 하지만 일은 시키지 말라는 말이다.

④ "먼저 좌수후보자들에게 모두 종사랑(從仕郎)의 품계를 주고 해마다 공적을 평가해 감사나 어사로 하여금 식년(式年)에 각각 9명씩을 추천하게 한다. 그리고 그 가운데 3명을 뽑아 경관(京官)에 임명하면, 자신을 갈고 닦아 명성이 있고 품행이 바른 사람이 그 속에서 반드시 나올 것이라고 주장하였다." → 좌수후보자들에게 종사랑의 품계를 주고, 그중에 3명을 뽑아 경관에 임명하는 프로세스이다.

★ Sub Type 2 사례 제시형 문제

정답 | ③

해설 |

ㄱ. (×) "제00조(유치권의 불가분성) 유치권자는 채권 전부의 변제를 받을 때까지 유치물 전부에 대하여 그 권리를 행사할 수 있다." → 수선비 전부의 변제를 받을 때까지 유치권을 가진다.

ㄴ. (○) "유치권자는 채권의 변제를 받기 위하여 유치물을 경매할 수 있다." → 유치권자는 경매가 가능하다.

ㄷ. (○) "제00조(점유상실과 유치권소멸) 유치권은 점유의 상실로 인하여 소멸한다." → 도둑 맞아서 점유를 상실했다면 유치권은 소멸하게 된다.

ㄹ. (×) "유치권자는 채무자의 승낙 없이 유치물의 사용, 대여 또는 담보제공을 하지 못한다." → 채무자의 승낙 없이 대여할 수는 없다.

STEP 02 p.77~80

문제 해결방법

SKILL ❶

정보의 구조 분석법

1 정보가 Text 형태로 주어졌을 때는 단락별 요약

정답 | ③

해설 |

ㄱ. (×) "통계학적으로 중위값과 평균을 구하는 데는 동일한 양의 정보가 필요하기 때문에 지금까지 정부 통계로 평균을 발표하던 것을 중위값으로 대체하거나 중위값을 추가로 공개하더라도 추가적인 노력이나 비용이 필요없다."

ㄴ. (×) "그러나 분포가 좌 또는 우로 치우쳐 있는 경우에는 평균이 극단값에 민감하게 영향을 받기 때문에 중위값과 평균은 일치하지 않는다."

ㄷ. (○) "만일 관찰값의 분포가 좌우대칭의 종모양인 경우 중위값과 평균은 일치한다."

ㄹ. (○) "평균소득이 중위소득보다 크게 된다. … 이 평균소득을 근거로 한 국가의 후생수준을 평가하는 것은 문제가 있다."

ㅁ. (×) "어느 나라에서나 분포의 봉우리가 가운데보다 왼쪽(소득이 적은 쪽)에 치우치게 되어 평균소득이 중위소득보다 크게 된다." 중위값은 변수들의 중간값이 아니라, 실제로 관찰된 값을 하나하나 나열했을 때 가장 중간에 나타나는 값이다.

가령 1, 10, 10의 평균은 7이지만, 중위값은 10이 된다. 따라서 그래프가 오른쪽으로 치우쳐 있으면 중위값 역시 평균보다 오른쪽에 있고, 변수들이 왼쪽으로 치우쳐 있으면 중위값 역시 왼쪽으로 치우치게 된다.

2 정보가 법규나 규칙 형태로 주어졌을 때는 제목 파악

정답 | ②

해설 |

"폐기 대상 판정 시 위원들 사이에 이견(異見)이 있는 자료는 당해 연도의 폐기 대상에서 제외하고, 다음 연도의 회의에서 재결정한다." → 내년으로 이월이 된 것이기 때문에 회의가 같은 연도에 있으면 바로 다음 회의에서 결정이 이루어지지 않을 수 있다.

① "폐기심의위원회는 폐기 여부만을 판정하며 폐기 방법의 결정은 사서에게 위임한다." → 폐기 방법은 사서가 결정하게 된다.

③ "회의는 폐기심의대상 목록과 자료의 실물을 비치한 회의실에서 진행되고, 위원들은 실물과 목록을 대조하여 확인하여야 한다." → 폐기심의위원회는 자료의 실물을 확인하여야 한다.

④ "연도별로 폐기한 자료의 목록과 폐기 경위에 관한 기록을 보존하되, 폐기한 자료에 대한 내용을 도서관의 각종 현행자료 목록에서 삭제하여 목록을 최신화한다." → 현행자료 목록에서는 삭제하지만 폐기 경위에 관한 기록은 보존해야 한다.

⑤ "도서관 직원은 누구든지 수시로 서가를 살펴보고, 이용하기 곤란하다고 생각되는 자료는 발견 즉시 회수하여 사무실로 옮겨야 한다." → 도서관 직원은 사무실로 옮기는 일을 하고, 갱신이나 폐기 여부 판단은 사서가 결정한다.

3 정보가 법규나 규칙 형태인데 제목이 없을 때는 제목 부여

정답 | ④

해설 |

㉠ 제8조를 통해 알 수 있다.

㉡ 제2조를 통해 알 수 있다.

㉢ 제9조를 통해 알 수 있다.

㉣ 제10조를 통해 알 수 있다.

㉤ 제5조에 따르면 5개 항구 중 2개 항을 선택한다고 하였다. 따라서 5도의 '모든' 항구가 옳지 않다.

SKILL ❷

사례 제시형 문제에서는 순서 뒤바꾸기

정답 | ②

해설 |

8월 16일에 신청하면 9월 1일에 신청한 것이 되고, 그로부터 5일+7일+3일 이내에 일처리가 끝나고 보고가 되니까, 늦어도 9월 16일까지는 정비 결과가 시장에게 보고된다고 보아야 한다.

① 7월 2일에는 신청할 수 없다. 이렇게 되면 7월 1일이 지났기 때문에, 9월 1일에 신청하는 것이 된다.

③ 아파트 명이 4순위고, 상점 명이 5순위이므로, '가나3단지 아파트·가나서점'으로 변경이 가능하다.

④ 15자 안쪽이니까 허용 범위 안에 있다.

⑤ 명칭은 2개까지 가능하기 때문에, 3개는 안 된다.

STEP 03 p.81~89

Skill 연습

SKILL ❶

01 ④	02 ⑤	03 ④	04 ②

01

정답 | ④

해설 |

본문 내용	단락 핵심내용
정부는 저출산 문제 해소를 위해 공무원이 안심하고 일과 출산·육아를 병행할 수 있도록 관련 제도를 정비하여 시행 중이다. 먼저 임신 12주 이내 또는 임신 36주 이상인 여성 공무원을 대상으로 하던 '모성보호시간'을 임신 기간 전체로 확대하여 임신부터 출산 시까지 근무시간을 1일에 2시간씩 단축할 수 있게 하였다.	'모성보호시간' 확대
다음으로 생후 1년 미만의 영아를 자녀로 둔 공무원을 대상으로 1주일에 2일에 한해 1일에 1시간씩 단축근무를 허용하던 '육아시간'을, 만 5세 이하 자녀를 둔 공무원을 대상으로 1주일에 2일에 한해 1일에 2시간 범위 내에서 사용할 수 있도록 하였다. 또한 부부 공동육아 실현을 위해 '배우자 출산휴가'를 10일(기존 5일)로 확대하였다.	육아시간을 위한 단축근무 확대 허용, 배우자 출산휴가 확대
마지막으로 어린이집, 유치원, 초·중·고등학교에서 공식적으로 주최하는 행사와 공식적인 상담에만 허용되었던 '자녀돌봄휴가'(공무원 1인당 연간 최대 2일)를 자녀의 병원진료·검진·예방접종 등에도 쓸 수 있도록 하고, 자녀가 3명 이상일 경우 1일을 가산할 수 있도록 하였다.	자녀돌봄휴가 확대적용

① (2단락) "다음으로 생후 1년 미만의 영아를 자녀로 둔 공무원을 대상으로 1주일에 2일에 한해 1일에 1시간씩 단축근무를 허용하던 '육아시간'을, 만 5세 이하 자녀를 둔 공무원을 대상으로 1주일에 2일에 한해 1일에 2시간 범위 내에서 사용할 수 있도록 하였다." → 생후 1년 미만의 영아를 자녀로 둔 공무원에서 만 5세 이하 자녀를 둔 공무원으로 대상이 확대되었고, 2시간에서 4시간으로 시간이 확대되었다.

② (3단락) "'자녀돌봄휴가'(공무원 1인당 연간 최대 2일)를 자녀의 병원진료·검진·예방접종 등에도 쓸 수 있도록 하고, 자녀가 3명 이상일 경우 1일을 가산할 수 있도록 하였다." → 최대 2일에 자녀가 3명일 경우 1일을 가산하니, 총 3일이 된다는

것을 알 수 있다.

③ (1단락) "먼저 임신 12주 이내 또는 임신 36주 이상인 여성 공무원을 대상으로 하던 '모성보호시간'을 임신 기간 전체로 확대" → 임신 기간 전체로 확대되므로, 5개월인 여성은 당연히 사용 가능하다.

④ (3단락) "마지막으로 어린이집, 유치원, 초·중·고등학교에서 공식적으로 주최하는 행사와 공식적인 상담에만 허용되었던 '자녀돌봄휴가'(공무원 1인당 연간 최대 2일)를 자녀의 병원 진료·검진·예방접종 등에도 쓸 수 있도록 하고, 자녀가 3명 이상일 경우 1일을 가산할 수 있도록 하였다." → 변경 전에는 '유치원, 초·중·고등학교에서 공식적으로 주최하는 행사와 공식적인 상담'만 가능했는데, 변경이 되고 나서 병원진료도 가능해졌다.

⑤ (2단락) "만 5세 이하 자녀를 둔 공무원을 대상으로 1주일에 2일에 한해 1일에 2시간 범위 내에서 사용할 수 있도록 하였다." → 2시간씩 2일이 가능하니, 총 4시간까지 가능하다.

02

정답 | ⑤

해설 |

본문 내용	단락 핵심내용
군국기무처는 1894년 7월 27일부터 같은 해 12월 17일까지 존속한 최고 정책결정 기관이었다. 1894년 7월 흥선대원군을 추대한 새로운 정권이 수립되자, 그 이전부터 논의되어 오던 제도개혁을 실시하고자 합의체 형식의 초정부적 정책결정 기구인 군국기무처를 구성하였다. 이 기구의 이름은 1882년부터 1883년까지 존속하였던 기무처의 이름을 따서 흥선대원군이 명명하였다.	군국기무처의 성격과 구성
군국기무처가 실제로 활동한 기간은 약 3개월이었다. 이 기간 중 군국기무처는 40회의 회의를 통해 약 210건의 의안을 심의하여 통과시켰는데, 그중에는 189개의 개혁의안도 포함되어 있었다. 군국기무처가 심의하여 통과시킨 의안은 국왕의 재가를 거쳐 국법으로 시행하였는 데, 그 가운데는 전제왕권의 제약이나 재정제도의 일원화뿐만 아니라, 양반·상인 등 계급의 타파, 공·사노비제의 폐지, 조혼의 금지, 과부의 재가 허용 등 조선사회의 경제·사회 질서를 근본적으로 변혁시키는 내용도 있었다. 여기에는 1880년대 이래 개화운동에서 강조한 개혁안과 더불어 동학운동에서 요구한 개혁안이 포함되기도 하였다. 군국기무처가 추진한 이때의 개혁을 갑오개혁이라고 부른다.	군국기무처의 활동
그러나 군국기무처의 기능은 청일전쟁에서 일본이 최초의 결정적인 승리를 거둔 1894년 9월 중순 이후 서서히 약화되기 시작하였다. 청일전쟁의 초기에는 조선의 개혁정권에 대해 회유정책을 쓰며, 군국기무처의 활동에 간섭을 하지 않았던 일본이 청일전쟁의 승리가 확실해지자 적극적인 개입정책을 쓰기 시작하였던 것이다. 일본 정부가 새로 임명한 주한공사 이노우에는 군국기무처를 자신이 추진하려는 일본의 제도적 개입의 방해물로 간주하여 11월 20일 고종에게 요구한 20개의 안건에 군국기무처의 폐지를 포함시켰다. 고종도 그의 전제왕권을 제약한 군국기무처의 존재를 탐탁지 않게 여기던 터였으므로 이 기구를 12월 17일 칙령으로 폐지하였다.	군국기무처 기능 약화와 폐지

① (3단락) "고종도 그의 전제왕권을 제약한 군국기무처의 존재를 탐탁지 않게 여기던 터였으므로 이 기구를 12월 17일 칙령으로 폐지하였다." → 칙령으로 폐지한 것은 흥선대원군이 아니라 고종이다.

② (1단락) "이 기구의 이름은 1882년부터 1883년까지 존속하였던 기무처의 이름을 따서 흥선대원군이 명명하였다." → 명명을 한 것은 고종이 아니라 흥선대원군이다.

③ (3단락) "그러나 군국기무처의 기능은 청일전쟁에서 일본이 최초의 결정적인 승리를 거둔 1894년 9월 중순 이후 서서히 약화되기 시작하였다. 청일전쟁의 초기에는 조선의 개혁정권에 대해 회유정책을 쓰며, 군국기무처의 활동에 간섭을 하지 않았던 일본이 청일전쟁의 승리가 확실해지자 적극적인 개입정책을 쓰기 시작하였던 것이다." → 일본의 청일전쟁 승리가 확실해지면서 군국기무처의 기능은 약화되었다.

④ (2단락) "군국기무처가 실제로 활동한 기간은 약 3개월이었다. 이 기간 중 군국기무처는 40회의 회의를 통해 약 210건의 의안을 심의하여 통과시켰는데, 그중에는 189개의 개혁의안도 포함되어 있었다." → 3개월 동안 개혁의안 189개이므로, 한 달 평균은 63건 정도다.

⑤ (2단락) "여기에는 1880년대 이래 개화운동에서 강조한 개혁안과 더불어 동학운동에서 요구한 개혁안이 포함되기도 하였다." → 동학운동이 요구한 개혁안이 담겨 있음을 알 수 있다.

03

정답 | ④

해설 |

본문 내용	단락 핵심내용
국회의원 선거는 목적에 따라 총선거, 재선거, 보궐선거 등으로 나누어진다. 대통령제 국가에서는 의원의 임기가 만료될 때 총선거가 실시된다. 반면, 의원내각제 국가에서는 의원의 임기가 만료될 때뿐만 아니라 의원의 임기가 남아 있으나 총리(수상)에 의해 의회가 해산된 때에도 총선거가 실시된다.	총선거가 실시되는 경우
대다수의 국가는 총선거로 전체 의원을 동시에 새롭게 선출하지만, 의회의 안정성과 연속성을 고려하여 전체 의석 중 일부만 교체하기도 한다. 이러한 예는 미국, 일본, 프랑스 등의 상원선거에서 나타나는데, 미국은 임기 6년의 상원의원을 매 2년마다 1/3씩, 일본은 임기 6년의 참의원을 매 3년마다 1/2씩 선출한다. 프랑스 역시 임기 6년의 상원의원을 매 3년마다 1/2씩 선출한다.	전체 의석 중 임기에 따라 일부만 교체

재선거는 총선거가 실시된 이후에 당선 무효나 선거 자체의 무효 사유가 발생하였을 때 다시 실시되는 선거를 말한다. 예를 들어 우리나라에서는 선거 무효 판결, 당선 무효, 당선인의 임기 개시 전 사망 등의 사유가 있는 경우에 재선거를 실시한다.	재선거를 실시하는 경우
보궐선거는 의원이 임기 중 직책을 사퇴하거나 사망하는 등 부득이한 사유로 의정 활동을 수행할 수 없는 경우에 이를 보충하기 위해 실시되는 선거이다. 다수대표제를 사용하는 대부분의 국가는 보궐선거를 실시하는 반면, 비례대표제를 사용하는 대부분의 국가는 필요 시 의원직을 수행할 승계인을 총선거때 함께 정해 두어 보궐선거를 실시하지 않는다.	보궐선거를 실시하는 경우

ㄱ. (2단락) "미국은 임기 6년의 상원의원을 매 2년마다 1/3씩, 일본은 임기 6년의 참의원을 매 3년마다 1/2씩 선출한다. 프랑스 역시 임기 6년의 상원의원을 매 3년마다 1/2씩 선출한다." → 일본 참의원과 프랑스 상원의원의 임기는 6년으로 같다. (○)

ㄴ. (2단락) "미국은 임기 6년의 상원의원을 매 2년마다 1/3씩" → 전체가 아니라 1/3 정도만 실시한다. (×)

ㄷ. (3단락) "예를 들어 우리나라에서는 선거 무효 판결, 당선 무효, 당선인의 임기 개시 전 사망 등의 사유가 있는 경우에 재선거를 실시한다." → 당선인의 임기 개시 전 사망은 재선거의 사유가 됨을 알 수 있다. (○)

ㄹ. (4단락) "보궐선거는 의원이 임기 중 직책을 사퇴하거나 사망하는 등 부득이한 사유로 의정 활동을 수행할 수 없는 경우에 이를 보충하기 위해 실시되는 선거이다. 다수대표제를 사용하는 대부분의 국가는 보궐선거를 실시" → 의원 임기 중 사망 시 보궐선거를 실시하게 된다. (○)

04

정답 | ②

해설 |

본문 내용	단락 핵심내용
인류 역사상 불공정거래 문제가 나타난 것은 먼 옛날부터이다. 자급자족경제에서 벗어나 물물교환이 이루어지고 상업이 시작된 시점부터 불공정거래 문제가 나타났고, 법을 만들어 이를 규율하기 시작하였다.	불공정거래 문제의 등장
불공정거래 문제가 법적으로 다루어진 것으로 알려진 최초의 사건은 기원전 4세기 아테네에서 발생한 곡물 중간상 사건이다. 기원전 388년 겨울, 곡물 수입 항로가 스파르타로부터 위협을 받게 되자 곡물 중간상들의 물량 확보 경쟁이 치열해졌고 입찰가격은 급등하였다. 이에 모든 곡물 중간상들이 담합하여 동일한 가격으로 응찰함으로써 곡물 매입가격을 크게 하락시켰고, 이를 다시 높은 가격에 판매하였다. 이로 인해 그들은 아테네 법원에 형사상 소추되어 유죄 판결을 받았다. 당시 아테네는 곡물 중간상들이 담합하여 일정 비율 이상의 이윤을 붙일 수 없도록 성문법으로 규정하고 있었으며, 해당 규정 위반 시 사형에 처해졌다.	4세기 아테네에서 발생한 곡물 중간상 사건
곡물의 공정거래를 규율하는 고대 아테네의 성문법은 로마로 계승되어 더욱 발전되었다. 그리고 로마의 공정거래 관련법은 13세기부터 15세기까지 이탈리아의 우루비노와 피렌체, 독일의 뉘른베르크 등의 도시국가와 프랑스 등 중세 유럽 각국의 공정거래 관련법 제정에까지 영향을 미쳤다. 영국에서도 로마의 공정거래 관련법의 영향을 받아 1353년에 에드워드 3세의 공정거래 관련법이 만들어졌다.	로마의 공정거래 관련법이 유럽에 영향

ㄱ. (1단락) "자급자족 경제에서 벗어나 물물교환이 이루어지고 상업이 시작된 시점부터 불공정거래 문제가 나타났고" → 자급자족시대는 벗어난 후에 불공정거래 문제가 나타났다. (×)

ㄴ. (2단락) "당시 아테네는 곡물 중간상들이 담합하여 일정 비율 이상의 이윤을 붙일 수 없도록 성문법으로 규정하고 있었으며, 해당 규정 위반 시 사형에 처해졌다." → 최고형은 사형이었다. (×)

ㄷ. (3단락) "영국에서도 로마의 공정거래 관련법의 영향을 받아 1353년에 에드워드 3세의 공정거래 관련법이 만들어졌다." → 에드워드 3세의 관련법에 영향을 주었다는 것을 알 수 있다. (○)

ㄹ. (2단락) "이에 모든 곡물 중간상들이 담합하여 동일한 가격으로 응찰함으로써 곡물 매입가격을 크게 하락시켰고, 이를 다시 높은 가격에 판매하였다." → 담합해서 싸게 샀다가 비싸게 팔았기 때문에 문제가 된 사건이다. (×)

SKILL ❷

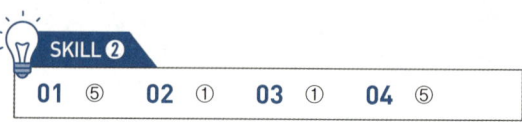

01 ⑤	02 ①	03 ①	04 ⑤

01

정답 | ⑤

해설 |

조항 내용	조별 핵심내용
제○○조 ① 사업자는 소비자를 속이거나 소비자로 하여금 잘못 알게 할 우려가 있는 표시·광고 행위로서 공정한 거래질서를 해칠 우려가 있는 다음 각 호의 행위를 하거나 다른 사업자로 하여금 하게 하여서는 안 된다. 1. 거짓·과장의 표시·광고 2. 기만적인 표시·광고 3. 부당하게 비교하는 표시·광고 4. 비방적인 표시·광고 ② 제1항을 위반하여 제1항 각 호의 행위를 하거나 다른 사업자로 하여금 하게 한 사업자는 2년 이하의 징역 또는 1억 5천만 원 이하의 벌금에 처한다.	공정거래 질서를 해치는 광고의 종류

제△△조 ① 공정거래위원회는 상품 등이나 거래 분야의 성질에 비추어 소비자 보호 또는 공정한 거래질서 유지를 위하여 필요한 경우에는 사업자가 표시·광고에 포함하여야 하는 사항(이하 '중요정보'라 한다)과 표시·광고의 방법을 고시할 수 있다. ② 공정거래위원회는 제1항에 따라 고시를 하려면 관계 행정기관의 장과 미리 협의하여야 한다. 이 경우 필요하다고 인정하면 공청회를 개최하여 사업자단체, 소비자단체, 그 밖의 이해관계인 등의 의견을 들을 수 있다. ③ 사업자가 표시·광고 행위를 하는 경우에는 제1항에 따라 고시된 중요정보를 표시·광고하여야 한다.	광고에 포함하는 중요정보와 방법 고시
제□□조 ① 사업자가 제△△조 제3항을 위반하여 고시된 중요정보를 표시·광고하지 않은 경우에는 1억 원 이하의 과태료를 부과한다. ② 제1항에 따른 과태료는 공정거래위원회가 부과·징수한다.	위반시 과태료

ㄱ. (둘째 조) "공정거래위원회는 상품 등이나 거래 분야의 성질에 비추어 소비자 보호 또는 공정한 거래질서 유지를 위하여 필요한 경우에는 사업자가 표시·광고에 포함하여야 하는 사항(이하 '중요정보'라 한다)과 표시·광고의 방법을 고시할 수 있다." → 상품 등이나 거래 분야의 성질에 비추어 결정을 하니 고려의 대상이 된다는 얘기다. (×)

ㄴ. (첫째 조) "2년 이하의 징역 또는 1억 5천만 원 이하의 벌금에 처한다" → "과태료"가 아니라 "벌금"형을 받게 된다. (×)

ㄷ. (셋째 조) "사업자가 제△△조 제3항을 위반하여 고시된 중요정보를 표시·광고하지 않은 경우에는 1억 원 이하의 과태료를 부과한다." → 1억 원 이하이므로 5천만 원도 가능하다. (○)

ㄹ. (둘째 조) "공정거래위원회는 상품 등이나 거래 분야의 성질에 비추어 소비자 보호 또는 공정한 거래질서 유지를 위하여 필요한 경우에는 사업자가 표시·광고에 포함하여야 하는 사항(이하 '중요정보'라 한다)과 표시·광고의 방법을 고시할 수 있다." → 표시 방법도 고시 가능하다. (○)

02

정답 | ①

해설 |

조항 내용	조별 핵심내용
제00조 ① 민사에 관한 분쟁의 당사자는 법원에 조정을 신청할 수 있다. ② 조정을 신청하는 당사자를 신청인이라고 하고, 그 상대방을 피신청인이라고 한다.	조정신청 당사자
제00조 ① 신청인은 다음 각 호의 어느 하나에 해당하는 곳을 관할하는 지방법원에 조정을 신청해야 한다. 1. 피신청인의 주소지, 피신청인의 사무소 또는 영업소 소재지, 피신청인의 근무지 2. 분쟁의 목적물 소재지, 손해 발생지 ② 조정사건은 조정담당판사가 처리한다.	관할지방법원에 신청, 조정 담당판사가 처리
제00조 ① 조정담당판사는 사건이 그 성질상 조정을 하기에 적당하지 아니하다고 인정하거나 신청인이 부당한 목적으로 조정신청을 한 것임을 인정하는 경우에는 조정을 하지 아니하는 결정으로 사건을 종결시킬 수 있다. 신청인은 이 결정에 대해서 불복할 수 없다. ② 조정담당판사는 신청인과 피신청인 사이에 합의가 성립되지 아니한 경우 조정 불성립으로 사건을 종결시킬 수 있다. ③ 조정담당판사는 신청인과 피신청인 사이에 합의된 사항이 조정조서에 기재되면 조정 성립으로 사건을 종결시킨다. 조정조서는 판결과 동일한 효력이 있다.	조정담당판사가 사건을 종결시키는 경우
제00조 다음 각 호의 어느 하나에 해당하는 경우에는 조정신청을 한 때에 민사소송이 제기된 것으로 본다. 1. 조정을 하지 아니하는 결정이 있는 경우 2. 조정 불성립으로 사건이 종결된 경우	민사소송이 제기되는 경우

ㄱ. (둘째 조) "피신청인의 주소지, 피신청인의 사무소 또는 영업소 소재지, 피신청인의 근무지" → 피신청인의 근무지를 관할하는 지방법원에서도 조정 신청이 가능하다. (○)

ㄴ. (셋째 조) "조정담당판사는 사건이 그 성질상 조정을 하기에 적당하지 아니하다고 인정하거나 신청인이 부당한 목적으로 조정신청을 한 것임을 인정하는 경우에는 조정을 하지 아니하는 결정으로 사건을 종결시킬 수 있다. 신청인은 이 결정에 대해서 불복할 수 없다." → 불복할 수 없다고 명시하고 있다. (×)

ㄷ. (셋째 조) "조정담당판사는 신청인과 피신청인 사이에 합의된 사항이 조정조서에 기재되면 조정 성립으로 사건을 종결시킨다. 조정조서는 판결과 동일한 효력이 있다." → 동일한 효력을 가진다는 것을 알 수 있다. (○)

ㄹ. (넷째 조) "다음 각 호의 어느 하나에 해당하는 경우에는 조정신청을 한 때에 민사소송이 제기된 것으로 본다. 1. 조정을 하지 아니하는 결정이 있는 경우 2. 조정 불성립으로 사건이 종결된 경우" → 사건이 종결된 때가 아니라 조정신청을 한 때이다. (×)

ㅁ. (셋째 조) "조정을 하지 아니하는 결정으로 사건을 종결시킬 수 있다." → 조정 불성립이 아니라 조정을 하지 아니하는 결정으로 종결시킬 수 있다. (×)

03

정답 | ①

해설 |

연구용역 계약사항	조별 핵심내용
□ 과업수행 전체회의 및 보고 ○ 참석대상: 발주기관 과업 담당자, 연구진 전원 ○ 착수보고: 계약일로부터 10일 이내 ○ 중간보고: 계약기간 중 2회 – 과업 진척상황 및 중간결과 보고, 향후 연구계획 및 내용 협의 ○ 최종보고: 계약만료 7일 전까지 ○ 수시보고: 연구 수행상황 보고 요청 시, 긴급을 요하거나 특이사항 발생 시 등 ○ 전체회의: 착수보고 전, 각 중간보고 전, 최종보고 전	과업수행 전체회의 및 보고
□ 과업 산출물 ○ 중간보고서 20부, 최종보고서 50부, 연구 데이터 및 관련 자료 CD 1매	과업 산출물
□ 연구진 구성 및 관리 ○ 연구진 구성: 책임연구원, 공동연구원, 연구보조원 ○ 연구진 관리 – 연구 수행기간 중 연구진은 구성원을 임의로 교체할 수 없음. 단, 부득이한 경우 사전에 변동사유와 교체될 구성원의 경력 등에 관한 서류를 발주기관에 제출하여 승인을 받은 후 교체할 수 있음	연구진 구성 및 관리
□ 과업의 일반조건 ○ 연구진은 연구과제의 시작부터 종료(최종보고서 제출)까지 과업과 관련된 제반 비용의 지출행위에 대해 책임을 지고 과업을 진행해야 함 ○ 연구진은 용역완료(납품) 후에라도 발주기관이 연구결과와 관련된 자료를 요청할 경우에는 관련 자료를 성실히 제출하여야 함	과업의 일반조건

ㄱ. (넷째 조) "연구진은 용역완료(납품) 후에라도 발주기관이 연구결과와 관련된 자료를 요청할 경우에는 관련 자료를 성실히 제출하여야 함" → 용역 이후에라도 자료를 성실히 제출해야 한다고 명시하고 있다. (○)

ㄴ. (첫째 조) 보고는 착수보고, 중간보고 2회, 최종보고로 총 4회이고, 회의는 착수보고 전, 각 중간보고 전(2회), 최종보고 전으로 이것 역시 4회다. 그러니까 수시보고를 빼더라도 명시된 보고와 회의가 총 8회는 된다는 것을 알 수 있다. (○)

ㄷ. (셋째 조) "연구 수행기간 중 연구진은 구성원을 임의로 교체할 수 없음"이라고 했는데, 연구진의 구성에는 연구보조원도 들어간다. 하지만 정 교체가 필요하면 "단, 부득이한 경우 사전에 변동사유와 교체될 구성원의 경력 등에 관한 서류를 발주기관에 제출하여 승인을 받은 후 교체할 수 있음"이라는 구절을 보면 교체할 수 있는데, 이는 연구보조원만 해당하는 것이 아니라, 모든 연구진에 다 해당하는 사항이다. (×)

ㄹ. (넷째 조) "연구진은 연구과제의 시작부터 종료(최종보고서 제출)까지 과업과 관련된 제반 비용의 지출행위에 대해 책임을 지고 과업을 진행해야 함" → 중간보고서 역시 연구진이 지출에 대한 책임을 져야 한다. (×)

04

정답 | ⑤

해설 |

조항 내용	조별 핵심내용
제00조(청렴의 의무) ① 공무원은 직무와 관련하여 직접적이든 간접적이든 사례·증여 또는 향응을 주거나 받을 수 없다. ② 공무원은 직무상의 관계가 있든 없든 그 소속 상관에게 증여하거나 소속 공무원으로부터 증여를 받아서는 아니 된다.	청렴의 의무
제00조(정치운동의 금지) ① 공무원은 정당이나 그 밖의 정치단체의 결성에 관여하거나 이에 가입할 수 없다. ② 공무원은 선거에서 특정 정당 또는 특정인을 지지 또는 반대하기 위한 다음의 행위를 하여서는 아니 된다. 1. 투표를 하거나 하지 아니하도록 권유 운동을 하는 것 2. 기부금을 모집 또는 모집하게 하거나, 공공자금을 이용 또는 이용하게 하는 것 3. 타인에게 정당이나 그 밖의 정치단체에 가입하게 하거나 가입하지 아니하도록 권유 운동을 하는 것 ③ 공무원은 다른 공무원에게 제1항과 제2항에 위배되는 행위를 하도록 요구하거나, 정치적 행위에 대한 보상 또는 보복으로서 이익 또는 불이익을 약속하여서는 아니 된다.	정치운동의 금지
제00조(집단행위의 금지) ① 공무원은 노동운동이나 그 밖에 공무 외의 일을 위한 집단행위를 하여서는 아니 된다. 다만, 사실상 노무에 종사하는 공무원은 예외로 한다. ② 제1항 단서에 규정된 공무원으로서 노동조합에 가입된 자가 조합 업무에 전임하려면 소속 장관의 허가를 받아야 한다.	집단행위의 금지

ㄱ. (첫째 조) "공무원은 직무상의 관계가 있든 없든 그 소속 상관에게 증여하거나 소속 공무원으로부터 증여를 받아서는 아니 된다." → 공무원은 직무상의 관계가 없어도 상관에게 증여해서는 안 된다. (○)

ㄴ. (셋째 조) "다만, 사실상 노무에 종사하는 공무원은 예외로 한다.", "노동조합에 가입된 자가 조합 업무에 전임하려면 소속 장관의 허가를 받아야 한다." → 노무에 종사하며 장관의 허가를 받는다면 가능하다. (×)

ㄷ. (둘째 조) "기부금을 모집 또는 모집하게 하거나, 공공자금을 이용 또는 이용하게 하는 것" → 기부금을 모집하게 하는 것은 금지되어 있다. (○)

ㄹ. (둘째 조) "공무원은 선거에서 특정 정당 또는 특정인을 지지 또는 반대하기 위한 다음의 행위를 하여서는 아니 된다. 1. 투표를 하거나 하지 아니하도록 권유 운동을 하는 것" → 다른 후보에게 투표하도록 권유하는 운동은 금지되어 있다. (○)

STEP 04 p.90~99

실전 문제

01 ④	02 ③	03 ③	04 ⑤
05 ④	06 ③	07 ⑤	08 ①
09 ③	10 ④		

01

정답 | ④

해설 |

글의 내용을 종합해 한마디로 표현하면 어떤 사람들의 행동은 과거 행동의 관성적 작용일 때가 많다는 것과 다른 사람들이 하는 일을 무의식적으로 따라하게 되는 성향이 있다는 것이다. ㄱ은 과거 행적의 기억을 자극하는 편지를 보내는 것이고, ㄴ이나 ㄹ은 다른 사람들의 모습을 제시해 그 모방을 유도하게 한다는 것이다.

02

정답 | ③

해설 |

네트워크 경제에서는 전략적 제휴나 상품의 무상 제공을 통해 부수 제품을 사용하도록 하는 임대 또는 대여 형태의 마케팅 활동이 강화된다. 그리고 지적 자산이나 이미지 자체를 통해 부를 창출하며, 네트워크 시스템을 통해 공급자를 연결시켜 소비자의 욕구에 즉시 반응할 수 있는 체제를 구축하게 되었다. 이러한 관점에서 보면 ①, ②, ④, ⑤는 '네트워크 경제'를 뒷받침할 수 있는 사례로 볼 수 있다. 그러나 ③은 생산 공정의 자동화를 통한 기업의 대량생산 체제의 구축이 핵심인데, 이는 네트워크 경제의 본질보다는 상품을 좀 더 많이 싸게 공급하여 이익을 극대화하고자 하는 종래의 시장 경제에 대한 사례이다.

03

정답 | ③

해설 |

상품의 내용을 살펴 보면 계약기간은 1년, 자동재예치 9회가 가능하므로 최대 10년까지 가능하다. 월 적립금액은 1~100만 원 이내의 금액이며, 약 2.15%의 금리를 적용받을 수 있다. 부모의 기념일 등 목돈이 필요한 시기에 적절하게 사용할 수 있도록 분할출금이 가능하다. 단, 출금 가능시기는 적금 가입 후 1년(재예치) 이후라고 명시되어 있다. 월 적립금액이 제한이 없다는 내용은 자료의 내용에 어긋나므로 정답은 ③이다.

04

정답 | ⑤

해설 |

ㄱ. (○) "아기가 태어난 지 약 20일이 지나면 배냇저고리를 벗기고 돌띠저고리를 입혔다" → 약 3주 정도 입히는 옷이라는 것을 알 수 있다.

ㄴ. (×) "남자아기의 배냇저고리는 재수가 좋다고 하여 시험이나 송사를 치르는 사람이 부적같이 몸에 지니는 풍습" → 여자아기가 아니라 남자아기의 배냇저고리를 지니는 풍습이 있었다.

ㄷ. (○) "돌띠저고리에는 긴 고름처럼 장수하기를 바라는 의미"가 있었고, 백줄에도 "장수하기를 바라는 의미"가 있었다.

ㄹ. (○) "그리고 첫 생일인 돌에 남자아기에게는 색동저고리를 입히고 복건(幅巾)이나 호건(虎巾)을 씌우며, 여자아기에게는 색동저고리를 입히고 굴레를 씌웠다." → 남자, 여자아기 모두 색동저고리를 입혔다.

05

정답 | ④

해설 |

"당연적용 사업장에 해당하지 않는 경우 공단의 승인을 얻어 보험에 임의 가입할 수 있으며 가입신청서 접수일의 다음 날부터 보험관계가 적용됨" → 따라서 가입신청일이 아닌 가입신청 다음날부터 보험적용이 가능하다.

① 적용 제외 대상자 중 "「사립학교교직원 연금법」의 적용을 받는 자"에 해당

② "산재·고용보험 당연적용 사업장에서 근무하는 근로자"를 대상으로 하기 때문에 미적용 사업장에 대해서 판단할 수는 없다.

③ 적용 근로자에 보면, "아래에 해당하는 근로자의 경우 고용보험에 한하여 적용이 제외됨"이라고 제시되어 있으므로, 모든 근로자가 보험이 적용되는 것은 아님을 알 수 있다.

06

정답 | ③

해설 |

- 재호: 주5일에 9시간씩, 즉 월 60시간의 근무시간을 넘지 않으나 3개월 이상 일하고 있으므로 적용대상이다.
- 현수: 1주간의 근로시간이 5시간, 월 20시간인 일용근로자로, 2개월째 일하고 있으므로 적용대상이 아니다.
- 인숙: 별정직공무원 본인의사에 따른 보험 가입이 가능하므로 보험 적용대상이다.
- 병철: 만 65세 이후에 보험적용 사업장에 신규로 고용된 자는 보험 적용대상이 아니다.

따라서 고용보험 적용이 가능한 사람은 재호와 인숙이다.

07

정답 | ⑤

해설 |

"시장·군수·구청장(자치구의 구청장을 말한다. 이하 같다)은 공공하수도를 설치하려면 시·도지사의 인가를 받아야 한다." → 시·도지사의 인가를 받아야 한다는 것을 확인할 수 있다.

① "공공하수도가 둘 이상의 지방자치단체의 장의 관할구역에 걸치는 경우, 관리청이 되는 자는 제○○조 제2항에 따른 공공하수도 설치의 고시를 한 시·도지사 또는 같은 조 제3항에 따른 인가를 받은 시장·군수·구청장으로 한다." → 관리청은 설치의 고시를 한 A자치구가 된다.

② "시·도지사는 국가의 보조를 받아 설치하고자 하는 공공하수도에 대하여 제2항에 따른 고시 또는 제3항의 규정에 따른 인가를 하고자 할 때에는 그 설치에 필요한 재원의 조달 및 사용에 관하여 환경부장관과 미리 협의하여야 한다." → 설치에 필요한 재원의 조달 등에 관하여 환경부장관의 '인가'를 받는 것이 아니라 '협의'를 하는 것이다.

③ "시장·군수·구청장은 제3항에 따라 인가받은 사항을 변경하거나 폐지하려면 시·도지사의 인가를 받아야 한다." → 시·도지사의 인가를 필요로 한다.

④ "시·도지사는 공공하수도를 설치하고자 하는 때에는 사업시행지의 위치 및 면적, 설치하고자 하는 시설의 종류, 사업시행기간 등을 고시하여야 한다. 고시한 사항을 변경 또는 폐지하고자 하는 때에도 또한 같다." → 변경이나 폐지도 가능하다. 다만 고시가 꼭 필요하다는 것이다.

08

정답 | ①

해설 |

ㄱ. (○) "주민투표법에서는 주민투표를 실시할 수 있는 권한을 지방자치단체장에게만 부여하고 있다." → 주민투표를 실시할 수 있는 권한은 지방자치단체장만이 가지고 있다고 명시하고 있다.

ㄴ. (×) "인구가 50만 명 이상인 대도시에서는 19세 이상 주민 총수의 100분의 1 이상 70분의 1 이하의 범위 내에서, 그리고 그 외의 시·군 및 자치구에서는 19세 이상 주민 총수의 50분의 1 이상 20분의 1 이하의 범위 내에서 정하도록 하고 있다." → 인구 70만 명 이상이기 때문에, 50만 명 이상이 기준이 되어서 19세 이상 주민 총수의 100분의 1 이상 70분의 1 이하의 범위 내에서 서명을 받아야 한다.

ㄷ. (○) "주민발의는 지방자치단체장에게 청구하도록 되어 있는데, 지방자치단체장은 청구를 수리한 날로부터 60일 이내에 조례의 제정 또는 개폐안을 작성하여 지방의회에 부의하여야 한다." → 주민이 직접 지방의회에 청구하는 것이 아니라, 지방자치단체장에게 청구하는 것이다.

ㄹ. (×) "기초자치단체장에 대해서는 100분의 15 이상" → 기초자치단체장은 100분의 15 이상이고, 지방의회 지역구의원에 대해서 100분의 20 이상의 서명을 받아야 된다.

09

정답 | ③

해설 |

"인접지소유자는 전항의 규정에 위반한 자에 대하여 건물의 변경이나 철거를 청구할 수 있다. 그러나 건축에 착수한 후 1년을 경과하거나 건물이 완성된 후에는 손해배상만을 청구할 수 있다." → 완성된 경우에는 철거를 청구할 수는 없고, 손해배상만 청구할 수 있다.

① "토지의 경계를 정하기 위한 측량비용은 토지의 면적에 비례하여 부담한다." → 3:2, 즉 60만 원:40만 원으로 부담해야 한다.

② "인접하여 토지를 소유한 자는 공동비용으로 통상의 경계표나 담을 설치할 수 있다. 이 경우 그 비용은 쌍방이 절반하여 부담한다." → 담을 설치할 때는 절반씩 부담하기 때문에 50만 원씩 부담하게 된다.

④ "경계로부터 2미터 이내의 거리에서 이웃 주택의 내부를 관망할 수 있는 창이나 마루를 설치하는 경우에는 적당한 차면(遮面)시설을 하여야 한다." → 가리는 장치가 있다면 창을 설치할 수 있다.

⑤ "우물을 파거나 용수, 하수 또는 오물 등을 저치(貯置)할 지하시설을 하는 때에는 경계로부터 2미터 이상의 거리를 두어야 하며, 지하실공사를 하는 때에는 경계로부터 그 깊이의 반 이상의 거리를 두어야 한다." → 깊이의 반 이상이므로 1미터 이상이다.

10

정답 | ④

해설 |

"부동산가격이 급등하여 사회적인 문제가 되자 소비자들은 국토해양부에 아파트분양가를 제한하고 분양원가를 공개하는 한편, 아파트 실거래 가격을 인터넷을 통하여 공개하는 정책을 실시하도록 요구하여 관철시켰다." → 분양원가라는 정보를 요구했고 (2), 국가의 정책에 영향을 주었다.(4) 하지만 (6)에 나타난 교육이라는 부분은 찾을 수 없다. ㄷ과 ㄹ은 비슷한 면이 있는데 이때 모두 (3)이 성립한다면, 이런 부분이 소비자의 선택권을 보장하는 것으로 볼 수 있다.

PART 3 수리나 기호화된 정보에서 원리 파악하고 적용하기

CHAPTER 01

수리적 원리 파악하고 적용하기

STEP 01 p.104~106

유형 분석

★ Main Type 사칙연산을 이용하는 문제

정답 | ①

해설 |

ㄱ. (○) 최소 12개월 때 백신 A 1차 접종을 하고, 다음 2차 접종 간격이 12개월이지만 4일 이내로 앞당겨서 하면 유효하므로 만 2세 이전에 접종을 끝낼 수 있다.

ㄴ. (×) "다만, 백신 B의 경우 만 4세 이후에 3차 접종을 유효하게 했다면 4차 접종은 생략한다." → 이 단서 조항 때문에 4세가 되는지 안 되는지를 체크해야 한다. 만 4세는 48개월이므로 45개월에 시작을 했으면 3개월 내에 3차 접종을 할 수 있는지를 판단하면 된다. 1차에서 3차 사이가 최소 접종간격으로는 총 8주니까 2개월이 된다. 그러면 47개월이 된 것이니, 4세 이후로 넘어가지는 않는다. 그러면 3차 접종이 48개월 안에 끝날 수 있으니, 4차 접종까지 갈 수도 있다.

ㄷ. (×) 생후 40일에 백신 C를 1차 접종했으면 2차와의 사이는 4주, 그러니까 28일 후인 생후 68일에서 −4일까지 가능하므로 최소 64일부터 접종이 가능하다. 그렇게 보면 생후 60일에 한 2차 접종은 무효가 된다.

★ Sub Type 1 수치적 규칙찾기형 문제

정답 | ④

해설 |

10번 안에 수치를 곱해서 가장 크게 되는 경로를 찾으라는 문제다. 이 문제의 경우 약간 직관적일 수밖에 없는데, 가령 B에서 계속 무한루프를 반복해 2를 곱해 나갈 것인가 진행할 것인가를 결정해야 한다. 진행했을 때 2보다 큰 수가 곱해져서 수를 크게 할 수 있다면 진행하는 것이 낫다. 음수 같은 경우는 그 경로를 밟을 경우 음수가 짝수번으로 경로상에 존재해야지 자칫하면 전체 값이 음수가 될 수 있다. 결괏값이 가장 크려면 최대한 3이 많이 반복되게 루트를 짜야 한다. 따라서 다음과 같이 경로를 짤 수 있으며, 이를 계산하면 864이다.

A → (1) → B → (2) → B → (2) → C → (2) → D → (3) → E → (−2) → D → (3) → E → (−2) → D → (3) → E → (1) → F

★ Sub Type 2 수리적 상황 이해하기 문제

정답 | ③

해설 |

A~D 네 가지 물체가 겹쳐졌을 때의 흡수도를 살펴 보면,

A+B=12

B+D=8

C+D=7

D+A=10이므로 연립해서 풀면,

A=7, B=5, C=4, D=3이다.

ㄱ. (○) A > B > C > D

ㄴ. (×) (가)의 흡수도는 'B+C=5+4=9'이므로 10보다 작다.

ㄷ. (○) (나)의 흡수도는 'A+B+C+D=7+5+4+3=19'이므로 20보다 작다.

STEP 02 p.108~110

문제 해결방법

SKILL ❶

비용, 시간에 대한 조건이라면 사칙연산으로 해결

정답 | ④

해설 |

① (○) B<PL의 뜻을 풀어 쓴 진술로, 예방조치에 들어가는 돈과, 피해액과 확률의 곱으로 나오는 돈을 비교해서 피해액의 기댓값이 사고방지비용보다 클 때 과실로 인한 책임을 물을 수 있다는 것이다.

② (○) 주어진 식에 의하면 B<PL일 때 책임을 물을 수 있으므로, 사고방지비용이 기대손실액보다 작다는 조건이면 과실을 물을 수 있다.

③ (○) 기대손실액은 25원으로, 사고방지비용으로 추산된 50원보다 적으므로, 이런 경우에는 책임을 물을 수 없다.

④ (×) 사고방지비용끼리 비교하는 것이 아니라, 사고방지비용과 기대손실액을 비교하는 것이다.

SKILL 2 방정식 형태의 문제

1 일반적인 방정식 형태의 문제

정답 | ①

해설 |

- 두더지 A: A가 맞은 횟수는 2, 4, 6, 8, 10번 중 하나지만, 현실적으로 가장 적게 맞았다고 하였으므로, 2, 4, 6번 이하일 것이다.
- 두더지 B: B=C
- 두더지 C: $(A+C+D)=\frac{3}{4}(A+B+C+D+E)$
- 두더지 D: $D\neq0$
- 두더지 E: A+B+C+D+E=12

B와 C의 이야기를 합하면 4A+4B+4D=3A+6B+3D+3E, A−2B+D−3E=0이다.

B와 E의 이야기를 합하면 A+2B+D+E=12이다.

그런데 한 번도 맞지 않은 두더지가 있고, A는 맞았다고 하고, B와 C는 맞은 횟수가 같기 때문에 이들이 한 번도 맞지 않은 두더지가 되면 한 번도 맞지 않은 두더지가 2마리가 되기 때문에 옳지 않다. D는 아니라고 했으므로 한 번도 맞지 않은 두더지는 E다. 다시 식을 쓰면 다음과 같이 정리할 수 있다.

$$\begin{cases} A-2B+D=0 \\ A+2B+D=12 \end{cases}$$

이를 연립하여 풀면 B=3이고, 그에 따라 C=3이 된다.

A는 맞은 두더지 중에 가장 적게 맞았으니까, 3 이하가 되어야 하고 짝수이어야 하므로 2가 된다. 그러면 A+D=6에 대입하면 D=4가 된다. 따라서 A=2, B=3, C=3, D=4, E=0이다.

총 14점이 되어야 하는데, B나 C가 대장 두더지가 되면 나머지를 합했을 때 14점을 초과하게 된다. A가 대장 두더지면 2×2=4(점)이 되고, 나머지가 1대에 1점씩 해서 3+3+4점이며 총 14점이 될 수 있다. 따라서 A가 대장 두더지가 된다.

2 부정방정식 형태의 문제

01

정답 | ③

해설 |

$$\begin{cases} x+y+z=25 \\ x+2y+3z=51 \end{cases}$$

$$\begin{cases} x=z-1 \\ y=26-2z \end{cases}$$

z는 1에서부터 13까지의 값이다.

x (불만족)	y (보통)	z (만족)
0	24	1
1	22	2
2	20	3
3	18	4
4	16	5
5	14	6
6	12	7
7	10	8
8	8	9
9	6	10
10	4	11
11	2	12
12	0	13

ㄱ. (×) 3점짜리는 13명이 최대이다.

ㄴ. (○) 불만족(x)이 0인 경우가 있으므로 가능하다.

ㄷ. (○) 만족(z)이 늘어남에 따라 불만족(x)도 늘어나고 있다.

ㄹ. (×) 보통(y)에 투표한 사람은 반드시 짝수다.

02

정답 | ②

해설 |

불만족 8명, 보통 8명이 되는 경우이므로 만족은 총 9명이 된다.

STEP 03 p.111~118

Skill 연습

SKILL 1

01	③	02	②	03	④	04	⑤

01

정답 | ③

해설 |

핵심공식이나 계산: ADH (온도·시간 누적값)=온도×시간

ㄱ. (○) 21×24=504이고, 20×9=180이다. 여기서 알 수 있는 것은 온도 21℃ 상태에서 ADH 값이 252가 되는 데는 252÷21=12시간이 요구된다는 것이다. 이는 유충이 생성된 시간이 10월 13일 정오임을 의미한다. 따라서 사망 시간은 정오 이전이므로 타당하다.

ㄴ. (○) 같은 성숙도일 때의 ADH 값은 일정하며 온도×시간이므로 [보기]의 ㄴ은 타당하다.

ㄷ. (×) 유충 중에서 가장 많은 수가 속해 있는 단계의 검정금파리가 언제 생성된 것들인지는 알 수 없다. 채집을 해야 한다고 한다면 검정금파리는 죽은 시신에서 생겨나기 때문에 가장 성숙한 유충을 채집해야 할 것이다. 그래야만 사망 시간을 제대로 산정할 수 있기 때문이다.

02

정답 | ②

해설 |

핵심공식이나 계산: 책임점수=집행할 형기의 개월 수×범수별 점수

책임점수는 집행할 형기의 개월 수에 범수별 점수를 곱한 값으로 계급이 바뀔 때 다시 부여한다. 갑이 4급에서 3급이 될 때, 책임점수가 부여되는데, 그것을 정확히 찾는 문제다.

갑은 초범이고, 잔여형기는 5년이기 때문에 책임점수는 60×2=120점이다. 그런데 129점을 얻었으니 3급이 되었다. 1의 ③에 따라 남은 9점은 다음 소득점수로 쌓이게 된다. 그럼 이때의 책임점수는 잔여형기가 48개월이고, 범수별 점수는 변함없으므로 2를 곱한 값이 된다. 48×2=96점이다.

여기서 남아있는 9점을 공제하고 앞으로 2급 진급까지 남은 점수는 87점이다.

03

정답 | ④

해설 |

핵심공식이나 계산: 할인된 가격=할인 전 가격×$\left(1-\frac{\text{할인율}}{100}\right)$

먼저 각 물건들의 할인이 적용된 결제 금액은 총 250달러다. 여기서 이달의 할인쿠폰 20%를 적용하면 200달러가 된다. 그런데 20,000원 추가 할인은 결제 금액이 200달러 초과인 경우에만 해당되므로, 총 200달러인 경우에는 적용되지 않는다. 따라서 정원이가 계산할 총결제 금액은 200달러고, 환율이 1,000원이므로 계산하면 최종 금액은 200,000원이다.

구분	정가(달러)	이번 달 할인율(%)	개별 할인된 가격	이달의 할인 쿠폰	추가 할인 쿠폰
가방	150	10	135	20%	×
영양제	100	30	70		
목베개	50	10	45		
총합	300	–	250	200	200

04

정답 | ⑤

해설 |

핵심공식이나 계산: '수소:산소:수증기=2:1:2'의 비례식

① 수소와 산소가 2:1로 반응하므로 수소 20mL와 산소 10mL가 반응하여 남은 기체는 수소 10mL이다.

② 수소와 산소가 2:1로 반응하므로 산소가 5mL 남는다.

③ 위의 반응식을 보면 수증기가 합성될 때의 비율은 수소:산소:수증기=2:1:2이므로 산소 40mL, 수소 20mL, 수증기는 40mL이다.

④ 산소가 10mL 남는다.

⑤ 2:1:2이므로 ㉠에는 60mL가 생성된다.

SKILL ❷

01 ③ **02** ③ **03** ⑤ **04** ③

01

정답 | ③

해설 |

미지수의 종류: A, B, C 기업에서 파견된 전문가들의 '투자불가와 투자가능' 각 2개씩 총 6종류의 의견

표로 표현하면 다음과 같다.

구분	투자불가	투자가능	합계
A 기업	a	b	4명
B 기업	c	d	5명
C 기업	e	f	
합계	9명	6명	15명

a+b+c+d+e+f=15

a+c+e=9

b=3

c=3

a+b=4

c+d=5

연립해서 풀면 e=5, f=1이므로 '투자불가' 결정과 전문가는 6명을 파견하였음을 알 수 있다.

그리고 이것을 도표화해서 풀면 다음과 같이 풀 수도 있다.

(가) 조건을 적용

구분	투자불가	투자가능	합계
A 기업	a	b	
B 기업	c	d	
C 기업	e	f	
합계	9명	6명	15명

(나) 조건을 적용

구분	투자불가	투자가능	합계
A 기업		3	
B 기업	3		
C 기업			
합계	9명	6명	15명

(다) 조건을 적용

구분	투자불가	투자가능	합계
A 기업	(1)	3	4
B 기업	3	(2)	5
C 기업			
합계	9명	6명	15명

결론적으로 정리해 보면 다음과 같이 나타낼 수 있다.

구분	투자불가	투자가능	합계
A 기업	1	3	4
B 기업	3	2	5
C 기업	5	1	6
합계	9명	6명	15명

02

정답 | ③

해설 |

미지수의 종류: 왼손, 오른손, 양손, 잘못 들은 사람 총 4종류

왼손을 x명, 오른손을 y명, 양손을 z명이라고 하고 잘못 알아들어 세 질문 모두 손을 든 사람을 k명이라고 하자. 그런데 왼손과 오른손잡이들은 정확하게 대답했기 때문에 양손으로 필기 가능한 사람에 손을 든 사람 10명은 반드시 양손잡이일 수밖에 없다. 그러므로 일단 $z=10$명은 확실하다.

주어진 조건들을 연립방정식으로 만들어 보면 다음과 같다.

$x+y+z=100$

$x+k=16$

$y+k=80$

$z=10$

미지수가 4개고 방정식 역시 4개이므로 해결 가능하다.

$x+y=90$

$x+k=16$

$y+k=80$

이걸 풀면 $x=13$, $y=77$, $k=3$이 된다.

ㄱ. (○) 양손잡이 z는 총 10명이다.

ㄴ. (○) 왼손잡이는 13명, 양손잡이는 10명이므로 맞는 진술이다.

ㄷ. (×) 6배 하면 78명이 되기 때문에 77명보다 많아지게 된다. 그러므로 6배 이상까지는 안 된다.

03

정답 | ⑤

해설 |

미지수의 종류: 신약, 위약에 각각 호전된 사람과 호전되지 않은 사람 총 4 종류

ㄱ. (○) D가 커지면 B가 작아지고, C도 작아진다. 그런데 B가 작아져도 신약을 받은 사람 40명은 유지를 해야 하기 때문에 A가 커질 수밖에 없다. A가 바로 신약을 투여 받은 사람 중 호전된 사람들이므로 ㄱ은 성립한다.

ㄴ. (○) A와 C의 차이가 작다는 것은 A는 줄고 C는 늘어난다는 뜻이 된다. A가 작아지면 B는 커지게 되면서 자연스럽게 신약 투여자 중 호전된 사람의 비율이 작아지게 된다.

ㄷ. (○) A : B가 4 : 1이라면 40명 중 32명 대 8명이라는 말이다. 여기서 C는 48−A라는 식으로 구할 수 있으므로 16이 된다. 그리고 D는 12−B로 4명이 되면서 위약을 투여 받은 사람 중 호전된 비율과 그렇지 않은 비율이 16 : 4가 되어 4 : 1의 비율이 맞춰지게 된다.

04

정답 | ③

해설 |

미지수의 종류: 법학, 정치학의 1학년, 2학년 학생들 총 4종류

㉠ 1학년 정치학+2학년 정치학>1학년 법학+2학년 법학

㉡ 1학년 법학>2학년 법학

㉢ 1학년 정치학=2학년 정치학

㉣ 2학년 법학 $\geq \frac{1}{2}$×(2학년 정치학)

㉤ 1학년 법학=1학년 정치학

1학년 법학, 1학년 정치학, 2학년 정치학 학생의 수가 모두 같으므로, 이것을 변수 x라고 놓고, 우리가 구하려는 2학년 법학을 y라고 놓자.

㉡ $x>y$

㉣ $y \geq \frac{1}{2}x$

㉡과 ㉣을 연합하면 $x>y>\frac{1}{2}x$가 된다.

그런데 $3x+y=21$이 되어야 한다. 그렇다면 $y=21-3x$다. 그런데 한 명 이상은 있어야 하므로, x는 6명까지 가능하다.

x	$y=(21-3x)$	$\frac{1}{2}x$
1	18	0.5
2	15	1
3	12	1.5
4	9	2
5	6	2.5
6	3	3

조건을 만족시키는 것은 x가 6이 될 때이다. 그러면 y는 자연스럽게 3이 된다.

STEP 04 p.119~125

실전 문제

01 ③	02 ④	03 ②	04 ③
05 ①	06 ③	07 ④	08 ④
09 ⑤	10 ③		

01

정답 | ③

해설 |

보험료=월평균 보수×실업급여요율(고안직능요율)÷1,000

=2,000,000×6.5÷1,000=13,000(원)

02

정답 | ④

해설 |

㉠ 2,000,000원

㉡ 13,000원 (2,000,000×6.5÷1,000)

㉢ 13,000원 (2,000,000×6.5÷1,000)

㉣ 5,000원 (2,000,000×2.5÷1,000)

㉤ 31,000원 (㉡+㉢+㉣)

03

정답 | ②

해설 |

구분	음료	S사이즈	S사이즈×6잔	M사이즈
Hot	카페라떼	2,500	15,000	3,000
Hot	카푸치노	2,600	15,600	3,100
Hot	대추차	1,700	10,200	2,800
Cold	요거트스무디	3,000	18,000	3,500
Cold	자몽에이드	3,200	19,200	3,800

따뜻한 커피 2종류, 찬 음료 1종류를 최소 6잔 이상 주문한다고 했을 때 아래 두 가지 경우가 나온다.

i) 카페라떼 6잔, 카푸치노 6잔, 요거트스무디 6잔, 기타 2잔

ii) 카페라떼 6잔, 카푸치노 6잔, 자몽에이드 6잔, 기타 2잔

기타 2잔을 제외하고, 주문해야 하는 음료 18잔의 지불 금액을 산출하면 아래와 같다.

i) 카페라떼 6잔, 카푸치노 6잔, 요거트스무디 6잔:
15,000+15,600+18,000=48,600원

ii) 카페라떼 6잔, 카푸치노 6잔, 자몽에이드 6잔:
15,000+15,600+19,200=49,800원

기타 2잔의 경우, 카페라떼 / 카푸치노 / 대추차 / 요거트스무디 / 자몽에이드 중 2잔을 구입한 가격은 다음과 같다.

i) 48,600+6,000(카페라떼)=54,600원
48,600+6,200(카푸치노)=54,800원
48,600+5,600(대추차)=54,200원
→ 요거트스무디와 자몽에이드는 예산을 초과하므로 구입할 수 없다.

ii) 49,800+5,600(대추차)=55,400원 → 가장 저렴한 대추차도 예산을 초과하므로 구입할 수 없다.

따라서 A가 지불할 가능성이 있는 금액은 54,200원, 54,600원, 54,800원 중 하나이다.

04

정답 | ③

해설 |

최소 결제 금액은 54,200원으로, 이때의 주문 구성은 카페라떼 6잔, 카푸치노 6잔, 요거트스무디 6잔, 대추차 2잔이다.

05

정답 | ①

해설 |

결과적으로 A부처와 B부처는 모두 100명씩을 보유하게 된다. 그런데 원래부터 각 부처 출신들이 100명이었다면 마치 질량보존 법칙처럼 그 총량은 변하지 않으므로 간단하게 계산될 수 있다.

ㄱ. A부처와 B부처 간 인력지원이 한 차례씩 이루어진 후, A부처에 B부처 소속 공무원이 3명 남아있다면 B부처에도 A부처 소속 공무원이 3명 있는 셈이다.

ㄴ. A부처와 B부처 간 인력지원이 한 차례씩 이루어진 후, B부처에 A부처 소속 공무원이 2명 남아있다면 A부처에는 B부처 소속 공무원이 2명 있는 셈이다.

06

정답 | ③

해설 |

1/50,000은 실제 수평 거리 50,000cm를 지도상에 1cm로 나타낸 것이니까, 1/25,000은 25,000cm를 지도상에 1cm로 나타내게 된다. 예제에서 주어진 A와 B의 거리가 4cm이므로 실제 거리는 100,000cm가 된다.

1/25,000 지도에서는 표고 10m마다 등고선이 그려져 있는데, A와 B의 사이에 3개 차이가 나는 셈이므로 30m라는 것을 알 수 있다.

이 수치들을 경사도 공식에 대입하여 계산해 보면

$=\frac{\text{두 지점 사이의 표고 차이}}{\text{두 지점 사이의 실제 수평 거리}}=\frac{3,000}{100,000}=0.030$이다.

07

정답 | ④

해설 |

민주는 유가의 상황에 관계없이 D를 택하는 것이 제일 유리하다. 왜냐하면 D는 모든 조건에서 가장 최고의 아웃풋을 가지므로, D에 투자하는 것이 가장 현명한 일이 된다.

08

정답 | ④

해설 |

총 16명의 기술직 직원과 사무직 직원으로 구성되어 있으며, [조건]에 따라 그 구성원 크기의 순서는 다음과 같다.

남자 기술직 > 남자 사무직 > 여자 사무직

사무직 직원의 수가 기술직 직원의 수보다 많으니까

남자 사무직+여자 사무직 > 남자 기술직+여자 기술직

여기에 앞서 작성한 구성원 크기의 순서를 고려하여 적당한 숫자를 대입해 보면 아래의 한 가지 경우만 나온다.

남자 사무직+여자 사무직 > 남자 기술직+여자 기술직

5+4 > 6+1

여기서 한 명이 빠져도 구조에 변화를 주지 않을 수 있는 것은 '여자 사무직' 밖에 없다.

09

정답 | ⑤

해설 |

서로 다른 2명에게 1표씩이니까 한 명이 2표를 행사하는 것이고, 총 12명이라면 총 투표 수는 24표이다.

ㄱ. (×) 5표를 제외하면 나머지가 19표가 되는데, 추첨을 통해 결정되는 경우 동점자가 있다는 말이다. 만약 5표짜리가 총 4명이라고 가정하면 20표가 되고, 나머지 한 명이 4표를 받는 경우도 가능하다. 최다 득표자가 두 명이 7표라고 해도, 5표와 합해도 19표 밖에 안 되니 득표자는 얼마든지 더 나올 수 있다.

ㄴ. (○) 24표에서 7표를 빼면 17표가 남는데, 홀수이기 때문에 같은 수가 나올 수 없다. 동점자가 아니므로 추첨이 필요하지 않다. 만약 17표 중에 한 명이 7표로 이미 알려진 사람과 동수라 해도, 남은 사람이 10표가 되니 추첨이 필요하지 않다.

ㄷ. (○) 최다 득표자가 8표라면 나머지는 16표다. 다음 표 수가 7표니까 7표짜리가 최대 2명이라고 해도, 2표를 얻어야 되는 사람이 필요하다. 그러므로 적어도 4명의 득표자가 필요하다.

10

정답 | ③

해설 |

우선 팀 구성원의 경우의 수가 총 8가지가 나온다는 것을 알 수 있다. 그 중에서 (가)를 적용하면 고려해야 할 팀의 수가 확 줄어든다.

과장	대리	사원	팀 수
개발	개발	개발	
개발	개발	물산	a
개발	물산	개발	
물산	개발	개발	b
개발	물산	물산	c
물산	개발	물산	
물산	물산	개발	d
물산	물산	물산	

a+b+c+d=14

(나) b+c=8

(다) b+d=7

(라) a+b=9

이것을 풀면 a=4, b=5, c=3, d=2이다.

따라서 '시한물산'의 사원만 속한 팀 수(a)는 4팀으로, 줄어드는 연구팀 수도 4팀이다.

CHAPTER 02

기호화된 정보에서 원리 파악하고 적용하기

STEP 01 p.127~129

유형 분석

★ Main Type 새로운 규칙을 주고 적용하기

정답 | ⑤

해설 |

얼핏 복잡해 보이지만 사실 아주 간단한 원리다. 큰 숫자가 점점 뒤로 가서 이 미션을 다 해내면 결국 작은 숫자 순으로 정렬이 되는 것이다.

37, 82, 12, 5, 56에서 82가 큰 숫자이므로 이 숫자가 점점 뒤로 가게 된다. 82가 12, 5, 56보다 크므로 결국 세 번 교환을 하면 제일 뒤에 있게 되고 37, 12, 5, 56, 82에서 37이 12, 5와 자리를 바꾸게 되면 다섯 번째 교환이 일어나게 된다. 그래서 12, 5, 37, 56, 82가 된다. 정리하면 다음과 같다.

- 첫 번째 교환: 37, 12, 82, 5, 56
- 두 번째 교환: 37, 12, 5, 82, 56
- 세 번째 교환: 37, 12, 5, 56, 82
- 네 번째 교환: 12, 37, 5, 56, 82
- 다섯 번째 교환: 12, 5, 37, 56, 82

★ Sub Type 1 원리의 핵심 이해해서 적용하기

정답 | ③

해설 |

결국 아랫면과 윗면 숫자의 합은 7이다. 0인 막대를 빼면 총 30개이기 때문에 아랫면과 윗면 숫자를 다 합한 값은 210이 나와야 한다. 윗면에 쓰인 숫자의 총합이 109였다면 아랫면은 101이다.

★ Sub Type 2 반복되는 패턴찾기

정답 | ②

해설 |

그림에서 변하는 요소는 크게 3가지다. 삼각형의 세 변 중 어느 변인가 하는 것과 변 중에서도 제일 오른쪽인가 가운데인가 왼쪽인가 하는 것. 그리고 사각형 안의 검은 색 삼각형의 위치다.

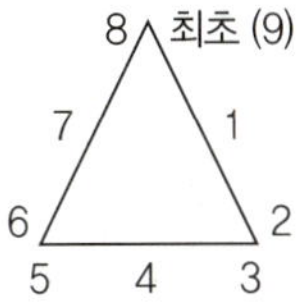

817을 9로 나누면 90이 몫이고 7이 남는다. 9번을 돌아가면 최초인 9의 위치에 오고 여기에 7이 남으니까 7의 위치에 네모가 온다고 보면 된다.

네모 안의 색칠한 부분은 4를 기점으로 순환하니까 817을 4로 나누면 204가 몫이고 1이 남는다. 그러면 최초의 모양에서 1번 이동한 모양이 나오고, 이 두 가지 조건을 만족시키는 ②번이 정답이다.

STEP 02 p.131~134

문제 해결방법

SKILL ❶

자주 나오는 매뉴얼이나 공문 형태의 문제들은 미리 파악

1 결재 서류 작성 및 전결 문제

정답 | ①

해설 |

구매에 소요될 총액은 900만 원 이상 1,000만 원 미만이므로, 본부장 전결로 처리한다. 전결자를 포함한 이하 직책자의 결제를 받아야 하므로, 팀장의 서명도 받아야 한다. 최종 결재란에는 전결자인 본부장의 서명을 받는다.

2 전화받기 문제

정답 | ③

해설 |

착신 전환을 할 때는 *88+희망번호*이다.

① 내부전화는 9번을 누를 필요가 없다.

② 전화를 당겨 받는 방법은 *를 두 번 누르고 통화 버튼을 누르는 것이다.

④ 외부에 전화를 거는 방법은 9번과 전화번호, 통화 버튼을 차례로 누르는 것이다.

⑤ 다른 사람에게 전화를 연결할 때는 연결을 알린 뒤 끊기 버튼을 누른 후에 신호음이 들리면 담당자의 내선전화를 입력해야 한다.

SKILL ❷

기호화된 지시사항을 단순화, 비교를 통한 선명화

정답 | ③

해설 |

주어진 원리를 정확히 파악해야 한다. 원리를 파악하면 상당히 쉬운 문제이지만 그렇지 못하면 풀이 시간이 오래 걸릴 수 있는 문제이다. ㄷ에서 36이 남았다는 것을 맞다고 전제삼아 임의로 시행을 해보면서 구체적으로 적용하여 찾는 것도 하나의 방법이지만 이보다 원리에 대해 한 번 더 생각해 보는 것이 나을 것이다.

ㄱ. (○) 결국엔 10개의 수 중에서 3개를 택해 1개만 남기는 것이므로, 한 번 시행할 때마다 2개씩 수가 줄어들게 된다. 그러니까 총 4번 시행하면 8개가 줄어들고, 최후로 2개만 남게 되어 더 이상 할 수가 없어진다. 따라서 최종적인 시행은 총 4번이 이루어진다.

ㄴ. (○) 간단히 생각해 보자. 1에서 10까지 모든 수를 다 합하면 55가 된다. 주어진 조작을 한 번 시행할 때마다 1씩 빠지는 것이니까 총 4번 시행하면 4가 빠진다. 마지막 두 수를 합한다는 것은 결국 1~10까지 다 더한 55에서 4를 빼라는 소리와 마찬가지다. 그러니까 남아 있는 수를 합하면 51이 된다.

ㄷ. (×) 36이 남아 있는 수가 될 수 있는 경우를 찾으면 된다. 우선 수가 큰 만큼 8, 9, 10의 경우를 살펴 보자. 이 수들을 더하면 27이 되고 1을 빼야 하므로, 최종적으로 26이 나온다. 36이 나온다는 것은 a+b+c=37이 되어야 한다는 것이고, 26에 어떤 수를 더하면 37이 될지를 생각해 보는데, 숫자가 겹쳐서는 안 된다. 따라서 이 경우에 성립하는 수는 7과 4이다. 그러면 37이 되고, 여기에 1을 빼면 최종적으로 36이 나올 수 있다.

STEP 03 p.135~142

Skill 연습

SKILL ❶

01	③	02	③	03	②	04	⑤

01

정답 | ③

해설 |

불만 응대 매뉴얼을 보면 불만사항이 접수된 후에는 경청단계로 넘어가야 하며, 보상에 대한 내용은 매뉴얼에 나와 있지 않다. 따라서 매뉴얼을 이해하지 못한 사람은 영인이다.

02

정답 | ③

해설 |

① 3번키는 회사 전화를 휴대폰으로 받게 할 때, 이 기능을 해지할 때 중복해서 쓰인다.

② *버튼은 전화 당겨 받기, 넘겨 주기에 중복으로 사용된다.

③ 자동응답버튼은 중복 기능이 없다.

④ #버튼은 휴대폰 받기 설정과 자동응답 설정 시에 사용된다.

03

정답 | ②

해설 |

② 기존에 작성된 매뉴얼에 있는 내용이다.

04

정답 | ⑤

해설 |

쓰레기 분리배출 방법 중 '폐가전·폐가구: 폐기물 스티커를 부착하여 배출' 항목에 따라 폐기물 스티커를 구입해서 냉장고에 부착한 후 월요일 9시에 배출하였으므로 규정에 준수한 행동이다.

① "수거 전날 저녁 7시~수거 당일 새벽 3시까지" → 토요일도 수거를 하지만 토요일 새벽 3시까지만 가능하다. 그러므로 토요일 저녁 8시에 쓰레기를 배출해서는 안 된다.

② "공동주택의 경우 음식물 전용용기에 담아서 배출" → 공동주택에서 음식물 쓰레기는 전용용기에 담아서 배출해야 한다.

③ "종이류, 박스, 스티로폼은 각각 별도로 묶어서 배출" → 캔과 스티로폼은 한꺼번에 담아서 배출할 수 없다.

④ "1종과 2종의 경우 뚜껑을 제거하고 내용물을 비운 후 배출" → 페트병은 2종에 해당하며, 2종은 내용물을 비운 후에 배출해야 한다.

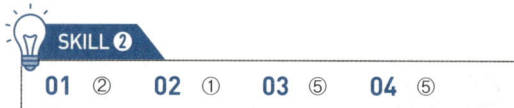

SKILL 2

01 ② **02** ① **03** ⑤ **04** ⑤

01

정답 | ②

해설 |

이 문제의 핵심 포인트를 요약: ○으로 이어지는 부분이 가장 적은, 그러니까 가장 단절된 경계를 찾는다.

대규모의 지각 변동과 생물계의 급변은 화석의 종류 변화 및 절멸과 출현으로 알 수 있으므로 종류가 '가, 마, 바'에서 '나, 라, 바'로 변하고 '가, 마'가 절멸, '나, 라'가 출현한 B–C 지층의 경계를 기준으로 지질 시대를 구분할 수 있다.

02

정답 | ①

해설 |

이 문제의 핵심 포인트를 요약: 맞붙는 상대보다 높은 선호 순위가 포인트이기 때문에 계속 소거해 나간다.

심사위원 1에 의해 추천받는 사람은 s일 것이다.

심사위원 3에 의해 추천받는 사람은 y이고, 심사위원 4는 s를 추천할 것이다. 심사위원 3과 4의 추천 후보를 가지고 인선을 벌이는 사무차장보 R은 y를 선택하게 된다.

사무차장의 선택에 영향을 미치려면 사무차장의 선호도 순위에서 y보다 높아야 인선이 바뀔 것이다. 그러니 u, s, w를 눈여겨봐야 한다. 또 사무차장보 P의 인선에서도 통과해야 하기 때문에 s보다 위에 있는 u, x, w도 같이 봐야 한다.

공통적으로 u가 들어간다. 그런데 ④번에서는 v가 짝이기 때문에 외부 심사위원 2가 v를 선택하게될 경우, 결과를 바꾸지 못하게 된다. 따라서 외부 심사위원이 u를 선택하게 하기 위해서는 ①번이 되어야 한다.

03

정답 | ⑤

해설 |

이 문제의 핵심 포인트를 요약: 소문자는 없어지고, 대문자는 소문자로 변환

대문자는 41~66, 소문자는 67~92이므로 대문자만 읽는다. 그리고 읽은 대문자의 번호에 26을 더하면 소문자로 바꾼 것이 되므로 'FoOLish PoWdeR'를 순서도에 따라 읽으면 'fol pwr'이다.

04

정답 | ⑤

해설 |

이 문제의 핵심 포인트를 요약: 팀 점수가 짝수인 경우는 우측에서 서브한다.

3 : 3인 상황에서 갑팀의 A선수가 서브를 하여 갑이 득점을 했으므로 4 : 3이 되어 서브는 갑팀의 A선수가 계속하게 된다. 그런데 이번에는 자신의 팀의 점수가 짝수이므로 우측에서 대각선 방향으로 서브를 하게 된다. 서브를 받는 선수는 자리를 바꾸지 못하므로 우측의 A가 대각선 방향의 D에게 서브를 하는 상황이 된다.

참고로 점수를 따면 계속 그 선수가 서브하고, 자기 팀 점수에 따라, 좌·우 코트를 바꾸는데, 서브를 받는 선수들의 위치는 변화할 수 없다.

STEP 04 p.143~149

실전 문제

01 ③	**02** ②	**03** ④	**04** ③
05 ④	**06** ⑤	**07** ④	**08** ②
09 ③	**10** ④		

01

정답 | ③

해설 |

원리적으로 보면 1+5+9+13에 1+2+3을 더한 숫자가 되는 셈이다. 항상 34가 나오게 되어 있다.

02

정답 | ②

해설 |

어떤 숫자로 시작하더라도 항상 최종 합은 34가 나오게 되어 있다.

03

정답 | ④

해설 |

- 파란색과 1을 읽으면 1을 쓰고(오른쪽으로 이동해서 1을 쓰는 것이 아니며, 순서에 주의한다.) 오른쪽으로 이동해서 파란색 램프를 켜라는 규칙에 의해, 다섯 번째 칸까지는 1을 쓴다. 따라서 정답이 될 가능성이 있는 후보는 ③, ④, ⑤로 좁혀진다.

···	1	1	1	1	1							···

↑(노란색 불 시작점)

- 노란색에 1을 읽으면 1을 쓰고 오른쪽으로 이동해서 노란색을 켜라는 규칙에 의해 다시 1의 행진이 시작된다. 이 1의 행진은 0을 읽을 때까지 계속된다.

···	1	1	1	1	1	1	1	1	1	0	0	···

(노란색 불 종결점)↑

- 그런데 노란색에 0을 읽으면 0을 쓰고 왼쪽으로 이동해서 빨간색을 켜야 한다. 다시 말해 이미 지나쳐 온 방향으로 되돌아가야 한다는 것이다. 그리고 빨간색에 1을 읽으면 0을 쓰고 정지하라는 신호에 따라서 바로 그 위치에서 정지해야 한다. 이것을 정리하면 다음과 같다.

···	1	1	1	1	1	1	1	1	0	0	0	···

따라서 최종적으로 변한 테이프의 모양은 ④이다.

04

정답 | ③

해설 |

A와 B는 아버지 쪽이므로 둘 다 '부변'이므로, ④, ⑤번이 소거된다. B는 아버지 형제의 자손이기 때문에 나와는 평행사촌 관계이고, A는 아버지 남매의 자녀이므로 교차사촌이 된다.

C와 D는 어머니 쪽이므로 둘 다 '모변'이다. C는 어머니 자매의 자녀이므로 평행사촌, D는 어머니 남매의 자녀이므로 교차사촌이다.

05

정답 | ④

해설 |

과제비 20억 원 이상의 연구과제는 본부장에게 권한이 있다.

06

정답 | ⑤

해설 |

H8 위치는 최후에 도달할 위치다. 그렇다면 H7, G7, G8에 말을 옮겨 놓는 사람은 자동적으로 지게 된다. 그러므로 이기기 위해서는 이 위치들에 말을 놓아서는 안 된다. 이런 식으로 결과에서 거꾸로 거슬러 올라가 역산하면 말을 놓아야 할 곳과 그러면 안 될 곳을 구분할 수 있다.

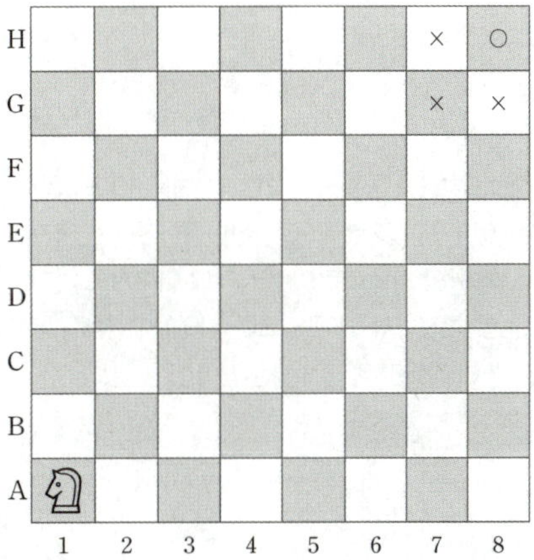

상대방에게 H7, G7, G8에 도달하게 하기 전에 두어야 할 곳은 H6과 F8이다. 여기서는 H7, G8로 밖에 갈 수 없다. 그렇다면 H6과 F8 이전에 H5, G5, G6, F7, E7, E8 등에는 있으면 안 된다.

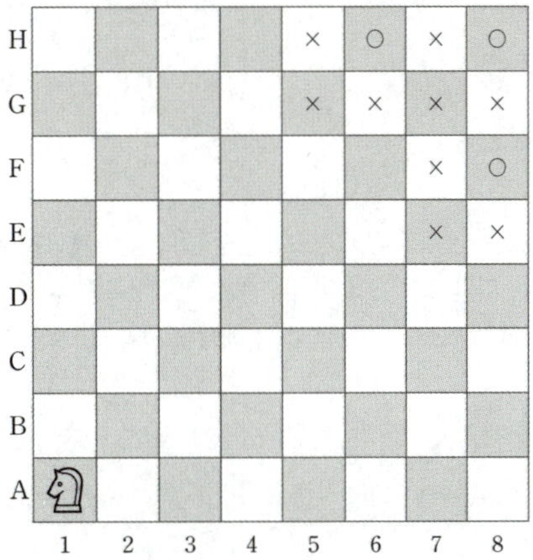

이 과정을 전체에 적용하면 다음과 같다.

H	×	○	×	○	×	○	×	○
G	×	×	×	×	×	×	×	×
F	×	○	×	○	×	○	×	○
E	×	×	×	×	×	×	×	×
D	×	○	×	○	×	○	×	○
C	×	×	×	×	×	×	×	×
B	×	○	×	○	×	○	×	○
A	♘	×	×	×	×	×	×	×
	1	2	3	4	5	6	7	8

ㄱ. (○) D6에 ○ 표시가 되어 있다.

ㄴ. (×) 지나지 말아야 할 곳이 훨씬 많다.

ㄷ. (○) 반드시 B2로 가야 이긴다.

ㄹ. (○) 하얀 곳은 모조리×표시가 되어 있다.

ㅁ. (×) C3는×표시이기 때문에 지나서는 안 되는 곳이다.

07

정답 | ④

해설 |

1번과 4번은 처음과 동일하고, 2번과 3번은 180도 회전하고 색깔까지 바뀌어 있다. 기본적으로 ★이 들어간다는 얘기다. 세 번 누르면 ○와 ☆의 조합으로 이런 상태에 이르기도 하지만, 두 번만 누르는데 회전까지 되어 있으니 이렇게 추론하기는 힘들다. 그렇다면 ★이 들어간 ④번 외에는 답이 될 수 없다.

08

정답 | ②

해설 |

♠는 3번과 4번만 회전시키므로 기본적으로 들어간다고 생각하면, ②번이 되는데 이때 ★과 ○를 차례로 누르면 색깔이 1번과 4번은 상태가 바뀌고, 2번과 3번은 안 바뀌게 된다는 것을 알 수 있다.

09

정답 | ③

해설 |

W는 가로, L은 세로 길이이므로, 일단 ①과 ②는 제외된다. ③과 ④에서는 다른 것이 D의 위치와 O에 '가 붙는지의 여부다. D의 위치만 확인해도 ③번이 된다. '는 해당 도형이 90° 회전한 모양이다.

10

정답 | ④

해설 |

O가 아니라 O'가 되어야 해당 도형이 90° 회전한 모양이 된다. O는 해당 도형이 90° 회전하지 않은 모양이다. 또한, 색깔도 검은색이므로 W가 아닌 B가 와야 한다.

PART 4 기본 퀴즈

CHAPTER 01
명제 문제

STEP 01 유형 분석

p.155~156

★ Main Type 조건을 주고 참인 선택지 찾기

정답 | ④

해설 |

① '제주가 덥지 않으면 대구도 덥지 않다.'의 ~P이면 ~Q 형태로 참거짓을 판별할 수 없다.

② • 부산이 덥지 않으면 서울은 덥다. → 두 번째

• 서울이 더우면 대구도 덥다. → 첫 번째

∴ 결론: 부산이 덥지 않으면 대구는 덥다.

결론의 ~P이면 ~Q 형태도 참거짓을 판별할 수 없다.

③ '서울이 더우면 대구도 덥다.'의 ~P이면 ~Q 형태로 참거짓을 판별할 수 없다.

④ • 서울이 더우면 대구도 덥다. → 첫 번째

• 제주가 덥지 않으면 대구도 덥지 않다. (대우: 대구가 더우면 제주도 덥다.) → 세 번째

∴ 결론: 서울이 더우면 제주도 덥다.

★ Sub Type 1 비교형 문제 ( ) 채우기

정답 | ②

해설 |

진정한 지도자는 겨레를 위해 희생을 각오한 자이다. → (두 번째 문장의 대우) 겨레를 위해 희생을 각오한 자라면 책임의 소중함을 느끼는 자이다. → (   ) → 참을 깨달은 자는 배움이 있는 자이다. → 그러므로 진정한 지도자는 배움이 있는 자이다.

괄호 안이 채워져야 논리적 연쇄가 성립하기 때문에 '책임의 소중함을 느끼는 자는 참을 깨달은 자이다.'가 들어가야 한다.

★ Sub Type 2 일반적인 Text 형태에서 참인 것 찾기

정답 | ②

해설 |

글 속의 조건을 정리하면 다음과 같다.

○ 키가 110cm 미만 → 특수 스트레칭 교육○

○ 특수 스트레칭 교육○ → 약시×

○ 특수 영상장치가 설치된 학급에서 교육 → 약시

ㄱ. (○) 특수 스트레칭○ → 약시×→ 특수 영상장치가 설치된 학급에서 교육×

ㄴ. (×) 약시 → 특수 스트레칭 교육× → 키가 110cm 이상이므로 알 수 없음

ㄷ. (○) 특수 영상장치가 설치된 학급에서 교육 → 약시 → 특수 스트레칭 교육× → 키가 110cm 이상

ㄹ. (×) 약시 → 특수 스트레칭 교육× → 키가 110cm 이상이므로 알 수 없음

STEP 03 Skill 연습

p.164~167

SKILL ❶

01

정답 | '~P이면 ~Q이다.'라는 형식의 전건부정의 오류다.

02

정답 | '~P이면 ~Q이다.'라는 형식의 전건부정의 오류다.

03

정답 | 'Q이면 P이다.'라는 형식의 후건긍정의 오류다.

04

정답 | '~P이면 ~Q이다.'라는 형식의 전건부정의 오류다.

05

정답 | A와 ~A 부분이 연결이 안 되기 때문에 이런 연쇄 추리는 성립할 수 없다.

A → ~B
C → ~A
―――――
C → ~B

06

정답 | '국민의 의식 수준이 높아지면 → 문화가 향상된다.'가 되어야 하는데, 마지막 서술어가 갑자기 튀어나온 '문화가 다양해진다.'이기 때문에 제대로 연쇄가 이어졌다고 보기 힘들다. '그러므로 국민의 의식 수준이 높아지면 문화가 향상된다.'라고 바꿔야 한다.

07

정답 | 'Q이면 P이다.'라는 형식의 후건긍정의 오류다.

08

정답 | '~P이면 ~Q이다.'라는 형식의 전건부정의 오류다.

09

정답 | 'A 또는 B인데, A다. 그러므로 B가 아니다.'는 형식은 선언지 긍정의 오류다.

10

정답 | '비 & 강물 범람 → 다리 유실'의 대우 명제는 '~ 다리 유실 → ~비 or ~강물 범람'이 된다.

그런데 다리는 유실되지 않았으므로 이 진술이 제대로 성립하려면 '비가 계속 내리지 않았거나 강물이 범람한 것이 아니다.'가 되어야 한다. or로 연결되는 진술이기 때문에 다리가 유실되지 않았다는 것을 알았어도 비가 계속 내린 것이 아니라는 결론을 이끌어 낼 수 없다. 비는 왔는데, 강물이 범람하지 않았을 수도 있기 때문이다. 그래서 or로 연결되는 진술은 두 부분을 다 언급하지 않으면 안 된다.

SKILL ❷

01 ②	02 ③	03 ⑤	04 ④

01

정답 | ②

해설 |

A 문장의 대우 명제를 살펴 보면 '이 세상을 악이 지배하지 않는다면 절대자가 세상을 지배한다.'가 되므로, 필요한 것은 '이 세상은 악이 지배하지 않는다.'이다.

02

정답 | ③

해설 |

'A 또는 B 또는 C에서, A도 아니고, B도 아니니, C다.'라는 구조이다.

03

정답 | ⑤

해설 |

A에서 앞의 조건은 성립해야 하기 때문에, '환율이 낮아'지는 것은 필요하다. 그리고 앞의 조건이 성립했을 때 '해외부동산 활성화 or 해외펀드 투자 감소'인데, 이때 해외부동산이 활성화 안 되어야, 해외펀드 투자가 감소한 것이 반드시 참이 된다.

그러므로 환율이 낮아지는 것과 해외부동산 활성화가 안되는 것은 둘 중 하나의 선택이 아니라, 동시에 일어나야 한다.

04

정답 | ④

해설 |

A가 '예산이 감소되지 않는다면 고용인들은 해고된다.'로 바뀌기 때문에, '예산이 감소되지 않거나, 증가되지 않는다'가 붙으면 고용인들이 해고된다는 필연적인 결론에 도달하게 된다.

STEP 04 p.168~173

실전 문제

01 ④	02 ②	03 ③	04 ③
05 ②	06 ②	07 ②	08 ②
09 ④	10 ③		

01

정답 | ④

해설 |

주어진 명제들의 대우 명제를 살펴 보면 모두 성립한다. ④의 명제는 나머지 명제들의 대우로도 성립하지 않는다.

- 초 ○ → 사 ×
- 쿠 × → 껌 ○
- 초 × → 젤 × → 껌 ○
- 껌 × → 젤 ○ → 초 ○

02

정답 | ②

해설 |

어떤 직업기초능력을 공부한 사람은 공채에 합격하지 않았다는 진술이 된다. 이 진술은 직업기초능력을 공부한 사람 중에 공채에 합격하지 않은 사람이 적어도 하나는 존재한다는 진술이 되기 때문에 반드시 참인 것은 ㄴ뿐이다.

03

정답 | ③

해설 |

- 웨어러블 기기를 출시해야 한다면 안경 스타일이 될 것이다.(두 번째 조건)
- 웨어러블 기기로 안경 스타일을 출시한다면 손목시계형 웨어러블 기기를 출시하지는 않는다.(첫 번째 조건 대우 명제)
- 손목시계형 웨어러블 기기를 출시하지 않는다면 팔찌형 웨어러블 기기를 출시하게 된다.(선택지 ③번)
- 팔찌형 웨어러블 기기를 출시한다면 의복형 웨어러블 기기를 출시하게 된다.(세 번째 조건 대우 명제)

∴ 결론: 웨어러블 기기를 출시해야 한다면 의복형 웨어러블 기기를 출시하게 된다.

04

정답 | ③

해설 |

③을 풀어서 말하면 결국 "알 수 없다"인데 바로 이게 정답이다. "일을 끝마치지 못하면 → 징계"인데 "징계 → 일을 끝마치지 못함"으로 해석하는 것은 후건긍정의 오류에 해당하기 때문이다.

벤 다이어그램으로 나타내면 아래와 같다.

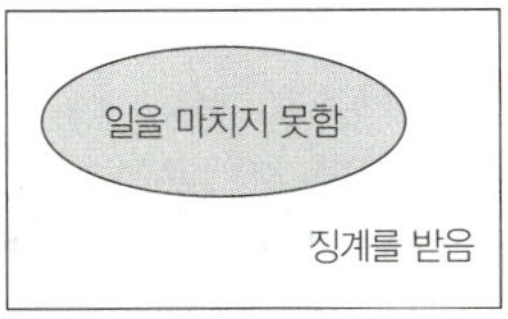

이때 징계의 이유가 반드시 8시까지 일을 못 끝낸 것만이 아니라 한 일이 시원치 않을 경우 등 다른 이유가 있을 수 있기 때문에 ③처럼 말할 수밖에 없는 것이다.

05

정답 | ②

해설 |

주어진 명제를 정리하면 다음과 같다.

연예인을 좋아하는 사람 → TV를 자주 시청 → 인터넷을 많이 함 → 게임을 좋아함 → 독서 싫어함

명제에서 항상 p → q가 참이라고 할 때, 대우 ~q → ~p는 참이지만 역 q → p가 참은 아니다.

따라서 게임을 좋아하는 사람이 연예인을 좋아한다는 것은 옳지 않은 설명이다.

① 2, 3, 4번 명제를 통해 알 수 있다.

③ 2, 3, 4번 명제의 대우를 통해 추론할 수 있다.

④ 1, 2번 명제의 대우를 통해 추론할 수 있다.

⑤ 1, 2, 4번 명제에서 알 수 있다.

06

정답 | ②

해설 |

ㄱ. (×) "〈코코〉를 좋아하는 사람은 〈인크레더블〉을 좋아한다."의 ~P → ~Q 형태로 옳지 않다.

ㄴ. (○) 두 번째 명제의 대우 "〈겨울왕국〉을 좋아한다면 〈코코〉를 좋아한다."와 첫 번째 명제 "〈코코〉를 좋아하는 사람은 〈인크레더블〉을 좋아한다."를 연결하면 "〈겨울왕국〉을 좋아한다면 〈인크레더블〉을 좋아한다."가 된다.

ㄷ. (○) 첫 번째 명제의 대우 "〈인크레더블〉을 좋아하지 않으면 〈코코〉를 좋아하지 않는다."와 두 번째 명제 "〈코코〉를 좋아하지 않는 사람은 〈겨울왕국〉도 좋아하지 않는다."를 연결하면 "〈인크레더블〉을 좋아하지 않으면 〈겨울왕국〉도 좋아하지 않는다."가 된다.

ㄹ. (×) "〈코코〉를 좋아하지 않는 사람은 〈겨울왕국〉도 좋아하지 않는다."의 Q → P 형태로 옳지 않다.

07

정답 | ②

해설 |

각각의 명제들을 우선 간단한 기호로 치환한다. 가언은 대우 명제를 항상 염두에 두어야 한다.

ㄱ. 델타 행성×

ㄴ. 감마 행성×→ 알파 행성○

(대우: 알파 행성×→ 감마 행성○)

ㄷ. 베타 행성○ → 감마 행성×

(대우: 감마 행성○ → 베타 행성×)

∴ 결론: 알파와 베타 행성을 침공한다.

이 문제를 풀기 위해서는 먼저 시작점을 찾아야 한다. 가언으로 시작할 수 없기 때문인데, 이 문제의 경우 ㄱ. 조건에 고정되어 제시된다. 따라서 델타 행성은 침공하지 않는다는 사실이 확정된 상태에서 시작한다. 그리고 결론이 '알파와 베타 행성을 침공한다'이므로, 흐름대로 채워 보면 다음과 같다.

ㄱ. x 행성은 델타 행성을 침공하지 않는다.

( )

ㄷ. x 행성이 베타 행성을 침공한다면 감마 행성을 침공한지 않는다.

ㄴ. x 행성이 감마 행성을 침공하지 않는다면 알파 행성을 침공한다.

그렇다면 필요한 것은 델타 행성을 침공하지 않을 때, 베타 행성을 침공한다는 조건이 필요하다. 그래야 ㄷ.과 연결되고, 그 진술은 또한 ㄴ.과 연결된다. 따라서 '베타 행성 or 델타 행성 침공'이라는 조건이 필요하다.

08

정답 | ②

해설 |

글의 내용을 정리하면 다음과 같다.

1) 진화 심리학 ○ and 유전자 결정론 ○ → 자유 의지×

2) 자유 의지×→ 양심과 도덕의 문제에 관심×

3) 양심과 도덕의 문제에 관심을 가짐

4) 유전자 결정론×→ 생물학의 몇몇 이론을 포기

5) 생물학의 몇몇 이론을 포기×

ㄱ. (○) 3) → 2)의 대우

ㄴ. (×) 5) → 4)의 대우: 유전자 결정론은 옳다.

ㄷ. (○) 3) → 2)의 대우 → 1)의 대우

진화 심리학이 옳지 않거나 유전자 결정론이 옳지 않은데, ㄴ.에서 유전자 결정론은 옳다는 것을 알 수 있다. 그러므로 진화 심리학이 옳지 않아야 한다.

ㄹ. (×) 3) → 2)의 대우: 오히려 자유 의지를 가져야 한다고 결론 내리고 있다.

09

정답 | ④

해설 |

④의 명제를 분석해 보면 '도덕적 판단이 객관성을 지닌다면(전제) 도덕적 판단은 경험적 근거를 가지며 유전적 요인과는 무관할 것이다(결론).'의 가언적 삼단논법의 대전제의 형태를 취하고

있다. 이는 p → q and r로 표현할 수 있으며, 주어진 문장은 q → p이므로 적절한 결론이 아니다.

10

정답 | ③

해설 |

최종 후보가 될 수 있는 단체들을 먼저 선정해야 한다.

"○○부의 조사 결과, 올림픽의 개막식 행사를 주관하는 모든 단체는 이미 □□부로부터 지원을 받고 있다." → B는 올림픽의 개막식 행사를 주관하기 때문에 □□부로 지원을 받고 있고, 다른 부로부터 지원을 받는 단체는 후보에서 제외한다는 원칙 때문에 일단 B는 최종 후보가 될 수 없다.

"그리고 위 문화예술단체 가운데 한국 음식문화 보급과 관련된 단체의 부가가치 창출이 가장 저조하였다." → E가 한국 음식문화를 세계에 보급해 온 단체이기 때문에 이 단체의 부가가치 창출이 가장 낮은 것을 알 수 있어, E가 최종 후보에서 제외된다.

"A와 C 중 적어도 한 단체가 최종 후보가 되지 못한다면, 대신 B와 E 중 적어도 한 단체는 최종 후보가 된다." 이 진술을 기호화하면 다음과 같다.

A×or C×→ B or E=B× and E×→ A and C

B와 E는 최종 후보가 될 수 없기 때문에, A와 C가 최종 후보에 들어간다는 것을 알 수 있다.

"게임 개발로 각광을 받은 단체인 D가 최종 후보가 된다면, 한국과 자유무역협정을 체결한 국가와 교역을 하는 단체는 모두 최종 후보가 될 수 없다." 그런데 자유무역협정을 체결한 국가와 교역을 하는 단체가 A이기 때문에 이를 기호화하면 D → A×가 된다. 대우가 A → D×이기 때문에, A가 최종 후보가 된다고 했으므로 D는 안 된다는 것을 알 수 있다.

결국 최종 후보는 A와 C인데, "최종 선정 시 올림픽 관련 단체를 엔터테인먼트 사업(드라마, 영화, K-pop) 단체보다 우선한다."는 조건 때문에 드라마 콘텐츠를 수출하는 A보다는 올림픽 폐막식 행사를 주관하는 C가 최종 선정된다.

CHAPTER 02

연쇄추리 문제

STEP 01 p.175~176

유형 분석

★ Main Type 반드시 참인 것 찾기

정답 | ②

해설 |

주어진 마지막 조건은 조건문도 아니고 선언문도 아닌 평서문이다. '봅슬레이를 후원하기로 한다.' 여기가 바로 연쇄의 시작점이다. 세 번째 조건에 따라 봅슬레이를 후원하게 되면, 루지는 후원하지 않는다. 그 다음은 첫 번째 조건의 '스노우보드를 후원하면 루지를 후원한다.'에 주목한다. 이 진술의 대우 명제는 '루지를 후원하지 않으면 스노우보드를 후원하지 않는다.'이다. 그 다음에 양자택일 진술이 되는데, '스켈레톤, 크로스컨트리, 스노우보드 중에 최소한 두 가지는 반드시 후원한다.'를 보자. 앞서의 조건에서 스노우보드를 후원하지 않으면 스켈레톤과 크로스컨트리는 후원해야 한다는 것을 알 수 있다. 다섯 번째 조건 '바이애슬론을 후원하면 크로스컨트리를 후원하지 않는다.'의 대우 명제는 '크로스컨트리를 후원하면 바이애슬론을 후원하지 않는다.'이다. 마지막으로 두 번째 조건에서 '컬링과 바이애슬론 중 하나만 후원한다.'고 하였으므로, 컬링은 후원해야 한다. 이 경우 중간에 될 수도 있고 안 될 수도 있는 애매한 영역은 없다. 따라서 후원하는 것은 '봅슬레이, 스켈레턴, 크로스컨트리, 컬링'이고, 후원하지 않는 것은 '루지, 스노우보드, 바이애슬론'이다.

★ Sub Type 1 시작점이 없는 문제

정답 | ④

해설 |

- 영국에 간다면 프랑스도 가고, 벨기에도 간다. → 다섯 번째 조건
- 프랑스에 가지 않는다면 영국에 간다. (대우: 영국에 가지 않으면 프랑스에 간다) → 세 번째 조건
  (영국에는 가거나 가지 않는다.)

∴ 결론: 따라서 프랑스에는 간다.

- 프랑스에 간다.
- 독일에 간다면 프랑스에는 가지 않는다. (프랑스에 간다면 독일에는 가지 않는다.) → 네 번째 조건

∴ 결론: 따라서 독일에는 가지 않는다.

- 독일에는 가지 않는다.
- 독일에 가거나 스페인에 간다. → 첫 번째 조건

∴ 결론: 따라서 스페인에는 간다.

- 스페인에는 간다.
- 스페인에 간다면 이탈리아도 간다. → 두 번째 조건

∴ 결론: 따라서 이탈리아도 간다.

★ Sub Type 2 경우의 수가 갈리는 문제

정답 | ①

해설 |

ㄱ. 갑이 총무과에 배치 → 을은 기획과에 배치

ㄴ. 을이 기획과에 배치 → 정은 인력과에 배치×

ㄷ. 병이 총무과에 배치 → 무는 기획과에 배치×

ㄹ. 병이 총무과에 배치×→ 정은 인력과에 배치

ㅁ. 정이 인력과에 배치×→ 무는 기획과에 배치

1) 병이 총무과에 배치되면
ㄷ: 병이 총무과에 배치 → 무는 기획과에 배치×
ㅁ의 대우: 무는 기획과에 배치×→ 정이 인력과에 배치
ㄴ의 대우: 정은 인력과에 배치 → 을이 기획과에 배치×
ㄱ의 대우: 을은 기획과에 배치×→ 갑이 총무과에 배치×
갑: 총무과×, 을: 기획과×, 병: 총무과, 정: 인력과, 무: 기획과×

2) 병이 총무과에 배치되지 않으면
ㄹ: 병이 총무과에 배치×→ 정은 인력과에 배치
ㄴ의 대우: 정은 인력과에 배치 → 을이 기획과에 배치×
ㄱ의 대우: 을은 기획과에 배치×→ 갑이 총무과에 배치×
갑: 총무과×, 을: 기획과×, 병: 총무과×, 정: 인력과, 무: ?

따라서 선택지 내용 중 반드시 참인 것은 '갑이 총무과에 배치되지 않는다'이다.

STEP 02 p.178~181

문제 해결방법

SKILL ❶

시작점과 연쇄할 진술을 찾는 방법

1 시작점이 조건에 있는 경우

정답 | ②

해설 |

- 세 번째 조건: 정은 위촉되지 않는다.
- 두 번째 조건의 대우: 정이 위촉되지 않는다면 병도 위촉되지 않는다.
- 첫 번째 조건의 대우: 병이 위촉되지 않는다면 갑이 위촉되지 않거나 을이 위촉되지 않는다.

ㄱ. (×) 정이 위촉되지 않았기 때문에 병 역시 위촉되지 않는다.
ㄴ. (×) 을은 위촉될 가능성이 있다.
ㄷ. (○) 갑이 위촉되지 않거나 을이 위촉되지 않는데, 만약 갑이 위촉되지 않는다면 을은 반드시 위촉되어야 한다.

2 시작점이 문제에 있는 경우

정답 | ②

해설 |

"A가 간다면 B는 가지 않는다"와 "C가 가면 A는 가지 않는다"의 대우 "A가 가면 C는 가지 않는다"에서 우선 A가 결정되면 B와 C는 빠진다는 것을 알 수 있다. 그런데 "D가 가지 않으면 B는 간다"의 대우 "B가 가지 않으면 D는 간다."에서 D가 가는 것을 알 수 있고, "D가 가면 F도 간다"라는 진술 때문에 F도 가야 한다. 그러므로 A, D, F는 정해진다. 그리고 "E가 가면 C도 가야" 되기 때문에 E는 갈 수 없다. 따라서 남은 G가 갈 때와 그렇지 않을 때로 구분된다. G는 A와 함께 가야 하지만 A의 입장에서는 꼭 그렇지 않다. 그러니 A, D, F 혹은 A, D, F, G가 된다. G가 갈 수도 안 갈 수도 있기 때문에 A, D, F만 답이 된다.

SKILL ❷

시작점이 없는 경우

1 딜레마논법을 이용한 방식

정답 | ⑤

해설 |

시작점을 딜레마논법에 의해 찾을 수 있다. ⓒ에 의해, 넷째 날 일하지 않으면 첫째 날 일한다. 또 ⓔ에 의해, 넷째 날 일하는 경우에도 첫째 날 일한다. 여기서 넷째 날은 일하든, 일하지 않든 둘 중에 하나는 반드시 일어나게 되므로, 어떤 경우라도 첫째 날은 일하게 된다.

㉠에 의해 첫째 날 일하면 둘째 날도 일한다. 그리고 ⓛ에 의해 둘째 날 일하면 셋째 날에 일하게 된다. ⓒ의 대우는 "첫째 날 일하지 않거나 셋째 날 일한다면 넷째 날 일한다."인데 셋째 날 일한다는 조건을 충족시키므로, 넷째 날도 일하게 된다. 따라서 4일 모두 일한다.

2 상황 조건들을 활용하는 방식

정답 | ①

해설 |

마지막 조건에 따라 A교수가 강의하는 월~목을 제외한 금, 토에 시험을 안 본다는 것을 알 수 있다. 첫 번째 조건의 대우는 "~토요일 → ~ 목요일"이기 때문에, 목요일에도 시험을 안 본다는 것을 알 수 있다. 네 번째 조건의 대우는 "~목요일 and ~금요일 → ~화요일"이다. 목요일과 금요일 모두 시험을 안 보기 때문에, 화요일에도 시험을 안 본다는 것을 알 수 있다. 두 번째 조건의 대우는 "~화요일 and ~목요일 → 월요일"이 된다. 그러므로 월요일에는 시험을 보게 된다. 세 번째 조건은 "월요일 → ~수요일"이기 때문에, 수요일에는 안 본다는 것을 알 수 있다.

결국 시험을 보는 날은 월요일 밖에 없다.

3 경우의 수를 나눠야 하는 경우

정답 | ②

해설 |

① 다음의 세 가지 경우가 있는데 어느 경우나 두 개 이상이다.
  1) A○, C×인 경우: A를 추진한다고 하면 B도 추진한다. D는 알 수 없다.
  2) A×, C○인 경우: C를 추진한다면, D도 추진한다. 하지만 B는 알 수 없다.
  3) A○, C○인 경우: B, D도 모두 추진한다.

② A×, C○인 경우: C를 추진한다면, D도 추진한다. 하지만 B는 알 수 없다. 2개인지, 3개인지 알 수 없다는 말이다.

③ B를 추진하지 않으면 첫 번째 조건때문에 A를 추진하지 않고, 마지막 조건때문에 C는 추진해야 되며, 두 번째 조건때문에 D도 추진해야 한다.

④ C를 추진하지 않으면 마지막 조건때문에 A는 추진해야 하고, 그렇다면 첫 번째 조건때문에 B도 추진해야 한다.

⑤ D를 추진하지 않으면 두 번째 조건때문에 C를 추진하지 않고, 마지막 조건때문에 A는 추진해야 하며, 첫 번째 조건때문에 B는 추진해야 한다. 따라서 세 프로젝트의 추진 여부가 모두 정해진다.

STEP 03 p.182~186

Skill 연습

SKILL ❶

01 ④ **02** ② **03** ③ **04** ④

01

정답 | ④

해설 |

시작점의 위치: (문제, 조건)

시작점의 내용: 경제가 살아나지는 않았다.

- ㉣: 경제가 살아나지는 않았다.
- ㉠의 대우: 경제가 살아나지 않는다면 미국과의 무역에서 흑자를 올릴 수 없다.
- ㉢의 대우: 미국과의 무역에서 흑자를 올릴 수 없다면 자동차의 수출이 원활해지지 않는다. 따라서 경제가 살아나지 않았다면 자동차의 수출이 원활해지지 않는다.

02

정답 | ②

해설 |

시작점의 위치: (문제, 조건)

시작점의 내용: 가장 먼저 넷플릭스에 가입

가장 먼저 넷플릭스에 가입했다는 것을 활용하도록 한다. 마지막 조건의 대우를 통해 왓챠도 가입했다는 것을 알 수 있다. 그리고 이와 세 번째 조건을 연결지었을 때 아마존 프라임에도 가입했음을 알 수 있다. 첫 번째 조건은 or로 연결되기 때문에, 넷플릭스에 가입했다고 해서 그것이 디즈니+에 가입하지 않았다고 볼 수는 없다. 따라서 디즈니+ 가입 여부는 알 수 없으므로, 두 번째 조건과도 연결되지 않는다. 이에 따라 웨이브의 가입 여부도 알 수 없다.

03

정답 | ③

해설 |

시작점의 위치: (문제, 조건)

시작점의 내용: 의료보험 가입 의무화

조건에 등장한 선택 가능한 것들은 '정기적금, 변액보험, 주식형 펀드, 해외펀드, 의료보험, 주택마련저축, 연금저축'이다.

이 중에 의료보험 가입이 의무화되면

- 의료보험에 가입하면 변액보험에 가입하지 않는다.
- 정기적금에 가입하면 변액보험에 가입한다. (대우: 변액보험에 가입하지 않으면 정기적금에 가입하지 않는다.)
- 연금저축, 주택마련저축, 정기적금 중 최소한 두 가지는 반드시 가입한다. 그런데 정기적금에 가입하지 않으니까 이 중에 연금저축과 주택마련저축은 가입해야 한다.
- 해외펀드에 가입하면 주택마련저축에 가입하지 않는다. (대우: 주택마련저축에 가입하면 해외펀드에 가입하지 않는다.)
- 주식형 펀드와 해외펀드 중 하나만 가입한다. (이에 따라 해외펀드에 가입하지 않으므로, 주식형 펀드에는 가입한다.)

가입하는 것: 의료보험, 연금저축, 주택마련저축, 주식형 펀드

가입하지 않는 것: 변액보험, 정기적금, 해외펀드

04

정답 | ④

해설 |

시작점의 위치: (문제, 조건)

시작점의 내용: 피겨스케이팅 육성

- 축구를 육성하지 않으면 피겨스케이팅을 육성하지 않는다.
  → 1. 피겨스케이팅을 육성하면 축구를 육성한다.
  2. 축구를 육성하면 야구를 육성한다.
- 골프를 육성하면 야구를 육성하지 않는다.
  → 3. 야구를 육성하면 골프를 육성하지 않는다.
  4. 수영 또는 골프를 육성하는데, 골프는 육성하지 않으므로 수영을 육성한다.
  5. 수영을 육성하면 사이클을 육성한다.
- 핸드볼을 육성하면 사이클도 육성하지 않는다.
  → 6. 사이클을 육성하면 핸드볼을 육성하지 않는다.

SKILL ❷

01 ② **02** ① **03** ① **04** ⑤

01

정답 | ②

해설 |

○ 만약 범인의 머리카락이 갈색이라면, 그는 안경을 쓴다.
  → 안경을 쓰지 않으면 갈색이 아니다.

○ 만약 범인의 머리카락이 갈색이라면, 그는 안경을 쓰지 않는다. → 안경을 쓴다면 갈색이 아니다.
결국 범인은 안경을 쓰거나 쓰지 않거나 두 경우 모두 무조건 머리카락은 갈색은 아니라는 결론을 얻을 수 있다.

○ 범인의 머리카락이 갈색이거나 키가 크다.
→ 갈색은 아니기 때문에 or 진술 중 하나는 성립해야 하므로 키는 커야 한다.

○ 만약 범인이 안경을 쓰지 않는다면, 그는 키가 크지 않다.
→ 키가 크다면 범인은 안경을 썼다. 키가 큰 것은 알았기 때문에 안경을 썼다는 것도 알 수 있다.

○ 범인은 안경을 쓰거나 왼손잡이다.
→ 안경을 썼다고 왼손잡이가 아니라고 말할 수는 없다.

02

정답 | ①

해설 |

다음과 같이 세 가지 경우로 나누어 볼 수 있다.

1) A (○), B (×)
A를 복원하면 C를 복원하는데, D와는 양립하지 못하므로, A와 C만 복원한다.

2) A (×), B (○)
B를 복원하면 D도 복원하는데, C와는 양립하지 못하므로, B와 D만 복원한다.

3) A (○), B (○)
A를 복원하면 C를 복원하고, B를 복원하면 D도 복원하는데, 이 경우 C와 D는 양립하지 못하기 때문에 아예 성립하지 않는다.

03

정답 | ①

해설 |

한길은 유주가 선택한 아이스크림의 종류보다 더 적은 개수를 선택해야 하므로, 최대 두 개까지 선택할 수 있다. 문제에서 한길은 이미 두 가지 종류를 선택했으므로, 나머지 한 번은 파인애플이나 버터 중에서 덜어서 담아야 한다. 따라서 한길은 바닐라를 먹을 수 없다.

주어진 조건에서 버터를 선택한 사람은 딸기를 선택할 수 없다. 버터나 딸기 둘 중에 하나만을 선택해야 한다. 마찬가지로 바닐라를 선택한 사람도 파인애플을 먹을 수 없다. 따라서 바닐라나 파인애플 중 하나만을 선택해야 한다. 유주는 바닐라를 선택했으므로, 파인애플을 먹을 수 없다. 그리고 한길보다는 많은 종류의 아이스크림을 선택해야 하므로, 3가지 종류의 아이스크림을 선택해야 하는데, 버터나 딸기 중에 하나를 선택해야 하고, 남은 한 종류는 초콜렛이 되야 한다.

유주가 초콜렛을 한 번 선택했으므로 조건에 따라 딸기는 최소한 두 번은 선택되어야 한다. 만약 은찬이 딸기를 두 번 다 선택하는 경우 은찬은 바닐라를 한 번만 덜어서 담을 수 있으므로, 바닐라가 최대로 선택되는 경우가 될 수 없다. 유주가 딸기를 한 번 덜어서 담고, 은찬이가 딸기를 한 번 덜어서 담은 뒤 은찬이의 남은 두 번의 횟수 모두 바닐라를 선택해야 바닐라가 최대한 많이 선택되는 경우이다. 따라서 바닐라는 유주가 한 번, 은찬이가 두 번 선택하여 최대 세 번 선택될 수 있다.

04

정답 | ⑤

해설 |

소연과 성근이 같은 차를 타야 하며 근주의 차는 직접 운전을 해야 하는 근주 외에 한 명만 추가로 탑승할 수 있기 때문에, 소연과 성근은 근주의 차에 탈 수 없다. 그러므로 소연과 성근은 쿠페 또는 SUV에 타야 한다.

1) 소연과 성근이 쿠페에 타는 경우:
소연과 성근이 쿠페에 타게 되면 나머지 장원, 우성, 회준, 병희가 SUV와 근주의 차에 나눠서 타야 한다. 그런데 네 명 중 세 명이 SUV에 함께 타야 하므로 누가 근주의 차에 탑승하더라도 장원, 병희 중 적어도 한 명은 회준, 우성과 같은 차를 탈 수 밖에 없다. 따라서 이 경우에는 주어진 조건을 만족시킬 수 없으므로, 소연과 성근은 쿠페를 탈 수 없다.

2) 소연과 성근이 SUV를 타는 경우:
장원, 병희는 회준, 우성과 같은 차를 타선 안 되므로, 어느 한 쪽의 사람이 쿠페를 타게 되면 다른 쪽의 사람은 쿠페에 탈 수 없다. 즉, 쿠페에는 장원과 병희가 타거나 회준과 우성이 같이 타는 경우만 가능하다. 쿠페에 탈 사람들이 정해지면 나머지 SUV와 근주의 차에는 어떻게 배정을 해도 조건을 만족한다.

쿠페		SUV			근주의 차	
장원	병희	소연	성근	회준/우성	근주	우성/회준

쿠페		SUV			근주의 차	
회준	우성	소연	성근	장원/병희	근주	병희/장원

⑤는 1)에서 설명한대로 성근이 쿠페에 탈 수 없기 때문에 불가능하다.

STEP 04 p.187~191

실전 문제

01	③	02	①	03	③	04	③
05	③	06	④	07	②	08	⑤
09	③	10	④				

01

정답 | ③

해설 |

연쇄논법으로 연결하는데, ㄹ 다음에는 ㄷ과 ㄴ으로 나뉜다.

ㅁ. A는 외국어를 좋아한다.

ㄹ. A가 외국어를 좋아한다면, 그는 학생이 아니다.

ㄷ. A가 사전을 가지고 있지 않다면, 그는 학생이다. (대우: 학생이 아니라면, 사전을 가지고 있다.)

→ 외국어를 좋아하고, 학생이 아니며, 사전이 있다.

ㄴ. A가 가방을 들고 있다면, 그는 학생이다. (대우: 학생이 아니라면, 가방을 들고 있지 않다.)

ㄱ. A는 외국어를 좋아하거나 가방을 들고 있다. → 가방을 들고 있지는 않으니, 외국어를 좋아한다.

즉, A는 외국어를 좋아하고, 학생이 아니며, 사전이 있고, 가방을 들고 있지 않다.

02

정답 | ①

해설 |

ㅁ. A는 외국어를 좋아하지 않는다.

ㄱ. A는 외국어를 좋아하거나 가방을 들고 있다. → 외국어를 좋아하지 않으니 가방은 들고 있어야 한다.

ㄴ. A가 가방을 들고 있다면, 그는 학생이다.

ㄹ. A가 외국어를 좋아한다면, 그는 학생이 아니다. (대우: 학생이면 외국어를 좋아하지 않는다.)

즉, A는 외국어를 좋아하지 않고, 가방은 들고 있고, 학생이다. 사전에 대해서는 알 수 없다.

03

정답 | ③

해설 |

우선적으로 묵거가 가니까 묵거를 기준으로 하고, (다)에서 마리가 가지 않기 때문에 무골도 반드시 가야하므로, 우선 묵거와 무골은 반드시 포함된다. 그리고 (가)에서 마리가 가지 않는다고 협보가 가지 않는 것은 아니다. 이는 전건부정이 된다.

또 (나)에서 'A와 B는 같이 갈 수 없다. B를 태우지 않으면 A는 반드시 태워야 한다.'라고 생각하기 쉬운데, B가 안가면 A는 가야 한다는 조항은 없다. 이는 주어진 명제의 후건긍정에 해당한다. 따라서 오이도 갈 수 있다.

묵거, 무골은 반드시 포함된 상태에서 나머지 2자리는 마리를 제외하고 나머지 모두가 대상이 될 수 있다. 오이, 협보, 재사, 무송의 네 사람을 둘씩 묶으면 아래와 같이 총 6가지의 경우가 나온다. 이것을 묵거와 무골의 기본 조합에 넣는다.

- 묵거, 무골, 오이, 협보
- 묵거, 무골, 오이, 재사
- 묵거, 무골, 오이, 무송
- 묵거, 무골, 협보, 재사
- 묵거, 무골, 협보, 무송
- 묵거, 무골, 재사, 무송

04

정답 | ③

해설 |

- A가 뽑히면 C, B가 연쇄적으로 뽑힌다.
- B가 뽑히면 C가 뽑힌다.
- C를 뽑으면 B를 뽑는데, A를 뽑을 필요는 없다.
- D를 뽑으면 E를 뽑는데, E는 A와 있어야 하니까 C와 B까지 뽑게 된다.
- E를 뽑으면 A도 있어야 하므로 C도 따라온다.

이에 따라 D → E → A → C → B가 되는데 단 두 명만 뽑으므로 연결고리의 가장 끝에 있는 C, B가 뽑힌다.

05

정답 | ③

해설 |

첫 번째 조건의 대우는 B×or C×→ A×이다. 그런데 B가 위촉되지 않으므로 A도 위촉되지 않는다.

두 번째 조건에 의해 D는 위촉

다섯 번째 조건에 의해 F도 위촉

B가 위촉되지 않으면 세 번째 조건에 의해 C나 E가 위촉.

그런데 C와 E가 둘 다 위촉되면 네 번째 조건 때문에 D는 위촉되어서는 안 되는데 D는 이미 위촉된 상태이므로, C나 E 중에 한 명만 위촉된다는 것을 알 수 있다.

정리하면 A×, B×, C나 E 둘 중 한 명만, D○, F○으로, 3명이 위촉된다.

06

정답 | ④

해설 |

두 번째 조건에 의해 월요일×

(화 & 목) or 월: 월요일에는 ×이므로 화 & 목에는 개최

마지막 조건의 대우는 화 or 수 → 금: 화요일에는 개최하므로 금요일에도 개최

월요일에 개최하지 않고, 화, 목, 금요일에는 개최, 수요일은 정

확히 알 수 없기 때문에 반드시 개최하는 날은 화, 목, 금 3일이 된다.

07

정답 | ②

해설 |

- 총무과가 증가되거나 자치행정과가 증가될 것이다. → 여기서 자치행정과는 동결이므로 총무과가 증가될 것이다.
- 문화공보과가 동결된다면 총무과는 동결된다. (대우: 총무과가 증가되면 문화공보과도 증가될 것이다.)
- 민원지적과가 동결될 때에만 문화공보과는 증가될 것이다. (도치문장: 문화공보과가 증가되면 민원지적과는 동결된다.)
- 지방세과가 동결된다면 민원지적과는 동결되지 않는다. (대우: 민원지적과가 동결된다면 지방세과는 증가된다.)
- 지방세과가 증가된다면 지역경제과는 동결된다.

08

정답 | ⑤

해설 |

- 1번 도로 → A 마을 or B마을
- A 마을 → 흙탕물 & CCTV
- B 마을 → 도로 정체 & 검문소

　　　　　　↓　　　↓

　　　　　CCTV　　흙탕물

- 세 번째 진술의 대우: ~CCTV라면 ~B마을이 된다.
- 두 번째 진술의 대우: ~CCTV일 경우 ~ A마을도 된다.
- 첫 번째 진술의 대우: 결국 1번 도로가 아니다.

흙탕물의 경우도 성립하지만 선택지에는 없다.

09

정답 | ③

해설 |

- 〈사피엔스〉를 읽는다면 〈호모데우스〉도 읽는다.
- 〈호모데우스〉를 읽지 않는다면 〈사피엔스〉는 읽는다. (대우: 〈사피엔스〉를 읽지 않으면 〈호모데우스〉를 읽는다.)

∴ 결론: 〈사피엔스〉를 읽거나 읽지 않는 경우 모두 〈호모데우스〉는 무조건 읽는다.

- 〈호모데우스〉를 읽는다.
- 〈호모데우스〉를 읽거나 〈총균쇠〉를 읽을 것이다.

∴ 결론: 〈총균쇠〉는 읽을 수도 있고, 그렇지 않을 수도 있다.

- 〈호모데우스〉를 읽는다.
- 〈예루살렘의 아이히만〉을 읽지 않으면 〈호모데우스〉 역시 읽지 않는다. (대우: 〈호모데우스〉를 읽으면 〈예루살렘의 아이히만〉을 읽는다.)

∴ 결론: 〈예루살렘의 아이히만〉을 읽는다.

따라서 확실하게 읽는 것은 〈호모데우스〉, 〈예루살렘의 아이히만〉이다.

10

정답 | ④

해설 |

or 진술은 연결된 두 진술이 모두 거짓일 때만 최종적으로 거짓이 된다. 그러니까 첫 번째 진술 "A와 B 가운데 어느 하나만 전시되거나, 둘 중 어느 것도 전시되지 않는다."는 앞·뒤 진술 모두 거짓이다. "A와 B 가운데 어느 하나만 전시된다"가 거짓이면 A와 B 둘 다 전시되거나, A와 B 둘 다 전시되지 않아야 한다. "둘 중 어느 것도 전시되지 않는다" 역시 거짓이라면 알 수 있는 것은 A와 B 둘 다 전시된다는 것이다.

세 번째 진술 "C와 D 어느 것도 전시되지 않는다."도 거짓이기 때문에 C 또는 D가 전시되어야 한다. 그런데 B가 전시되었는데, D까지 전시되면 두 번째 진술이 참이 되어 버린다. 이 진술을 거짓으로 만들려면 B가 전시된다고 해서 D가 전시되면 안 된다. 그렇다면 C를 전시해야 하며, 따라서 A, B, C를 전시하게 된다.

CHAPTER 03
참·거짓 문제

STEP 01 유형 분석

p.193~194

★ Main Type 참·거짓+롤 유형

정답 | ②

해설 |

진술 \ 범인	A	B	C	D	E
A	F	T	F	F	F
B	T	F	T	T	T
C	T	F	T	T	T
D	F	F	T	F	F
E	T	F	F	F	F

B와 C의 진술이 같고 이는 A의 진술과 모순된다. 이에 따라 두 진술 중 하나는 반드시 참이 되는데 참을 말한 사람은 한 명이므로 A의 진술이 참이다. 따라서 B가 비리에 연관된 사람이다.

★ Sub Type 1 **참·거짓 찾기**

정답 | ③

해설 |

만일 1차장의 말이 거짓이라면 그의 진술은 참이 된다. 하지만 이 경우 모순이 되기 때문에 1차장은 참말을 했다는 것을 알 수 있다. 그렇다면 국장의 진술도 참이다. 그러니까 국장과 1차장은 둘 다 참으로 대답했다. 그런데 참으로 대답한 사람은 도청에 관여하지 않았으므로, 도청에 관여한 사람은 2차장이 된다.

★ Sub Type 2 **참·거짓 조건이 복문인 유형**

정답 | ②

해설 |

C가 한 말 중 "E는 내가 모르는 사람이다."와 E의 말 중 "C와 나는 아는 사이다."라는 진술이 명백하게 대립된다. 둘 중의 하나는 거짓이라는 뜻이다.

먼저 C의 말을 거짓이라 놓으면 C의 나머지 말은 참이 되어야 한다. "나는 훔치지 않았다."와 "D가 훔쳤다."가 참이다. 그렇다면 D의 말 중 "나는 훔치지 않았다."는 거짓이 되어야 하고 나머지 "E가 훔쳤다."와 "A가 내가 훔쳤다고 말한 것은 거짓말이다."가 참이 되어야 하는데, 그렇게 되면 범인이 한 명이라는 대전제와 모순된다. 따라서 C의 말은 참이다.

그렇다면 E의 말을 거짓이라 놓으면 "B가 훔쳤다."는 것이 참이 된다. 그러면 B의 말 중 "나는 훔치지 않았다."가 거짓이 되고, "D가 훔치지 않았다."와 "E가 범인을 알고 있다."는 참이 된다.

A의 말 중 "나는 훔치지 않았다."와 "C도 훔치지 않았다."는 참이 되고, "D가 훔쳤다."는 것은 거짓이 된다.

D의 말 중 "나는 훔치지 않았다."와 "A가 내가 훔쳤다고 말한 것은 거짓말이다."가 참이 되고, "E가 훔쳤다."가 거짓이 된다.

조건이 다 잘 맞으므로 결론은 B가 훔쳤다.

STEP 02 p.196~204

문제 해결방법

SKILL ❶

참·거짓만 나온 문제는 트리법

1 참·거짓에 대한 가정 잡기

정답 | ⑤

해설 |

D는 B와 함께 간다. 그런데 A와 C의 진술이 일치하지 않기 때문에 이 둘 중에 거짓을 말하는 사람이 있다. 따라서 D와 B의 말은 참이다. B의 진술이 참이라면 어디에 있었든 A, B, C는 모두 함께 있었고, D는 참이므로 범인은 E다.

2 트리법

정답 | ⑤

해설 |

갑 을 병

T < T — T – 1) 갑의 말이 참이 될 수 없음 (×)
F — F – 2) 갑의 말이 참이 될 수 없음 (×)

F < T — T – 3) 갑의 말이 참이 되어야 함 (×)
F — F – 4) 갑의 말이 거짓이 되어야 함 (○)

이것을 말로 설명하면 다음과 같이 된다. 병이 을의 말에 동의했으므로 둘은 같은 유형이다. "우리 중 한 사람만 A마을 사람"이라는 말의 참, 거짓에 따라 을과 병은 어떤 마을 사람인지 분류할 수 있다는 뜻이다. 그러니까 을이 A마을이라 한다면 병도 A마을 사람인 셈인데, 을의 진술과 이것은 사실 모순이다. 그렇다면 을은 A마을이 아니고, B마을이 된다. 역시 병도 B마을이 될 것이다. 그렇다면 갑의 말도 거짓이 된다. 따라서 갑, 을, 병 모두 B마을 사람이 된다.

SKILL ❸

정답 | ⑤

해설 |

갑의 두 번째 진술 "D의 근무지는 서울이다."와 병의 두 번째 진술 "D의 근무지는 부산이다."는 둘 다 참이 될 수는 없다. 각각의 첫 번째 진술들이 A와 C의 근무지를 동시에 광주로 지정하고 있기 때문에 둘 다 거짓이 될 수도 없다. 그러므로 두 진술 중 하나가 참이라면 나머지 하나는 거짓이다. 이러한 특성을 이용해 경우의 수를 나눈다.

1) 갑의 두 번째 진술이 참이라고 놓는다. – D의 근무지는 서울
   갑의 첫 번째 진술은 거짓 – A의 근무지는 광주가 아니다.
   병의 두 번째 진술은 거짓 – D의 근무지는 부산이 아니다.
   병의 첫 번째 진술은 참 – C의 근무지는 광주
   을의 첫 번째 진술은 거짓 – B의 근무지는 광주가 아니다.
   을의 두 번째 진술은 참 – C의 근무지는 세종

A	B	C	D
		광주, 세종	서울

2) 갑의 두 번째 진술을 거짓으로 놓는다. – D의 근무지는 서울이 아니다.
   갑의 첫 번째 진술은 참 – A의 근무지는 광주
   병의 두 번째 진술은 참 – D의 근무지는 부산
   병의 첫 번째 진술은 거짓 – C의 근무지가 광주는 아님
   을의 첫 번째 진술은 거짓 – B의 근무지가 광주는 아님
   을의 두 번째 진술은 참 – C의 근무지는 세종

A	B	C	D
광주	서울	세종	부산

STEP 03 p.205~210

Skill 연습

SKILL ❶

01

정답 | A: 프로토스, B: 저그

해설 |

A가 거짓말을 했다고 가정하면 한 사람도 저그족이 아닌 것이 된다. 그런데 A가 거짓말을 했다면 저그족인 것인데, 저그족이 한 명도 없다는 말이 되니까 이것은 모순이다.

따라서 A는 참말을 한다. A가 참말을 하면 A와 B 중 한 사람은 저그족이 되니까 A는 프로토스족이 되고, B는 저그족이 된다.

02

정답 | 저그

해설 |

K가 참을 말했다면 L은 저그족이다. 그러면 K와 M은 같은 종족이 아니므로 M은 저그족이 된다.

K가 거짓을 말했다면 L은 프로토스족이다. 그렇다면 L의 말은 사실이다. M은 저그족이다.

03

정답 | 답한 사람: 저그, 가만히 있던 사람: 프로토스

해설 |

답한 사람이 "예"라고 답했을 경우, 나올 수 있는 경우는 다음과 같다.

구분	대답한 사람	가만히 있던 사람
1	프로토스	프로토스
2	프로토스	저그
3	저그	저그

답한 사람이 "아니오"라고 답했을 경우, 나올 수 있는 경우는 다음과 같다.

구분	대답한 사람	가만히 있던 사람
1	저그	프로토스

대답만 듣고 두 사람의 종족을 특정했으므로 가능한 경우는 대답한 사람이 저그, 가만히 있던 사람이 프로토스일 때뿐이다.

04

정답 | P: 저그, Q: 테란, R: 프로토스

해설 |

시한법을 적용하여 다음과 같이 표로 정리할 수 있다.

P	Q	R
프로토스 F	저그 F	테란 F
프로토스 F	테란 F	저그 T
저그 F	프로토스 F	테란 F
저그 F	테란 F	프로토스 T
테란 T	프로토스 T	저그 T
테란 T	저그 T	프로토스 T

여기에 조건에 맞춰 프로토스가 거짓말을 하거나, 저그가 참말을 하는 경우들을 지워 보면 하나의 경우만 남는다.

P	Q	R
~~프로토스 F~~	저그 F	테란 F
~~프로토스 F~~	테란 F	~~저그 T~~
저그 F	~~프로토스 F~~	테란 F
저그 F	테란 F	프로토스 T
테란 T	프로토스 T	~~저그 T~~
테란 T	~~저그 T~~	프로토스 T

SKILL ❷

01 ③ **02** ③ **03** ③ **04** ④

01

정답 | ③

해설 |

큰 돈 / 진술	A	B	C	D	E
A	F	T	F	F	F
B	F	F	F	F	T
C	T	T	F	T	T
D	T	F	T	T	T
E	F	F	F	T	F

02

정답 | ③

해설 |

범인 / 진술	형석	성은	지민	희진
형석	F	T	F	F
성은	F	F	F	T
지민	T	T	F	T
희진	T	T	T	F

03

정답 | ③

해설 |

주어진 진술을 각각 표로 정리하면 다음과 같다.

여정	은정	미정
인천국제공항공사 F	한국전력 F	코레일 F
인천국제공항공사 F	코레일 T	한국전력 F
한국전력 T	인천국제공항공사 F	코레일 T
한국전력 F	코레일 F	인천국제공항공사 T
코레일 T	인천국제공항공사 T	한국전력 T
코레일 F	한국전력 F	인천국제공항공사 T

이때 참이 2개가 되는 경우는 다음의 경우뿐이다.

여정	은정	미정
한국전력 T	인천국제공항공사 F	코레일 T

04

정답 | ④

해설 |

01호실		02호실		03호실	
인사	F	총무	F	기획	F
인사	F	기획	T	총무	F
총무	T	인사	F	기획	F
총무	F	기획	T	인사	F
기획	T	인사	T	총무	T
기획	F	총무	T	인사	T

단 하나만 거짓이라고 했으므로 여섯 번째 경우에 해당한다.

STEP 04 p.211~215

실전 문제

01 ②	02 ③	03 ⑤	04 ⑤
05 ②	06 ②	07 ②	08 ④
09 ②	10 ①		

01

정답 | ②

해설 |

A의 '우리들 모두는 거짓말을 한다.'는 T일수가 없다. 그러므로 트리법을 쓰면 다음과 같이 4가지 경우가 나온다.

A B C

F — T — T
F — T — F
F — F — T
F — F — F

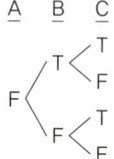

이때 B의 진술에 맞춰 체크를 하면

A B C

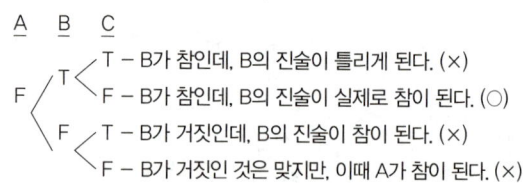

F — T — T – B가 참인데, B의 진술이 틀리게 된다. (×)
F — T — F – B가 참인데, B의 진술이 실제로 참이 된다. (○)
F — F — T – B가 거짓인데, B의 진술이 참이 된다. (×)
F — F — F – B가 거짓인 것은 맞지만, 이때 A가 참이 된다. (×)

02

정답 | ③

해설 |

주어진 진술을 각각 표로 정리하면 다음과 같다.

빠숑	로사	드리머
부동산 F	주식 T	코인 F
부동산 F	코인 T	주식 T
주식 T	부동산 F	코인 F
주식 F	코인 F	부동산 T
코인 T	부동산 F	주식 T
코인 F	주식 F	부동산 T

이때 T가 2개가 되는 것은 두 가지 경우가 있다.

빠숑	로사	드리머
부동산 F	코인 T	주식 T
코인 T	부동산 F	주식 T

이에 따라 빠숑과 로사는 무엇을 하는지 알 수 없으며, 드리머가 주식을 하는 것만 확실하다.

03

정답 | ⑤

해설 |

1) A의 첫 번째 진술이 참이라면, A의 두 번째 진술은 거짓이 되고, C의 첫 번째 진술은 거짓. 그렇다면 C의 두 번째 진술은 참이 된다. A는 찬성, B와 C 누구도 찬성하지 않았다. 이때, C는 기권했다. B의 첫 번째 진술은 거짓이다. 두 번째 진술은 참이 된다. (B는 기권했다.) 즉, A는 찬성, B는 기권, C는 기권
2) A의 첫 번째 진술이 거짓이라면 두 번째 진술이 참이 된다. A는 찬성하진 않았고, B와 C중 적어도 하나는 찬성을 한다. 그러면 B의 첫 번째 진술이 거짓이 되고, 두 번째 진술이 참이 된다. B는 기권한 것이다. 그렇다면 C는 찬성을 해야 한다. C의 두 번째 진술은 거짓이 되고, 첫 번째 진술이 참이 된다. A는 기권, B는 찬성해야 한다. 하지만 이 경우 모순이므로, 따라서 이 경우는 성립하지 않는다.

04

정답 | ⑤

해설 |

진술 \ 횡령	갑	을	병	정
갑	F	T	F	F
을	F	T	F	F
병	F	F	F	T

갑, 을, 병 중 한 명만 진실을 말하는 경우는 정이 공금을 횡령한 경우 뿐이다.

05

정답 | ②

해설 |

1) A의 말이 거짓이라면 C는 1위도 아니고 2위도 아니다. 그렇다면 C는 3위가 되고 A가 4위가 되어야 된다. 그러면 D에 대한 C의 말은 거짓이 될 수밖에 없다. D는 2위는 아니다. 그렇다면 D는 1위에 놓고 B를 2위에 놓으면 된다. B의 말은 순위가 높은 D에 대한 말이니까 거짓이 되면 성립한다.
   → 따라서 D-B-C-A 순서가 된다.
2) A의 말이 참이라면 C는 1위거나 2위니까 A가 1위고, C가 2위가 되어야 한다. 그렇다면 D에 대한 C의 말은 참이 되어야 하는데 자신이 2위인 상태에서 D가 2위라는 말이 참이 될 수는 없으므로 모순이다. 이 경우는 성립하지 않는다.

06

정답 | ②

해설 |

곶감이 각각 꿀단지, 아궁이, 소쿠리에 있다고 가정할 때, 다음과 같이 T, F 여부를 정리할 수 있다.

진술 \ 곶감	꿀단지	아궁이	소쿠리
甲	F	T	F
乙	F	F	
丙	T	F	T
丁			
戊	T	F	F

확정되지 않은 곳에 T 2개, F 3개라는 조건을 넣어서 구성해 보면 다음과 같다.

진술 \ 곶감	꿀단지	아궁이	소쿠리	
甲	F	T	F	
乙	F	F	F	T
丙	T	F	T	
丁	F	T	T	F
戊	T	F	F	

이때 선택지에서 일치하는 것은 ②번이다.

07

정답 | ②

해설 |

A	B	C	
가 F	가 F	가 F	OK
가 F	가 T	가× F	
가 F	가× T	가 T	
가× F	가 T	가 T	
가 T	가× F	가× T	
가× T	가 F	가× T	OK
가× T	가× F	가 F	
가× F	가× F	가× F	

08

정답 | ④

해설 |

갑이 세 가지 거짓말을 했다면 거꾸로 한 가지만 참말을 한 것이 된다. 갑의 첫 번째 말이 참이라면 나머지는 거짓. 그러므로 A는 한국인이고, 여자이며, 키가 크지 않고, 영어를 할 수 없다. 이때 을의 말을 살펴 보면 그의 언급이 모두 참이 된다. 따라서 첫 번째 말은 거짓으로 A는 한국인이 아니다.

갑의 두 번째 말이 참이라면 한국인이 아니고, 남자이며 키가 크지 않고, 영어를 할 수 없다. 따라서 키가 크지 않고 영어를 할 수 없다는 점에서 을의 말은 두 가지가 참이 된다.

갑의 세 번째 말이 참이라면 한국인이 아니고, 여자이며, 키가 크고, 영어를 할 수 없다. 을의 주장은 한국인이 아니라는 것과 키가 크지 않다는 두 가지만 거짓이 됨으로 옳다.

갑의 네 번째 말이 참이라면 A는 한국인이 아니고, 여자이며, 키가 크지 않고, 영어를 할 수 있으므로 을의 말 중 두 가지가 참이 되므로 옳다.

위의 네 가지 경우를 종합하면, 어떤 경우라도 확실히 말할 수 있는 것은 A가 한국인이 아니라는 진술이다.

09

정답 | ②

해설 |

갑이 누가 되었든지 간에 "나는 항상 거짓말만 한다."고 말할 수는 없다. 만약 항상 참말만 하는 사람이라면 이 말이 참이 되어야 하므로 모순된다. 만약 항상 거짓말만 하는 사람이라면 이 말이 거짓말이 되어야 하므로 역시 모순된다. 그러니까 갑은 이런 식으로 말하지 않았다. 그러므로 을의 말이 거짓이다. 또한 병은 을이 거짓말을 했다고 했으므로 병의 말은 참이 된다. 하지만 갑은 어떤 사람인지 이 진술들만 가지고 알 수는 없다.

10

정답 | ①

해설 |

진술 \ 룸	A	B	C
A	T	F	T
B	T	F	T
C	F	F	T

적어도 하나는 진실, 하나는 거짓이니까, 난자 제공 연구원은 A 팀에 있다.

PART 5 적용 퀴즈

CHAPTER 01

매칭하기 문제

STEP 01 p.221~222

유형 분석

★ Main Type **매칭하기로 풀리는 문제**

정답 | ②

해설 |

주어진 B, C, D의 진술을 적용하면 다음과 같이 매칭이 된다.

구분	원주	전주	진주	충주
A			×	×
B	×		×	×
C		×		×
D	×	×	×	○

진주에 출장간 사람도 C라는 것을 알 수 있다.

구분	원주	전주	진주	충주
A	○	×	×	×
B	×	○	×	×
C	×	×	○	×
D	×	×	×	○

★ Sub Type 1 **추리가 숨어 있는 문제**

정답 | ②

해설 |

ㄴ의 진술을 먼저 표로 도시화하면 다음과 같다.

구분	기술자	화가	공무원
A	×		
B			
C			

ㄱ과 ㄷ을 같이 고려하면 B는 가장 어린 화가가 아님을 알 수 있다. ㄴ과 ㄷ을 같이 고려하면 A는 수입이 기술자보다 많다고 했으니, 수입이 가장 적은 화가는 아니다. 이를 반영하면 다음과 같다.

구분	기술자	화가	공무원
A	×	×	
B		×	
C		○	

그러므로 C가 화가, B가 기술자, A가 공무원이 된다.

구분	기술자	화가	공무원
A	×	×	○
B	○	×	×
C	×	○	×

★ Sub Type 2 **경우의 수가 갈리지는 문제**

정답 | ⑤

해설 |

A~E 청년의 각 여동생을 a~e라고 했을 때, 주어진 조건을 표로 정리해 보자.

구분	a	b	c	d	e
A		×		×	
B			×	×	
C		×			×
D					×
E	×			×	

여기서 D의 여동생(d)은 주어진 조건에 의해 C와 짝이 될 수밖에 없음을 발견할 수 있다. 그렇다면 2.의 전제조건에 따라 D는 C의 여동생과는 짝이 될 수 없다.

구분	a	b	c	d	e
A		×		×	
B			×	×	
C	×	×		○	×
D			×		×
E	×			×	

이 상태에서 C의 여동생을 기준으로 두 가지 경우가 나온다. 먼저 C의 여동생이 A와 짝이 되었을 경우

구분	a	b	c	d	e
A		×	○	×	×
B	×		×	×	○
C	×	×		○	×
D	○	×	×		×
E	×	○	×	×	

그러나 위의 경우 B와 E가 서로의 여동생과 짝이 되었으므로, 주어진 전제조건에 어긋난다. 따라서 C의 여동생은 E와 짝이 되었다.

구분	a	b	c	d	e
A		×	×	×	○
B	○		×	×	×
C	×	×		○	×
D	×	○	×		×
E	×	×	○	×	

STEP 02 p.225

문제 해결방법

SKILL ❷ 추리하기를 알아보는 방법

정답 | ②

해설 |

먼저 ㄱ, ㄴ, ㄷ 조건을 바탕으로 채워 넣으면 다음과 같다.

구분	전자	SDI	에버랜드	제일기획
A			×	×
B		×		×
C			×	
D				×

이를 통해 제일기획에서 일하는 사람이 C라는 것을 알 수 있다.

구분	전자	SDI	에버랜드	제일기획
A			×	×
B		×		×
C	×	×	×	○
D				×

이때 추리가 필요한데, ㄴ과 ㄹ 조건을 합해야 한다. C(제일기획)는 최근에 A를 본적이 없는데, B와 C는 어제 SDI와 늦게까지 술을 마셨다고 하였으므로, A는 SDI가 아니라는 것을 알 수 있다.

구분	전자	SDI	에버랜드	제일기획
A	○	×	×	×
B	×	×	○	×
C	×	×	×	○
D	×	○	×	×

따라서 SDI는 D가, 에버랜드에는 B가 들어갔다.

STEP 03 p.226~229

Skill 연습

SKILL ❶

01 ④ **02** ② **03** ④ **04** ④

01

정답 | ④

해설 |

조사결과를 알아보기 편리하도록 표로 정리하면 다음과 같다.

구분	떡볶이	김밥	육회	식중독 발생 여부
철수	○	○	○	○
영호	×	○	×	×
영희	○	×	○	○
미선	○	○	×	×

육회가 식중독의 원인일 가능성을 효과적으로 지지해 준다. 육회를 먹지 않은 영호와 미선은 식중독에 걸리지 않았으나, 육회를 먹은 영희가 식중독에 걸렸기 때문이다.

① 영호와 미선은 식중독에 걸리지 않았기 때문에 식중독의 원인을 밝히기 곤란하며, 김밥은 두 사람이 모두 먹었기 때문에 오히려 식중독과 무관할 가능성이 크다.

② 떡볶이와 육회가 식중독의 원인이라고 주장하는데, 두 가지가 모두 식중독의 원인이라고 보는 것은 부적절하다. 오히려 둘 중 적어도 하나는 식중독의 원인이라고 주장하는 것이 타당하다.

③ ②와 마찬가지로 떡볶이와 육회 중 어느 것을 확정 지을 근거가 부족하다.

⑤ 떡볶이와 육회 중 어느 것이 식중독의 원인인지 결정해 주지 못한다. 적어도 김밥은 아니다.

02

정답 | ②

해설 |

A~E는 해외펀드, 해외부동산, 펀드, 채권, 부동산의 5가지 요소를 추천하였고, 중복 추천은 없었다. 한 사람이 하나씩 추천을 한 것이므로 아래와 같이 표를 그릴 수 있다.

구분	해외펀드	해외부동산	펀드	채권	부동산
A					
B					
C					
D					
E					

차례대로 조건을 적용해 본다. 먼저 "S씨는 A와 D와 펀드를 추천한 사람과 같이 식사를 한 적이 있다."는 말은 A와 D는 펀드를 추천한 사람이 아니라는 말로, 이를 표시하면 아래와 같다.

구분	해외펀드	해외부동산	펀드	채권	부동산
A			×		
B					
C					
D			×		
E					

"부동산을 추천한 사람은 A와 C를 개인적으로 알고 있다."는 조건은 마찬가지 입장에서 A와 C는 부동산을 추천한 것이 아니라는 말이다. 위의 표에 첨가해서 표시하면 다음과 같다.

구분	해외펀드	해외부동산	펀드	채권	부동산
A			×		×
B					
C					×
D			×		
E					

이제 동일한 요령으로 "채권을 추천한 사람은 B와 C를 싫어한다."라는 조건과 "A와 E는 해외부동산을 추천한 사람과 같은 대학에 다녔었다."라는 조건, "해외펀드를 추천한 사람과 부동산을 추천한 사람은 B와 같이 한 회사에서 근무한 적이 있다."는 조건, "C와 D는 해외부동산을 추천한 사람과 펀드를 추천한 사람을 비난한 적이 있다."는 조건을 적용하여 표시하면 아래와 같다.

구분	해외펀드	해외부동산	펀드	채권	부동산
A		×	×		×
B	×			×	×
C		×	×	×	×
D		×	×		
E		×			

이때 해외 부동산의 경우는 B 외에는 추천할 수 없다. 누군가 한 명은 추천해야 하는데, 위의 표에서 보면 A, C, D, E는 아니기 때문에 B가 반드시 추천해야 한다. 같은 맥락에서 C는 해외부동산, 펀드, 채권, 부동산 다 아니기 때문에 해외펀드를 추천하였음을 알 수 있다.

구분	해외펀드	해외부동산	펀드	채권	부동산
A	×	×	×		×
B	×	○	×	×	×
C	○	×	×	×	×
D	×	×	×		
E	×	×			

이후 펀드를 추천한 것이 누구인지 나오고 A는 무엇을 추천했는지가 또 눈에 금방 띈다. 이런 식으로 주어진 표를 다 채울 수 있다.

구분	해외펀드	해외부동산	펀드	채권	부동산
A	×	×	×	○	×
B	×	○	×	×	×
C	○	×	×	×	×
D	×	×	×	×	○
E	×	×	○	×	×

결국 A가 추천한 것은 채권이고, E가 추천한 것은 펀드라는 것을 알 수 있다.

03

정답 | ④

해설 |

제시문에서 제시한 '6모자 기법에는 아무도 참여하지 않고, 지민이가 인터페이스 혁신 프로젝트에 참가한다는 점과 네 번째 조건에 의해 지민이는 창의적 문제해결 참가한다는 것을 알 수 있다.

여기서 세 번째 조건에 의해 성은이는 브레인스토밍나 인터페이스 혁신 중 한 가지에 참가하거나 둘 다 참가해야 하는데, 두 번째 조건에 의해 인터페이스 혁신에는 참가할 수 없다. 따라서 성은이는 브레인스토밍 프로젝트에 참가하게 된다. 여기까지를 표로 정리하면 다음과 같다.

구분	창의적 문제해결	6모자 기법	브레인 스토밍	직무 개선	인터페이스 혁신	절차 간소화
희진		×				
지민	○	×			○	
성은		×	○		×	

첫 번째 조건에서 희진과 성은은 같은 개인 프로젝트 주제를 선택하지 않는다고 하였으므로, 희진이는 반드시 창의적 문제해결에 참가해야 한다.

구분	창의적 문제해결	6모자 기법	브레인 스토밍	직무 개선	인터페이스 혁신	절차 간소화
희진	○	×	×			
지민	○	×			○	
성은		×	○		×	

04

정답 | ④

해설 |

1) A나라는 육군이 강하다.

2) 해군이 강한 나라는 작다.

4) C는 크지 않다.

이 조건을 다 합하면 육, 해, 공군에 대해서 알 수 있다.

구분	흰색	검정색	파란색	육군	해군	공군
A (큰)				○	×	×
B (큰)				×	×	○
C (작은)				×	○	×

여기에

3) 흰색 국기를 사용하는 나라는 공군이 강하지 않다.

5) B가 크다면, 검정색 국기를 사용하는 나라는 육군이 강하다.

조건을 적용하면 다음과 같은 결론이 나온다.

구분	흰색	검정색	파란색	육군	해군	공군
A (큰)	×	○	×	○	×	×
B (큰)	×	×	○	×	×	○
C (작은)	○	×	×	×	○	×

STEP **04** p.230~235

실전 문제

01 ③	**02** ④	**03** ①	**04** ③
05 ④	**06** ①	**07** ②	**08** ①
09 ①	**10** ④		

01

정답 | ③

해설 |

주어진 조건만을 가지고 표에 표시해 보면 다음과 같다.

구분	A	B	C	D	E	F	G	H
A		×						×
B	×		×		×	×	×	×
C		×		×	×	×		×
D			×		×			×
E		×	×	×				
F		×	×				×	
G		×				×		
H	×	×	×	×				

따라서 C는 G와 같이 일할 수 있다.

02

정답 | ④

해설 |

×표시가 제일 적은, 그러니까 다른 사람과 일할 가능성이 가장 많은 사람은 바로 A와 G로 다섯 명씩 가능하다. 그런데 A가 통과하지 못하였으므로 그 자리는 G가 된다.

구분	A	B	C	D	E	F	G	H
A		×						×
B	×		×		×	×	×	×
C		×		×	×	×		×
D			×		×			×
E		×	×	×				
F		×	×				×	
G		×				×		
H	×	×	×	×				

03

정답 | ①

해설 |

주어진 조건에 따라 도시화하되, 주의할 것은 이 조합의 경우 1:1 매칭이 아니라는 점이다. 그러므로 ○가 그려진다고 해서 십자 모양으로 ×를 그릴 수 없다는 것이 다른 문제와 다른 점이다. 정확하게 언급된 것만 표시하면 다음과 같다.

구분	서정	영민	승훈	경수	재영
포테이토					×
불고기	○				
페퍼로니		○			
고구마				○	○

이때 서정과 경수는 두 종류 모두 같은 종류의 피자를 주문하므로 불고기와 고구마를 주문한다.

그런데 서정과 재영은 한 종류의 피자가 같으므로 그게 고구마 피자이다.

구분	서정	영민	승훈	경수	재영
포테이토	×			×	×
불고기	○			○	×
페퍼로니	×	○		×	○
고구마	○			○	○

그런데 승훈과 재영의 피자는 두 종류 모두 다른 피자이므로 승훈은 포테이토와 불고기를 주문한다.

구분	서정	영민	승훈	경수	재영
포테이토	×		○	×	×
불고기	○		○	○	×
페퍼로니	×	○	×	×	○
고구마	○		×	○	○

여기에 경수와 영민이 같은 종류의 피자를 주문하지 않았으므로, 다음과 같이 다 채워질 수 있다.

구분	서정	영민	승훈	경수	재영
포테이토	×	○	○	×	×
불고기	○	×	○	○	×
페퍼로니	×	○	×	×	○
고구마	○	×	×	○	○

영민과 승훈이 공통적으로 주문한 것은 포테이토 피자 하나이다.

04

정답 | ③

해설 |

㉠의 조건을 적용하면, 대은은 2루수도 아니고 김씨도 아니다. 그리고 ㉡ 조건에서 대은은 박씨도 아니라는 것을 알 수 있다. 따라서 대은은 서씨가 된다. 그런데 대은은 1루수도 아니니까 대은은 3루수다.

구분	정덕	선호	대은	1루수	2루수	3루수	18	21	24
김			×			×			
서	×	×	○	×	×	○			
박			×			×			

㉢을 보니 선호는 김씨가 아니다. 따라서 김씨는 정덕, 선호는 박씨다. 그런데 ㉡ 조건에서 박씨가 1루수는 아니라는 것을 알 수 있으므로 박선호는 1루수는 아니다.

구분	정덕	선호	대은	1루수	2루수	3루수	18	21	24
김	○	×	×	○	×	×			
서	×	×	○	×	×	○			
박	×	○	×	×	○	×			

㉡에서 또 알 수 있는 것은 나이 관계다. '박씨>1루수>대은'

구분	정덕	선호	대은	1루수	2루수	3루수	18	21	24
김	○	×	×	○	×	×	×	○	×
서	×	×	○	×	×	○	○	×	×
박	×	○	×	×	○	×	×	×	○

05

정답 | ④

해설 |

우선 주어진 조건으로 표에 표시해 본다.

구분	빨간색	파란색	노란색	개	고양이	원숭이	광부	농부	의사
수덕	×						×		
원태	○	×	×				×		
광수	×						○	×	×

나.와 다.를 종합하면 농부와 의사의 집은 서로 이웃해 있지 않으므로 가운데 집은 광부가 산다. 그리고 그 가운데 집에 사는 사람은 개를 키우지 않는다는 것을 알 수 있다. 그리고 라.에서 노란 지붕 집은 의사의 집과 이웃해 있으므로, 노란 지붕 집이 광수의 집이며, 가운데 위치한다는 것을 알게 된다.

구분	빨간색	파란색	노란색	개	고양이	원숭이	광부	농부	의사
수덕	×	○	×				×		
원태	○	×	×				×		
광수	×	×	○	×			○	×	×

마.에서 파란 지붕 집이 고양이를 키우니까 결국 광수가 키우는 것은 원숭이가 된다.

구분	빨간색	파란색	노란색	개	고양이	원숭이	광부	농부	의사
수덕	×	○	×	×	○	×	×		
원태	○	×	×	○	×	×	×		
광수	×	×	○	×	×	○	○	×	×

그러면 두 가지 경우로 나눈다. 수덕이 농부일 경우와 의사일 경우다. 먼저 수덕이 농부일 경우

구분	빨간색	파란색	노란색	개	고양이	원숭이	광부	농부	의사
수덕	×	○	×	×	○	×	×	○	×
원태	○	×	×	○	×	×	×	×	○
광수	×	×	○	×	×	○	○	×	×

그리고 수덕이 의사일 경우

구분	빨간색	파란색	노란색	개	고양이	원숭이	광부	농부	의사
수덕	×	○	×	×	○	×	×	×	○
원태	○	×	×	○	×	×	×	○	×
광수	×	×	○	×	×	○	○	×	×

[보기] 내용 판단 시 and 진술과 or 진술에서 참, 거짓을 판별하는 방법을 잘 알고 있어야 한다.

ㄱ. 수덕은 빨간 지붕 집에 살지 않고(○), 원태는 개를 키우지 않는다. (×) → and 진술에서는 두 진술 모두 참이 되어야만 참이 된다.

ㄴ. 노란 지붕 집에 사는 사람은 원숭이를 키우지 않는다. (×)

ㄷ. 수덕은 파란 지붕 집에 살거나(○), 원태는 고양이를 키운다. (×) → or 진술에서는 두 진술 중 하나만이라도 참이 되면 그 진술 전체가 참이 된다.

ㄹ. 수덕은 개를 키우지 않는다. (○)

ㅁ. 원태는 농부다. (×) → 의사일 수도 있으므로 반드시 참은 아니다.

06

정답 | ①

해설 |

부사장은 사장의 손자이므로 사장은 22살인 우드가 아니며, 보스톡은 총각이고 사장은 케니와 친구이므로 사장은 Mrs. 크라우트가 된다.

구분	사장	부사장	재무	편집	디자이너	유통
Mr. 보스톡	×					
Mr. 우드	×					
Mr. 케니	×					
Mrs. 크라우트	○	×	×	×	×	×
Miss 알렉스	×	×				
Miss 어윈	×	×				

재무는 편집책임자의 사위. 그러므로 케니는 편집책임자임을 알 수 있다.

구분	사장	부사장	재무	편집	디자이너	유통
Mr. 보스톡	×			×		
Mr. 우드	×			×		
Mr. 케니	×	×	×	○	×	×
Mrs. 크라우트	○	×	×	×	×	×
Miss 알렉스	×	×		×		
Miss 어윈	×	×		×		

알렉스는 북 디자이너와 이복 자매. 그리고 알렉스는 여자이므로 편집책임자의 '사위'인 재무가 될 수 없어 유통담당자이다.

구분	사장	부사장	재무	편집	디자이너	유통
Mr. 보스톡	×			×	×	×
Mr. 우드	×			×	×	×
Mr. 케니	×	×	×	○	×	×
Mrs. 크라우트	○	×	×	×	×	×
Miss 알렉스	×	×	×	×	×	○
Miss 어윈	×	×	×	×	○	×

마지막으로 재무는 편집책임자의 사위인데 보스톡은 총각이므로 될 수 없다.

구분	사장	부사장	재무	편집	디자이너	유통
Mr. 보스톡	×	○	×	×	×	×
Mr. 우드	×	×	○	×	×	×
Mr. 케니	×	×	×	○	×	×
Mrs. 크라우트	○	×	×	×	×	×
Miss 알렉스	×	×	×	×	×	○
Miss 어윈	×	×	×	×	○	×

07

정답 | ②

해설 |

먼저 문제와 첫 번째~네 번째 조건에 따라 도식화하면 다음과 같다.

구분	월	화	수	목	금
영어	×	○		×	○
상식					○
면접					
한자	×	×		○	○

다섯 번째 조건에 의해 수>금>화의 순서로 과목의 개수가 많고, 그 개수는 다른 날과 다르므로 수요일에 4개, 금요일 3개, 화요일, 목요일 2개, 월요일 1개 과목을 공부한다.

구분	월	화	수	목	금
영어	×	○	○	×	○
상식	×	×	○	○	○
면접	○	○	○	×	×
한자	×	×	○	○	○

08

정답 | ①

해설 |

먼저 조건 d에 따라 표시하면 다음과 같다.

구분	1형	2형	3형	4형
A		○		○
B			○	○
C	○		○	
D	○	○		
E		○	○	

조건 c에서 C는 다른 4명과 다른 모자를 샀다고 했으므로 C의 모자는 1형이 된다. 만약 C의 모자가 3형이 된다면 D만이 1형을 샀으므로 반드시 C와 같은 모자를 쓰는 사람이 나오게 된다.

구분	1형	2형	3형	4형
A		○		
B				○
C	○			
D		○		
E			○	

C가 1형으로 고정되어 있으므로 D는 2형이 되고, 조건 b에 의해서 E는 3형, B는 4형이 된다. 또한 조건 a를 통해 A는 2형으로 결정된다.

09

정답 | ①

해설 |

먼저 주어진 조건에 맞게 표를 그린다. 특히 유의할 것은 조건 2)이다. 조건 2)는 조건 1)처럼 ○, ×를 바로 표시할 수 없다. 하지만 조건 2)에서 검표원은 서울과 대전의 중간에 산다고 했고, 조건 4)에서 검표원과 가장 가까이 사는 사람은 검표원 수입의 정확히 3배라고 했으니까 이과장은 검표원과 가장 가까이 사는 사람이 아니다. 왜냐하면, 조건 3)에서 이과장의 수입은 2,000만원이라고 했는데, 2,000만원은 3으로 정확히 나누어 떨어지지 않으므로 검표원 수입의 정확히 3배라고 할 수 없기 때문이다. 따라서 박과장은 대전, 이과장은 서울, 김과장은 서울과 대전 중간에 산다는 것을 추리할 수 있다.

구분	기관사	안내원	검표원
김씨	○	×	×
이씨	×	×	○
박씨	×	○	×

구분	서울	중간	대전
김과장	×	○	×
이과장	○	×	×
박과장	×	×	○

10

정답 | ④

해설 |

(가) 다이아몬드 선물할 남자=미혼, 독자, 남자 중 최장신

(나) 나희≠에메랄드

(다) A=기혼, B≠에메랄드≠남자 최장신

(라) 가영에게 선물할 남자(=형제가 있음)≠다이아몬드

(마) A는 가영에게 선물 안 함.

우선 (나)를 표에 기입한다. (다)에서 A는 기혼이므로 ≠다이아몬드이며, B는 에메랄드 선물 남자가 아니고(B≠에메랄드), 최장신이 아니므로 ≠다이아몬드이다. 이로써 선물 남자와 보석의 종류는 결정된다.

구분	A	B	C	가영	나희	도화
다이아몬드	×	×	○			
에메랄드	○	×	×		×	
루비	×	○	×			

(라)에서 가영에게 선물한 남자는 형제가 있으므로 외아들인 다이아몬드를 선물한 사람은 아니다. (마) A=에메랄드≠가영. 따라서 도화는 에메랄드를, 가영은 루비를 선물 받았음을 알 수 있다. 즉, A-에메랄드-도화, B-루비-가영, C-다이아몬드-나희의 관계임을 알 수 있다.

구분	A	B	C	가영	나희	도화
다이아몬드	×	×	○	×	○	
에메랄드	○	×	×	×	×	○
루비	×	○	×	○		

CHAPTER 02

순서정하기 문제

STEP 01 p.237~238

유형 분석

★ Main Type 절대적 순서 문제

정답 | ②

해설 |

첫 번째 조건에 의해 의사의 책임은 마지막인 6번째 토론 주제가 된다. 두 번째 조건에 의해 '유전자 조작 – 인공수정'(순서는 바뀔 수 있음)은 연이어 위치하게 된다. 문제에서 제시된 것처럼 비만증이 이미 4번째 토론 주제이므로, 낙태가 1번째 토론 주제가 된다. 정해지지 않은 2, 3, 5번째 순서 중 두 번째 조건의 '유전자 조작 –인공수정'이 연이어 위치할 수 있는 곳은 2–3번째 순서밖에 없다. 따라서 남은 성교육이 5번째에 위치하게 된다. 정리하면 다음과 같다.

1	2	3	4	5	6
낙태	유전자조작/ 인공수정	인공수정/ 유전자조작	비만증	성교육	의사의 책임

★ Sub Type 1 절대적 순서 문제에서 경우의 수로 찾아가기

정답 | ③

해설 |

첫 번째 조건으로 A가 세 번째에 온다는 것을 알았다. 이를 기준으로 생각해 보자.

1	2	3	4	5
		A		

세 가지 조건을 보면 B>D , D>E , C>D

이 세 조건을 나타내면 D 앞쪽으로 두 명이, D 뒤쪽으로 한 명이 온다는 것을 알 수 있다.

그러니까 D가 네 번째 올 경우에만 이 조건이 성립한다. 하지만 B와 C의 순서를 알 수 없으므로, 두 가지 경우가 나오게 된다.

구분	1	2	3	4	5
경우 1	B	C	A	D	E
경우 2	C	B	A	D	E

반드시 참이 되는 것은 ③번이 된다. ①번과 ②번은 그럴 수도 있고 안 그럴 수도 있다.

★Sub Type 2 상대적 순서 문제

정답 | ④

해설 |

D>C, A>E, B>A, C>B

이 조건들을 모두 합하면 된다.

D>C>B>A>E

STEP 03 p.242~243

Skill 연습

SKILL ❶

01 ② **02** ③ **03** ③ **04** ①

01

정답 | ②

해설 |

주어진 조건을 기호화하면 다음과 같다.

- 영수>영희
- 영수>동수
- 철수>동수
- 영희=철수

이것을 웹 메이킹하면 다음과 같이 순서가 확정된다.

찬희>영수>영희(철수)>동수

02

정답 | ③

해설 |

주어진 조건을 간략히 도식화하면 다음과 같다.

㉮ A>B−C ㉯ B>E ㉰ C>F−G ㉱ E>D−F

㉲ F(가장 오른쪽 아님)

㉮부터 시작하여 차례대로 순서를 만들어 간다.

ⓐ A>B, A>C → A>B>C, A>C>B 가능 (㉮)

ⓑ A>B>E, A>C>F, A>C>G (㉯, ㉰)

ⓒ A>B>E>D, A>B>E>F>ㅁ (㉱에 의해 F는 네 번째 이하만 가능)

위의 조건으로 판단할 때, D, F는 네 번째 이후에만 가능함을 알 수 있다. 반면 세 번째 자리에 위치할 수 있는 가능성이 있는 사람은 B, C, E, G이다.

03

정답 | ③

해설 |

주어진 조건을 기호화하면 다음과 같다.

㉠ D>E

㉡ G>B>E

㉢ G>F>D

㉣ A>F

㉣에서 4번째가 D대라고 했으므로 이것을 기준으로 잡는다.

1	2	3	4	5	6	7
			D			

㉢과 ㉣을 합하면 D 앞에, A, G, F가 온다는 것을 알 수 있다. F는 앞에 G와 A가 오기 때문에, F는 세 번째다. 그런데 A는 맨 처음은 아니므로, 맨 처음에 올 대학은 G가 된다.

1	2	3	4	5	6	7
G	A	F	D			

㉠과 ㉡ 조건으로 경우의 수를 생각해 보자. 우선 ㉠ 때문에 E는 D 뒤에 들어간다. 그리고 D 앞에 G, A, F가 들어가므로, B 역시 D뒤에 들어가야 하는데, ㉡을 보면 B>E의 관계에 있다. 그에 따라 경우의 수를 나눠보면 다음과 같다.

1	2	3	4	5	6	7
G	A	F	D	B	E	
				B		E
					B	E

이것을 하나의 경우로 정해줄 진술이 무엇인가 찾는 것으로 이 세 가지 경우를 하나로 지칭하는 조건을 찾으면 된다. 이때 C의 위치가 다 다른데, 바로 C의 위치를 고정시켜주면 이 조건은 하나로 귀결된다. ③이 들어가면 C의 위치가 여섯 번째로 고정되며, 그렇게 되면 아래와 같이 귀결된다.

1	2	3	4	5	6	7
G	A	F	D	B	C	E

04

정답 | ①

해설 |

㉠ C>A>B

㉡ E>D>F

㉢ A>E>B

㉣ H>G>A

우선 ㉠조건과 ㉡ 조건, 그리고 ㉢ 조건을 한꺼번에 표시하면 다음과 같다.

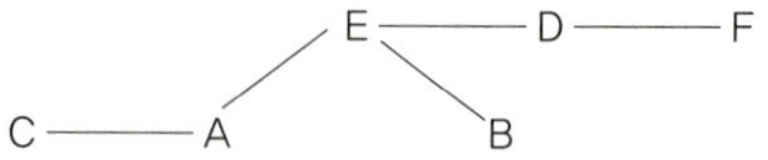

여기에 ㉣을 섞으면 다음과 같이 된다.

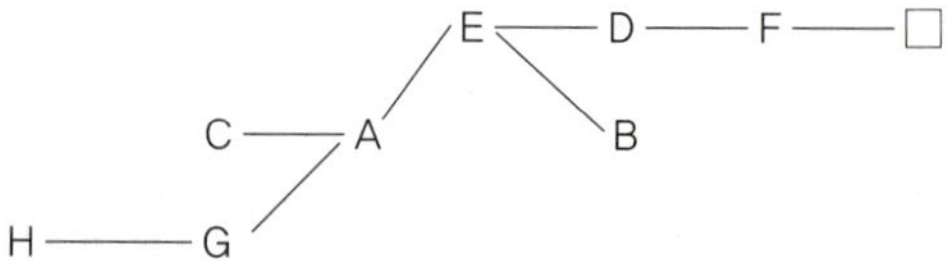

ⓜ을 참고하면 가장 마지막에 오는 것은 F가 아니기 때문에, B가 될 수밖에 없다. 그런데 가장 먼저 오는 것이 C가 아니라지만, 이럴 경우 H가 가장 먼저 오는 것은 알겠는데, 아직도 C의 위치는 확정할 수 없다. C의 위치를 확정시키는 진술이 필요하다. 이것을 확정시키는 것이 ①번 진술이다. 그러면 결론은 다음과 같다.

H – C – G – A – E – D – F – B

STEP 04 p.244~249

실전 문제

01 ④	**02** ④	**03** ④	**04** ④
05 ⑤	**06** ⑤	**07** ①	**08** ③
09 ②	**10** ③		

01

정답 | ④

해설 |

첫 번째 조건 때문에 B가 세 번째라는 것을 알 수 있다.

1	2	3	4
		B	

다른 조건들은 상대적이다. 이것들을 정리하면

C>D , C>A , B>D

B 뒷쪽으로 하나 밖에 올 수 없으니 올 수 있는 것은 D밖에 없다.

1	2	3	4
		B	D

C와 A가 첫 번째와 두 번째 자리에 들어가야 하는데, 이 둘 사이의 관계는 C>A이므로 다음과 같이 들어가면 된다. 이때 C>D의 관계도 만족된다.

1	2	3	4
C	A	B	D

02

정답 | ④

해설 |

주어진 조건을 표로 정리하면 다음과 같다. 윗줄은 F가 수요일의 경우, 아랫줄은 F가 토요일의 경우로 나누어 생각해 볼 수 있다.

월	화	수	목	금	토
E	D	F			
E	D				F

첫 번째, 두 번째 조건에 의해 A, B, C는 표의 회색 부분에 들어가야 한다. 자동적으로 월요일은 E 순서임을 확인할 수 있다. 그러므로 반드시 거짓인 것은 'E는 수요일에 출석한다.'이다.

03

정답 | ④

해설 |

주어진 조건에 부합되지 않는 선택지를 지워나가면 된다.

ㄱ. G>F

ㄴ. A=C

ㄷ. B>F, G

ㄹ. D가 가장 낮다.

ㅁ. E>C, B, G

ㅂ. A>B, G

이것들을 한꺼번에 그려야 한다. ㄱ과 ㄷ을 합하면 다음과 같다.

B ——— G ——— F

여기에 ㅁ과 ㄴ을 합하면 다음과 같다.

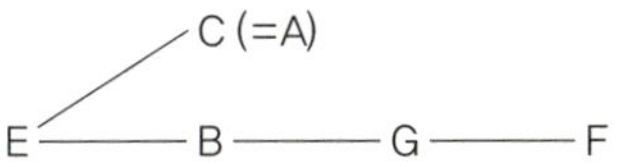

ㅂ까지 생각하면 순서가 확실하게 정해진다. D가 가장 낮다는 조건도 같이 넣는다.

E ——— C(=A) ——— B ——— G ——— F ——— D

04

정답 | ④

해설 |

1) 가은>나영, 다솜

2) 나영>마음

3) 다솜>바다, 사랑

4) 마음>라라, 바다

1)과 3)을 합하면 다음과 같은 정도의 웹이 나온다.

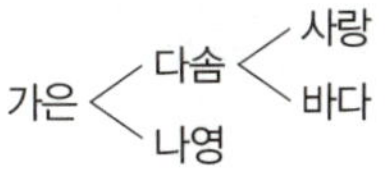

여기에 2)와 4)를 합하면 다음과 같이 된다.

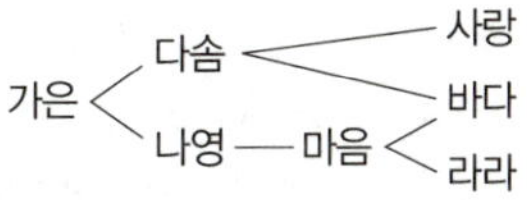

그림에서 속지 말아야 할 것은 사랑은 굉장히 멀리 있는 것 같이 보이지만, 실제로는 나영과 마음 등과는 상대적인 관계일 뿐이지 순서가 정해지지 않는다. 그러므로 사랑도 3등이 가능하다. 3등이 가능하지 않은 것은 앞에 적어도 3명이 존재해서 잘해야 4등인 라라와 앞에 4명이 존재해서 아무리해도 5등인 바다다. 그리고 가은은 무조건 1등이기 때문에, 3등이 가능하지 않다.

05

정답 | ⑤

해설 |

주어진 조건을 정리하면 다음과 같다.

• B>F

• E, F>G>D
• D>A
• G>C

이 조건들을 모두 웹 형식으로 나타내면 다음과 같다.

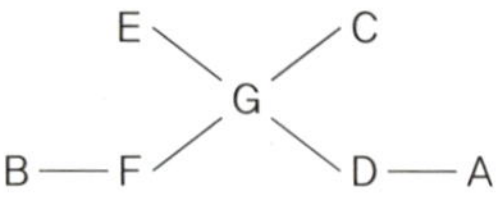

여기에 B와의 계약이 가장 먼저는 아니므로, 첫 번째 순서는 E로 정해진다. 뒤에 C가 들어갈 순서만 확정하면 된다.

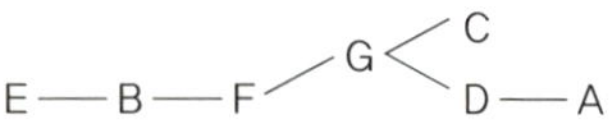

① E사와의 계약이 B사와의 계약에 선행한다는 것은 A, C, D의 순서에 관한 정보를 주지 않으므로, 순서를 확정짓는 단서가 되지 못한다.

② B사와의 계약이 G사와의 계약에 선행한다는 것은 A, C, D의 순서에 관한 정보를 주지 않으므로, 순서를 확정짓는 단서가 되지 못한다.

③, ④ C사와의 계약이 가장 마지막에 이루어지지 않았다는 정보는 A, C, D의 순서에 관한 정보를 주고 있지만, 이 단서에 의해서는 A, C, D의 순서가 C–D–A인지 D–C–A인지 결정할 수 없다.

⑤ D사와 A사의 계약이 인접하여 이루어지지 않았다고 했으므로, A, C, D의 배열이, D–C–A로 확정되어, 계약이 이루어진 순서가 E–B–F–G–D–C–A로 정확하게 주어진다.

06

정답 | ⑤

해설 |

1	2	3	4	5	6
		정 사원			

문제에서 이 사원은 정 사원 뒤에 발표한다고 하였으므로 4, 5, 6번에 이 사원이 들어갈 수 있다. 두 번째 조건에서 이 사원 다음에 장 사원이 바로 뒤에 발표한다고 하였으므로 김 사원은 처음으로 발표를 해야 한다. 만약 김 사원이 첫 번째 조건에 따라 다섯 번째 발표를 하게 되면 이 사원 바로 다음에 장 사원이 발표를 할 수 없기 때문이다. 또한 네 번째 조건에 의해 양 사원은 정 사원 바로 뒤에 발표를 해야 하므로 4번째로 발표를 하게 된다.

1	2	3	4	5	6
김 사원		정 사원	양 사원	장 사원	이 사원

그런데 마지막 조건에 의하면 유 사원은 김 사원 바로 전이나 뒤에 발표를 할 수 없는데, 주어진 조건상 가능한 순서는 김 사원 바로 다음 순서 밖에 없다. 따라서 유 사원은 발표를 할 수 없다.

07

정답 | ①

해설 |

문제에서 제시한 내용에 따라 F가 네 번째로 이용하는 학생이면 다음과 같다.

1	2	3	4	5	6	7	8
			F				

그런데 E와 F는 C가 자전거를 이용하기 전에 그것을 사용해야 하는데, C는 ABC 블록을 형성하기 때문에, F가 이 ABC 블록 앞에 와야 해서 정확하게 한 학생이 A와 F 사이에 자전거를 이용해야 하는 조건에도 불구하고 A가 2에는 들어가지 못한다. 따라서 ABC 블록은 6에 A가 들어간 상태에서 이 이후로 이용하게 된다.

1	2	3	4	5	6	7	8
			F		A		

여기서 G가 제일 마지막에 이용한다고 하면 다음과 같다.

1	2	3	4	5	6	7	8
			F		A		G

그렇다면 B와 D의 순서는 마지막 조건에 따라 다음과 같이 정리할 수 있다.

1	2	3	4	5	6	7	8
		D	F	B	A	C	G

그렇다면 나머지 한자리인 7 자리에 C가 들어간다. 아직 밝혀지지 않은 1과 2의 자리에 들어갈 사람은 E와 H다.

08

정답 | ③

해설 |

양쪽으로 접근을 해 보자.

'한주–평주'가 한 팀이고, '관주–금주'가 한 팀이 된다. 그러니까 이런 경우 케이스가 다음과 같이 두 가지로 갈린다.

구분	1	2	3	4
A	한주	평주	관주	금주
B	관주	금주	한주	평주

다음은 갑, 을, 병, 정의 순서에 대해 보자면 병>갑(병이 가장 먼저는 아니다.)의 조건을 케이스로 나누면 아래와 같다.

구분	1	2	3	4
C		병	갑	
D		병		갑
E			병	갑

여기에 병과 정은 시대순으로 볼 때 연이어 존재하지 않았다는 조건을 만족시키게 을과 정을 채워 놓으면 두 가지 케이스만 남는다.

구분	1	2	3	4
C	을	병	갑	정
D		병		갑
E	정	을	병	갑

이 경우들을 크로스 하는 것이 바로 금주가 수도인 나라는 정보다는 이전 시기에 있었다는 조건이다. 그런데 E의 경우 정이 제일 앞에 있고 A, B의 경우에는 금주가 첫 번째인 경우는 없기 때문에 E도 자연스럽게 지워진다. 그리고 A의 경우에는 정보다 이전 시기에 있었던 금주가 제일 마지막으로 정과 같은 시기가 되기 때문에, 이것도 지워진다. 결국 남는 것은 B다.

구분	1	2	3	4
B	관주	금주	한주	평주
C	을	병	갑	정

①, ⑤ 금주는 병의 수도

② 관주는 을의 수도

④ 갑이 을 다음 시기에 존재

09

정답 | ②

해설 |

다음 순서가 지켜졌는지 체크한다.

10

정답 | ③

해설 |

광주 이전에 전주를 방문하게 되면 '대전-서울-전주-광주-부산' 순서로 고정된다.

CHAPTER 03

배치하기/위치 판단하기 문제

STEP 01 p.251~252

유형 분석

★ Main Type 팀을 나눠 배치하는 유형

정답 | ④

해설 |

배치하기에 해당하는 문제로, 다음과 같이 팀을 나눌 수 있다.

1호선	2호선
	A

두 번째 조건과 네 번째 조건을 넣어본다.

1호선	2호선
D, B	A

여기에 세 번째 조건을 넣는데, F와 G는 배타적이니까, F가 1호선이면 G는 2호선, F가 2호선이면 G는 1호선이 된다.

1호선	2호선
D, B, F/G	A, G/F

그런데 1호선을 이용하는 사람이 많아야 3명이므로, 나머지 두 명인 C와 E는 2호선을 이용해야 한다.

1호선	2호선
D, B, F/G	A, G/F, C, E

★ Sub Type 1 개별 요소에 배치하는 유형

정답 | ③

해설 |

문제와 두 번째, 네 번째 조건에서 확실하게 알 수 있는 사람은 영미와 진희, 은숙이다.

파란색			
노란색	진희	은숙	
녹색	영미		

그런데 강현이 탄 보트에는 영미 혹은 진희가 타고 있다고 했는데, 진희가 탄 보트는 이미 다 차서 더 이상 탈 수 없다. 그래서 강현은 영미가 탄 녹색 보트에 타야 한다.

파란색			
노란색	진희	은숙	
녹색	영미	강현	

철수와 영희는 반드시 같은 보트에 타야 하므로, 두 명이 갈 곳은

파란색 밖에 없다.

파란색	철수	영희	
노란색	진희	은숙	
녹색	영미	강현	

영철은 영미와 같은 보트에 탈 수는 없으므로, 영철이 파란색으로 가면, 나머지 희영은 녹색에 타야 한다.

파란색	철수	영희	영철
노란색	진희	은숙	
녹색	영미	강현	희영

★ Sub Type 2 위치 판단하기

정답 | ②

해설 |

그림을 그려 표시하는 단계지만, 주어진 문제 같은 경우에는 이미 문제에 그림을 주었기 때문에 이대로 적용하면 된다. 일단 확정된 조건부터 채워 넣는다. 그런데 사실 명시적으로 드러난 것은 부시장실의 위치뿐이다. ㄱ을 적용하면 다음과 같이 된다.

	복도	
부시장실		

다른 조건들과 같이 활용할 수 있는 조건들을 생각해 본다. 그런데 눈에 띄는 것은 ㅁ이다. "재정 관련 모든 사무실의 정면 및 옆에는 재정 관련 부서가 들어서지 않는다."라는 조건인데, 재정관련 부서가 4개인데, 서로 앞·뒤·옆에 들어가지 않는다는 조건은 지그재그로 배치된다는 말이다. 부시장실의 위치를 생각하면 재정 관련 부서들이 들어갈 곳은 정해져 있다.

	복도	
부시장실		

그렇다면 ㄷ의 조건은 다음과 같이 적용될 것이다.

	복도	
공원녹지과		
부시장실		

여기서 ㄹ과 ㄴ을 생각하면 어느 정도 칸이 채워지게 된다.

	복도	
공원녹지과		예산기획과
부시장실		예산분석과

완전히 정해지지는 않지만 위의 조건들에서 나오는 것은 세무과, 회계과와 홍보과, 수도과가 어느 쪽에 위치해 있는가이다.

	복도	
공원녹지과		예산기획과
부시장실		예산분석과
(세무과, 회계과)		(홍보과, 수도과)

이를 경우의 수로 갈라서 넣어보면 다음과 같다.

(세무과/회계과)	복도	(홍보과/수도과)
공원녹지과		예산기획과
(회계과/세무과)		(수도과/홍보과)
부시장실		예산분석과

경우의 수에 의한 답변은 아래와 같이 총 4개가 나오며, ( ) 부분이 정확히 정해지는 것은 아니지만, 그래도 문제는 풀 수 있다.

1)

세	복도	홍
녹지		기획
회		수
부		분석

2)

회	복도	홍
녹지		기획
세		수
부		분석

3)

세	복도	수
녹지		기획
회		홍
부		분석

4)

회	복도	수
녹지		기획
세		홍
부		분석

STEP 02 p.254~255

문제 해결방법

SKILL ❶ 블록으로 움직이기

정답 | ①

해설 |

먼저 자리가 정해진 것부터 쓰면 나.와 다.에 따라 아래와 같다.

전자	건설	물산
도연명	이찬호	

가.와 마.를 참고하면 김기태–나오미, 모기환–봉민두는 같이 붙어 다녀야 하는데, 전자는 2명만 배치되니까 이렇게 붙어 다니는 이들은 전자에 들어갈 수 없다. 이름이 언급되지 않은 서종갑이 전자에 들어간다. 그런데 라.에서 이찬호와 모기환은 같이 배치되면 안 되므로 아래와 같은 표가 된다.

전자	건설	물산
도연명 서종갑	이찬호 김기태 나오미	모기환 봉민두

SKILL ❷ 위치 정하기에서 그림 그리기

정답 | ③

해설 |

	(빈방)
	사회복지과
(빈방)	지역경제과
민원지적과	지방세과
환경위생과	

큰방: 자치행정과

자치행정과는 큰방에 들어가야 하므로 4층과 5층 한 곳에 들어가야 한다. 만약 4층에 자치행정과가 들어간다면 5층과 1층에 총무과와 문화공보과가 들어갈 수 있는 경우의 수가 2가지 생긴다. 5층에 자치행정과가 들어가는 경우도 같은 경우의 수가 발생하므로 총 가능한 경우의 수는 4가지이다.

STEP 03 p.256~259

Skill 연습

SKILL ❶

01 ② **02** ③ **03** ④ **04** ①

01

정답 | ②

해설 |

1	2	3
10		4
9		5
8	7	6

모서리에 들어가야 하는 직원들은 가영, 나난, 라미, 사미이며, 1, 3, 6, 8번에 들어간다. 문제의 조건에서 아찬이가 서쪽 면에 있어야 한다고 했으며, 첫 번째 조건에서는 마주는 구석이 아닌 아찬이 옆이라고 했다. 그러니까 아찬이와 마주는 10번 아니면 9번에 있다는 말이 되기 때문에, 직접 마주보는 자영과 바유는 2번과 7번 방에 들어간다. 남은 칸은 4, 5번인데 남은 직원은 다진 1명이다. 그러므로 아찬이와 마주볼 수 있는 방은 다진이와 빈방이 된다.

02

정답 | ③

해설 |

먼저 (나) 조건을 반영하면 다음과 같다.

5층		
4층		
3층	×	
2층		×
1층		

A와 C는 부부로 같이 투숙한다. 그런데 두 칸 위에 E가 있어야 하므로 A, C의 위치가 제한된다. E가 두 칸 위라면 E가 들어갈 곳은 5층 밖에 없다.

5층	E	
4층		
3층	×	A, C
2층		×
1층		

G와 I가 같은 층에 있기 위한 후보 위치는 1층과 4층이다. 나머지는 같은 층에 위치할 수가 없다. 그런데 그 위에 H가 있어야 하므로 G와 I는 1층에 위치, H는 2층에 위치한다.

5층	E	
4층		
3층	×	A, C
2층	H	×
1층	G	I

그러면 1인용 방의 비어 있는 곳에 B를 집어 넣는다. 하지만 D와 F의 관계를 알지 못하기 때문에 이 그림을 완전히 완성할 순 없다. ③번은 알 수 없다.

5층	E	
4층	B	
3층	×	A, C
2층	H	×
1층	G	I

03

정답 | ④

해설 |

이 문제를 해결하기 위해서 자리의 배치를 직접 해 본다. 그런데 드럼통 주위에 앉아 있으므로 원 모양으로 배치된다. 우선 나, 다, 라, 마의 네 가지 조건으로 배치해 보면 아래와 같이 4가지 경우가 나온다.

1)

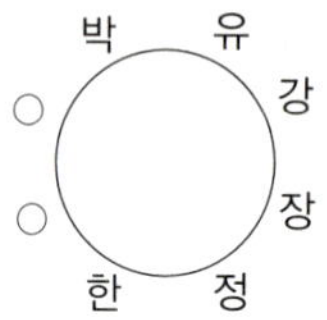

2)

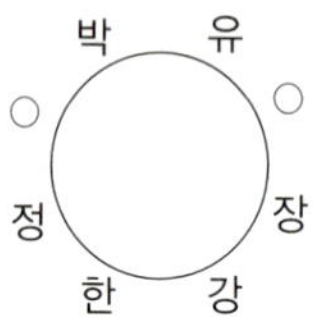

3)

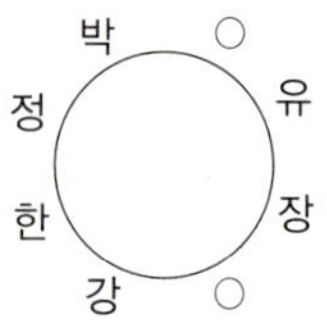

4)

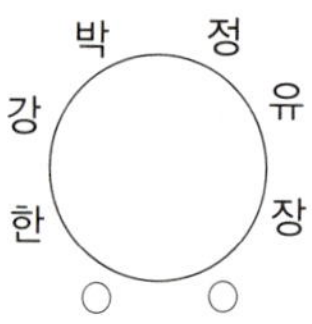

이때 조건 가.를 적용해 보면 1)과 4)는 성립하지 않는다.
따라서 2)와 3)에서는 공통적으로 한씨를 추출할 수 있다.

04

정답 | ①

해설 |

앞줄: 1 2 3 4
뒷줄: 5 6 7 8

만약 녹색 깃발이 앞줄에 있는 위치 2에 걸린다면, 주황 깃발을 은색 깃발과 떨어뜨리기 위하여 주황 깃발은 뒷줄의 위치 8에 걸려야 한다. 또한 하양 깃발이 주황 깃발을 마주보고 있다. 주황 깃발이 위치 8에 있으면, 이것은 흰색 깃발이 위치 4에 있다는 것을 의미한다. 하양 깃발과 노랑 깃발은 연속해서 있어야 하므로 하양 깃발이 위치 4에 있으면, 노랑 깃발은 위치 3에 있어야 한다. 때문에, 파랑 깃발이 위치 3에 있을 수 없으므로, 빨강 깃발과 노랑 깃발은 서로 마주볼 수 없다. 결국 빨강 깃발은 위치 7에 있을 수 없다.

STEP 04 p.260~265

실전 문제

01 ④	02 ①	03 ③	04 ③
05 ③	06 ①	07 ②	08 ②
09 ②	10 ②		

01

정답 | ④

해설 |

광희와 지용이는 같이 갈 수 없으니까 그 반대편에는 이미 광희가 있다.

수지, 지용	광희

은철이 들어간 곳에는 은희나 소현 중 한 명은 가야 하기 때문에 수지, 지용이 있는 곳에 은철이 갈 수는 없다. 3명이 넘기 때문이다. 따라서 은철은 광희가 있는 곳으로 간다. 소현과 은희는 양쪽으로 나눠서 갈 수 있다.

수지, 지용, 소현/은희	광희, 은철, 은희/소현

02

정답 | ①

해설 |

은희와 수지가 다른 동아리에 활동하면 일단 아래와 같은 기본 짝이 나온다.

은희, 광희/지용	수지, 지용/광희

여기에 은철과 소현이 나눠서 들어가는데, 은철이 수지 쪽으로 들어가면 "은철이 활동하는 동아리는 반드시 은희나 소현 중 적어도 한 명은 포함해야 한다."는 조건을 만족시키지 못한다. 따라서 다음과 같이 된다.

은희, 광희/지용, 은철	수지, 지용/광희, 소현

03

정답 | ③

해설 |

문제에서 ⓖ와 ⓔ가 뽑힌다는 것을 알았고, 첫 번째와 두 번째 조건 때문에 그들이 각각 포워드와 센터가 된다는 것도 알았다.

구분	Y팀	K팀
센터		ⓔ
포워드	ⓖ	
가드		

세 번째와 네 번째, 다섯 번째 조건을 합하면 다음과 같이 ⓓ, ⓐ, ⓑ, ⓒ가 나눠지게 된다.

구분	Y팀	K팀
센터		ⓔ
포워드	ⓖ	
가드		
	ⓓ, ⓐ, ⓑ	ⓒ

그런데 각 포지션별로 선수가 하나씩은 있다고 했는데, ⓓ, ⓐ, ⓑ와 ⓖ가 Y팀에 속해 있으므로, 하나 남은 ⓕ는 반드시 K팀에 들어가야 한다. 그래야 K팀의 구성원이 채워진다. 그러니까 마지막 조건이 충족되는 셈이기 때문에, ⓐ는 Y팀의 센터 포지션에 가게 된다. 또 첫 번째 조건 때문에 ⓕ가 포워드 포지션에 뽑힌다는 것도 알게 된다. 그러면 ⓒ는 자연스레 나머지 한 포지션인 가드가 된다.

구분	Y팀	K팀
센터	ⓐ	ⓔ
포워드	ⓖ	ⓕ
가드		
	ⓓ, ⓑ	ⓒ

04

정답 | ③

해설 |

우선 다음과 같이 위치를 잡는다.

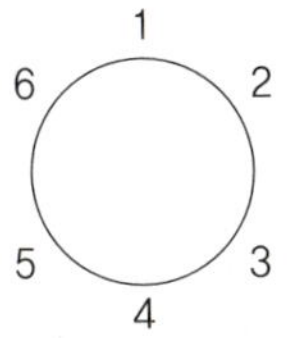

기준이 되는 점을 잡아보자. 첫 번째 조건과 두 번째 조건을 합해서 표현하면 다음과 같다.

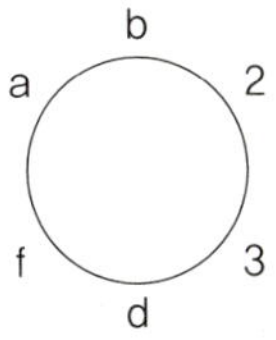

여기에 세 번째 조건을 넣으면 된다. e의 왼쪽 두 번째 옆에 d라는 얘기는 d의 오른쪽으로 두 번째 옆으로 e라는 말이다.

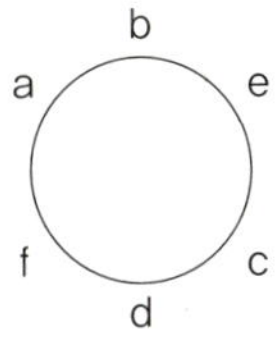

05

정답 | ③

해설 |

트레이너의 주의사항을 서로 연쇄를 시키면 '런지를 할 경우 벤치프레스와 크런치를 선택하지 않아야 한다'는 조건과 그에 대한 대우명제인 '벤치프레스 또는 크런치를 할 경우 런지를 선택하지 않아야 한다'는 조건을 얻게 된다.

오늘 크런치를 하기로 하였기 때문에, 트레이너의 주의사항을 지키면서 운동을 하기 위해선 푸쉬업과 런지를 선택하지 않아야 한다. 이제 선택할 수 있는 운동은 다음과 같다.

부위	상체	하체	복근
운동 명칭	벤치 프레스 숄더 프레스 암컬 ~~푸쉬업~~	레그 익스텐션 ~~런지~~ 스쿼트	크런치 레그 레이즈

① 하체 운동과 복근 운동을 두 개씩 하면 상체 운동을 하나만 해도 된다.

② 상체 운동과 복근 운동을 하면 5개가 되기 때문에 하체 운동은 안 해도 된다.

③ 하체와 복근 운동을 다 해도 4개 밖에 안 되기 때문에 상체 운동이 필요하다.

④ 크런치와 레그 레이즈를 동시에 할 수도 있다.

06

정답 | ①

해설 |

주어진 조건을 도식화하면 다음과 같다.

운동부위	상체	하체	복근
운동 명칭	벤치 프레스 숄더 프레스 암컬 ~~푸쉬업~~	레그 익스텐션 ~~런지~~ 스쿼트	~~크런치~~ 레그 레이즈

이때 상체 운동은 두 가지만 하니까, 숄더 프레스나 암컬 중에 하나를 하게 된다. 반면 총 5개라는 조건 때문에 레그 익스텐션, 스쿼트, 레그 레이즈는 확실하게 하게 된다.

07

정답 I ②

해설 I

(가)와 (나)에서 2와 4에 변호사 사무실과 법무사 사무실이 들어 있고, 6, 8, 10에 세무사·회계사·감정평가사 사무실이 들어 있다는 것을 알 수 있다.

(다)에서 D와 J는 2, 아니면 4번에서 일하는 데 D가 4번에서 일하면 마주보는 건물에서 큰 번호 다음다음 건물이 없게 된다. 따라서 D는 2번에서 일해야 한다. 그러면 J는 4번. 그리고 2번과 마주보는 7번에는 옷가게가 자리하고 있고, 9번이 노래방이 된다.

(라)에서는 감정평가사 사무실이 노래방 바로 옆이 아니니까 감평사는 6번에 자리해야 한다. 그러면 1번이 복사가게가 된다.

(마)에서는 2번이 법무사, 4번이 변호사라는 것을 보여준다.

(바)에서는 편의점이 들어갈 곳은 5번. 그리고 마주보는 10번에 회계사가 들어간다. 아직 나오지 않은 8번에는 세무사가 들어가야 하고, 3번은 호프집이다.

1. 복사집	2. 법무사	3. 호프집	4. 변호사	5. 편의점
6. 감평사	7. 옷가게	8. 세무사	9. 노래방	10. 회계사

(아)에서는 C가 일하는 곳을 추론해야 하는데, 전문직종이 아니니까 후보는 '옷가게, 편의점, 노래방, 복사가게, 호프집' 중 하나다. 그런데 옷가게에서는 B가 일한다. 또 다른 주어진 조건은 F와 G가 일하는 건물 사이에서 일한다는 것이다. 그런데 남은 상점들의 위치를 보니, 복사집과 편의점은 양쪽 모서리에 자리하고 있어서 두 건물 사이에 있다는 조건에 위배. 그러니까 후보는 호프집과 노래방으로 좁혀지는데, 호프집은 D와 J 사이에 위치한다. 그러므로 C는 노래방에서 일한다.

08

정답 I ②

해설 I

오전 진료 시간은 총 4개의 시간대로 구분할 수 있으며, 주어진 [조건]을 바탕으로 정리하면 다음과 같이 두 가지 경우로 나타낼 수 있다.

(1)

구분	8시	9시	10시	11시
A 진료실	은선, 태연		병철	
B 진료실		지연		

(2)

구분	8시	9시	10시	11시
A 진료실		은선, 태연	병철	
B 진료실			지연	

네 번째 조건에 따라 영신과 홍락의 진료 시간이 두 시간 차이나야 하므로 (2)의 경우는 불가능하다. (1)의 경우에서는 영신과 홍락의 진료 시간을 두 시간 차이나는 9시와 11시에 각각 배치되어야 하는데, 영신이 B에 들어가야 하므로 다음과 같은 한 가지 방법만 가능하다.

구분	8시	9시	10시	11시
A 진료실	은선, 태연	홍락	병철	
B 진료실		지연		영신

이에 따라 8시와 9시에는 진료실 2곳 모두 다 차있고, 10시에는 A 진료실, 11시에는 B 진료실만 차있으므로, 성은이가 진료받을 수 있는 시간대와 진료실은 10시–B 진료실 또는 11시–A 진료실이다.

09

정답 I ②

해설 I

우선 조건에 따라 3호와 7호를 채우면 아래와 같이 나온다.

1호	직장인	취준생	4호	5호

6호	공시생	직장인	9호	10호

그런데 취준생은 한 열에 한 명만 살고 있으므로 다음과 같다.

공시생	직장인	취준생	4호	5호

6호	공시생	직장인	9호	10호

만약 6호에 직장인이 살지 않으면 4, 5, 9, 10호에 직장인이 3명 살아야 하는데 이는 불가능하다. 따라서 6호에는 직장인이 산다. 그리고 9호에는 직장인이 들어갈 수 없으므로 4호에 직장인이 들어가고, 10호에 직장인이 들어갈 수 있다.

공시생	직장인	취준생	직장인	공시생

직장인	공시생	직장인	취준생	직장인

10

정답 I ②

해설 I

	창가	복도
1열		M
2열	I	
3열		X
4열		
5열	빈좌석	Y
	G/N	

M이 복도 좌석에 있기 때문에, Z는 2열의 복도 좌석에 앉아야 한다. Z는 N보다 앞 열에 있어야 하고, N은 H보다 앞 열에 있어야 한다. Z가 2열에 있고 5열은 이미 찼기 때문에 순서는 완전히 제한된다. N은 3열에 있어야 하고 H는 4열에 있어야 한다. N이 3열의 창가 좌석에 앉아야 하는데, 이것은 N을 X 옆에 둔다. X가 변호사들과 같은 열에 앉아 있기 때문에, G와 H는 4열에 함께 앉아야 하는데, G는 창가 좌석에, H는 복도 좌석에 앉는다. 유일하게 남겨진 사람, O와 그를 위한 유일한 좌석, 1열의 창가 좌석이 있다. 이제 당신이 전체 순서를 알고 있으므로 사실이 아닌 정답 선택지를 찾는 것은 훨씬 쉽다. 정답은 ②이다. G는 4열에 앉아야 하기 때문에 G는 3열에 앉을 수 없다.

최종 결과는 다음과 같다.

	창가	복도
1열	O	M
2열	I	Z
3열	N	X
4열	G	H
5열	빈좌석	Y

여러분의 작은 소리
에듀윌은 크게 듣겠습니다.

본 교재에 대한 여러분의 목소리를 들려주세요.
공부하시면서 어려웠던 점, 궁금한 점,
칭찬하고 싶은 점, 개선할 점, 어떤 것이라도 좋습니다.

에듀윌은 여러분께서 나누어 주신 의견을
통해 끊임없이 발전하고 있습니다.

에듀윌 도서몰 book.eduwill.net
- 부가학습자료 및 정오표: 에듀윌 도서몰 → 도서자료실
- 교재 문의: 에듀윌 도서몰 → 문의하기 → 교재(내용, 출간) / 주문 및 배송

NCS, 59초의 기술: 문제해결능력

발 행 일	2024년 1월 7일 초판
편 저 자	이시한
펴 낸 이	양형남
펴 낸 곳	(주)에듀윌
등록번호	제25100-2002-000052호
주 소	08378 서울특별시 구로구 디지털로34길 55 코오롱싸이언스밸리 2차 3층

www.eduwill.net
대표전화 1600-6700

정답과 해설

최신판

에듀윌 공기업 NCS, 59초의 기술 문제해결능력

고객의 꿈, 직원의 꿈, 지역사회의 꿈을 실현한다

에듀윌 도서몰
book.eduwill.net

- 부가학습자료 및 정오표: 에듀윌 도서몰 > 도서자료실
- 교재 문의: 에듀윌 도서몰 > 문의하기 > 교재(내용, 출간) / 주문 및 배송